第八辑

XIAOSANXIAN JIANSHE YANJIU LUNCONG

主编 徐有威 陈东林

小三线建设研究论丛

飞地：上海小三线社会研究

崔海霞 著

上海大学出版社
·上海·

图书在版编目(CIP)数据

小三线建设研究论丛.第八辑,飞地:上海小三线社会研究/徐有威,陈东林主编;崔海霞著.—上海:上海大学出版社,2022.12
ISBN 978-7-5671-4567-2

Ⅰ.①小… Ⅱ.①徐… ②陈… ③崔… Ⅲ.①国防工业-经济建设-经济史-研究-中国 Ⅳ.① F426.48

中国版本图书馆CIP数据核字（2022）第228135号

责任编辑　傅玉芳
装帧设计　柯国富
技术编辑　金　鑫　钱宇坤

小三线建设研究论丛（第八辑）

飞地：上海小三线社会研究

徐有威　陈东林　主编
崔海霞　著

上海大学出版社出版发行
（上海市上大路99号　邮政编码200444）
（http://www.shupress.cn　发行热线 021-66135112）
出版人　戴骏豪

*

南京展望文化发展有限公司排版
上海华业装潢印刷厂有限公司印刷　各地新华书店经销
开本710mm×970mm　1/16　印张23.75　字数376千
2022年12月第1版　2022年12月第1次印刷
ISBN 978-7-5671-4567-2/F·228　定价　68.00元

版权所有　侵权必究
如发现本书有印装质量问题请与印刷厂质量科联系
联系电话：021-56475919

本书编委会

主　　编　徐有威　陈东林

副 主 编　张　胜　张程程

　　　　　　章叶浩薇　关奕男

序　言

上海小三线（即上海市后方基地，简称后方基地）是在20世纪60年代紧张的国际形势下，根据中共中央、中央军委、国务院和毛泽东关于加强备战、巩固国防的战略部署，在安徽南部和浙江西部山区建设起来的以生产常规兵器为主的后方工业基地。从1965年选点筹建开始，到1988年调整结束，在这24年中，上海小三线逐步发展成为全国各省市自治区小三线中门类最全、人员最多、规模最大的一个以军工生产为主的综合性后方工业基地。2013年毕业于上海大学历史系的崔海霞博士的大作《飞地：上海小三线社会研究》，是研究上海小三线建设的第一本专著。

海霞是我指导的上海小三线建设研究方向的第一位博士，此时此刻放在我眼前的这本300多页的著作，是基于她的博士论文修改后的出版物。看到海霞的著作，如烟往事仿佛一部老电影中的几个镜头浮现在眼前，使人不由得心潮澎湃。

第一个镜头，是上海大学文学院A楼六楼。2004年，我调入上海大学历史系工作，上海大学宝山校区文学院A楼六楼一个朝北办公室成为我入住上海大学的第一站。这个约20平方米的办公室里有来自历史系、中文系和社会学系的四位同事，十几年后，这些同事中的一位成为教育部长江学者，三位成为二级教授。同年，来自南京大学历史系的一位硕士生崔海霞，也来到文学院我的办公室同层隔壁的一个办公室，开始了她人生中的第一份工作——大学生辅导员。她的硕士生导师马俊亚教授是我的朋友，作为同行，俊亚兄留给我的印象很好，这对我2009年决定录取海霞成为我的第一位研究从事小三线建设研究的在职博士生，至关重要。海霞不负我望，高效率地用四年时间完成了在职博士生的所有学业，在此期间还与上海档案馆的一位朋友合作，出版了《四大百货公司上海滩风云史》。我的历史系同事、时任上海大学党委副书记忻平教授曾用这个例子鼓励他的研究生们：看看崔海霞，四年在职读完博士，写了一本博士论文，另外还写了半本书。

第二个镜头，是上海大学文学院张勇安院长的督促。据海霞回忆，2018年8月的某一天，勇安院长给她下达申报上海市哲学社会科学基金课题的"命令"。已经不再从事学术研究工作同时忙于行政工作的海霞，以五年前完成的博士论文《飞地：上海小三线社会研究》为基础火线上阵，结果出人意料一举成功，荣获2018年上海市哲学社会科学规划一般课题的资助。我虽然不在勇安院长下达"命令"的现场目睹种种，但是我完全可以想象出勇安院长那一贯充满激情的鼓励。我和我的不少同事就是在他的这种"忽悠"下，取得了不少意料之外的成功，海霞应该也是一个案例吧。上海大学文学院近年来进步神速，就是因为上下齐心，充满一股亮剑精神。

说来有趣，记得2011年我曾经以上海小三线为主题，申报上海市哲学社会科学基金的项目，结果铩羽而归，导致我以后对申报基金项目有了一丝丝的心理障碍。好在我的已经在高等院校包括高职院校工作的这些研究小三线学生，已经开始逐鹿中原攻城略地。从2016年到2022年这七年间，从硕士生、博士生到博士后，从上海、安徽淮北、四川自贡到江西南昌，他们相继荣获省部市厅级有关小三线建设研究的项目资助：淮北师范大学李云（我的第二位博士生）的"皖南山坳里的上海小三线建设研究"获2016年安徽省高校人文社科研究一般项目，"安徽小三线工业遗址的保护和利用"获2017年安徽省大学生创新训练项目，"经济体制改革中的安徽小三线调整改造研究"获2019年安徽省哲学社会科学规划一般项目，"安徽地区小三线建设研究"获2019年安徽省高校人文社科研究重点项目；江西科技师范大学张志军（我的第一位博士后）的"江西小三线建设单位的社会文化变迁研究"获2019年江西哲学社会科学基金项目；四川卫生康复职业学院曹芯（我的一位硕士研究生）的"高职教育视域下三线建设资源融入'四史'类课程的理实一体化研究"获2021年四川省思想政治教育研究课题（思想政治理论课青年教师专项），"产业转型升级背景下自贡三线建设企业文化传承适应性研究"获2022年自贡市哲学社会科学一般规划课题；东华大学张胜（我的第三位博士生）的"上海小三线企业军转民研究"获2022年上海市哲学社会科学规划青年项目。

在四川卫生康复职业学院工作的曹芯,在入职仅四个月后,就一举荣获四川省思想政治教育研究课题(思想政治理论课青年教师专项),令她的同事刮目相看,也创造了她的上海大学历史系同门获得小三线建设研究科研项目速度的新记录。而海霞和张胜分别于2018年、2022年相继获得上海市哲学社会科学基金项目,更是圆了我这当老师的"上海市哲社基金项目梦"。用一句话总结,我遇到了一个好时代,他们也是。

第三个镜头,是上海小三线参与者的各位老同志。1985年前后,上海在皖南的小三线81个企事业单位因调整改造而撤回上海,他们的上级领导机构上海后方基地管理局随即被撤销,绝大部分的他们彼此失联几十年。由于我们这个团队研究上海小三线,满世界寻找亲历者的过程,无意中为他们的重聚创造了一个绝佳契机,实现了大团圆。大团圆背景下的这些亲历者,以各种方式全力以赴地支持我们的研究工作。海霞在后记中说得好:"他们如今生活在上海这座城市的角角落落,默默无闻地坚守着对于上海小三线的质朴感情。正是他们的无私和热情,使我们拥有了如此丰富的口述史料,而他们所提供的一些文献资料也是在各类档案馆里看不到的。他们过去参与建设了上海小三线,现在他们通过口述史,在某种程度上复活了上海小三线。希望我做的这点小事,多少满足他们想让这座伟大的城市铭记这段历史的心愿。"海霞说的,也正是我要说的。

第四个镜头,是上海大学历史系小三线建设研究团队。从2010年到2022年的今天,12年来我们这个团队,在收集整理小三线建设口述史和档案资料方面默默无闻地做了大量的工作。这张长长的包括硕士生、博士生和博士后在内的名单中,除了海霞之外,还有李云、张胜、张志军、周升起、吴静、胡静、李婷、杨华国、霍亚平、杨帅、邬晓敏、韩佳、李帆、耿媛媛、王来东、窦育瑶、陈颖莹、宣海霞、张雪怡、曹芯、周曼琳、张程程、屈晨熙、王清华、赵宇清、关奕男、章叶浩薇、邵刘旖和石家齐等同学,还有一些本科生同学。他们的工作,用兢兢业业、栉风沐雨八个字形容是最为贴切的。12年来,这些同学毕业后开枝散叶于五湖四海,每当我们有机会相遇,上海大学的校园生活、大家齐心协力采访小三线亲历者学学是提及最多的故事。他们帮助收集和整理的口述史和档案资料的部分成果已经出版,但是绝大部分海量的还没有出版。海霞的这本书稿,除了她自己亲自收集的各类资料外,最大限度地利用这些同门收集整理的口述史和档案资料。这正是我们这个团队集体力量的展示。正如海霞在后记中说的:"没有我们师门这个小三线建设研究团队各位成员十多年来的齐心协力,仅凭一人之力,我是无法完成这一任务的。"

第五个镜头,是上海大学出版社傅玉芳老师。近十年来,傅老师对于我们的小三线建设研究乃至全国各地三线建设研究者研究成果的出版,给予了极大的帮助。每次到傅老师的办公室,总是看到她端坐办公室前,埋头一堆堆稿纸上,挥舞红笔指点江山。海霞的这本书,就是她对我们小三线建设研究又一次爱的奉献。

2010年3月29日,当我们的团队采访上海小三线第一位亲历者时,我们对这个研究课题的前途颇感迷茫。12年后的今天,我们已经非常清楚这个课题的前景和价值。海霞的这本扎扎实实的著作,清晰地记载了我们这个团队的成长过程,足可称之为先行者的足迹。我为海霞的成就感到高兴,也更加深刻地理解了什么叫互相成就。

近年来,三线建设的研究在全国乃至世界范围内得到了越来越多的关注,各类学科的选题方兴未艾,各学科研究者不断汇聚和增长,各类研究经费不断进入,不同领域的研究成果迭出。自海霞毕业后,我在上海大学历史系已经并正在指导近30篇有关小三线研究的博士论文和硕士论文。按照现在已有的研究成果(包括已经出版的著作和尚未出版的学位论文),海霞的这本九年前完成的作品值得修改补充和进一步提炼的地方应该不少。长风破浪会有时,直挂云帆济沧海。我期望后来的研究者,能够在海霞著作的基础上,发挥不忘初心的拼搏精神,为把三线建设研究建设打造成为中国当代史研究的一个出类拔萃的新领域而努力奋斗!

徐有威
2022年12月6日于上海

目　录

绪　言 1

第一章　组织机构 13
　　第一节　机构演变 13
　　第二节　工作职能 21
　　第三节　组织特征 24

第二章　户籍与人口 29
　　第一节　来源 31
　　第二节　户籍管理 51
　　第三节　人口特征 56

第三章　粮食供给与物质保障 58
　　第一节　依靠上海与求助安徽 58
　　第二节　自力更生 67
　　第三节　供应工作的特征 73

第四章　医疗体系与文化生活 77
　　第一节　日常生活 79
　　第二节　医疗卫生 89

第三节　娱乐文化......100

第五章　困境与挑战......117
　　第一节　职工子女教育......119
　　第二节　青工婚恋......131
　　第三节　社会治安......158

第六章　互动与碰撞......171
　　第一节　相互支援......173
　　第二节　矛盾......184
　　第三节　交接带来的矛盾......199
　　第四节　小三线对当地社会的影响......203

第七章　"小社会"的回归......210
　　第一节　国内外形势变化......210
　　第二节　小三线企业转型......212
　　第三节　职工的回城诉求......220
　　第四节　调整接收......225

第八章　总结与反思......256
　　第一节　上海小三线建设特殊性......256
　　第二节　上海小三线建设的历史作用......263

附录......268
　　一、采访上海小三线有关人员名录......268
　　二、上海小三线口述史选编......275
　　三、上海小三线档案资料选编......294
　　四、上海小三线建设大事记......314

参考文献..331

后记..343

《小三线建设研究论丛(第一辑)》目录..................345
《小三线建设研究论丛(第二辑)》目录..................348
《小三线建设研究论丛(第三辑)》目录..................350
《小三线建设研究论丛(第四辑)》目录..................352
《小三线建设研究论丛(第五辑)》目录..................354
《小三线建设研究论丛(第六辑)》目录..................356
《小三线建设研究论丛(第七辑)》目录..................360

绪　言

20世纪60年代初的中国，面临着国内、国际形势的双重压力和挑战。

从国际上看，当时的新中国可以说是四面受敌。东面在美国的大力支持下，台湾当局从1962年到1965年五次向大陆广东、福建、浙江、江苏等地派出40股武装特务登陆进行骚扰活动，美国当时也制定了入侵中国甚至进行核武器打击的计划[①]。西面的印度，先后于1962年10月和11月两次派兵入侵中国，中国被迫进行了自卫还击。北面与当时的苏联关系持续恶化。南面的美国对越战争升级，不断将战火引向中国，1964年8月2日夜间，美国驱逐舰"马克多斯"号与越南海军鱼雷艇发生激战，史称"北部湾事件"，美军第七舰队开始大规模轰炸越南北部，海南岛和北部湾沿岸都落下了美国的炸弹和导弹。

再看国内形势，一方面，从1958年开始的"大跃进"打乱了国民经济秩序，造成国民经济比例严重失调，发生了全国性的粮食和副食品短缺危机，"三年自然灾害"又加剧了这一状况；另一方面，国民经济布局的不合理一直存在，尤其是工业过于集中在沿海城市，"仅十四个一百万人口以上的大城市就集中了约百分之六十的主要民用机械工业，百分之五十的化学工业和百分之五十二的国防工业"[②]。这些城市大部分都在沿海地区，易遭空袭；主要铁路枢纽、桥梁和港口码头，一般多在大、中城市及其附近，极易在敌人轰炸城市时一起遭到破坏。同时，这些交通要点都还缺乏应对敌人突然袭击的措施，战争初期，交通可能陷入瘫痪，难以抵御外敌的打击。

[①] 陈东林著：《三线建设——备战时期的西部开发》，中共中央党校出版社2003年版，第77页。

[②] 李富春、薄一波、罗瑞卿：《关于国家经济建设如何防备敌人突然袭击问题的报告（一九六四年八月十九日）》，《党的文献》1995年第3期。

就在新中国内外交困之际，第三个五年计划的编制工作从1964年初开始启动。为了基本解决人民的吃穿用问题，"三五"计划是按照农业、轻工业、重工业的先后顺序制定的。1964年5月，中央工作会议原则通过了国家计委提出的《关于第三个五年计划（1966—1970）的初步设想（汇报提纲）》，其中心任务就是吃穿用第一、基础工业第二、国防第三。然而，"北部湾事件"的发生让"三五"计划开始转向，当时，中央确定了一条，"要坚决地、大力地支援越南，同时必须采取迅速的步骤，建立我们自己的大小三线，把国防工业、尖端工业、战事必需的工业转移到大后方，也就是西南、西北和各个大区的后方。每个省也要有自己的小后方，叫小三线，都要能够自己制造不同的、团以下的武器装备"①。毛泽东依据对国际形势的分析做出了"战争是不可避免的"的判断，他认为"在原子弹时期，没有后方不行"，提出把全国划分为"一、二、三线的战略布局，加强三线建设，防备敌人的入侵"②。在毛泽东看来，"三线建设仗打好了，我们就能够取得整个战略上的主动"③。1965年9月初，国家计委重新草拟了《关于第三个五年计划安排情况的汇报提纲》，明确提出："三五"计划必须立足于战争，从准备大打、早打出发，积极备战，把国防建设放在第一位，加快"三线"建设。由此，以解决人民吃穿用为主的"吃穿用计划"最终转变为备战计划，以"备战、备荒、为人民"的大规模三线建设随即展开。

所谓三线④建设，是指从20世纪60年代中期到80年代，在我国以西南、西北地区为重点，开展的一场以战备为中心，以工业交通、国防科技工业为基础的大规模基本经济建设运动，其历时之长、范围之广、规模之巨大，在新中国经济建设史上较为罕见。所谓三线，在陈东林先生看来，是以中国的边境线为基

---

① 《市委书记韩哲一同志在小三线党员干部会议上的讲话》（1982年10月19日）。协同机械厂档案，档案号：82-4-3。
② 《周恩来传》，中央文献出版社1998年版，第1768页。
③ 《关于编制长期计划的方法问题（草案）（一九六五年一月十八日）》（这是李富春、余秋里写给毛泽东、中央政治局常委、中央书记处的《关于讨论计划工作革命问题的一些初步设想（草案）》的第一部分），《党的文献》1996年第3期。
④ 关于三线地区的范围，曾有多次调整。最初的三线，是指西南和西北地区。70年代三线的范围有所扩大，西南的四川、云南、贵州，西北的陕西、青海和甘肃的大部分地区，中原的豫西、鄂西，华南的湘西、粤北、桂西北，华北的山西和冀西地区，是我国的大三线。后明确指出将川、滇、贵、陕、甘、宁、青、湘、鄂、豫、晋等11省（区）划为三线地区。在三线调整改造阶段，范围又有所缩小。

准由外向内所作的地域划分,"一线地区包括位于沿海和边疆的省区","三线地区包括基本属于内地的四川、贵州、云南、陕西、甘肃、宁夏、青海7个省区及山西、河北、河南、湖南、湖北、广西等省区靠内地的一部分","二线地区指介于一、三线之间的中间地带"①。而作为三线来讲,又有着大、小三线之分,西南、西北地区是大三线,中部及沿海一、二线地区各省市区的腹地为小三线,上海作为处于边境线的一线地区,也有自己的小三线。

  上海小三线(上海后方基地)建设在皖南②和浙西③,从1965年开始选点,到1988年将固定资产全部移交给安徽,职工悉数回沪,前后经历了24年的时间。由机电、轻工、仪表、化工、冶金、电力、交通、建材、物资等14个局共65个单位包建,先后在皖南的徽州、安庆、宣城④三个专区和浙江临安等13个县(市)⑤境内建成81个企事业单位(表1)。整个小三线东西相距263公里、南北相距135公里,计有工厂54个,配套的企、事业单位27个,即:2个运输队、1个通讯站、1个变电所、3个物资供应站、4个医院和1个防疫站、7个管理机构(局、公司、处)、1个计量所、1所干校、1个农场、5所中学,另有技校5所、厂办中学4所、小学39所。有职工54 437人,其中全民所有制职工52 610人,各种专业技术人员3 109人,集体所有制职工1 513人,职工家属17 000余人。共投资7.52亿元,有各种设备6 800台,各种车辆1 500辆。先后建成"五七"高炮、炮弹和新四〇火箭筒、火箭弹为主体的12条军品生产线,累计生产出"五七"高炮563门、"五七"高炮炮弹398.65万发、新四〇火箭筒71 188具、新四〇火箭

---

  ① 陈东林著:《三线建设——备战时期的西部开发》,中共中央党校出版社2003年版,第1~2页。
  ② 皖南行署于1949年5月设立,1952年8月与皖北行署合并重建安徽省,当时的皖南地区指宣城、池州、徽州三个专区,包括宣城县、当涂县、南陵县、郎溪县、广德县、泾县、宁国县、贵池县、铜陵县、繁昌县、芜湖县、青阳县、石埭县、太平县、东流县、至德县、屯溪市、休宁县、歙县、黟县、祁门县、绩溪县、旌德县共23个县市。
  ③ 浙西仅有协作机械厂一个小三线企业,位于临安。在后来的调整交接中,该厂的固定资产未移交给当地。
  ④ 也有部分史料将上海小三线建设的三个专区称为徽州、池州、宣城。在小三线建设时期,池州和安庆的行政区划几经变更,1952年池州专区撤销,并入安庆专区,1965年恢复池州专区,1980年池州行署撤销,并入安庆行署。
  ⑤ 这13个县市分别为安徽的东至、贵池、祁门、黟县、歙县、宁国、绩溪、旌德、休宁、屯溪、泾县、黄山和浙江的临安。

弹207.24万发、"八二"无后坐力炮1 063门,各种手榴弹1 999.98万枚、"7.62"枪弹2 217.70万发,黑索金等各种火炸药2 992.34吨,雷达78部,七七式变倍指挥镜261具;还生产了一批民用物资及产品:发电50.75亿度,钢材65.54万吨,水泥312.52万吨,机床9 161台,汽车3 422辆,电机63.63万台,无线电通信机28 248台等。至1990年底,累计创造工业产值63.4亿元,上缴国家税利9.36亿元(其中利润6.76亿元,税金2.6亿元),占回收投资额的124.5%[①]。也正因如此,上海小三线成为全国各省、市小三线中门类最齐全、人员最多、规模最大的一个以军工生产为主的综合性后方工业基地。

表1 上海小三线所属企事业单位分布情况表

序号	单 位 名 称	单 位 所 在 地	代号
1	机电公司(机关)	安徽省宁国县县城	
2	胜利机械厂	安徽省贵池县棠溪公社	5307
3	前进机械厂	安徽省贵池县棠溪公社	5317
4	五洲电机厂	安徽省贵池县刘街公社	5337
5	永红机械厂	安徽省贵池县刘街公社	5327
6	火炬机械厂	安徽省贵池县棠溪公社	5347
7	联合机械厂	安徽省宁国县霞西公社	526
8	协同机械厂	安徽省宁国县宁墩公社	9337
9	协作机械厂	浙江省临安县岛石坞	9383
10	卫海工具厂	安徽省绩溪县华阳镇	
11	跃进机械厂	安徽省歙县岩寺镇	

---

① 《后方局关于小三线调整工作总结报告》(1991年9月),上海市档案馆,档案号:B67-1-312。

续表

序号	单 位 名 称	单 位 所 在 地	代号
12	红旗机械厂	安徽省屯溪市屯光公社	
13	813(战斗)汽车运输队	安徽省宁国县西津公社	
14	机电中学	安徽省宁国县竹峰公社	
15	轻工公司(机关)	安徽省绩溪县	
16	万里锻压厂	安徽省绩溪县北村公社	5313
17	光明机械厂	安徽省绩溪县瀛洲公社	5303
18	燎原模具厂	安徽省绩溪县瀛洲公社	5323
19	光辉器材厂	安徽省绩溪县瀛洲公社	5304
20	红星木材(板箱)厂	安徽省绩溪县华阳公社	
21	曙光电料厂	安徽省宁国县胡乐公社	
22	红光材料厂	安徽省屯溪市屯光公社	9391
23	利民机械厂	安徽省绩溪县临溪公社	
24	轻工中学	安徽省绩溪县	
25	仪电公司(机关)	安徽省旌德县	
26	电子器材二厂(井冈山机械厂)	安徽省旌德县孙村公社	5309
27	电子器材三厂(东风机器厂)	安徽省旌德县白地公社	8301
28	电子器材四厂(旌旗机械厂)	安徽省旌德县白地公社	5319
29	险峰光学仪器厂	安徽省旌德县孙村乡	5349
30	韶山电器厂	安徽省旌德县俞村乡	5329
31	立新配件厂	安徽省旌德县孙村公社	8374
32	延安机械厂	安徽省旌德县孙村乡	8373

续表

序号	单位名称	单位所在地	代号
33	工农器材厂	安徽省旌德县孙村公社	8370
34	卫东器材厂	安徽省旌德县孙村公社	8372
35	满江红材料厂	安徽省旌德县朱庆公社	8377
36	星火零件厂	安徽省旌德县朱庆公社	8376
37	小型轴承厂（向阳机械厂）	安徽省旌德县旌阳镇	8350
38	东方红材料厂	安徽省绩溪县大源乡	8331
39	遵义器材厂	安徽省绩溪县大源乡	8321
40	向东器材厂	安徽省歙县篁墩公社	8371
41	新安电工厂	安徽省黟县渔亭公社	5339
42	朝阳微电机（器材）厂	安徽省祁门县城关镇	
43	为民器材厂	安徽省祁门县城关镇	8375
44	七一医疗设备（器材）厂	安徽省祁门县城关镇	
45	仪电中学	安徽省旌德县朱庆公社	
46	化工公司（机关）	安徽省东至县	
47	红星化工厂	安徽省东至县合镇公社	5345
48	卫星化工厂	安徽省东至县建新公社	5355
49	金星化工厂	安徽省东至县合镇公社	5305
50	自强化工原料厂	安徽省东至县香口公社	
51	长江化工机修厂	安徽省东至县建新公社	
52	龙江水厂	安徽省东至县香口公社	
53	化工中学	安徽省东至县香口公社	

续表

序号	单 位 名 称	单位所在地	代号
54	八五(贵池)钢厂	安徽省贵池县刘街公社	
55	新光金属材料厂	安徽省休宁县溪口公社	
56	半导体(群星)材料厂	安徽省休宁县渭桥公社	
57	培新汽车修配厂	安徽省歙县岩寺镇	5359
58	胜利水泥厂	安徽省宁国县山门乡	
59	红波修配厂	安徽省泾县潘村乡	
60	312电厂	安徽省泾县白华乡	
61	366电厂	安徽省宁国县青龙公社	
62	325电厂	安徽省贵池县墩上公社	
63	703供电所	安徽省绩溪县华阳镇	
64	后方电力处(机关)	安徽省绩溪县华阳镇	
65	海峰印刷厂	安徽省绩溪县杨溪公社	
66	后方卫生组(机关)	安徽省绩溪县华阳镇	
67	后方卫生防疫站	安徽省绩溪县华阳镇	
68	瑞金医院	安徽省绩溪县临溪公社	
69	古田医院	安徽省宁国县胡乐公社	
70	长江医院	安徽省贵池县刘街公社	
71	天山医院	安徽省东至县合镇公社	
72	五六五供应站	安徽省宁国县洪门公社	
73	七〇七仓库	安徽省宁国县西津公社	
74	培进中学	安徽省歙县岩寺镇	

续 表

序号	单 位 名 称	单位所在地	代号
75	683汽车运输场（场部）	安徽省泾县潘村公社	
76	260通讯站（总站）	安徽省宁国县胡乐公社	
77	后方基地计量检定所	安徽省绩溪县华阳镇	
78	后方基地干校	安徽省歙县桂村公社	
79	后方基地农场	安徽省歙县桂村公社	
80	上海市后方基地管理局（机关）	安徽省屯溪市屯光乡	
81	祠山岗中转站	安徽省广德县	

注：由于小三线个别企业名称经历了变动调整，故其具体名称仍待进一步考证。

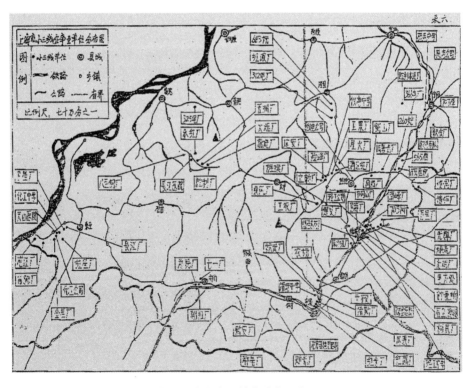

上海小三线企事业单位分布示意图

从1965年选点开始,到1988年调整交接完毕,在24年的时间里,参加上海小三线建设的7万余人,响应国家"好人、好马、好刀枪"、"备战、备荒、为人民"的号召,背井离乡,奔赴皖南、浙西山区,开山炸石,修路架桥,扎根皖浙,建立起了一套完整的以军工企业为主的综合性工业基地,成为上海当代史不可分割的特殊组成部分。

近年来,随着新中国工业经济史研究的不断推进,三线建设作为一个专题进入研究者的视野,全国范围的三线建设学术研讨会已经在上海大学举办了两届,作为新中国历史上一次规模空前的重大经济建设战略,学者们关注的领域涉及政治、军事、经济、文化等各层面,与三线建设相关、获得国家社科基金重大项目立项的课题也屡有出现。小三线作为三线建设的重要内容,由于其均为各省市区自行建设,因此以区域为主的个案研究成为开展小三线研究的一大特点。除了上海小三线外,北京、江西、安徽、湖北、浙江、甘肃等省市的小三线也开始有学者关注,并形成了一些初步的研究成果。

相较其他地方,对上海小三线的研究无论是从历史角度来看,还是对现实的启示来说,都更具代表性,更有价值和意义。之所以这么说,是因为在地理位置上,上海小三线是上海的一块"飞地",在活动空间上,上海小三线又是一个相对独立的社会系统,可以说是远离上海的"小上海"。从地理学的角度来讲,"飞地"是一种特殊的人文地理现象,指隶属于某一行政区管辖但不与本行政区毗连的土地。通俗地说,"飞地"就是某一行政主体拥有这一地域的管理权但却在地理位置上不与其自身相连接的、必须经过其他行政主体方能到达的行政区划。"飞地"具有明显的地缘特征和历史意义,行政主体对于"飞地"的管理明显较为困难,管理成本加大,因此,"飞地"往往会因为其地理位置的特殊性而最终成为"边缘地"。上海小三线建在皖南和浙西,但实际上又归上海管理;小三线人生活在皖南和浙西,却又无法真正与当地社会深度融合。"上海小三线有完全独立于地方的社会生活系统,企业都有自己的商店、菜场、中小学校、幼儿园、医院、供水和供电系统,甚至治安管理部门(保卫科及公检法)也独立于当地,直接受上海市公检法等部门领导,是严格意义上的一块'飞地'"[①]。这一点是上

---

① 刘四清:《安徽旌德历史上的上海小三线》,徐有威、陈东林主编《小三线建设研究论丛(第二辑)》,上海大学出版社2016年版,第51页。

海小三线区别于其他省、市小三线的最独特之处,也是最大的研究价值之所在。对于上海小三线社会系统的研究,将在一定程度上填补上海当代史研究的一个空白,也必将推进关于三线建设的研究进一步深入。另外,上海小三线这个建设在上海之外的特殊的后方基地,是沿海大城市加强战备和国防建设的一次伟大实践,也经历了沿海经济文化发达地区和内地欠发达地区交流融合的过程,可以为我们探讨其社会、文化层面的问题提供现实基础,同时小三线艰难的调整接收过程留下来的经验和启示,也值得我们总结和反思。

对上海小三线的深入研究也具有现实的意义。它选点、筹建于20世纪60年代初,投产于"文化大革命"期间,经历了改革开放初期的经营困境,结束于冷战后国际形势变化和国内经济体制改革的时代背景下,经历了新中国史上的几个转折性阶段。同时,小三线建设更是与上海自身的经济、社会发展息息相关,特别是最终能够顺利完成调整接收,把握时机解决了这个有可能影响上海经济社会发展总体局面稳定的问题,所以对它的研究也将对今天上海的经济转型、社会管理起到借鉴作用,为解决当下的一些社会问题提供参考。

丰富的史料为研究提供了保障和支撑。与其他省区市相比,上海对于小三线建设的研究是比较早的。早在十年前,上海大学的徐有威教授及其团队就开始着手挖掘与上海小三线有关的档案史料,并进行了"口述小三线"的口述史创新实践,积累了大量的一手资料,为开展对上海小三线的深入分层分类研究提供了丰富的史料支撑。上海小三线的81家企事业单位都有着各自的档案资料,但在调整交接过程中遗失了一部分。就目前所能看到的研究资料来看,关于上海小三线的史料主要集中在档案、官方文献、民间文献和口述史四部分。档案资料包括由上海市档案馆接收的政府档案资料、部分小三线企业所保留的企业档案资料,如:八五钢厂、前进机械厂留有比较完整的档案资料,至今保留在宝武集团上海五钢有限公司和上海锅炉厂;培新汽车修配厂、协作机械厂的档案资料现收藏于新华汽车厂和上海柴油机股份有限公司,皖南和浙西的13个小三线企事业单位的档案资料保存在所在地的、县(市)档案馆,小三线亲历者也保留着零散档案资料。文献资料方面,北京、上海、安徽等地的报刊资料、地方志和其他相关资料组成了与上海小三线密切关联的文献资料。与此同时,小三线亲历者留存的诸如日记、工作手册等民间文献以及信函、照片等实物资料,都为深入、全面了解小三线提供了第一手史料。口述史资料则主要包括对与上海小三线有密切关系的上海市委、市政府及相关部门的原负责人,安徽省委、省政府及相关部门的原负责人,原后方基地、各公司、企业负责人,小三线职工及家属,皖南、浙西当地民众的采访整理形成的口述资料。如徐有威主编的《口述上海:小三线建设》,收录有43位上海小三线建设者的故事,其中既有原上海市后方基地管理局的党政领导干部,也有上海小三线企业的普通职工,体现了较强的代表性,具有重要的史料价值和社会价值,成为上海小三线建设研究的重要资料来源。

对上述几方面史料的搜集、整理以及在此基础上的分析运用,可以最大限度地呈现上海小三线的全貌。

上海的小三线建设是一场以政治目的为导向的经济建设运动,7万余人为了这一军事备战项目内迁,可以说是一次大规模的人口流动和迁移。由于地处山区,一个企业就是一个小社会。在上海小三线这个"社会"里,小三线人努力保持着原有的在上海的生活方式、文化习惯,俨然一个建在异地的"小上海",从组织体系到人口流动、户籍管理、商品供应,再到群体消费心理、文化建构,可以说无不体现出其作为"飞地"与上海本土社会的紧密联系,但同时它又与皖南、浙西当地社会有着不同层次的互动交流,上海小三线社会所表现出来的一切都能引起研究者的兴趣,值得我们关注。

研究上海小三线社会,首先要对其形成和发展的过程有全面的认识。上海小三线社会的人口是上海的,地皮却是安徽和浙江的,这一特殊性带来了上海对小三线社会管理上的种种障碍和困难。如何克服人口户籍管理面临的种种困境,如何解决粮油和物资供应、职工的衣食住行、子女教育、青年职工的婚恋、文化娱乐需求难以满足等现实难题,都是小三线社会发展过程中必然出现的,对其社会全貌进行分析和研究,可以更为直观地整体反映上海小三线人在异地的生存状况。

研究上海小三线社会,必须要分析小三线人与当地的关系。皖南和浙西当地的农村社会与上海小三线社会之间因为城乡生活习惯、行为方式、精神追求等方面的差异,经历了从最初的互相支援到后期矛盾与冲突的不断出现,为小三线企业和职工在当地的生存造成了一定的困扰,不过互动交流仍是主流。尽管双方最终并未能实现互动中的融合,但客观上小三线却对当地社会产生了深远的影响,从根本上改善了皖南、浙西农村的基本生产、生活条件,给当地人的思维方式和生活习惯带来了全新的改变。更为重要的是,上海小三线推动了当地的农业增产增收、奠定了当地现代工业和制造业的基础。

研究上海小三线社会,要总结把握其特殊性和历史经验。上海小三线在改革开放后,面临着国际、国内客观环境的变化,国家的经济体制改革和经济转型不断挤压着小三线的生存空间,摊子过大,战线过长,选点建厂的先天缺陷带来的生产成本高等问题不断暴露。与此同时,整个社会的转型也激活了小三线职工的回沪诉求,小三线社会的稳定局面面临挑战。在上海市委、市政府的决策下,经过与皖浙两省的协商,上海小三线最终顺利完成了调整接收,实现了"小社会"的回归,企业固定资产留给当地,职工及家属回沪进行再安置,这一结局满足了小三线人的最大诉求。通过调整,上海小三线融入了上海社会和经济发展的统一规划中。今天,长三角区域经济一体化已经上升为国家战略,上海在技术、资金、产品、人才等方面的优势,安徽在自然资源、特色农业产业等方面的优势,为两地在新时期更加紧密的经济合作和人文交流提供了更为广阔的空间,这就需要我们对上海小三线的特殊性有更为全面的认识,总结上海小三线的历史经验,以史学研究的人文关怀为出发点,对上海小三线建设做出客观的评价和反思,为长三角区域经济一体化发展提供借鉴和启示。

第一章　组　织　机　构

在组织社会学研究者看来,"组织现象始于一种合作：个体为了实现某个既定的共同目标而必须使自己的努力与他人的努力得以达成合力的行为模式","组织成了人们进行集体活动的一个不可缺少的手段"①。在现代社会,组织被赋予了更多的社会意义,它不仅是社会的细胞、社会的基本单元,而且是一个社会的基础,可以说,人们的社会生活、人与人之间的交往互动都是在组织框架内进行的,"组织在个人的生活机遇和社会的资源分配中起到非常重要的作用"②。

不同的组织有不同的结构特征,要想剖析一个社会组织,对其组织结构的探究是基础工作。上海小三线作为一个军事战备基地,同时又是一个相对独立存在于山区中的小社会,其社会组织形式的特殊性不言而喻,本章将从小三线组织机构的演变、不同时期的职能变迁等方面对其组织体系的特殊性进行论述。

第一节　机　构　演　变

为了说明上海小三线组织机构的来龙去脉,我们需要先就上海小三线进行大致的阶段划分,再在此基础上来解构不同阶段的小三线组织结构。根据上海小三线管理机构后方基地管理局自行组织编写的《上海小三线党史》③记载,上海的小三线建设以时间脉络为序可以划分为四个阶段：1965年5月至1971年底

---

① 李友梅：《组织社会学与决策分析》,上海大学出版社2009年版,第1页。
② 周雪光：《组织社会学十讲》,社会科学文献出版社2003年版,第8页。
③ 上海市后方基地管理局党史编写组：《上海小三线党史》(未刊稿),1988年4月。

为第一阶段,是基本建设时期。经过近六年时间的努力,到1971年底,小三线完成了基本建设任务,各搬迁企业具备了基本的生产条件。1972年至1978年为第二阶段,这一阶段是上海小三线的军工生产发展时期。受到战备局势紧张的影响,小三线各企业大力发展军品,致力于"尽最大努力,加速三线建设,抢在战争前面,迅速形成一个打不烂、拖不垮、巩固的小三线基地,形成一个平时加强战备,战时保卫上海、保卫祖国的可靠后方"①。同时这一时期的小三线建设也在一定程度上受到了"文化大革命"的影响,但相比前方,影响还是相对有限的。1979年至1984年7月为第三阶段,是上海小三线的军品民品相结合时期。这一时期,为了生存并适应改革开放后的市场需求,贯彻国家提出的"稳定巩固、统筹安排、军民结合、整顿提高"的工作方针,小三线企业开始大力发展民品,试图实现"以民养军",同时对企业生存、发展的渠道进行了探索和再认识。1984年8月至1988年为第四阶段,是上海小三线的调整时期。在上海和安徽两地的共同努力下,小三线的企业资产全部无偿移交给安徽当地,职工及其家属返回上海安置。经过五年的努力,上海小三线调整工作顺利完成,实现了平稳过渡,完成了其历史使命。

从1965年筹建到1984年着手调整回迁,再到1988年调整结束,上海小三线的组织机构历经多次变迁,组织目标也随着形势变化而多次调整变化。组织机构的存在,一方面为小三线的生产活动顺利开展提供了基本的组织保障,另一方面也承担了管理小三线社会的职责,为稳定职工思想、保持后方(上海称为前方,与之相对应,小三线称为后方)总体局势稳定发挥了重要作用。总而言之,为了适应社会发展形势、后方企业生产经营情况变化以及职工发展需求,上海小三线的组织机构围绕其所经历的四个阶段以及每个阶段的重点任务,积极进行了调整和完善。

一、后方建设领导小组时期(1965年5月—1973年3月)

在中共中央和毛泽东"一、二线省市也要建立各自的后方"指示下,上海市委、市人民委员会②先后对上海的工厂搬迁作了多次研究,逐步形成了在皖

---

① 上海市后方基地管理局党史编写组:《上海小三线党史》(未刊稿),1988年4月,第32页。
② 市人民委员相当于上海市人民政府。

南、浙西建设上海小三线的思路。1965年5月10日,上海成立了专门的后方建设选点小组,由时任市公用事业办公室副主任罗白桦①带队,到皖南、浙西、赣东等地作勘察了解,为即将开始的后方建设作初步的选点规划。经过12天的调查了解,5月22日,选点小组在安徽黄山召开会议,专门讨论上海小三线的建设规划,时任上海市市长曹荻秋②、副市长宋季文③也参加了该次会议。会议提出了上海后方安置的六条原则④,同时决定以皖南屯溪为中心,建立上海的科学技术后方。在上海市原副市长兼市计委主任陈锦华看来,"上海小三线建设选择哪里?可以选择浙江,也可以选择江西,但为什么选择安徽的皖南呢?我觉得是因为皖南离上海终究近一点,交通也比较方便,顺着长江就可以到皖南,公路也可以到皖南"⑤。

同年10月11日,市委组织召开上海后方建设工作会议,成立了后方建设领导小组⑥,成为上海小三线最初的组织和领导机构。为了保密起见,又不能公开使用上海后方或上海小三线这样的字眼,于是就将罗白桦在上海的办公室房间号码229室作为小三线建设指挥部的名称,"二二九"工程指挥部的名字由此得来。之后,党组织也随之成立。1966年4月,中共上海市后方领导小组委员会成立,6月更名为中共上海市后方工作委员会,8月改名为中共上海市后方工作指挥部委员会。

1967年1月,上海发生"一月夺权",小三线也被波及,"二二九"工程指

---

① 罗白桦(1914—2007):曾用名罗克,安徽省贵池县人。曾先后担任上海市建筑工程局局长兼党委书记、上海市建设委员会副主任、上海市委基本建设委员会副主任、市政协常委,1962年7月至1966年5月,任上海市人民委员会公用事业办公室副主任,上海市皖南小三线后方指挥部总指挥兼党委书记。

② 曹荻秋(1909—1976):四川资阳人。1955年起,先后担任中共上海市委副书记、市委书记处书记,上海市常务副市长等职;1965年起,任上海市市长一职。

③ 宋季文(1917—1999):安徽定远人。1956年起,任上海市副市长;1975年,任上海市高级人民法院院长;1978年起,先后担任中华人民共和国轻工业部副部长、部长。

④ 这六条原则,一是要作为华东的战略后方;二是既要分散,又要适当集中,便于联系协作;三是既要靠山隐蔽,又要便利交通运输;四是动力来源要较易解决;五是距离市镇不太远,生活有依托;六是搬迁可分步进行,条件成熟的先搬。

⑤《小三线:上海对兄弟省安徽的现代化播种工作——上海市原副市长兼市计委主任陈锦华访谈录》,徐有威主编《口述上海:小三线建设》,上海教育出版社2013年版,第3页。

⑥ 后方建设领导小组由罗白桦、黎崇勋(市科委秘书长)、曹伯慰、张子嘉(中科院华东分院副秘书长)、方希观、高玉庆等人组成。罗白桦任组长,苏民、王献庭、黎崇勋、王公道、张子嘉任副组长,组员有于康、郝光、王希孟、王少卿、曹伯慰。

挥部的人员先后受到冲击,后方领导权被革命造反队接管,小三线建设陷入混乱(其实不止上海的小三线,大三线以及其他省市的小三线也受到了影响和冲击)。鉴于这一情况,为了确保三线建设稳定有序推进,中共中央提出了"军工单位不能乱,要派驻军管会实行军管"的方针。1967年3月20日,南京军区驻徽州军分区派代表进驻"二二九"工程指挥部,4月1日就成立了"抓革命,促生产"第一线指挥部①,标志着上海小三线进入"军管"时期。1969年1月,"二二九"工程指挥部更名为"八一二"指挥部,至于为何会以"八一二"作为指挥部名称,尚无确切的说法。

1969年底爆发的中苏"珍宝岛事件",使得全国范围内的备战氛围日益浓厚,于是三线建设加速推进,上海小三线也不例外。1969年12月5日,上海为跟上全国紧张战事的形势,在中央的统一协调安排下,专门在上海小三线筹建生产"五七高炮"工程项目,于是便将新建及与之相关的改建和附属项目命名为"五〇七"工程项目,同时为加强对这一特定项目的领导,专门成立了"五〇七"工程指挥部。也正是从此时开始,为了体现"五〇七"工程的重要性,"八一二"指挥部遂一分为二,分别称为"八一二"工程指挥部和"五〇七"工程指挥部,前者设在徽州屯溪华山宾馆内,主要生产四〇火箭筒,后者设在池州贵池的梅街,以生产"五七"高炮为主。

"二二九"指挥部最初通过建立在各个工地的施工现场建设领导小组来履行其组织领导职能,后来随着建设单位的逐渐增多,指挥部就按行业分类成立了工区,通过工区加强对施工现场的指挥,先后成立的有661(电机)、632(化工)、653(轻工)、674(仪电)等四个工区领导小组。后来的"五〇七"和"八一二"两个指挥部也采取了同样的管理方式,"五〇七"工程指挥部下设四个分部建设领导小组:一分部负责贵钢②基建,二分部负责五个炮厂基建,三分部负责电厂和变电所基建,四分部负责东至化工厂基建。"八一二"指挥部成立了一工区(机电)、二工区(化工)、三工区(轻工)、四工区(仪电)等四个建设领导小组,由前方各行业局派出负责人领导工区内的基本建设任务。

---

① 指挥部由徽州军分区参谋长陈汉运任主任,张子嘉、黎崇勋、徐国光任副主任。后来经协商,小三线的军管由上海市警备区接管。
② 贵钢即贵池钢厂,后来改名为八五钢厂。

从1965年开始筹建,到1971年底,上海小三线基本完成了基础设施建设阶段,这一时期后方组织领导机构的目标只有一个,就是迁建。包括小三线企业的选点、定点、基础设施建设、组织协调、监督检查等工作。六年时间里,60多家企业相继完工,仅剩个位数单位的基建工作处于扫尾阶段。这一阶段后方各企业的具体业务工作仍由上海各包干局自行组织和管理。

二、后方基地党委时期(1973年4月—1979年2月)

随着基本建设任务的完成,从1972年起上海小三线进入大规模军工产品生产时期。这一时期,小三线各企业迅速投入生产,仅1972年初就有42个工厂建成投产,小三线的职工已达3万余人,原有的以迁建为目标的组织机构已经难以适应大规模生产的要求。首先,因为小三线各企业的实际隶属关系仍属于上海有关包建局、公司,在投产后,生产、计划、财务和物资供应渠道,有的由包建局安排,有的由包建公司安排,有的由包建的工厂(研究所)安排,因此容易发生多头、脱节、步调不一的现象,给小三线的统一生产管理带来不便,原有的两个指挥部的作用也无法充分发挥。其次,各包建局和公司面对这一情况,纷纷开始在各自所包建的小三线企业建立党、政、工、团组织,以加强对包建企业的领导。1971年10月,市仪表电讯工业局在实地调查的基础上,向上海市委报告其皖南小三线建设的情况,其中就包括对由其包建的后方厂的领导班子的整体状况进行了统计,"在市革会工交组关怀下,19个厂革命委员会全部建立,在整党建党的基础上,有12个厂已经建立了党组织(其中3个支部、9个总支),有7个厂准备成立党委,其中6个党委名单正在上报审批中,据初步了解19个厂的领导班子,多数是比较强的,共有厂级领导干部150人(其中老干部73人、新干部77人),据四工区反映19个厂的领导(一把手)中,工作比较得力、能担起领导职务的有16人,占84%,一把手较弱的,仅有3个厂;新建的厂政治力量也比较强,党员共有892人,占职工总数的12%,团员1 412人,占总数的19%,共青团组织已建立了8个,其余正在积极筹建中"[①],

---

① 《中共上海市仪表电讯工业局委员会关于我局皖南小三线建设的情况和今后意见的请示报告》(1971年10月12日),上海市档案馆,档案号:B246-2-687-3。

并提出了加强对小三线企业领导的意见建议,指出"随着小三线建设的发展,新建各厂已开始正常生产,如仍以建设时期的体制来领导已显得不适应。我们意见,在整个后方领导体制没有变更之前,我局仍须加强后方各厂的领导,特别是组织建设和生产任务的安排,但考虑到战备的需要,建议市委对小三线的领导体制加以研究,这样有利于对后方一元化领导,有力地促进小三线各项建设的全面发展"①。

1972年11月,市革委会工交组、国防工办联合向市委、市革命委员会提出了加强对上海小三线集中统一领导的请示报告,"小三线建立后方基地党委、革委会(相当于局一级),对小三线所属单位的革命和生产在现场实行一元化领导。后方基地党委、革委会干部编制暂定70人,下设办公室、政宣组、组干组、生产组、基建组、后勤组。四个工业公司的干部编制,根据工作范围大小,暂定编制30人左右"②。1973年初,市委决定将"八一二"工程指挥部和"五〇七"工程指挥部合并,成立统一的领导机构,即上海后方基地党委。1973年4月2日至11日,上海在安徽屯溪召开了后方基地第一次党的代表大会,出席这次党代会的代表共有266名,最终选举产生了中国共产党上海后方基地第一届委员会。1973年4月25日,经市委常委会研究决定,同意由21人组成中共上海后方基地委员会,正式成立后方基地党委,党委书记由韩克辛③担任,副书记由戴立清④、张克宽⑤、徐士奇、刘建农、李文彬五人担任,常委由高景平⑥、董连成、顾龙桂、李真、曹文金担任。后方基地党委下设政工组、办

---

① 《中共上海市仪表电讯工业局委员会关于我局皖南小三线建设的情况和今后意见的请示报告》(1971年10月12日),上海市档案馆,档案号:B246-2-687-3。
② 《市革委会工交组、国防工办关于加强上海小三线组织领导的请示报告》(1972年11月21日),上海市档案馆,档案号:B246-1-493-77。
③ 韩克辛(1915—2008):曾任中国人民解放军上海市军管会领导成员、上海市人委交通办副主任等职。
④ 戴立清(1936—2019):山东郯城人,曾是上海标准件材料一厂临时工,"文革"期间担任后方基地党委副书记、市总工会常务委员,"文革"结束后,以犯有反革命集团罪、阴谋颠覆政府罪、策动武装叛乱罪等,被上海市中级人民法院于1982年8月23日判处有期徒刑15年、剥夺政治权利3年。
⑤ 张克宽,历任二二九军管会第一副主任,"二二九"工程指挥部领导小组组长,1975年10月调回上海警备区。
⑥ 高景平:曾任市计委副主任、市经委副主任、后方基地党委常委等职。

公室、组织组、生产大组、后勤组、行政组、武保组、民兵指挥部领导小组等机构①。1973年7月,共青团上海后方基地第一届委员会也宣布成立,11月,后方基地工会成立。后方基地党委的成立,标志着上海小三线的组织领导工作进入了一个全新的时期,小三线建设逐步开始由后方统一协调、管理,已经具备了自我管理、自我运转的性质。

三、上海市后方基地管理局时期(1979年3月—1983年)

1978年,党的十一届三中全会确立了解放思想、实事求是的思想路线,决定把党和国家的重心转移到以经济建设为中心上来,在"调整、巩固、充实、提高"的八字方针指导下,开始对国民经济进行全面调整。对于地处皖南的上海小三线来说,这一时期也同样面临着转型的压力。从外在环境看,面对计划经济向市场经济转变的大势,已经习惯了计划调配、不计成本和效益的小三线企业,远离城镇,交通不便,生产成本高,基本不具备面向市场的能力。从内在形势看,企业的基本生产、生活环境难以满足职工需求,特别是职工的思想也在开放中逐渐多元化,内外交困的后方基地党委面临新的挑战,当初主要为保障企业军工生产的一元化管理体制已无法适应小三线转型的新要求。

根据形势变化和要求,1979年3月5日,上海市委常委会讨论决定,在小三线成立上海后方基地管理局(即市第五机械工业局),下设办公室、组织处、宣传处、保卫处、生产计划处、技术处、物资处、劳资处、财务处、基建处、后勤处、教育处、行政处、驻沪办、人武部、企业整顿办公室、整党办公室等处室,并同时对后方局党委领导班子进行充实调整,由苏博②任后方基地管理局党委书记兼任局长,一批长期在后方工作的人进入领导班子,具体负责分析小三线建设的历史和现状,在军民品相结合的道路上进行探索,努力发展小三线企业的民用产品。1980年,后方基地管理局党委在分析小三线建设的历史和现状的基础上,确定了"稳定巩固、统筹安排、军民结合,整顿提高"的工作方针,开始对

---

① 《上海市后方基地管理局(1965年9月—1988年12月)领导机构沿革与成员名录概述》(未刊稿)。

② 苏博(1917—2001):湖北汉阳人。曾任上海市劳动局副局长;1979年3月至1984年12月,任上海市后方基地管理局局长、党委书记。

小三线进行就地的调整转产。

后方基地管理局是在小三线探索军民结合、"军转民"的过程中应运而生的,之所以又称为上海市第五机械工业局,足见市委、市政府希望借助这一次机构调整,加强小三线企业与上海有关部门的联系,希望通过前方的支援来带动后方小三线企业民品的生产,从而达到缓解小三线生产经营困境的目的。

四、调整和交接领导小组时期(1984—1988年)

按照"军转民""以民养军"的调整思路,小三线17个军工厂中有5个被撤销建制,即红光材料厂、联合机械厂、金星化工厂、红星化工厂、卫星化工厂。在保留下来的12个军工厂中,有3个厂保留军品生产任务,其余均转产民品。通过几年的努力,小三线企业的民品生产取得了一定的发展,但是受制于民品生产中的成本高、产销又过度依赖前方包建公司等主、客观因素,小三线企业在与同类型民品企业的竞争中处于劣势,订单不断下降,生产任务严重不足,"以民养军"的目标越来越难以实现。进入80年代中期,小三线职工要求回沪的呼声也越来越高,影响小三线社会稳定的因素不断滋生,小三线何去何从成为摆在上海市政府面前的一个现实难题。在中央调整三线建设的有关政策支持下,经过与安徽省的充分沟通协商,最终达成将上海小三线企业的固定资产无偿移交给安徽的协议。从1984年开始,小三线进入与安徽省各县(市)的资产交接时期。

为了加强在与皖南各地交接中的组织力量,市委专门成立了小三线协调办公室,以后方基地管理局为主,由前后方共同组成调整和交接领导小组,具体负责与安徽方面进行沟通、协调。同时为了确保交接期间的稳定,对后方基地领导机构进行了充实调整,由王昌法[①]担任后方基地党委书记、王志

---

① 王昌法(1938—):1965年入党。1957—1962年,西北工业大学飞行力学专业毕业;1962—1965年,上海科技大学力学系任教;1965—1969年,任上海科技大学、上海电子物理研究所总体设计组组长;1969—1979年,任上海永江机械厂技术员、技术科长;1979—1984年,任上海后方机电工业公司技术科长、副经理;1984—1988年,任上海后方基地管理局党委书记;1988—1991年,任上海经济管理干部学院党委书记;1991—2000年,任上海市郊县工业管理局副局长(正局级)、上海市区县工业管理局正局级巡视员。

洪①担任基地管理局局长,全面负责小三线企业的调整和交接。从1984年到1988年,上海小三线81个企、事业单位基本完成交接迁返工作,上海后方基地管理局和党委完成了其历史使命,后又经过了两年多的过渡期,于1991年正式结束在皖南的各项工作。

第二节　工作职能

上海小三线的组织机构在二十多年时间里,历经四次调整变迁,是与小三线企业所处的历史环境、生存状况紧密相联的。与组织机构变迁相适应的是,特定历史阶段的组织机构承担着不同的职能,从组织机构的变迁中,我们也可以看到不同阶段工作职能的变化。

一、基本建设

20世纪60年代的上海小三线处于基本建设阶段,所处的大环境是全国范围内浓厚的备战氛围,加快建设一个稳固的后方,尽早实现企业和人员搬迁,投入军品生产是首要任务。作为后方建设领导小组,其职能自然就是要确保小三线各个单位的基础建设工作能够顺利完成,同时为前、后方间的企业搬迁、人员动员等工作提供基本条件,这是备战需求,也是政治任务。

由于上海小三线各企业基本上是由前方包干局、公司、企业自行派出人员赴后方开展基本建设工作的,因此后方建设领导小组的主要职责包括协调前方各单位、后方包建单位、施工队伍以及处理与当地的关系等内容。小三线在建设之初就明确了"先生产,后生活"的原则,于是在一些职工看来,大多数企业生活设施过于简单,食堂矮小、拥挤,宿舍阴暗、潮湿,职工生活十分不

---

① 王志洪(1941—2014):1982年入党,大学本科,高级工程师。1963—1972年,任上海第一、第二建筑工程公司技术员、工程队副队长;1972—1985年,任上海八五钢厂技术员、高级工程师;副科长、党委书记;1985—1988年,任上海市后方基地管理局局长;1988—2006年,任上海漕河泾新兴技术开发区发展总公司副总经理、总经理、党委书记、董事长。

便①,"一些早期进山的职工同施工人员一样,大都住过1～2年的芦席棚,冬天,外面刮大风,芦席棚里刮小风,外面下大雨,里面下小雨,外面雨已停了,里面还在滴水。基建时期各单位都没有一个像样的食堂、浴室,生活设施十分简陋,职工生活条件非常艰苦"②。在基建阶段,相应的配套设施建设以及职工日常生活所需并没有及时纳入后方建设领导小组的主要职责范围。小三线各企业的职工思想、后勤生活等都由上海有关工业局、公司、基层等包建单位自行解决。

二、抓革命,促生产

在小三线军品生产时期,为了将后方迅速建成一个打不烂、拖不垮、巩固的后方军工基地,关注生产成为小三线在这一时期的主要职能。1973年成立的后方基地党委,就明确了其主要任务,"负责抓好各项中心运动和政治思想工作;统一管理小三线单位的组织、干部和人事、教育工作,组织实施各项生产、基建计划和就地协作、配套;做好支援地方农业生产和地方工业的工作,统一处理和当地的关系"③。这之后,小三线各企业的隶属关系发生变化,"后方基地党委对小三线所属单位的革命和生产建设实行统一领导。小三线生产、计划和物资供应渠道,仍由上海有关工业局归口管理,年度生产,财务计划,以有关工业局为主编制,与后方基地共同商定下达。后方基地建立机电、电子、化工、轻工四个工业公司,分别管理有关基层工厂,贵池钢厂、群星材料厂、新光金属厂、胜利水泥厂、培新汽车修配厂作为后方基地直属厂"④。

在小三线企业归属后方基地党委统一领导后,军工生产迅速展开,小三线企业先后生产了以新四〇火箭筒和火箭弹、"五七"高炮和"五七"高炮

---

① 上海市后方基地管理局党史编写组:《上海小三线党史》(未刊稿),1988年4月,第18页。
② 上海市后方基地管理局党史编写组:《上海小三线党史》(未刊稿),1988年4月,第25页。
③《关于上海后方基地所属单位组织领导关系问题的通知》(1973年8月6日),协作机械厂档案,档案号:73-6。
④《关于上海后方基地所属单位组织领导关系问题的通知》(1973年8月6日),协作机械厂档案,档案号:73-6。

炮弹为主体的以及黑索金炸药、八二无后座力炮、木柄手榴弹和钢珠手榴弹、七六二枪弹、三〇五炮瞄雷达、光学测距仪、数字指挥仪等军工产品。其中的一些军用产品,不同程度地武装了部队和民兵,发挥了其应有的作用,另外还有四十多项工艺、技术获得专业类技术奖励,培养出了一批工程技术人员。如:星火零件厂的"离子交换法回收黄金新工艺"获上海市重大科研成果三等奖(1976年),协作机械厂的"新四〇火箭弹尾管压铸工艺"获上海市科学大会奖(1977年),光明机械厂的"3 500吨精压机"获全国科学大会奖(1978)①。

在这一时期,与上海小三线企业陆续投产相对应,大批的小三线职工和家属进入后方,他们和皖南、浙西当地农民在文化娱乐、青年婚恋、土地使用、交通运输、水电供应、治安管理等方面的接触越来越多。由于上海和皖南两地在生活习惯、文化差异等方面的不同,出现了新的问题,即小三线职工与当地民众间的矛盾与冲突。这一现实促使后方基地党委在抓生产之余,也要关注职工生活,关注小三线与当地的关系。与此同时,针对职工大量进入小三线、给各企业带来的后勤生活难以保障的现实困难,从基地党委到四大公司、再到各个企业,纷纷整合各类资源,开荒种菜,养猪养鱼,发展农副业生产,致力于改善职工基本生活条件。

三、社会稳定

正如前文述及,党的十一届三中全会以后,上海小三线以"稳定巩固、统筹安排、军民结合、整顿提高"作为指导方针,开始调整小三线企业的产品方向。尽管"军转民"也取得了一定的成绩,但依然无法改变企业亏损的现状,生产任务的不断下降导致企业职工人心不稳,同时各种社会思潮也开始涌向后方,小三线面临着自建立以来最大的社会稳定压力。从这一时期开始,后方组织机构的工作重心更多转移至确保小三线社会的稳定上来。

思想政治工作、精神文明建设成为小三线企、事业单位主要的工作任务,各级党委、工会、共青团组织在这一时期承担起了这一职责。针对职工中受

---

① 《上海小三线获奖军民品(含先进技术)情况表》,徐有威主编《口述上海:小三线建设》,上海教育出版社2013年版,第444—445页。

到社会思潮的影响而出现的一些不稳定因素,上海小三线组织开展了四项基本原则、社会主义民主与法制、经济形势的宣传教育,分批次对后方青工进行了轮训;在精神文明建设领域,各种棋类、球类比赛、文艺汇演、征文、绘画、书法、篆刻、摄影、盆景艺术展览等丰富职工业余生活的形式陆续出现。这些活动的开展,对稳定职工思想起到了一定的积极作用。

面对最为影响小三线稳定的职工生活中存在的种种困难,后方基地也着力加以解决。针对部分职工及其子女无法落户的问题,与上海方面积极协调落实解决;针对8 000余名男青年婚恋方面存在的突出问题,开展调研,提出建议与对策,切实解决青年切身利益问题;针对职工子女教育和医疗卫生的困难状况,奔走呼吁。在调整交接阶段,从企业资产核算、与当地谈判交接到职工去留安置、返回上海后的住房建设和分配、工作安排、干部安置等,小三线的组织机构更是承担了大量的社会职能。

综上所述,上海小三线组织机构职能的演变呈现出社会职能由弱到强的渐进过程。其职能的发挥与上海小三线所处的不同阶段相适应,随着小三线社会的形成而得以丰富,最终形成了典型的"企业办社会"。

第三节 组 织 特 征

考察上海小三线组织机构和工作职能的演变过程,对于我们认识和理解特定时期特定机构的组织特征具有一定的参考作用。

一、以前方包建单位为主的双重领导体制

接受前方包建局及相关单位和上海后方组织机构"条块结合"的双重领导,是上海小三线各企、事业单位在领导体制上的特征。

以1973年后方基地党委成立为界,上海小三线的双重领导体制特征可以分为前后两个阶段。1973年以前,小三线各厂对前方包建单位的依赖程度远胜过对后方领导机构的从属性。后方建设领导小组、"二二九"工程指挥部、"八一二"工程指挥部、"五〇七"工程指挥部等机构的定位是重点关注小三

线各厂的包建落实、施工进程等基建工作,而对于正式生产所需的设备、人员、资金等则均由前方包建局及包建单位自行解决。1973年后方基地党委成立后,前、后方领导机构有了比较明确的分工和职责。后方基地党委和革委会的定位是主抓小三线政治、思想工作,统一管理后方各单位的组织、人事、教育等工作,统一处理与皖南地方关系等三大任务,而有关小三线企业的生产、计划和物资供应渠道,仍由上海有关工业局归口管理,年度生产计划、财务计划以有关工业局为主编制,与后方基地党委共同商定下达,原材料和配套件的供应由各有关局负责安排落实。

当时在小三线的职工也感受了这一点,以小三线医院为例,"从体制上说,它(瑞金医院)是属于后方基地管理局下设的三个医院之一,受后方卫生工作组领导,后方卫生工作组又受上海市卫生局领导,因此后方瑞金医院又同时受上海瑞金医院领导。长江医院、古田医院也是如此"①。从为小三线提供配套服务的683运输场来看,"683运输场的业务、行政都是归上海市交运局的,后方基地管理局是后方小三线的一个全盘协调机构,因此虽说后方基地管理局也是上级单位,但我们的行政关系主要是属于上海市汽车运输公司的,且直至调整回来,都没有脱离这一关系"②。再以具体的小三线企业工农器材厂为例,"厂里的产品都是我们自己研发的,作为包建单位,上海无线电六厂会与我们一起开计划会议,接到订单也会共同完成,跟后方基地的关系主要是政治上的领导,业务上的领导不一定的,他们也下达任务,但主要还是政治的领导"③。

之所以说上海小三线的领导体制是以上海前方包建单位为主,还有另一方面的原因,那就是小三线与安徽当地的关系。需要指出的是,上海的小三线建设是在安徽以及南京军区的通力合作下才能够在皖南自成体系的。皖南当地的市、县政府和民众给予了小三线建设在人力、物力方面的大力支持,"徽州专区、池州专区都有领导参加'二二九'工程指挥部和'五〇七'工程指挥部的领导工作,小三线建设涉及的县,县委都指定一位县领导和部门领导分工负责支援小三线建设工作,专区、县以及公社、大队干部亲自参加上海

---

① "原上海小三线瑞金医院政工科科员倪传铮访谈录",2010年5月24日。
② "原上海小三线683运输场职工孙华元访谈录",2010年7月30日。
③ "原上海小三线工农器材厂副厂长须敬先访谈录",2010年8月5日。

小三线各级基建组织的领导工作"①。尽管如此,从整个组织管理体系来看,皖南当地包括安徽省始终未曾进入小三线的组织体系,也未参与上海小三线的内部管理,这也与上海小三线最初的定位有一定的关系,"与外省市小三线不同的是,上海小三线的行政隶属关系是上海市的,等于上海在异地建了一个工业区。当时按照战略上来讲,就是万一碰到战事,上海的工业、主要科研人员可以往后方转移,本质上来说小三线是为上海自己服务的。这一点和大三线不一样,和其他省市的小三线也不一样,其他省市小三线都是当地直属的,与上海完全不同"②。

二、"企业办社会"的缩影

从小三线组织管理体制机制及其职能演变来看,上海小三线有着典型的"企业型"社会的特征,是"企业办社会"的一个缩影。因为每个企业在建设时就贯彻的是"小而齐"的方针,每个厂都自成一个内部循环系统,做到了"万事不求人",企业承担着生产经营和社会保障的双重职能。

"企业办社会"是计划经济时代的产物,与新中国借鉴和延续苏联的战时共产主义经济体制密切相关。企业除了正常的生产活动外,通过建立或者兴办与生产经营没有直接关系的设施和机构,负责解决职工及家属各项生活、福利和社会保障等方面需求。这一模式长期存在于20世纪中后期的国有企业,尤其是三线企业中。由于三线企业基本都选点在深山,客观条件制约了社会管理对三线企业的介入。对于上海小三线而言,更是远离上海自身管辖范围,企业职工所需的社会保障在上海看来可能会"鞭长莫及",由企业包揽也是在所难免。上海小三线职工生活所需保障条件基本以上海为主,因此,企业承担的社会职能就更为广泛,且随着小三线职工和家属的不断增加,需求也会不断增加,社会职能自然也会不断扩大。从最初的解决粮油、蔬菜等日常生活物资供应为目标,到后来的医院、学校、休闲娱乐设施,再到全力解决青年职工的婚

---

① 上海市后方基地管理局党史编写组:《上海小三线党史》(未刊稿),1988年4月,第20页。
② "原上海小三线后方基地管理局办公室副主任朱岳林访谈录",2011年2月28日。

恋问题、预防犯罪等工作，几乎涉及社会管理的各个方面。而正是因为承担了越来越多的社会职能，也让一些小三线企业自身逐渐感到了管理上的难度，"什么都自己来，小而全，工厂是个小社会，厂里既要管生产，又要管生活，管户口，管邻里纠纷，又要办学校、技校、幼儿园、托儿所，尤其是厂内职工父母、夫妻、子女都在一个厂，人事关系复杂"①，原来比较单纯的同志关系，逐渐渗入亲属关系，一有矛盾就要牵涉一大群人。

"企业办社会"本质上还是企业管理体制。从小三线的组织机构来看，从1965年开始选点筹建到"文化大革命"结束，这一时期的组织机构有着鲜明的政治特色，"二二九""八一二"指挥部时期，其组织架构基本为指挥部指挥、副指挥和领导成员，人数一般在七到八人左右，基本不涉及社会保障职能。小三线真正拥有行政领导体制是在后方基地党委和革委会正式成立以后，当时下设工会、团委、生产组、政工组、办公室、组织组、后勤组、行政组、武保组等部门。到了1979年后方基地管理局成立时，党政机构进一步完善，局党委下设党办、纪委、组织组、宣传组、大庆办、运动办、人武部、工会、团委等部门，局行政下设生产组、物资组、财务组、劳资组、基建组、后勤组、地区组②、沪办③④。后又随着形势的发展变化有过部门的调整，如增设了教育处、企业整顿办公室等部门，但无论机构如何增减，从本质来看，仍是传统的企业管理体制。

一方面要承担企业的生产经理管理，另一方面又要承担比在上海更为复杂和困难的社会服务职能，体现了上海小三线企业生产经营和社会服务职能的双重性，也就从一个角度解释了为何在改革开放不断深入的过程中，上海小三线会面临越来越困难的经营困境和社会问题。客观环境的改变固然是要素之一，但企业自身负担过重、责任过大也是关键原因。

---

① 《上海市协作机械厂：关于我厂情况的汇报》(1981年4月12日)，协作机械厂档案，档案号：81-1-1。
② 地区组：指后方基地专门负责处理小三线与皖南、浙西当地关系的部门。
③ 沪办：指上海市后方基地管理局在上海设立的办事机构，负责协调、处理上海和后方的各项事宜。
④ 《上海市后方基地管理局(1965年9月—1988年12月)领导机构沿革与成员名录概述》(未刊稿)。

1973年以前,上海小三线组织机构的主要职责就是基本建设;1973年后方基地党委成立后,又被赋予了组织、干部、人事和教育等工作职责,同时强调要做好支援地方农业生产和地方工业的工作,统一处理和当地的关系;到了80年代,小三线面临着军工生产任务急剧下降、民品生产一时又接不上的困境,长期存在的企业职工生活保障问题此时就显得更加突出,生产问题、职工生活问题和社会问题交织在一起,后方基地管理局在这一阶段一方面坚持贯彻"军民结合,平战结合,以军为主,以民养军"的方针,努力发展生产,另一方面则花大力气解决小三线面临的各种社会问题,努力维持小三线社会的稳定。

　　由此可见,上海小三线的组织机构在不同时期有不同的职能侧重点,"企业办社会"的社会保障职能是随着小三线建设的不断推进而逐渐形成的,又是随着所处的阶段不同而逐渐引起企业重视的,是主动作为抑或是被动接受,其实并不影响其职能的不断调整和变化。

第二章　户籍与人口

在分析上海小三线的人口问题之前,我们需要先就20世纪50—60年代的相关人口政策以及上海的人口流动状况作一简要梳理和分析,这将有助于我们认识上海小三线的特殊时代背景,帮助我们更好地理解上海小三线的人口概况。

"在社会主义国家中,资源分配(尤其是投资)的最终权力是属于国家的,因此国家对各地区的发展策略将会对地方经济发展产生重大影响。而人口作为重要的生产要素,同样受到国家的支配与控制,国家根据地方需要,将相应的人力资源配置到当地,这在改革开放以前是非常普遍的现象。"① 与人口配置相适应,将"消费的城市"转变为"生产的城市"是中国共产党在解放战争后期确定下来的城市管理基本政策。在新中国成立初期,这一政策被运用于大城市的人口管理工作之中,认为减少城市人口是改变城市性质的关键步骤,于是开始动员大量城市的"消费性人口"返乡参加生产劳动。上海作为中国近代以来的商业文化中心,被定义为消费型城市,在上海市委看来,"逐步紧缩上海过多的人口,是对上海市进行社会主义建设和社会主义改造的根本问题"②。

与此同时,上海自开埠起就是人口流入地,解放后外地人口持续流入,再加上人口的自然增长,上海人口规模的增长较快。据统计,1950年的上海约有人口500万人,到1954年底就已经达到了660万人。随着人口规模的扩大,市场流通、物资供应、市政建设等方面都面临着紧张和困难的情况。因此,

---

① 俞路著:《新时期中国国内移民分布研究》,上海三联书店2008年版,第1页。
② 《中共上海市委关于逐步紧缩上海市人口与加强户口管理的指示(草稿)》(1955年7月1日),上海市档案馆,档案号:B168-1-859-8。

"一五"时期上海人口管理的任务就是对畸形臃肿的城市逐步加以紧缩。这一时期根据国家的整体经济建设布局,上海已经开始组织人员通过支边、支内等方式离开城市。然而,上海的人口依然在急剧增加,整个"二五"时期从1958年的750.8万人增加到了1962年的1 057.86万人①。为了缓解持续增加的人口压力,1963年9月,中共上海市委精简小组办公室制定了《上海市1963年至1967年减少城镇人口工作的初步规划》,指出在大力倡导计划生育降低自然增长率外,要"继续大力动员人口外迁,主要是动员社会青年上山下乡,参加农业劳动和参加各地建设。同时,抽调部分职工支援外地建设,动员一部分外调职工的留沪家属迁往职工所在地。1963—1967年,计划动员外迁70万人"②。此后很长一段时间内,通过职工外迁成为紧缩上海城市人口规模、缓解城市压力的手段之一。

大三线、小三线建设正好与人口紧缩政策相契合。在"备战、备荒、为人民"的战略思想主导下,在60—70年代,通过各级组织的宣传动员,大批上海职工离开上海奔赴全国各地,参加三线建设。据统计,仅在三线建设初期,上海迁出职工就达16万人,"1969年开始,上海抽调1.4万职工参加上海设在江苏梅山、大屯,安徽铜陵,山东张家洼四个原料基地建设。在中央布置下,1964年开始,上海通过搬迁工厂以及技术支援等形式参加大三线建设。到1973年,上海共迁建304个项目,搬迁411个工厂,内迁职工9.2万人。在建设大三线的同时,上海有关工厂还以包建的形式在安徽省、浙江省内迁一批小三线单位,由机电、轻工等14个局共65个单位包建,先后建成81个单位,内迁职工5.4万人"③。而三线建设只是这一时期人口流动的去向之一,加上支边、支内、上山下乡等多种渠道,共同形成了特定时期人口大规模迁移的活跃期。有学者指出,在这一时期,中国各年人口的迁移率都在3%以上,"50年代之后,人口迁移则完全受政治运动的影响,自发性迁移的比重很小。这一阶段全国性的人口迁移事件主要有两个:一是在'三线建设'的陆续展开下,大批工厂、科研机构和高等学校从沿海迁往内地,从而带动了一次大规模的人口迁移"④。

---

① 国家统计局发布数据。
② 祝兆松主编:《上海计划志》,上海社会科学院出版社2001年版,第461页。
③ 祝兆松主编:《上海计划志》,上海社会科学院出版社2001年版,第341页。
④ 俞路著:《新时期中国国内移民分布研究》,上海三联书店2008年版,第3页。

据《劳动报》引用有关部门的统计数据,截至1983年,上海市三十年来支援外地和全国重点建设的职工总数达170余万人。其中在第一个五年计划期间支援国家重点建设的有33万余人;从1953年到1966年前的13年中,从工厂企业抽调、迁厂、迁店、技校毕业统配、吸收社会各类技术人员支援外地建设等有112万余人;1966年之后支援外地职工有50多万人,其中支援新桥、莱芜铁矿、梅山等三个原料基地及后方小三线的职工有9万多人①。24年的时间里,上海小三线先后拥有全民所有制单位职工5.7万余人、职工家属1.6万余人、集体所有制单位职工1 500人,合计近7.5万人,构成了上海小三线的人口规模。那么什么样的人可以去小三线?上海如何组织7.5万人去小三线?小三线的人口结构如何?上海怎样实现对小三线人口的日常管理?这是上海小三线社会面临的首要问题。

第一节 来　　源

7万余名职工及其家属并非在一夜之间同时到达后方,而是根据小三线建设的需要,分阶段、分批次进入后方。根据进入小三线的时间不同,面临的形势和任务不同,对于职工的要求也有所差异,我们有必要对小三线人口来源及其构成进行考察。

一、"又红又专"的骨干力量

政治身份和政治素质是小三线建设初期对职工的首要也是核心要求,政治审查不过关,是无法进入小三线的,小三线的军事战备性质决定了这一点。

小三线最初的筹建和搬迁工作有严格的组织保密性,对于参加搬迁准备工作的干部,都要进行严格的资格审查。1964年12月1日,国家经委发出《关于搬迁工作中几个具体问题的规定》中提道:"凡是属于地、富、反、坏和右派分子,直系亲属被镇压而心怀不满的分子,因隐瞒重大历史政治问题而被控

---

① 《170万职工支援外地建设》,《劳动报》,1983年7月8日。

制使用的政治嫌疑分子,严重的贪污盗窃、投机倒把分子,坚持剥削阶级立场的资产阶级分子,以及有其他严重违法乱纪行为的分子,都不得随厂迁移。"①(即所谓的"六不准")上海的小三线也有自己严格的规定,以防止敌人破坏,"政审的时候要看祖宗三代,出身好、思想好才可以,家庭也要审查,进去的都是党员,一旦有任何政治条件不符合,即使自己想去,也不会让你去"②。曾任后方基地管理局局长的王志洪,虽是最早去小三线参与基础建设的人员,但在第一批选拔的时候却因其父亲是国民党党员,姑妈在台湾而被取消资格,后来到1969年第二批选拔的时候,支部书记依然因为其有政治问题而不同意,但终因其是业务骨干,才勉强同意他留在后方③。

  由王志洪的经历便引出了小三线职工另一个条件,那就是对专业技术人才的需求。为了确保小三线工厂能够正常投产,必须要有一批技术过硬的核心和骨干职工。根据毛泽东"好人、好马、好刀枪"配备三线建设的指示,包建厂的大量技术水平较高的骨干力量被抽调派往小三线。据档案资料显示,"内迁职工的平均技术等级要略高于留厂职工的水平,等级要高低搭配,工种要配套,以便保证工厂迁到内地以后,能够进行正常生产"④。因此,有选择性地派遣技术骨干、政治素质过硬的干部就成为小三线职工最初的主要来源渠道。由上海起重运输机械厂和中华造船厂共同负责包建的协作机械厂,在1966年选点设计完成的同时,就着手对职工进行安排,"为了跟上建厂的需要,请两厂积极组织人员对其支内建设的人员进行政治审查,我们意见是在1967年第一季度政治审查完成,作好培训准备,第二季度送一定数量的生产工人到对口厂进行培训,第三季度陆续开进我厂。在审查人员的同时请两厂领导给予配备30%以上的党团骨干"⑤。再以后方的医疗卫生单位为例,即使是医生也要派水平高的去小三线,当时作为包建单位的东方红医院对派往后方瑞金医院的

---

  ① 陈东林著:《三线建设——备战时期的西部开发》,中共中央党校出版社2003年版,第144页。
  ② "原上海后方基地管理局工会主席王美玉访谈录",2011年1月20日。
  ③ "原上海后方基地管理局局长王志洪访谈录",2011年4月14日。
  ④《全国迁建工作会议纪要(草稿)》(1965年9月4日),上海市档案馆,档案号:B103-3-586。
  ⑤《机电一局、国营九三八三厂关于九三八三厂建厂人员配备报告》(1966年11月2日),协作机械厂档案,档案号:68-1。

医务人员明确规定,"有两个水平一样的医生,必须有一个去后方,如果只有一个,也尽可能去一个,就连后勤、食堂人员也要挑选骨干"。据当时曾在小三线瑞金医院工作的卜晓明医生回忆:

> 瑞金医院给我总的感觉是,它人员配备的力量比当时的中心医院力量要强。那里有一批很好的专家医生,业务是相当棒的,当时担任医院内科主任的唐振铎先生就有着丰富的临床经验,他不仅仅是书本上的知识非常扎实,自己的专业扎实,整个大内科的知识都很扎实,还精通英语、法语。当时在后方瑞金医院,许多农民来的时候都是担架抬着来的,在唐主任的手里,最后可以走出医院,在上海都做不到,医疗水平之高可见一斑。①

在各包建单位的大力宣传下,或是宣传动员、点名派遣,又或是主动报名、重点做思想工作,一大批在包建厂里政治素质过硬、踏实肯干,有经验、有热情的技术骨干奔赴小三线,成为第一批进入小三线的人,也是后来小三线职工的主要组成部分,为小三线企业建成投产发挥了重要的作用。这些企业的技术骨干基本已是人到中年,为何会选择在此时离乡背井、远赴皖南山区建设小三线?除了上述的宣传、动员等非自觉因素作为外力推动之外,是否还有着更深层次的原因呢?

从已有资料和部分小三线职工的回忆来看,可以大致作出分类。第一类是主动报名。这一类职工拥有着"根正苗红"的至高荣誉感,有报国热情,简单纯粹为了响应毛泽东和中共中央的号召,在饱满的政治热情和荣誉感召下选择主动报名前往小三线,去的时候是有荣誉感的,因为是到小三线军工厂、保密厂,去的人素质都挺好的,技术素质、思想素质、政治素质都是原厂里面最好的人去。"我父亲1956年进上海自行车厂,是位电工。他非常正统,'文革'前入党,属于非常听党的话、听领导话的人……在1969年上海自行车厂动员去小三线时,父亲是自愿积极报名的。厂里开会作动员,伟大领袖毛主席非常关心三线建设'三线建设一天不搞好,我就一天睡不好觉',当时就有人报名了说'毛主席的号召我们怎能不响应?'我父亲

---

① "原上海小三线瑞金医院内科住院医师、主治医师卜晓明访谈录",2010年4月30日。

也就报名进山了"①。第二类是躲避心理。受"文化大革命"影响,一些在前方包建单位"靠边站"的老干部选择去小三线躲避,"在'文革'中受到冲击的人,开始的时候都是属于资产阶级反动权威,后来解放让他去后方了"②,"医务人员中有许多都受到过'文革'影响……但后来都算搞清楚了,才让他们去小三线"③。后来曾担任后方基地管理局物资基建处副处长的顾国武当时也是因为"文化大革命"期间受审查,于1970年7月到小三线的,"第一批去的都是老干部,调配过去的,服从组织需要,有一些知识分子在'文化大革命'早期的时候被批判,在政治上被批判,但是他们的业务基础很好,到后方就无所谓了,同等对待"④;"当时总体感觉去上海小三线的职工动员是很方便的,其中的原因之一就是受'文化大革命'影响,技术人员、知识分子还有一些干部都要离开是非之地,所以当时后方有一个说法叫'好山好水好风光,好人好马好刀枪',去的都是一些骨干力量,生产很快就形成了"⑤。第三类是解决家庭困难。这一部分人员主要是为了解决夫妻两地分居而采取"曲线道路"双双到小三线的,上海小三线为解决夫妻两地分居问题提供了很好的机会,无法通过商调回到上海,那就调到距离上海比较近的小三线去也未尝不是一种方式,即使是以牺牲专业为代价,"我当时在山东大学教书,妻子在上海瑞金医院,在妻子到了后方以后,我就以这样的名义调到了后方瑞金医院政宣组工作。像我一样的还有几个,在调过来后都从事了行政工作,实现了夫妻团聚"⑥;"我当时在南京江宁政府机关,妻子是沪东造船厂的,夫妻分居,两个孩子,家庭条件困难,选择去安徽主要是便于解决分居问题。像这样的情况很多,所以小三线当时还是有一批人才的"⑦;"当时我的妻子在北京电子厂,我通过局里把她调到了上海,在

---

① 《爸爸趴在工具箱上教我算术——原上海光明机械厂子弟小学学生刘金峰访谈录》,徐有威主编《口述上海:小三线建设》,上海教育出版社2013年版,第393页。
② "原上海小三线瑞金医院政工科科员吕建昌访谈录",2010年3月29日。
③ "原上海小三线瑞金医院内科住院医师、主治医师卜晓明访谈录",2010年4月30日。
④ "原上海后方基地管理局老干部科科长陈国兴访谈录",2011年1月12日。
⑤ "原上海后方基地管理局党委书记王昌法访谈录",2011年4月20日。
⑥ "原上海小三线瑞金医院政工科科员倪传铮访谈录",2010年5月24日。
⑦ "原上海小三线前进机械厂党委书记苏开权访谈录",2010年7月23日。

电子工业部华东大区电子工业处。'文化大革命'开始后,政策要求'中央各部、各省市办事处全部撤销,人哪里来回到哪里去'。好不容易调到上海回北京怎么办呢,恰逢此时小三线搞基本建设,包建厂也考虑到需要业务骨干,我妻子是安徽人,于是我提出了去安徽,1968年、1970年我们分别到了向东器材厂"①;"我是1971年从北京去的,我当时在北京钢铁学院任教,妻子在上海钢铁冶金所,分居两地,想到一块又没办法,这时候上海冶金局要筹建后方工厂,八五钢厂厂长是我同学,我就写了封信给他,问他能不能夫妻一起去,后来他回信给我说可以,我们就办手续去了"②。第四类是组织直接派遣。这一部分人员是直接通过行政命令去往小三线的,"1965年4月上旬,当时我在上海市科委工作,领导让我到市委参加一个会议,会上介绍了根据中央的要求,上海要建小三线,现在已经定下来了,由罗白桦带队。这时我才知道是要我去小三线工作"③;而后来曾担任后方轻工公司经理的郑子虎当时在上海日用化妆品公司任基建科科长,1969年4月29日公司找他谈话,5月1日他就到后方去了,从知道要去小三线到出发,仅有两天时间。

在小三线基本建设时期,第一批前往小三线的职工多数集中了前方包建单位一批政治可靠、业务精湛的骨干力量,年龄多在三四十岁之间,成为上海小三线建设的中坚力量,这在后来的实际工作中也得到了充分的印证。八五钢厂作为上海小三线规模最大的企业,"1972年达到3 962人,其中,上海支内职工1 600人,来自上钢五厂、上钢三厂、新沪钢铁厂、机修总厂和上海有色件厂等单位"④,占全厂职工总数的40.4%,"这些人,技术业务素质好,文化水平较高、且具有一定的生产实践经验,对八五钢厂的生产建设发展发挥了重要作用"⑤。

---

① "原上海后方基地管理局生产处综合计划科科长董震东访谈录",2011年2月25日。
② "原上海小三线八五钢厂副厂长汪铁钢访谈录",2011年6月9日。
③ "原上海后方基地管理局后勤处处长王中平访谈录",2011年1月22日。
④《小三线钢铁厂冶金军工史(1965—1986)》,1989年7月印刷(香港中文大学中国研究组务中心藏书),第76页。
⑤《小三线钢铁厂冶金军工史(1965—1986)》,1989年7月印刷(香港中文大学中国研究组务中心藏书),第76页。

二、"老三届"①和"新三届"②

随着上海小三线相继建成开始投入生产,对一线职工的需求量也逐渐增大,"老三届""新三届"毕业生正是在这一背景下进入小三线企业的,而他们也成为小三线企业生产一线的主力军。"老三届""新三届"之所以会进入小三线,是多种因素综合作用的结果。

随着前方包建单位的宣传动员工作难度越来越大,即使适当降低政治审查标准也难以解决后方所需大量劳动力的问题。"六不准"的规定在经过一年的实践后,"现在看来,这个规定严了一些","内迁人员的政治条件可按企业的性质区别对待,国防企业按国防工办的规定办理;一般民用企业标准可以适当放宽,只要本人没有严重的政治问题,就可以内迁。身体条件,除丧失劳动能力和长期患病、不能坚持正常工作的人以外,可以强弱搭配。全迁企业的职工,除少数政治上有严重问题的以外,原则上应全部随厂内迁"③。而在1966年,上海市后方建设领导小组确定的后方人员的政治条件为"考虑到各单位迁来后方的项目内容不同,机密程度也不同,因此,来后方的人员政治条件,在要求上应有所区别。我们意见,凡属军工及直接与国防生产科研有关的项目,其人员应按国防工办规定的政治条件办理。其他项目的人员除'四类分子',现行反革命嫌疑分子,'文化大革命'中揭发出来的反党、反社会主义分子以及海外政治关系复杂者外,都可以来"④。

一方面是宣传动员难度加大,另一方面是小三线对劳动力的需求不断增加。1969年"珍宝岛事件"后,全国范围的三线建设明显加速。到1970年以后,小三线各厂纷纷建成投产,需要大量的一线劳动力,若继续从包建厂动员

---

① 老三届:一般指的是六六、六七、六八三届初、高中毕业生。在上海小三线专指这三年进厂的中专、技校毕业生。
② 新三届:指七二、七三、七四三届初中毕业进入小三线的职工,为了与"老三届"有所区别。
③《全国迁建工作会议纪要(草稿)》(1965年9月4日),上海市档案馆,档案号:B103-3-586。
④《上海市后方领导小组关于后方建设搬迁工作中若干问题的请示报告》(1966年7月22日),上海市档案馆,档案号:A38-1-351-82。

则同样会影响到前方厂的正常生产。同一时期，受"文化大革命"影响，国家劳动力配置政策发生变化，要求"老三届"学生都必须离开上海，到外地"四个面向"，即面向边疆、面向工矿、面向农村、面向基层。在"老三届"看来，相对于边疆、农村、基层，工矿显然更具有影响力，对工矿企业来说，上海小三线企业是具有优势的，无论是在空间距离上还是在企业归属上，相对于其他地方来说有一定的优势。国家通过劳动力资源调配的方式，为小三线的生产补充了大量年富力强的劳动力。

"老三届"中尤以六八届最具有代表性。六八届中专、技校毕业生本应在1968年毕业，但最终延期一年至1969年。后又经过劳动锻炼，在1969年底到1970年初，才被分配至小三线各厂。因为六八届毕业生大量进入后方，前进机械厂还出现了对这一群体的特殊称呼"708"，意指1970年8月到达小三线的毕业生。而事实也说明了"老三届"为小三线劳动力补充所起的作用。以前进机械厂为例，它是由沪东造船厂和上海电机厂包建的，沪东造船厂去了400人，上海电机厂去了100人，共计500人，距离最初的设计1 200名职工差距还很大[①]；八五钢厂也面临同样的困难，该厂最初设计4 000名职工，最后扩大至5 500名，包建厂上钢五厂动员了600人，其他厂动员了700人，通过冶金局各个厂，以五厂为主，三厂、二厂都有人去，总共2 000人不到[②]。八五钢厂到1972年时职工总数达到了3 962人，其中"老三届"中专、技校毕业生就有1 062人，占职工总人数近三分之一；前进机械厂同样在这一时期分配来了400名六八届毕业生，职工人数达到900人；险峰光学仪器厂迎来了308名21、22岁左右的六八届中专、技校生，被戏称为"308将"。

"新三届"没有"老三届"一样让人耳熟能详，它特指七二届、七三届、七四届的初中毕业生，包括有去向代训和无去向代训两部分。无去向代训即暂时先由工厂代为培训，等培训结束后再行分配，有去向代训则是已经知道分配单位，但仍需由工厂代为培训，培训结束后再到单位报到，培训时间一般为两至三年。七二届、七三届无去向代训的学徒最终大量进入小三线，培训结束时已到了1975年年底。于是，从1974年起，特别是1975、1976年两年时

---

① "原上海小三线前进机械厂工会主席伍雨珊访谈录"，2010年9月22日。
② "原上海小三线八五钢厂党委书记陈锁锁访谈录"，2011年6月17日。

间里形成了小三线职工规模的又一轮增长高潮。据档案资料记载,1974年10月,上海一次性就给小三线调配代训学徒近2 500人,"根据基地革命和建设需要,抽调本市带训学徒2 497名去安徽省贵池县、东至县、休宁县、黟县、旌德县、歙县、绩溪县、宁国县、屯溪镇、祁门县、泾县及浙江临安县等地的上海小三线工厂工作"①。1975年冬至1976年春,后方基地又陆续接受了1万名培训学徒和技工学校的毕业生,"根据市委指示,今冬明春将有1万名培训学徒和技工学校毕业生分配到后方基地各单位工作。为了加强党的一元化领导,做好思想政治工作和接收分配工作,经各有关局和后方基地党委协商,并经市革委会工交组同意,对这1万人的接收分配工作,统一由上海后方基地党委负责,各有关局协助配合,共同做好这项工作"②。如果按照小三线职工共计5.7万人计算,这1万人就占17.5%。在这次补充劳动力过程中,险峰光学仪器厂一次性来了无去向代训工300人;前进机械厂也补充了200人,使得职工人数达到1 100人,距离1 200人的满额编制只差100人;八五钢厂也因此而增加了1 000人,职工总数达到5 000人,基本完成了最初设计的职工人数规模③。

从1976年开始,除少量零散地通过其他渠道进入小三线的职工外,再无大批人员进入小三线的情况。这一批20岁左右的年轻人来到小三线,使得小三线的一线职工得到了补充,保障了各企业基本的生产活动,虽然后期也因此衍生出了职工的男女比例失调等不稳定因素,但在当时确实满足了小三线大规模军品生产的人员需要。

三、职工家属

在上海小三线,除了5.7万余名职工外,还有1.6万余名的职工家属,他们

---

① 《上海市劳动局革命委员会关于抽调代训学徒去后方基地有关工厂的函》(1974年10月30日),协作机械厂档案,档案号:74-7。
② 《关于上海后方基地接收一万名培训学徒和技工学校毕业生分工问题的通知》(1975年11月7日),上海市档案馆,档案号:B112-5-937-24。
③ 三个厂的职工数据由访谈原上海小三线险峰厂党委书记储瑛娣、原上海小三线前进机械厂工会主席伍雨珊、原上海小三线八五钢厂党委书记陈锁锁所得,应为大概数据。

虽然没有直接参与小三线的生产工作,但也通过各种辅助岗位间接参与了小三线建设,同样是小三线人口的重要组成部分。从表2可以看出小三线各单位职工家属的具体情况。

表2 上海小三线各单位职工及家属人数(截至1976年末)①

序号	单位	人数		
		合计	职工	家属
	总计	73 180	56 904	16 276
	直属单位			
1	基地机关	262	230	32
2	基地干校	170	150	20
3	后方电力组	61	36	25
4	366电厂	417	317	100
5	312电厂	449	376	73
6	325电厂	933	764	169
7	703供电所	716	645	71
8	输变电工程队	895	515	380
9	后方卫生组	90	70	20
10	瑞金医院	630	450	180
11	古田医院	415	350	65
12	长江医院	450	370	80
13	天山医院	176	126	50

① 《上海市革命委员会工交组关于上海小三线建设情况的汇报》(1977年11月18日),上海档案馆,档案号:B246-1-936-31。

续 表

序号	单位	人数		
		合计	职工	家属
14	防疫站	98	80	18
15	683运输场	3 252	2 672	580
16	260通讯站	520	400	120
17	565仓库	317	282	35
18	707仓库	282	255	27
19	690仓库	180	160	20
20	胜利水泥厂	2 143	1 943	200
21	贵池钢厂	7 115	5 115	2 000
22	新光金属材料厂	1 566	1 256	310
23	群星材料厂	767	581	186
24	培新汽车修配厂（5359）	2 674	1 824	850
25	红波修配厂	340	280	60
26	计量检定所	108	108	0
	机电公司			
27	公司机关	107	97	10
28	胜利机械厂（5307）	2 027	1 515	512
29	前进机械厂（5317）	1 936	1 178	758
30	火炬机械厂（5347）	787	660	127
31	永红机械厂（5327）	948	750	198
32	五洲机械厂（5337）	841	696	145

续 表

序号	单 位	人 数		
		合计	职工	家属
33	联合机械厂（526）	3 011	1 901	1 110
34	协同机械厂（9337）	1 549	1 175	374
35	卫海工具厂	726	551	175
36	跃进机械厂	1 503	1 280	223
37	红旗机械厂	883	703	180
38	协作机械厂（9383）	2 331	1 573	758
39	机电公司供应站	190	175	15
40	机电中学	70	60	10
41	培进中学	100	100	0
	轻工公司			
42	公司机关	101	86	15
43	光明机械厂（5303）	2 068	1 588	480
44	光辉器材厂（5304）	1 892	1 598	294
45	燎原模具厂（5323）	1 368	1 081	287
46	万里锻压厂（5313）	1 677	1 423	254
47	红星板箱厂	792	665	127
48	海峰印刷厂	563	441	122
49	101修建工程队	330	300	30
50	红光材料厂（9391）	563	441	122

续表

序号	单 位	人 数		
		合计	职工	家属
51	曙光电料厂	630	495	135
52	轻工中学	105	95	10
	仪电公司			
53	公司机关	110	100	10
54	东风机器厂（8301）	816	738	78
55	旌旗机械厂（5319）	1 030	868	162
56	井冈山机械厂（5309）	1 646	1 383	263
57	立新配件厂（8374）	905	639	266
58	工农器材厂（8370）	860	662	198
59	卫东器材厂（8372）	524	411	113
60	险峰配件厂（5349）	1 014	884	130
61	延安机械厂（8374）	575	494	81
62	满江红材料厂（8377）	432	342	90
63	星火零件厂（8376）	656	506	150
64	向阳机械厂（8350）	720	564	156
65	仪电计量站	70	60	10
66	韶山电器厂（5329）	957	692	265
67	遵义器材厂（8321）	532	457	75
68	东方红材料厂（8331）	1 453	1 000	453

续 表

序号	单位	人数		
		合计	职工	家属
69	向东器材厂（8371）	1 132	596	536
70	新安电工厂（5339）	964	790	174
71	七一器材厂	519	391	128
72	为民器材厂（8375）	407	284	123
73	朝阳器材厂	591	493	98
74	仪电供应站	118	98	20
75	仪电一中	70	60	10
	化工后方管理处			
76	管理处机关	110	95	15
77	金星化工厂（5305）	947	863	84
78	红星化工厂（5355）	1 033	850	183
79	卫星化工厂（5355）	1 178	1 057	121
80	长江化工机修厂	409	374	35
81	自强化工原料厂	619	567	52
82	龙江水厂	549	504	45
83	化工中学	110	100	10

在最初搬迁之时，上海就对小三线职工家属的随迁作出安排，认为职工家属随迁一方面可以压缩城市人口，利于备战，同时对支援山区建设、稳定职工人心都是有利的，应该尽可能多地安置解决，"但考虑到目前后方家属宿舍还未建造，而向当地农民租用房屋尚有一定的困难，因此，对职工家属的随迁

问题,应该采取分期分批的办法逐步解决。在搬迁中,有关职工家属的各项具体问题,由原单位处理,并具体落实,以免引起混乱"①。1967年,又专门针对随迁家属的问题出台了具体原则,"除本厂双职工外,家属搬迁最好在职工本人工作安排妥当并经过一段适应过程后再进行搬迁;原在上海未参加工作的职工家属系属城镇户口搬迁内地的,要求当地地方安排工作是有困难的,因目前当地也有不少闲散人员尚未安排工作;职工家属系农业户口,要求搬迁内地插队的,应在当地取得同意落实后,才能迁来。因皖南多数地区地少人多,要求插队是有相当困难的;职工家属原在上海街道、里弄集体所有制单位工作的,在搬迁内地后已明确吸收在本厂工作者,应先在上海解决作为该厂的劳动定员,才得作为正式工人。否则即使本厂能安排工作,也仅能作为临时工处理"②。到了1969年,上海市革委会工交组以内部掌握的形式发文,就职工家属随迁作出了更为具体的规定:"随迁职工家属不是企业中的正式职工(包括里弄生产服务组),其工作的安排,应根据当地的条件并和当地协商一致,可参加当地的集体所有制企业生产或农副产品生产,也可参加本企业中举办的其他集体福利事业,如不能安排,应向职工本人讲清;同去双职工(不论本市或外地)其工作一定要和内地协商一致,作出妥善安排,必须做到先落实、后随迁;内迁企业的长期临时工(即实际上的固定工)和职工配偶一方系长期临时工,如迁入企业生产需要,符合支内条件的,经两地协商落实,可在上海转为正式职工后内迁;职工配偶一方系街道工厂中的长期固定职工(不包括里弄服务和生产组),如内地生产需要,条件符合,经两地协商落实后,可以吸收进迁入企业或由内地另行安排工作;家属在农村的,原则上不迁,如果迁入企业附近人民公社能插队落户,经落实后方可直接迁去;家居本市的随迁职工的子女达到劳动年龄的,经当地县革命委员会协商同意,可就近插队落户。"③

可以看出,上海对于小三线职工家属的随迁基本采用了较为宽松的政策,

---

① 《上海市后方领导小组关于后方建设搬迁工作中若干问题的请示报告》(1966年7月22日),上海市档案馆,档案号:A38-1-351-82。
② 《二二九工程指挥部抓革命促生产第一线指挥部关于搬迁工作中有关职工家属的几点注意事项的通知》(1967年4月27日),上海市档案馆,档案号:B112-5-33-16。
③ 《上海市革命委员会工业交通组关于支援内地建设的职工动员工作中若干具体政策的试行草案(内部掌握)》(1969年9月18日),上海市档案馆,档案号:B112-2-167-4。

对家属到达皖南后的去向也进行了分类处理。同时，上海市档案馆的相关档案资料显示，上海小三线家属随迁的政策基本出台在70年代之前，由此可以基本断定，进入小三线的职工家属应是前方包建厂派往小三线技术骨干的家属。在实际的家属安置工作中，综合口述史料发现，除了部分通过双职工家庭、插队落户等渠道有着落之外，多数职工家属在小三线企业从事与生产无关的后勤保障工作，如在小卖部、浴室、食堂等集体福利部门工作。

四、其他

除通过上述三种方式进入小三线外，还有零散的少部分职工通过其他渠道进入小三线，这主要是受小三线所处环境的大背景影响。而这部分人之所以能够进入小三线，也是为了解决小三线企业在生产、生活中遇到的各种困难。

支农职工。"三年自然灾害"期间，为了缓解困难时期厂矿的职工压力，中央政府提出了工人返乡的决策，号召从工厂抽调一批工人到农村支援农村建设，原则上是返回原籍，等到经济形势好转再行安排回工厂。受此影响，大批来自崇明、嘉定等上海郊县以及浙江等地的工人返回原籍参加农村建设。到了70年代初，正值小三线建设急需劳动力的时候，遂召返乡职工回城参加小三线建设，而对于年龄已经不适合回城的职工则采取了由子女顶替的方式，这部分人就是支农职工及其子女，他们尽管整体文化水平有限，但却是劳动素质较高的老职工。在小三线瑞金医院就有一批从事后勤工作的崇明籍支农职工；前进机械厂也正是依靠来自绍兴、嘉定的100名支农职工完成了1 200人的企业职工规模目标。

征地农民。上海小三线远离上海，建设在皖南及浙西山区，根据"靠山、隐蔽、分散"的原则，81个单位基本都选点在深山，基本建设必然涉及土地征用问题，尤其是可耕田地的征用。

早在小三线筹建时期，无论是中共中央还是上海方面都要求三线建设"必须认真贯彻'不占高产田，少占可耕地，不迁居民，便利居民'的原则，在处理排水和废弃土方时，也应尽可能少占可耕田地"[①]。"在后方建设中，把厂

---

① 《中华人民共和国交通部关于小三线交通建设工作的几点意见的通知》(1965年7月30日)，上海市档案馆，档案号：B257-1-4330-30。

(所)社结合、工农结合问题,放在建厂(所)的首要位置……在选点过程中确需占用一些土地时,以后可采取开荒还田或帮助社、队提高单位面积产量等补救措施"①。皖南和浙西山区,本来可耕田就少,人多地少是其基本特点。但随着小三线基本建设的不断推进和一些企业的扩建,小三线建设用地需求不断增加,征地便不可避免。

  早在1965年,不少小三线企业就根据实际情况开始吸收征地农民进厂。上海后方机床铸造四厂分厂在筹建时职工规模定为135人,就曾从中专门划出30个合同工名额留给当地征地农民。随着征地规模的不断扩大,上海市劳动局革委会经与"八一二""五〇七"工程指挥部及当地相关部门商量后,在对征地作出适当的青苗补偿的基础上,作出了吸收部分征地农民进厂的决定,并就吸收征地农民人数及待遇作出规定,原则上以各社队被征用耕地面积按当地耕地与整劳动力的比例计算,征地农民吸收进厂,一律作为固定职工,工资按当地新进人员制度办理,吸收人员的条件及具体工作,由指挥部与有关专区革委会直接协商确定②。这一政策出台后,当地农民开始进入小三线企业。以贵池为例,面对劳动力不足,"五〇七"工程指挥部及时与贵池县商量,就地就近招工。"一来解决各厂的人员不足,二来解决因建厂征用土地农民失地又失业问题。八五钢厂建厂初期,一次就在厂附近的大队招收新工人100名"③。在原上海工农器材厂征地工人王志平的记忆里,"我就是征地工,三亩地征一个人,后来征了140多人,就意味着征了500多亩地。地是赔青苗费,比如一年500斤稻谷的平均产量,三年下来是1 500斤,100斤谷物大概7元钱,按这个标准赔偿"④。截至1970年10月,上海在皖南后方的企业先后征用土地4 093亩,其中耕地1 749亩,柴山、荒地2 344

---

  ①《中共上海市委关于后方建设搬迁工作中若干问题的批复》(1966年7月22日),上海市档案馆,档案号:A38-1-351-82。
  ②《上海市劳动局革命委员会关于皖南后方企业吸收一部分征地农民的请示报告》(1970年10月17日),上海市档案馆,档案号:B127-3-119-18。
  ③ 余顺生、武昌和:《安徽贵池在小三线企事业单位建设生产经营中的作用与贡献》,徐有威、陈东林主编《小三线建设研究论丛(第四辑)》,上海大学出版社2018年版,第252页。
  ④《厂长握着我的手,哭了——原上海工农器材厂安徽征地工王志平访谈录》,徐有威主编《口述上海:小三线建设》,上海教育出版社2013年版,第209页。

亩,耕地占到征地面积的43%,"如绩溪县汪村生产队,原有耕地174亩,被征用了124亩,剩下耕地50亩,人口155人,人均只有三分多土地,当地社队及农民群众都迫切要求工厂吸收征地农民。我们认为,皖南等后方企业在征地后吸收一部分征地农民进厂,有利于加强工农联盟,是必要的"①。1971年,群星材料厂吸收6名农民进厂,新光金属厂也吸收了20名农民进厂成为固定职工。

到1972年,上海又就当地农民进厂工作后的待遇问题作出规定:吸收进厂安排当学徒的,其学习期限可适当照顾定为两年,学徒待遇从第一年学徒生活津贴标准开始;吸收进厂安排当工人的,六个月内工资为28元,从第七个月起按一级工工资标准发给;粮价补贴、附加工资和劳保等制度均和所在单位其他新进人员同样办理。到1988年,单轻工公司就有征地进厂职工306名②。据曾任绩溪县小三线交接办公室副主任汪福琪回忆,"全县小三线单位中,上海职工在绩溪的人口有1万人,当地招工的有2 000多人,这些人都是正式工。因为当时建厂占用了农民的土地,按这个标准招工,招工对象是贫下中农子女,通过当时的人民公社政审,严把政治关"③。

由于小三线企业的涉密性强,皖南当地农民在进入企业后的工作内容,基本上与后勤、行政相关,也有部分人员通过专业培训进入了政治要求相对较为宽松的企业车间从事专业技术工作。

职工子女。在筹建时期就来到皖南的上海小三线职工,离开上海时,其子女作为知识青年也需要上山下乡。为了便于照顾,小三线职工提出了子女是否可以请安徽省革委会安排在厂区附近农村插队,并最终得到了相关部门的同意。这一部分职工子女在几年后,便有了通过小三线企业招考进厂的机会。据统计,八五钢厂在1970年时有200名职工子女到皖南当地插队,后来以招考方式进入八五钢厂。在1971年,仅"八一二"工程指挥部所属单位就有职工

---

①《上海市劳动局革命委员会关于皖南后方企业吸收一部分征地农民的请示报告》(1970年10月17日),上海市档案馆,档案号:B127-3-119-18。
②《上海市后方轻工业公司关于皖南小三线的调整、交接工作总结》(未刊稿),1988年3月20日。
③《我要嫁人了,和你说一声——原安徽省绩溪县小三线交接办公室副主任汪福琪访谈录》,徐有威主编《口述上海:小三线建设》,上海教育出版社2013年版,第201页。

子弟①1 000名到徽州地区所属各县插队落户②。1972年,小三线瑞金和古田医院联合向后方卫生工作组打报告,要求将插队的小三线职工子女招入中技培训班,"分别有10名(古田)、15名(瑞金)随家长前来我院附近山区农村插队落户。一是目前这些职工子女在我院附近山区农村插队落户,一般表现均较好;二是他们从插队之日起计算均已满两年以上至四年不等,而他们原插队地区同届的知识青年不少已陆续上调至工矿企事业单位。三是这些知识青年的家长即本院职工均已中年以上,有的已年老体弱,需要子女照顾,迫切要求组织上协助解决他们的困难。目前本院抓革命、促生产各项工作缺乏人手,上级已同意我们招收中技培训班40名(古田)、60名(瑞金),为此,我们希望在招生中同时解决职工子女问题"③。70年代以后,一批职工子女在初中、高中毕业后也直接进入了小三线企业。

未婚女青年。80年代初,小三线职工面临的生活上的问题日益暴露。如养老问题、子女工作问题、青年职工的婚恋问题、长期的夫妻两地分居问题等,社会问题成为小三线迫切需要解决的现实问题。其中最严重的就是青年职工的婚姻问题。

"老三届""新三届"毕业生进入小三线时年龄在20岁左右,到80年代已经进入了30岁左右的年龄段,亟待解决的就是婚姻问题,而职工的性别比例却出现了严重失调的状况。在胜利水泥厂,职工中的男女比例一度达到7∶1;八五钢厂5 400人中有700名单身男职工,男性职工单身比例达到13%;光辉器材厂1 500余名职工中,有单身男青年200余人。立新配件厂、红光材料厂等年龄在25～30岁之间的单身男职工也有百余人之多。

为了解决这一问题,小三线鼓励职工通过家庭渠道自行解决,同时以组织名义登报征婚、与就近农场联谊、招收上海女青年等方式来帮助解决。经

---

① 职工子弟系指职工的子女和亲弟妹,是六六届至七○届的市区、城镇毕业生和社会青年,包括少数户口已迁至当地的。
②《上海市革命委员会下乡上山办公室关于上海市支内去安徽徽州812指挥部职工子女1 000名赴该地插队工作的函》(1971年11月16日),上海市档案馆,档案号:B228-2-90-126。
③《古田医院革命委员会、瑞金医院革命委员会关于解决三线职工插队子女招生的报告》(1972年9月8日),上海市档案馆,档案号:B242-3-320-13。

过努力，一批来自全国各地的上海女性进入后方，她们中，有在上海无固定工作的；有南到广东、云南，北至黑龙江、内蒙古，东到上海、浙江，西至青海、新疆的上海知青、大三线的上海职工。以八五钢厂为例，到1981年3月，在短短五个月的时间里，"已有20多对青年恋爱成功，领取了结婚证书。还有212对青年，正在热恋之中"①。到当年6月份，根据该厂内部通讯报道，厂里未恋的男青工人数已从680名下降到了394名。在短短四年时间里，后方基地管理局先后为3 000多名青年职工组建了家庭，这就意味着有相当一部分未婚女青年进入了小三线企业。此外，为解决夫妻分居问题，通过商调进入小三线、复员军人转业等等也是小三线职工的来源，但作为零散的渠道，人口数量相对较少。

上述几个群体，共同构成了上海小三线人口的来源。从小三线企业职工的来源来看，也可以印证小三线职工的整体构成情况。八五钢厂在建成投产以后，共有5 200余名职工、3 000余名职工家属，"这里的职工主要是上钢五厂、上钢三厂、上钢八厂、新沪钢铁厂、矽钢片厂、机修总厂、钢研所等单位的支内职工，上海六八届经过八个月建厂劳动锻炼的中专、中技生，上海七二届代训艺徒，七〇、七五届中学和技校毕业生，以及根据夫妻分居两地商调政策，照顾从全国各地调来我厂的中、青年职工"②。"在前进机械厂，全厂有近400人是包建厂沪东造船厂派去的，占职工总数的30%左右；另外60%是六八、六九届的技校、中专、职校毕业生，一直到七二届，还有10%是支农职工、老厂职工在全国各地的配偶"③。上海电子器材三厂到1984年底职工共计771人，"其中：上海无线电三厂支内职工207人，中专、技校毕业分配的学生129人，代训艺徒（分配来的七二届、七三届初中生）173人，子女顶替25人，征田进厂农民工12人，支农下放职工68人，随迁及照顾夫妻团聚135人，其他人员22人"④。

从公司层面来看，小三线轻工业公司在调整回迁前统计的包括下属企业在内的人员构成情况如下："公司机关干部主要来自两个方面：一是上海支内职工，二是从基层厂抽调上来的六八届中专生和七〇、七二届初中毕业生。全

---

① 《"红娘活动"结成果》，《青年报》1981年3月20日。
② 《上海八五钢厂概况》，八五钢厂档案，档案号：80-8卷63号，第42页。
③ "采访苏开权记录"，2010年7月23日。苏开权系原后方前进机械厂党委书记。
④ 《上海电子器材三厂（原东风机器厂、国营8301厂）简史》（未刊稿），1984年11月。

公司职工总数7 443人,其中女职工2 828人,干部1 284人,工程技术人员328人。集体人员主要来自职工随迁家属、历年来招收的职工子女、解决大龄青年婚姻农转非、外省市调入等渠道"①。具体比例从表3即可看出:

表3 上海市后方轻工业公司职工队伍构成表

职 工 来 源	占总数百分比(%)
包建单位职工及家属	17.6
职工顶替进厂子女	10.2
中专、技校、代训学生	53.5
当地征地农民进厂	3.9
外省市调入的职工和家属	3.6
招收的职工子女(技校分配、招工考试)	3.9
市属农场调入、社会招工、招女青年和落实政策人员	4.2
其他	3.1

从小三线医疗卫生机构人员组成来看,以古田医院为例,其职工队伍主要由"包建单位老职工,'三年自然灾害'时期支农职工本人或其子女顶替招工,当地征地农民工及七二、七三届中专技校毕业生以及之后的部分历届工农兵大学生,在后方毕业的三线厂职工子弟,为照顾夫妻团聚调配而来古田的外地职工等五部分人员组成"②。

再从整个小三线统计数据来看,1986年调整交接时的统计数据显示,小三线5.7万余名职工中,从上海去的有4.85万人左右,主要是包建厂和上海招收分配去的职工(包括一部分郊县回收支农工),其次是为解决上海职工夫妻分

---

① 《公司职工队伍构成情况》,《上海市后方轻工业公司建设经过及文书档案全宗历史考证》(未刊稿)。
② "原上海小三线古田医院政工组职工陈正康访谈录",2018年6月24日。

居问题调入小三线的2 300人,从外省市回收支农工和退休顶替的3 100人,因小三线建设需要调入技术管理骨干及落实政策安排等900人,其中夫妇双方均为外地的840人,从当地招收调入进厂约1 700人,主要是征用土地招收进厂的农民和少量照顾夫妻关系调入的职工①,也可以看出小三线人口的主要来源。

第二节 户籍管理

1982年全国第三次人口普查的数据显示,"全后方共有家庭户15 193户,计43 718人,集体户26 527人,总计70 245人。后方未报入户口小孩共有1 948人,其中母亲户口在沪的有1 269人,母亲户口在皖的677人,母亲无户口的有2人"②。随着上海小三线人口规模的不断扩大,且人口管理与每个小三线人的户籍、日常生活供应等都密切相关,如何做好7万余人口的日常管理工作,就显得至关重要。

一、谁来管

对于小三线人口和户籍如何管理,地处皖南的上海小三线管理机构也没有明确的对策,主要难点依然在于小三线所处地理位置,究竟该由安徽管理还是由上海管理? 1966年7月,后方建设领导小组就上海小三线职工户口问题向市里建议由公安局、劳动局、粮食局、商业一局共同研究,尽快提出一个符合上海市后方这一特殊情况的统一规定,以便各单位共同遵照执行。1968年,又向安徽徽州专区发出了尽快解决小三线职工户口问题的专函,希望可以将后方建设单位反映的有关城镇人口、农业人口的处理,如何根据保密要求解决户口管理的挂钩等问题,将徽州与上海后方的实际情况相结合,明确

---

① 《〈后方基地管理局关于上海小三线调整中人员安置意见的请示〉的说明》(未刊稿),1986年5月6日。
② 《中共上海市后方基地管理局委员会1982年工作总结和1983年工作意见》(1983年1月6日),协作机械厂档案,档案号:83-3。

相关原则,统一处理口径,以便于作为各县和上海迁建企业在处理相关问题时的依据。

徽州在接到此专函后,希望上海小三线提出初步的解决意见。为此,"二二九"工程指挥部向上海市革委会汇报,并提出了处理意见:迁建单位职工的户口应报各县公安部门,由各迁建单位指定专人监管这项工作,并在各县公安部门指导下按规定办好户口管理和统计工作①。1969年3月,"八一二"工程指挥部再次向上海市革委会工交组提出及时解决内迁职工的户口问题已成当务之急,"目前许多厂(如新光、群星、协作、协通、联合等厂及仪表局系统)职工和家属迁来后户口报不进。装在口袋内,成了'袋袋户口',不仅影响职工'抓革命、促生产'情绪,且口粮无法解决。为此,再一次报告。请市革命委员会迅速与安徽省革命委员会取得联系,及早落实职工户口的报入和粮油供应问题。如一时不能解决,则请通知各局内迁职工户口暂缓迁移,家属暂不搬迁,待户口落实后再迁"②。同年7月,为了进一步摸清已经进入小三线的职工及家属具体数据和落户情况,后方发布通知,要求各小三线企业上报已迁入后方的职工及家属人数。根据协作机械厂的统计,截至1969年7月15日,已迁来后方(浙江省临安县)并报入户口的职工人数466人,家属人数151人;迁建厂职工已来后方工作户口未报入(浙江省临安县)者167人、家属9人③。根据这一数据,还有26%的职工仍未能将户口报入当地。户籍迁移政策不明确带来的另外一个问题则是非农业户口的职工家属落户难,给解决夫妻两地分居带来了麻烦,协作机械厂曾就这一问题专门向临安县革委会打报告,要求解决职工家属落户问题,"职工中尚有部分家属户口在农村,现迫切要解决夫妻团聚和分居的特殊困难……进山以来,这些职工家属在农村经我们调查确有困难,经我们与附近公社、大队联系,落实户口存在一定问题,因此我们把此情况反映给你们,是否请你们与昌北地区所属公社、大队接洽,给予酌情考虑这些

---

① 《二二九指挥部领导小组关于解决上海迁入徽州地区企事业单位户口粮食的几点意见》(1968年12月29日),上海市档案馆,档案号:B67-2-73。
② 《八一二指挥部领导小组请速落实内迁人员报入户口的紧急报告》(1969年3月4日),上海市档案馆,档案号:B67-2-73。
③ 《国营协作机械厂革委会上报已迁入后方的职工及家属人数》(1969年7月16日),协作机械厂档案,档案号:69-3。职工及家属人数,均系非农业人口数。

职工家属分期分批在工厂附近落实户口"①。

1969年底,上海市革委会转发安徽省革委会有关户口迁移等问题的通知,并组织召开了由徽州专区革委会、徽州军分区、国防工办、"八一二"工程指挥部等部门参加的关于三线建设户口迁移问题的会议,对小三线职工落户及户口管理问题作出了规定:凡三线工厂迁来后方的职工和经厂革委会批准随同来后方的职工家属,其户口应给予办理迁入手续;职工家属原在农村者,一般不予迁入,如有特殊情况确需迁来者,应经迁入地区所在县、社、队统一安排落实后,方可迁入农业户口。在户口管理上,凡三线厂均应建立集体户口,由厂人保组或负责人管理户口工作,与所在县公安部门直接联系,要求公安部门在户口管理业务上给予指导。②这也预示着后方职工的落户从此开始有据可依,由皖南当地公安部门为三线职工建立集体户口,暂为托管,具体事务依然由各企业自行安排专人负责解决。

二、怎么管

经过上海和安徽的协调沟通,虽然明确了小三线职工的落户问题,但在实际执行过程中,还是出现了一些具体问题,因职工来源的不同带来了户籍政策的差异。

对于由前方包建单位动员前往小三线的干部和技术骨干来说,按照最初宣传动员时的承诺,"户口不迁、待遇不变",在政策上也是规定了"户口目前暂留上海,各种票证不变"③,因此户口不用随迁至皖南。对于"老三届""新三届"中专、技校毕业生来说,他们是按照国家直接分配的原则进入小三线企业的,因此粮油关系、户籍自然迁往小三线所在单位,是小三线企业的正式职工;而对于部分职工的随迁子女而言,要想进入后方工厂则也需要将户口迁

---

① 《协(69)革后字第3号》(1969年11月8日),协作机械厂档案,档案号:69-3。
② 《安徽省徽州专区革命委员会 中国人民解放军徽州军分区 国防工业办公室关于我区三线建设户口迁移等有关问题的会议纪要》(1969年12月23日),上海市档案馆,档案号:B67-2-73。
③ 《上海鼓风机厂革委会、国营九三三七厂、上海电焊机厂革委会在九三三七厂未建成前,有关筹建职工若干问题的决定》(1968年6月7日),协同机械厂档案,档案号:68-2。

入后方,此即所谓集体户口中的家庭户口。从这个意义上来说,小三线每个单位的集体户口是一个"大袋袋",其中又包含着家庭户口、零散户口等"小袋袋"。也正因如此,上海小三线的户籍被职工戏称为"大袋套小袋"。

上海小三线职工家庭户口本

小三线不仅面临着迁入后方的职工户籍要怎么管理,同时还面临着另一个问题,那就是部分职工因为担忧户籍迁出上海给自身带来不利,有些厂的职工户籍迁入工作遇到了较大的阻力,"今年以来,不少单位已经做了大量工作,有的已经做出比较显著的成绩。例如新光、群星厂的绝大部分职工和家属户口已经迁来后方。但总的看来,目前,进展是缓慢的,思想阻力还比较大,因而对稳定职工思想、抓革命促生产、商品供应等方面,都带来很多问题。必须明确认识,迁移户口问题,决不只是简单办理一个手续问题,而是是否执行毛主席革命路线和'备战、备荒、为人民'的伟大战略方针的问题。'要提倡顾全大局',做到自觉地模范地迅速将户口迁来后方。特别是领导干部应以身作则带头先迁。要相信群众、依靠群众并取得老厂的配合,有计划、有步骤地把集体户口、分散户口、家属户口全面地抓起来,迁移来,管起来"①。从这一具体的动员职工迁移户籍至小三线的通知中可以看出,直到1970年,部分企业职工对于户籍迁移的担忧情绪仍然存在。

小三线企业户籍管理工作还受到与企业所在地关系状况的影响。以八五钢厂来说,由于该厂位于贵池的梅街,地处山村,当地的派出所仅设在乡一级单位,梅街原本是无派出所的,但是由于八五钢厂职工的户籍迁入量大而专门在梅街成立了一个派出所。当然也有因为与当地户口托管部门沟通不畅导致无法完成户籍迁入手续的事情发生,如小三线古田医院于1972年12月招收了36名初中毕业生,但直到1973年4月,仍未能办理户口迁入手续。更有甚者,从1972年开始,上海小三线职工新生儿童户口申报问题一直到1978年仍没有得到解决,"据初步统计,目前已达到853人,其中,父母双方或母方户口在沪的700多人,这些孩子户口,安徽不给报,理由是母亲户口在沪;上海又不给报,理由是父母或母亲已去三线工作,小孩户口不能报,因而从1972年以来,这类小孩户口越积越多,大的已经达到入学年龄,而户口还未解决。对此,职工意见极大"②。

上海小三线职工的户籍问题直至调整交接前依然未能完全厘清,许多遗留问题仍悬而未决。1980年,公安部、粮食部、国务院国防工业办公室还联合印发了通知,要求"有条件的企事业单位,可以采取组织职工家属进行农副业生产的办法,在保证做到口粮自给的前提下,分期分批地把一部分农村户口的职工家属,迁到农场落户,解决职工、家属两地分居问题。今后,凡是符合这些条件,确能做到口粮自给的,请当地人民政府和公安、粮食部门,准许家属在农场落农业户口"③。1982年,上海市公安局在整顿空挂户口时,有些派出所也要求小三线职工的空挂户口限期迁出,造成了小三线一些职工和家属的情绪波动。为此,上

---

①《八一二指挥部关于迁移户口工作的通知》(1970年5月17日),上海市档案馆,档案号:B67-2-73。
②《关于后方小三线建设中急需解决的几个问题的请示报告》(1978年6月27日),上海市档案馆,档案号:B246-3-712-153。
③《中华人民共和国公安部、中华人民共和国粮食部、国务院国防工业办公室关于解决国防工业部分两地分居职工家属落户问题的通知》(1980年1月19日),协同机械厂档案,档案号:80-1-2。

海市公安局户政处专门印发了通知,要求"对在本市所属后方基地或原料基地工作而户口挂在本市的,原则上仍应根据市委《关于解决后方基地职工生活若干问题的会议纪要》精神办理,目前根据实际情况,可暂时维持原状。凡属上述对象,一定要按文件精神,维持现状,不要进行动员"[①]。这也从一个侧面反映出了小三线职工户口迁移的缓慢进程,由此便不难判断出户籍管理的效果。

第三节 人口特征

人口是一个社会最基本的组成部分,也是一个社会得以生存、发展的决定因素。在现代社会中,某一特定区域人口的结构会呈现出一定的区域性特征。上海小三线社会同样具有自己的人口结构特质。

从概念来看,相对于"移民"而言,上海小三线的人口可能更适用于"人口迁移"来界定,主要涉及的是人口在两个地区间的流动。从时间属性来说,小三线人口在皖南和浙西的固定地点居住长达24年,并非是日常活动造成的居住地暂时变动;从空间属性来说,小三线人口居住地距离迁出原居住地有一定空间距离,且跨越了行政区划的界线;从区域方向来看,不同于传统概念中人们对人口迁移的简单理解,即从农村流向城市,而是从城市流向农村,不管是自愿还是非自愿,可以说是一种反向的人口迁移。

从性别结构来看,上海小三线男女职工的性别比例出现了异常。由于小三线企业的特殊性及工种的单一性,从筹建时期开始,大量的男性中、青年职工进入后方,而适合女性从事的工种相对较少,大多都被安置在后勤等辅助岗位上,"先生产、后生活"的建设方针使得性别比例失衡这一问题未能得到充分的重视。但进入80年代后,大龄男青工的婚恋问题使职工性别比例失衡的问题凸显,并最终成为影响上海小三线社会稳定的关键问题,也间接推动了小三线的调整回迁。

[①]《上海市后方基地管理局转告市公安局关于妥善处理空挂户口问题的有关精神的通知》(1982年4月27日),协作机械厂档案,档案号:82-55。

从地域结构来看,上海是小三线职工最大的来源地,即使在后期通过征婚名义进入小三线的数千人来自全国各地,可以说北起黑龙江,南至广东,东起苏浙,西至西藏,但若从籍贯角度考察,则会发现上海小三线的人口来源极其单一,超过95%以上的人户籍为上海,仅有5%的人口系当地或外地户籍的人口[①]。这种人口来源地的单一性无形中对于整个小三线的人口管理带来了便利,"小聚居"的特点使得小三线职工作为一个独立于皖南当地民众存在的群体,很容易形成一定的内聚力,保持原本在上海的生产、生活方式,有相对统一的思想认识和价值认同,这一点就为后来小三线调整接收时期的人口安置扫除了障碍。

上海小三线建设是以一线城市的工厂内迁方式展开的,工人和家属随厂内迁成为小三线建设的重要部分,而上海小三线的人口迁移与小三线企业的转折兴衰又是密切相连的,在一些学者看来,"单纯依靠行政动员而牺牲经济利益的做法,使得小三线移民无法持久,尽管上海小三线职工和家属在皖南落地20余载,但却始终未能在当地生根"[②],可以说是"落地不生根"。

---

① 《上海市劳动局　上海市人事局　上海市公安局　上海市后方基地管理局关于上海小三线调整中人员安置意见的请示》(未刊稿),1985年12月17日。

② 陈熙、徐有威:《落地不生根:上海皖南小三线人口迁移研究》,《史学月刊》2016年第2期。

第三章　粮油供应与物质保障

　　与用数字编号代替企业名称一样,生活在小三线的人也不可避免地带有政治性、保密性的身份标签,这一标签决定了小三线人在日常生活中的相对孤立性。与现代民生活动"先生活后生产"原则不同,小三线基本建设时期是以"先生产后生活"为建设原则的。但随着企业陆续建成投产,大量职工到达后方,如何满足小三线人的日常生活所需,就成为摆在上海市、后方管理机构和小三线企业面前的一大现实问题。在物资供应匮乏的时代,几乎所有涉及民生的物资都是按计划供应和凭票供应,处于后方的上海小三线也同样如此。能否解决小三线人的日常物资供给,确保职工能在后方安心工作,在当时就具有了更加重要的意义。

　　从现有资料来看,作为上海的"飞地",小三线人的日常生活所需基本是由上海负责配给供应,但毕竟生活地点在皖南和浙西,不免要与当地有关部门协调沟通。在上海小三线人的日常生活物资供应中,存在三方面的力量:上海(小三线的管理者),安徽、浙江(小三线的所在地),小三线企业(需求者)。

第一节　依靠上海与求助安徽

　　上海市作为小三线的前方管理者,负责小三线职工基本生活所需和日常供应是职责所在。然而,与城市供应不同,无论是从运输距离、交通条件还是供应成本来看,都给上海为小三线职工提供基本生活物资带来了困难。

一、职工诉求

在小三线筹建阶段,因为涉及人员相对不多,再加上战备形势紧张,皖南当地有关部门对小三线建设者的物资保障给予了足够的重视,"凡有修建国防公路和小三线建设工程的地区,施工人员的冬季蔬菜要保证供应,生产蔬菜土地面积要落实,并适当调配蔬菜品种。冬季各建设单位取暖的柴炭要积极筹备,其需要量请上海'二二九'工程指挥部,通知各建设单位向所在县申请"①,所以日常供应的困难并没有凸显出来。随着小三线企业陆续投产后,到达后方的职工及家属人数持续增加,小三线人对于日常供应不足的反映也越来越强烈。

就目前所见档案资料显示,上海小三线正式提出要重视职工生活,最早是在1969年1月。当时作为上海小三线领导机构的"二二九"工程指挥部军管会向上海市革委会提交报告,提出了小三线职工迫待落实生活安排的问题,认为"当前迫待解决上海后方职工生活供应等方面事情,是刻不容缓的大问题,必须安排好"②。"二二九"工程指挥部为何会作出这一判断呢?来源于上海市1968年派调查组对小三线建设商业网点工作开展的调查。调查组将调查的地点首先选择在位于旌德县的庙首公社,因为在这一地区的德山里,有四个小三线企业,分别为立新配件厂、卫东器材厂、工农器材厂、延安机械厂。庙首公社距离工厂区域有10~13公里的路程。据调查,当时的庙首公社共有人口6 000余人,设有供销社、油粮站、食品站、豆制品作坊、饮食业兼旅馆、服装店等供应机构,其供应量和设置基本上能够满足当地农民的供、产、销需要。调查组第二个选择的地点是孙村公社,这个公社距离小三线工厂区域更近,距离大概在2~5公里,为当地的2 000余人提供日常必需品的供应。上述两个公社商品供应点一般仅能满足当地人的基本所需,总计不超过8 000人的供应量,随后调查组与位于德山里的小三线企业及当地供销部门负责人座谈,无论

---

① 《安徽省徽州专区革命委员会关于做好国防公路和小三线建设保障工作的通知》(1968年10月26日),协作机械厂档案,档案号:69-2。
② 《二二九指挥部关于上海后方内迁职工迫待落实生活安排的请示报告》(1969年1月13日),上海市档案馆,档案号:B248-2-152-36。

是小三线企业还是当地供应点负责人,均表达了一致的意见,那就是要在小三线企业集中地区设置商业网点,"德山里距离庙首、孙村都比较远,人员又比较集中,家属和职工的日常生活用品,不好解决,因此四个厂有必要共同设置一个商业网点。四个厂第一期工程结束后,共有职工1 300人、家属800人,第二期扩建工程(尚未正式批下),估计增加职工700人、家属560人,再加附近的农民约4 000人,初步研究约需建设1 200平方米的商业网点"①,预计网点应包括供销社门市部、仓库、食品站门市部、猪圈饲料库、蔬菜门市部、豆制品作坊、煤球店、服装店等共计16项1 350平方米,设计安排工作人员45人,需投资共计101 200元。

通过此次调查,结合小三线人的强烈要求,上海开始统筹考虑后方商业网点设置问题。以德山里的商业网点设置为基础,根据后方建设和具体布局,调查小组提出了针对整个后方商品供应的意见,少数建在城镇附近的工厂,距离城镇在2~3公里之内的,不设商业网点,必要时可以在厂内设立代销店;对于工厂附近虽不是城镇,但当地已设有供销等部门的,可根据实际情况再作适当补充;对于工厂比较集中或厂的规模较大,职工在2 000~3 000人以上(不包括家属)的,附近两三公里以内又无生活依托的,应该建立商业网点,一般规模控制在1 300平方米左右,如厂规模在1 000人以下的也可采取代销店或分销处的办法来解决商品供应。对于商业网点由谁来设,调查小组提出:应由安徽地方有关部门统一管理和领导,人员配备,商品渠道,完全由地方负责,职工家属需要安插到商业部门工作的,应由地方尽量予以考虑安排。对于投资问题,调查小组提出:由建厂单位在进行扩初设计时,把商业网点一并列入计划,建设时征得地方意见,建成后交地方使用,按搬迁职工人数(不包括家属),以每人0.3~0.4平方米计算,将投资、材料一次拨给安徽省或专区,由地方根据布点情况和原有基础与有关厂共同协商进行基本建设。调查组认为这样做不但有利于发挥地方积极性,也便于指挥部从规划、基建到经营的统一管理,减少不必要的扯皮现象。

---

① 《二二九指挥部领导小组关于后方建设商业网点的调查和设置的意见》(1968年12月24日),上海市档案馆,档案号:B248-2-152-36。

二、实际供应

在达成基本共识之后,小三线人的日常供应进入有组织的具体实施阶段。然而,由于安徽省在供应过程中,考虑到皖南当地整体生活水平有限,提出对于小三线人的商品供应应该做到与当地城镇居民、工矿企业职工供应水平基本一致,以免造成小三线与当地间的矛盾,影响全局。而对于从上海来到小三线的职工及家属来说,这样的供应水平是不够的。因此从商业网点供应伊始,就不断有职工反映商业网点设置太少、商品供应不足等问题。协作机械厂作为唯一建在浙西的小三线厂,就曾希望临安县人民事业革命委员会提高对企业的供应标准,"(职工)生活上的要求从柴米油盐到五金百货需要量不断增加,但当地供销社的商品据了解还是按当地人口数量由昌化批发站调运到此,因此从工厂角度看,远远不能满足需要(尤其是商品品种)。为此我们要求为本厂服务的商业网建成并营业时,其商品来源由上海市直接调运,商品品种,以基本满足本厂从上海迁来的特点,适当增加商品品种"①。后来甚至还出现了小三线职工用供应的商品与当地农民以物换物的现象。

针对这一点,上海市革委会财贸组先后数次赴后方开展调研,到工厂了解实际供应情况,与皖南当地座谈沟通,进一步就实际供应中出现的问题寻求解决办法。1970年6月,上海市革委会工业交通组、财贸组联合发文,对小三线的商品供应办法作出了调整,部分生活用品改由上海直接供应小三线,"生活用品的供应,原则上应参照当地居民的供应水平,不致由于供应标准特殊而造成与当地居民之间的矛盾,但也要照顾工人的实际需要,使之能安心搞好后方建设,供应范围除原供应的肥皂、火柴、香烟、草纸外,再扩大毛巾、手帕、民用线、电筒、电池、牙刷、牙膏、肥皂粉、香药皂、胶鞋、塑料鞋、面盆、铝锅、口杯、热水瓶、针、纽扣、铅笔、铱金笔、练习本、信纸、信封、部分纸张、糖果、食糖、防暑降温用盐汽水等26种"②。这样,由上海直接供应小三线的日常生活用品达

---

① 《国营协作机械厂革命领导小组关于本厂商业网点商品货源提高供应标准的报告》,(1969年5月31日),协作机械厂档案,档案号:69-3。
② 《上海市革委会工业交通组 上海市革委会财贸组 市革会工宣队六办、财贸组关于上海后方单位商品供应的通知》(1970年6月29日),上海市档案馆,档案号:B246-1-342(3)。

到了30种,后来,在之前由上海直接供应的30种商品基础上,增加糕点、饼干2种,达到32种,同时也提出了坚决反对利用商品进行物物交换和投机倒把行为。对于货源不足的问题,上海商业部门同意作适当补充。如上海电子器材三厂早在1970年就在厂内设立了小卖部,由上海百货公司提供货源,"小卖部除供应一般的日用品外,还供应针线、袜子、米、油盐酱醋调味品等生活必需品及每星期供应三次蔬菜、逢年过节除了保障日常必须的销售,还供应年货和节日佳品"①。

针对小三线人反映的采购蔬菜、猪肉,路途较远、夏天容易变质腐烂等问题,决定通过改装简易冷藏车予以解决。到了1975年,又针对职工反映的蔬菜、肉食供应不足问题,规定猪肉在逢年过节时或根据当地供应情况临时由上海予以适当补助,鱼类每月每人由上海补助供应1斤,共计30吨,上海供应的肉和鱼,由后方基地党委根据各厂当地供应情况作适当调剂分配。后来又针对猪肉日常供应不足问题,由市公安局出面,要求皖南白茅岭、军天湖两个劳改农场多养猪,以便就地解决三线职工肉食供应,"初步打算,1975年由劳改局农场提供肥猪1 500头至2 000头,1976年提供3 000头至5 000头,争取到1980年每年提供10 000头,总投资77万元,分二期施工,1976年建成"②。同时对于职工反映较为强烈的棉布供应问题,拟用安徽布票调换一部分上海布票,凡是户口迁去的职工(包括家属),每人每年给予调换布票10尺的待遇。为了较大程度地改善小三线职工的生活条件,上海还曾一度设想由上海市粮食局、商业一局、商业二局等局到小三线设立相应机构,负责小三线人的日常供应等工作。

80年代,随着计划配给体制退出历史舞台,上海对于小三线人的商品供应工作也迎来了全新的模式,无论是供应品种还是供应方式,都有了明显的改进。我们从这一时期的媒体报道上可以发现,上海各个国营公司、机构开始不定期组织服务队,到小三线企业为职工提供生活便利,也正是从这一时期起,关于上海小三线职工的日常生活状态开始见诸报端:

---

① 《上海电子器材三厂(东风机器厂,原国营8301厂)简史》(未刊稿),1984年12月。
② 《上海市革委会综合计划组为解决后方基地职工肉食供应问题的报告》(1975年8月9日),上海市档案馆,档案号:B109-4-455-25。

闵行服装鞋帽公司经理李述仁和闵行烟酒糖业公司经理魏重阳,带着人员、货物长途跋涉,为胜利机械厂职工上门服务,深受职工欢迎。两位经理在4月5日,带着十多个同志和大批货物,风尘仆仆地来到这个厂,在那里营业五天,生意兴隆。①

更为全面的服务是来自上海团市委和商业局团委组织的青年服务队,服务队带来了不少市场热门商品和时令商品,如"美多"6620台式收录两用机,五磅、八磅热水瓶胆,以及汗衫、凉鞋、开司米等,在山沟里办起了商品展销,人们都争相选购。展销两个多小时,销售额已达数千元。②

八五钢厂作为后方最大的企业,职工的日用品供应在小三线81家单位中最具有代表性。从该厂厂报《八五通讯》③的字里行间即可看出小三线企业在80年代以后对职工日常供应的概貌。

扩大了供应品种。八五钢厂以厂内设的小卖部为场所,扩大营业面积,增加供应品种,邀请上海相关部门赴厂内为职工提供服务。"上海八五钢厂地处皖南山区,有职工和家属7 000多人。过去,连酱油、酱菜、盐、醋、小百货等日用品,大都靠职工自己从上海背进山里。现在厂小卖部从占地200平方米扩建到600多平方米,供应品种扩大到1 200多种。这家厂每年还邀请上海吴淞百货公司等单位来厂展销,为职工解决后顾之忧"④。此处所提到的吴淞百货公司来厂展销即是在1980年11月,上海吴淞百货鞋帽服装公司为职工提供"中长纤维、针织纯涤纶、布匹、被单、中山装、两用衫、衬衫、呢大衣、童装、尼龙

---

① 陈基铨:《经理带队,上门服务》,《解放日报》1980年4月19日。
② 周龙兴:《上海后方基地的职工们,欢迎来自家乡的服务队》,《文汇报》1984年9月6日。
③《八五通讯》为小三线企业八五钢厂厂报,由厂宣传科主办,创刊于1979年7月1日,结束于1986年12月31日。共计出版272期,150余万字。每月出刊2~3期,每期为8开2版。设置短新闻、法制教育、读者来信、学习园地、精神之花等栏目,反映八五厂职工在厂党委的领导下,贯彻党的路线、方针、政策,交流经验,互通情况,扶持正气,发扬新风等情况。
④ 史志定、仇宗义:《方便在外地的上海人买东西》,《新民晚报》1982年7月21日。

衫裤、腈纶衫裤、皮柄伞、折伞、帽子、围巾、手套、绒线、毛毯及各种化妆品,男女牛皮鞋、猪皮鞋、高帮棉皮鞋、畅销手表等"①市场紧缺商品,且在此次供应的部分商品中,不采用上海布票和工业品券,极大地方便了职工。

丰富节假日供应。为确保小三线稳定,解除职工后顾之忧,八五钢厂行政科动员门路,积极组织货源,"他们跑遍江苏的常州、苏州、无锡、宝应、盐城,浙江的湖州、长兴,安徽的合肥、蚌埠、东至、安庆、徽州以及上海等三省一市十几个县市,多方面了解货源情况,采购到猪肉81吨,猪油1.6万斤,鱼3万斤,鸭、鹅1万余斤,蟹8 000多斤,缎子被面1 000条,还有大量的水果,酒烟等。他们为方便职工家属,对小菜场和小卖部的营业时间进行调整,使三班职工都能买到。把定期休息改为轮休,做到每天营业。据1～11月份统计,菜场营业额已达11万元,比去年同期增加3.3万元。小卖部营业额已达78万元,比去年同期增加近6万元"②。节假日的八五钢厂,更是为职工准备了近百种商品。1980年,为每位职工采购到了每户一份的"金针菜、木耳、鱼、肉、蛋、禽、素鸡、油豆腐等价值人民币36.56元,超出了市区的供应水平。往年为人视为稀罕物的金针菜、木耳,今年每户都有配给。此外,对节日期间来厂探亲的职工家属也同样给予供应"③;而小卖部也敞开供应各种商品,"小卖部将计划供应桂圆、香瓜子、奶油瓜子、小核桃。敞开供应红枣、黑枣、大核桃、香榧子、荔枝干、柿饼。老酒包括古井、茅台、金奖白兰地、双沟大曲在内的各类瓶装酒、零拷酒④。还将供应各式袋装糕点、糖果以及苹果、橘子等,香烟除计划之外,每人增购芜湖牌烟一包"⑤。到了1984年的春节,商品供应更为系统,"每户职工家庭都将分配到烤麸、粉丝、年糕、鸡蛋、鸭蛋、皮蛋、牛肉、猪脚爪、猪脚圈、金针菜、木耳、河鲫鱼、鲳鱼、带鱼、油面筋、鸭子、鹅、纯精肉、素鸡、百叶、油豆腐等。此外,还

---

①《服装公司服务上门,书店再售热门图书》,《八五通讯》第50期,八五钢厂档案,档案号:80-3卷33号。
②《全心全意为职工生活服务》,《八五通讯》第19期,八五钢厂档案,档案号:80-3卷27号。
③《行政科千方百计保障节日供应》,《八五通讯》第22期,八五钢厂档案,档案号:80-3卷27号。
④ 零拷酒:散称酒。
⑤《行政科千方百计保障节日供应》,《八五通讯》第22期,八五钢厂档案,档案号:80-3卷27号。

有红肠、香肠、海蜇皮、崇明大白菜等。小卖部除保证正常的日用百货、烟酒糖果糕点外,还将大量供应大西米、红枣、黑枣、蜜枣、桂圆、荔枝干、大小核桃、各色瓜子、卷面、茴香、桂皮、花生糖、芝麻糖、椒盐花生米及各种名酒、水果"①。小三线职工的商品供应已经从最初的仅能满足日常生活基本所需向不断丰富品种、提高质量转变。

八五钢厂仅是上海小三线职工日常供应的一个缩影,从中我们可以看出上海在解决职工商品供应方面所作的努力,虽然在这一过程中面临着各种困难,但整体而言,对于小三线职工的日常用品供应在不断改善中得以推进,这也成为保障小三线职工安心后方建设的基本条件。

三、求助安徽

对上海小三线的日常供应从一开始就不是仅由上海单方面解决的,安徽作为小三线的所在地,在与上海沟通协调、推动小三线职工的日用品供应特别是粮油供应上,也是有所作为的。

1969年12月,安徽省革委会就如何做好三线建设和驻皖部队的商品供应工作下发通知。通知指出,对于生活日用品的供应,应该做到与当地城镇居民、工矿企业职工基本一致,并就商品供应关系作了大体的划分:"百货、纺织工业品、主要劳保用品,如棉布、纱手套、雨衣、高筒胶靴、柞丝绸、棉胶鞋,由省统一安排指标,定点供应;食品、民用絮棉、土副产品,均由所在市、县按当地规定安排供应;蔬菜主要靠就地组织生产解决,建议各建设单位在不影响本身生产建设工作,不与民争利的原则下,适当搞一点养猪和种菜等农副业生产,以改善供应。"②在这一通知中,就商业网点的设置也作出了规定,认为商业网点的设置应由地方和建设单位共同负责解决。原已有网点的,可就点供应或适当扩大;建设单位比较集中、职工人数较多、附近没有商业网点的,由当地商业部门设置网点,房屋由建设单位考虑解决,确实解决不了的,由所在

---

① 唐士学:《我厂今年春节供应胜往年》,《八五通讯》第163期,八五钢厂档案,档案号:84-3卷27号。
② 《安徽省革委生产指挥组关于做好三线建设单位和驻皖部队商品供应工作的通知》(1969年12月22日),上海市档案馆,档案号:B67-2-73。

市县列入基建计划,分别急缓逐步解决;建设单位比较分散,确需单独设立供应点的,由建设单位自行筹办,按代销店对待。扩大和增设网点所需的人员,由市、县革委会统一选配,代销店人员由筹办单位自行解决。

而在粮油供应的问题上,安徽方面同样制定了相应的措施,保障小三线职工基本需求。1969年11月,安徽省革委会生产指挥组农产品管理站向芜湖、池州、徽州三个专区下发文件,就上海市在安徽小三线建设人员的口粮供应问题作出规定:"凡上海市三线厂的职工及其家属的粮油关系转入我省的,其粮油供应标准,是上海厂的职工,暂按原上海定量,食油一律按我省当地标准供应。职工家属按我省当地居民定量标准供应,无粮油关系的,一律凭全国通用粮票供应。凡供应上海三线厂职工及家属的粮油及夜餐补助粮,不作为我省粮食销售统计,一律作为调给上海市处理,统计在粮油收支平衡月报表调拨栏内,并在每月终了分品种报一次调运进度"①。由此可见,上海小三线所需的粮食供应是以安徽代供应的方式加以解决,顶抵上海市的粮食调入指标,这也成为小三线各单位粮油供应的基本原则。

为了保证后方职工生活的需要,皖南各专区在对小三线企业的供应上作出了一定的努力,"他们在粮食品种上千方百计做到优先照顾,当地一般都吃籼米,而粮站为考虑上海工人的生活习惯,特地到外县调运粳米,不种粳米的旌德县,特地向江西运来粳稻种,扩大播种面积,为了解决三线单位及其家属买粮路远不便,当地采取了多种措施,如在中心地设立供应点,并对附近三线单位采取定期下厂供应等等"②。当地政府和农民还提供了大量的蔬菜、豆制品及其他副食品,以供上海小三线职工和家属的日常所需。在贵池,为了缓解小三线职工及家属蔬菜供应难的问题,县委研究落实小三线企事业单位附近的公社、大队,就地就近安排蔬菜种植。1972年3月15日,县委组织粮食局、食品公司和地区国防工办参加的专门小组深入到刘街、棠溪等社队和三线厂进行具体落实工作。落实七个生产队,共拿出三百多亩土地种菜。小三线蔬菜供应实行厂社直接挂钩,就地就近生产供应,逐渐解决了蔬菜问题,缓解了小

---

① 《安徽省革命委员会生产指挥组农产品管理站关于上海市在我省进行三线建设人员口粮供应问题的通知》(1969年11月10日),上海市档案馆,档案号:B135-4-178-26。
② 《上海市革命委员会财贸组关于商品供应措施和小三线职工供应等问题的请示、通知及市委的批复》(1971年6月26日),上海市档案馆,档案号:B248-2-340。

三线职工的生活难题①。

尽管安徽方面全力配合上海解决小三线职工的生活所需,使得后方职工的生活基本可以维持在一定水平上。但与上海市场相比,后方的供应还是存在着一定的差距,尤其是在猪肉、鱼肉、蔬菜等副食品的供应上,由于安徽省自身供应本就偏紧,致使有些小三线企业无法敞开供应,"池州地区,猪肉供应好一点,蔬菜供应奇缺;徽州地区,蔬菜供应好一点,肉食自春节以来,除宁国县稍有供应外,其余各县都未供应过"②,造成了职工意见较大,这也就印证了前文论及上海决定在逢年过节时或根据当地供应情况临时对小三线职工适当予以猪肉供应补助,同时要求白茅岭、军天湖两个劳改农场扩大养猪规模。作为地处浙江临安的协作机械厂,也是始终与当地供应部门在提高粮油、蔬菜供应标准上不断磨合。在蔬菜供应上,由于临安仁里大队蔬菜基地种植的蔬菜产量低、价格高、品种少、质量差,造成了供需矛盾不断扩大,"远远不能满足我厂的需要,那么我们只得每周两至三次放车去杭州、临安、屯溪等地购菜,这样不仅浪费人力物力,而且还违反国家物资流通政策,因此我们建议昌北的蔬菜基地由仁里大队移往岛石大队……同时我们要求,蔬菜基地生产的蔬菜要供销社按质论价给予收购,然后再售于我厂"③。而在粮油供应上,直至1982年,还在以临安当地供应困难为由,向上海市粮食局申请供应精白面粉,"为了改善职工生活,增加一些花色品种调剂口味,因此,向本市有关部门申请一些精白面粉"④。

第二节 自力更生

尽管有安徽省的大力支持,有上海市的全力保供,基本能够满足小三线职

---

① 余顺牛、武昌和:《安徽贵池在小三线企事业单位建设生产经营中的作用与贡献》,徐有威、陈东林主编《小三线建设研究论丛(第四辑)》,上海大学出版社2018年版,第252页。
②《上海市革委会财贸组 上海市革委会工交组关于后方基地商品供应问题的请示报告》(1975年6月4日),上海市档案馆,档案号:B135-3-432-13。
③《协作机械厂关于要求解决蔬菜问题》,协作机械厂档案,档案号:78-10。
④《上海协作机械厂关于急迫要求解决生活用粮的报告》(1982年2月23日),协作机械厂档案,档案号:82-50。

工的日常需求,但为了使职工的生活条件不低于上海标准,小三线企业也纷纷从实际出发,各显其能,拓展供应渠道。而小三线人也充分发挥主观能动性,寻求改善生活的渠道,皖南当地淳朴的民风、丰富的土特产提供了这个可能,层出不穷的小招数在小三线人的智慧中产生,他们从当地农民手中换取、购买商品,互惠互利的民间交易开始盛行,甚至还闹出了不少的笑话。

一、以物换物

皖南当地较低的消费水平和小三线人较强的购买力使得以物换物、从农民手中直接购买物品这一方式成为可能。对于凭票供应的商品只能从正规渠道获得,而对于无须凭票供应的商品尤其是农副产品,小三线从职工到企业,都在用各自独有的方式获取,这在很多小三线人的回忆中可以得到证实,"当地的农民就拿农副产品跟小三线工人去换,小三线工人用上海的飞马牌香烟、肥皂等轻工业品去换农民的农副产品"①;"我们本来是不需要化肥的,但还是申请了,化肥拿到后去和当地人换大闸蟹"②;"当时上海的肥皂比安徽要好很多,安徽的肥皂用半块之后就搓不出泡沫了,1.9元的肥皂,可以换到十几二十个鸡蛋"③;"当地老百姓的糖、肥皂供应都很紧张,于是我们跟他们交换,用糖、肥皂等换取他们的山核桃等一些土特产,大家各取所需"④。而八五钢厂则是由企业出面,想尽各种办法改善职工生活,利用各种关系为职工解决吃菜难的问题,"后勤一个科长叫迟金瑞,他人脉很广,与部队的关系都很好,利用他的关系,我们海鱼照样可以吃到,山区里面吃鱼非常不容易的。这个科长甚至为了招待别人,将自己的的确良中山装都卖掉了"⑤。而八五钢厂作为产钢材的企业,还拥有自己独特的优势,那就是以钢材交换职工所需农副产品,一度能换购到上

---

① 《一位上海籍安徽县长经历的上海小三线建设——安徽省贵池县原县长顾国籁访谈录》,徐有威主编《口述上海:小三线建设》,上海教育出版社2013年版,第194页。
② "原上海小三线后方仪电公司工会主席朱仁锡及夫人朱静颐访谈录",2010年5月20日。
③ "原上海小三线683车队团委职工孙元华访谈录",2010年7月30日。
④ "原上海小三线燎原模具厂军代表周永良访谈录",2011年6月21日。
⑤ "原上海小三线八五钢厂安全科科长刘存龙访谈录",2011年6月17日。

海都买不到的东西。在皖南当地人的眼里,"当时贵池的农副产品很便宜,1元钱买4斤花生、买4斤螃蟹,鸡蛋1毛钱买3个。上海小三线工人们来了以后,这些产品遭到哄抢"①。在小三线职工看来,"当地东西很便宜,花生3毛钱1斤,鸡7毛钱1斤,小核桃6毛钱1斤,糖炒栗子3毛钱1斤,鸡蛋五六毛1斤,冬笋三四毛1斤,我们都到周围的村子里去买来"②。更是有小青工闲来无事捉弄当地人的事情发生,"八五钢厂六八届的学生到城里去买菜,问农民'大闸蟹多少钱一斤'?农民答'8毛'。学生问'那蟹身卖5毛,蟹脚卖3毛,卖不卖?'农民说'卖',就把蟹脚拔下来,蟹身称5毛1斤,蟹脚3毛1斤卖给了这几个学生"③。

在当时,民间换购活动被视为严重破坏国家统购统销政策的行为,1975年1月,安徽省要求各地严格执行经济政策,"严禁机关、团体、部队、企事业单位自行到农村和集市采购国家统购派购的农副产品,未经产地县的市场管理部门批准,不许自行到农村采购三类农副产品。旅客乘车、船随身携带自食自用或赠送亲友的农副产品,不得超过以下限额:粮食20市斤,油脂2市斤,油料5市斤,棉花4市斤,茶叶4市斤,猪肉(油)5市斤,家禽5市斤"④。1976年9月,后方基地也发通知指出,无论单位和个人都不准以任何借口和手段,自行到农村抢购农副产品,严禁用肥皂、香烟、白糖、票证等非法换取农副产品⑤。

二、赴各地采购

面对当地供应不足、供应渠道奇缺的情况,小三线企业纷纷想方设法派车到各地采购,来满足职工的基本生活需求,"由于当地商业部门不能保证供应,职工需要的副食品很大一部分靠后勤人员各显神通、自行采购。如设在祁门

---

① 《一位上海籍安徽县长经历的上海小三线建设——安徽省贵池县原县长顾国籍访谈录》,徐有威主编《口述上海:小三线建设》,上海教育出版社2013年版,第194页。
② "原上海小三线瑞金医院政工科科员吕建昌访谈录",2010年3月29日;"原上海小三线遵义器材厂党委书记陈志高访谈录",2010年12月7日。
③ "原上海小三线前进机械厂工会主席伍雨珊访谈录",2010年9月22日。
④ 《安徽省革命委员会生产指挥组关于加强市场管理打击投机倒把活动的通知》(1975年1月22日),上海柴油机股份有限公司藏协作机械厂档案,档案号:75-8。
⑤ 《上海后方基地地区组关于遵守国家统购统销政策严禁抢购农副产品的通知》(1976年9月1日),协作机械厂档案,档案号:76-7。

的朝阳厂,去年吃肉 13 000 多斤,其中 2/3 是自行采购来的,有的到农村集市和生产队直接采购,有的靠老熟人、老关系,有的以物易物甚至转手买卖。为生活派出的车辆满天飞,东到宁波、上海、扬州,西到九江,北到蚌埠等地,据轻工公司估算,去年为生活用车花去的汽油等费用(不包括汽车折旧)有 50 多万元,平均每人近 80 元,这不仅增加了国家的运输压力,破坏了国家计划和市场管理,而且对干部和职工的思想腐蚀也很大"①。据协作机械厂的统计,1982 年全厂"共供应蔬菜 589 500 余斤,西瓜水果 30 余万斤,菜场去年营业额是 80 年的 1 倍;……厂冷库全年共进猪肉 85 799 斤,鱼类 36 578 斤,家禽 7 405 斤"②。到 1983 年,供应进一步改善,"分别建立了蔬菜、猪肉、鱼类、水果和各种副食品供应点四十余个,……今年共采购供应了各种蔬菜七十九万多斤,猪肉六万六千多斤,各种水产河鲜五万三千多斤,水果瓜类六万七千多斤,虽然今年地方遭灾,蔬菜不足,但我厂每个职工吃菜平均数仍比八二年有所增加"③。

为了改善职工生活,一些小三线企业甚至会用生产原料向地方换取供应紧俏的副食品,变相地以物易物。1973 年,协作机械厂就以厂里的废铁皮向生产队换购了 708 斤菜油,被浙江省通报并要求作出检查;1982 年"五一"节,该厂又向宁波奉化渔场用柴油换购黄鱼,"他们答应供应一点,此后他们提出要弄一点柴油,问我厂有无办法,恰好我厂的一辆'依法'车由于厂春节放假一月和修理等原因,积聚了 3 吨柴油,于是就给了他们"④,再次被通报。小三线企业意识到这种形式并非长久之计,只有自力更生、丰衣足食才能保障供应不受各种因素的困扰。

三、开荒种菜,养猪养鱼

其实早在小三线筹建时期,就响应"亦工亦农"号召,组织开展"五七"生

---

① 《上海市革委会财贸组 上海市革委会工交组关于后方基地商品供应问题的请示报告》(1975 年 6 月 4 日),上海市档案馆,档案号:B135-3-432-13。
② 《上海市协作机械厂 1982 年工作总结》(1983 年 1 月),协作机械厂档案,档案号:83-2。
③ 《建厂史上的难忘一年:1983 年工作总结》(1984 年 1 月),协作机械厂档案,档案号:83-2。
④ 《上海市协作机械厂关于擅自将柴油支援宁波奉化渔场一事的检查》(1982 年 5 月 22 日),协作机械厂档案,档案号:82-4。

产,"最先进山的职工就利用在厂区路旁、山坡和厂房前后的空地种蔬菜,收集食堂里剩余的泔脚养猪的办法,解决副食品供应的困难。1968年,《解放日报》就报道了后方新安电工厂开荒种菜、改善职工生活的消息"①。在前方调查组赴小三线开展商品供应情况调查时,也提出了对于与职工生活息息相关的蔬菜供应问题,各厂应充分利用荒山荒地垦荒种菜,力求自力更生解决,如有用耕地困难,可由所在县统一安排解决。针对肉食供应困难的状况,要求后方基地党委发动职工,利用食堂的泔脚养猪,补充供应不足,养猪所需的饲料由上海市粮食局统一解决。

在"自力更生"口号的号召下,小三线企业纷纷发动职工开荒种菜,支持职工将所种蔬菜上交食堂,改善企业蔬菜供应。"比如说旌德县本身就很小,但是后方一下去了十个厂,当地压力就大了,县里无法供应,所以只能自己种菜,每个厂都搞,包括指挥部也一样,种西红柿、豇豆等"②。红星木材厂利用厂边的荒山,依靠厂内近三分之一职工来自农村的优势,动手搞农副业生产,"很快在荒山上开出19.5亩土地,当年收获蔬菜、杂粮万余斤,还养了11头猪,迈出可喜的一步。去年,他们耕种的土地扩大到31亩,收获蔬菜220 500多斤,平均每人261斤;养猪313头,宰了166头,平均每人每月可吃上一斤多肉,还发展了养鱼、养鹅、培育蘑菇等副业。今年农副业生产将超过去年。几年来,这个厂农副产品基本做到自给(包括家属),每天供应的副食品品种不下十种"③。该厂后来还在厂部层面成立了由18人组成的专业队伍,专门负责养猪、培育蘑菇和培植所需菜秧,各车间也有三四人的专业人员,负责车间的农副业生产,引得其他企业纷纷效仿。经过几年的发展,成绩不小,"共开垦荒田700亩,办农场一所230亩,1976年已养猪4 400余头,收获蔬菜224万斤"④。

---

① 上海市后方基地管理局党史编写组:《上海小三线党史》(未刊稿),1988年4月,第51页。
② "原上海后方基地管理局后勤处处长王中平访谈录",2011年1月22日。
③ 《搞工业兼搞农副业,红星木材厂因地制宜改善职工生活》,《解放日报》1979年10月16日。
④ 《上海市革委会工交组关于上海小三线建设情况的汇报》(1977年11月18日),上海市档案馆,档案号:B246-1-936-31。

八五钢厂作为后方最大的企业,职工5 000余人的蔬菜供应更是紧张,企业想出了采用"工厂化育苗"的技术解决这一难题。据《解放日报》报道:"去年年底,厂的领导干部在看到本报刊登的市郊有关单位关于工厂化育苗经验介绍后,即组织力量,取经学习,积极进行试验。经过两个多月的摸索,顺利地闯过了浸种、催芽等作业关,目前已培育出根系发达、植株健壮的营养钵菜秧三千多棵,日内即可移入大田栽种,为解决职工吃菜问题,创造了有利的条件。"①自此之后,八五钢厂的八五农场开始为全厂职工提供蔬菜种植、供应服务,"职工农场克服气候条件的不利因素,抓紧育苗、春播、田间管理,努力增加生产。仅在6月份,就提供了一万四千斤蔬菜上市。部分职工和家属吃到了农场生产的番茄、黄瓜、茄子等新鲜蔬菜"②。

在后方的大力提倡下,开荒种菜、养猪养鱼,发展农副业生产的热潮在小三线各单位普遍兴起,整个后方在"1972年开垦荒地470余亩,收获蔬菜104万公斤,养猪1 130头,养鱼5.4万条,种植各种果树2.3万棵"③。为了推广上海小三线企业解决职工生活所需的经验,1973年,南京军区国防工办还在立新配件厂召开了三省一市小三线工厂发展农副业生产的现场会,推广上海小三线从事农副业生产的经验。从1974年起,大部分企业开始建立"五七"农场,1975年又建立了整个后方的基地农场和化工公司农场,专门从事农副业生产。这一年后方共收获各种蔬菜138万斤、养猪1 400多头,同时产生了一批如七一医疗设备厂、红星材料厂、延安机械厂、卫星化工厂等蔬菜基本实现自给或半自给的单位。据不完全统计,"截止到1978年底,上海小三线共开垦荒地3 000多亩,收获各种蔬菜1 733万斤、养猪2万余头,在一定程度上缓解副食品供应困难,减轻了地方政府和人民的负担"④。

---

① 谈雄欣:《试验"工厂化育苗",解决职工吃菜难题》,《解放日报》1980年3月10日。
② 《为解决职工吃菜困难出力》,《八五通讯》第37期,上海八五钢厂,档案号:80-3卷30号。
③ 上海市后方基地管理局党史编写组:《上海小三线党史》(未刊稿),1988年4月,第52页。
④ 上海市后方基地管理局党史编写组:《上海小三线党史》(未刊稿),1988年4月,第52页。

第三节 供应工作的特征

在对小三线人的日常供应中,上海一方面要保证对全体市民的基本供应,同时又要解决小三线的需求;安徽一方面要在面上支持和协助小三线解决供应难题,同时又要从自身实际出发,希望能使小三线与当地的供应保持在同一个水平上;作为小三线企业和职工,则是千方百计想办法创造条件满足自己所需,形成了上海小三线的日常生活物资供应模式。

在小三线职工看来,一些在上海供应紧俏的商品在小三线也能保障供应。上海对小三线的供应标准是"原则上要向当地看齐,但也要照顾上海职工的生活习惯,供应标准应略高于当地",而在实际供给中,有些商品的供应甚至超过了上海市区的供应标准,"比如上海的蜜桔上市,后方都是一铅筒一铅筒供应的,因为市经委对小三线是大力支持的"[1],"上海每家每户春节仅供应花生1斤、木耳1两,太少了"[2],"物资供应上,上海对后方还是比较宽松的。香烟、酒等前方是计划的,后方都是多给的。当时要香烟票,我不抽烟,说不要,他们说帮你登记15包吧,就一下给了我15包烟,最多的时候有60包,这在上海是不可能的"[3]。在曾任后方基地后勤处负责人的王中平看来,"上海对后方特别照顾,比如每个月发自行车票,上海10个人发一张,我们10个人可以发到2张,比上海稍微提高点,其他标准也要高点,比如说鱼、肉,鱼主要是带鱼,上海如果人均一斤,后方供应就是一斤一两或一斤二两,这些东西标准都比上海高"[4]。由此可以看出,上海对于小三线生活物资供应的重视程度。

在改革开放过程中,面对小三线面临的各种社会问题和职工思想活跃的客观现实,保障职工的日常生活供应就显得更为重要。如前所述,上海各部门组织的服务队、小三线各单位千方百计筹集物资满足职工所需,在保障小三线职工思想稳定、顺利完成整体调整接收的过程中发挥了关键作用。

实际上,根据上海与安徽协商达成的意见,上海小三线职工的生活物资供

---

[1] "原上海小三线仪电公司工会主席朱仁锡及夫人朱静颐访谈录",2010年5月22日。
[2] "原上海小三线前进机械厂工会主席伍雨珊访谈录",2010年9月22日。
[3] "原上海小三线金星化工厂团委副书记、总调度王均行访谈录",2011年2月22日。
[4] "原上海后方基地管理局后勤处处长王中平访谈录",2011年1月22日。

应由上海直接划拨至安徽方面,再由安徽方面依据各企业的规模、人口、户籍人数等具体情况下拨至企业所在地相应的粮油管理部门和供销社,再通过粮油站和供销社供给小三线职工。

按照这一供应机制,安徽方面应该是上海对小三线职工日常供应的桥梁,不过在实际执行过程中,安徽曾屡次提出希望上海可以在供应小三线职工的同时,适当支持一部分商品给当地商业部门。但在上海看来,皖南有的地、县不仅重复要物资而且数量越来越大、范围越来越广。对此要求,上海的立场是"上海小三线和基地各单位的生活用品,仍一律由当地商业部门统筹安排、就地供应;对小三线直接临时供应的三十个商品,继续维持;关于基地所在商业部门要求支持的商品,为了照顾地区之间的关系,以及相互支持,在春节期间,一年一次,以专区为单位,经省商业局介绍,来上海有关商业部门给以商洽。凡上海在货源上有可能,尽量挤一部分给以支持,凡有困难确实解决不了的也要热情接待,说明情况"。[1]

更多的困难出现在粮油供应标准上。皖南当地在小三线职工的粮油供应上确实克服了不少困难,但日益加大的供应任务却是当地的小粮站所无法承受的。以位于贵池县的刘街粮站为例,原来只负责70人的供应任务,小三线单位去了之后,突然增加到为8 000人提供粮食供应。小三线职工诉求不断,如:反映当地粮食品种差,买不到面粉,部分工厂周转粮问题没有解决,食油供应较少且供应方式与上海不同,职工工作调动而安徽当地却不予调整粮食定量,夜餐粮和补助粮标准与手续执行不一致等等。

针对小三线粮油供应中出现的各种问题,上海市粮食局于1971年5月派出工作组赴安徽开展了为期一个月的调查工作,走访了两个地区和九个县粮食局、七个粮站、部分小三线厂、医院和汽车队,并召开了几乎有所有小三线单位后勤组负责人和管理人员参加的座谈会,听取了有关方面的意见,针对粮油供应上悬而未决的问题,会同安徽当地专区、县粮食局共同协商研究,采取各种措施规范后方粮油供应,如:对职工工种变动,定量由低调高或由高调

---

[1]《上海市革委会国防工业办公室 中国人民解放军上海警备区 上海市革委会财贸组 上海市革委会工交组关于上海小三线和基地有关商品供应的请示》(1973年3月8日),上海市档案馆,档案号:B246-2-924-5。

低可凭单位革委会证明按上海标准,由当地粮食部门代办调整手续,夜餐粮和各种临时补贴粮均按当地标准予以补助(当地标准现已不低于上海);对上海伙食团周转粮的问题,当地采取提前发票、提前购买和临时暂借三种办法解决;对于池州专区三线厂粮食供应上存在的问题,决定原每季由上海划拨10万斤补助粮指标,自三季度起(1971年)停止①,各地供应标准不同的矛盾基本得以缓和。

由于职工的粮食定量由安徽当地代办,小三线各单位的后勤负责人多为临时到岗初次办理该项业务,造成了供应工作的混乱。小三线职工粮食关系的转移也不够规范,导致重复供应的现象时有发生。在后来上海组织的调查组赴小三线开展的调查工作中,又发现了更多的内部管理漏洞,"粮食定量未按工种变动及时调整,导致吃超工种定量的职工占到10%左右;随意提高定量标准,补助粮名目繁多,各单位自行扩大补助范围,以683车队为例,驾驶员早上7点出车,晚上8点回来,补2~5两,超过10点的补助夜餐粮4两"②。针对这些问题到底是按照上海的办法还是按照安徽的办法整顿,双方各持己见。

在小三线内部供应工作不规范的同时,上海也在对后方的粮食供应上出现了疏漏。原来,从1969年安徽代供后方职工粮油开始,上海在执行的过程中并未能及时与安徽商量具体结算办法,导致"几年来一直未主动到安徽了解代供应粮食的具体数字,我市在粮食收支统计上,从未将这笔代供应数列入销售与调入数内上报。1972年9月,中商部粮食局许配厚同志曾在统计会议上提出要我们将安徽代供应小三线的粮食列入本市销售统计上报,开会的同志回来后汇报了这一情况,但仍没有引起我们重视"③。为此,市粮食局还向市委作出了深刻的书面检讨:"去年10月中商部召开粮食工作会议,我们带去的销售指标是35.5亿斤(也未包括安徽代供应部分),中商部张世昌同志要我们把安徽代供应数也算在35.5亿斤内,我们曾表示,要算在内,销售指标需要相

---

① 《上海市革命委员会财贸组关于商品供应措施和小三线职工供应等问题的请示、通知及市委的批复》(1971年6月26日),上海市档案馆,档案号:B248-2-340。
② 《上海市粮食局革命委员会关于安徽小三线粮食供应情况的报告》(1973年5月18日),上海市档案馆,档案号:B135-4-417-13。
③ 《中共上海市粮食局委员会关于我市在安徽小三线粮食供应情况和我们工作中的错误检查报告》(1973年5月31日),上海市档案馆,档案号:B135-4-513-1。

应增加。去年下半年商业部对我们提出这个问题后,我们又错误地认为,由于两年来未列入我市销售和调入数内,现在要列入我市指标,势必影响我市压缩销售指标的完成,因此坚持要相应的增加销售和调入指标。这是缺乏全局的观点、本位主义的表现,以致给商业部在业务处理上造成一些困难,影响了上下关系,也影响了和兄弟省的关系,教训是深刻的。"①

以该次事件为契机,为彻底理顺小三线粮油供应问题,1974年9月,两地就上海后方基地所属单位粮油供应问题及上海后方基地粮油供应管理工作转移、交接和今后供应的具体办法作出规定,上海后方基地所属单位的粮油计划、人口粮油关系管理以及供应管理的工作,由安徽省的有关粮食部门转交给上海市粮食局主办,并对转交后的各方权利作了框定,"转移、交接后的粮油供应,由后方基地按季向上海市粮食局申报计划,经上海市粮食局审查核定人、粮、油供应指标转告安徽省粮食局。由安徽省粮食局通知有关地、市、县粮食局,按所在地供应品种安排供应。没有安徽省局根据上海市局提供下达的粮油计划指标,各地不得超计划动支国库粮油"②。同时也加强了后方基地的粮油管理工作,在后方基地建立相应的三级管理机构——后方基地粮油管理组,下设宁国、绩溪、旌德、贵池、东至、泾县粮管分组以及厂粮油专管员。对于屯溪、休宁、祁门、歙县、黟县各单位的粮油管理,直接由后方基地负责。经过这一次调整,上海小三线的粮油供应工作实现了上海市粮食局与后方基地直接对接管理的统一模式。

即便如此,由于小三线的户口迁移申报手续还是由所在地公安机关负责办理,粮油由上海市粮食局审批,常常还是会因双方衔接不好,造成不少矛盾,"有的当地公安机关已同意报进户口,却没有粮食,有的则是粮食局批准转入粮油关系,却不能入户……这都带来了新的困难,致使各方互相埋怨,职工很有意见,信访不断,影响工作,影响安定"③。

---

①《中共上海市粮食局委员会关于我市在安徽小三线粮食供应情况和我们工作中的错误检查报告》(1973年5月31日),上海市档案馆,档案号:B135-4-513-1。
②《安徽省革委会粮食局 上海市粮食局关于上海后方基地所属单位粮油供应问题的联合通知》(1974年9月),上海市档案馆,档案号:B248-2-683。
③《上海市后方基地管理局关于加强对外省市职工及家属调入后方的粮油管理的通知》(1981年10月29日),协作机械厂档案,档案号:81-16-1。

第四章　医疗体系与文化生活

从"小上海"向外发出的长途汽车中有一辆直达皖南屯溪市的。屯溪是安徽皖南物产的主要集散地,抗日战争时期,它又是从上海去后方的通道,现在,又是上海的后方基地。物产丰富,人烟稠密,确实是个名副其实的"小上海"了。五十年前,我国现代著名作家郁达夫先生在1934年5月写的篇题为《屯溪夜泊记》的游记中就作了这样的描述:"……徽州府西北几县的物产,全要从这屯溪出发,所以这个小镇居然也成了一个皖南的大码头,所以它也就有了小上海的别名。"看来昔日的屯溪被称为"小上海",是因为该处的地理位置与上海有着某些相似之处吧。

今日屯溪,有许许多多上海人在这里工作、生活。上海后方基地雄伟壮丽的办公楼建筑群,就屹立在屯溪市郊仙人洞古迹附近。在屯溪市郊和邻县,星罗棋布着许多从上海迁来的厂,每座工厂区都成了一座自然村。这里的人们都戏称:在屯溪市地图上,应该标上那几座"上海村"。

"上海村",多么亲热的称呼,其中包含着多少"大上海"与"小上海"之间的友谊佳话。工厂附近的村民们从工厂的自来水站挑水回家,村民们又把担担蔬菜、土特产供给"上海村"的朋友们;"上海村"的学生们在屯溪的学校里跟当地的学生同桌攻读,当地的人民又到"上海村"的商店里买到受欢迎的上海货物。

他们在共同从事着建设社会主义物质文明的同时,也在共同从事着社会主义精神文明建设。在屯溪出版的《徽州报》《屯溪文艺》等报纸、刊物上,有许多名篇佳话的作者就是"上海村"的朋友们。

篇末,我想告诉人们一个数字,那份上海版的《新民晚报》,每天在屯溪市这个"小上海"的发行量也有六七百份呢!①

——《新民晚报》

衣食住行皆为文化。文化是通过人类活动,在其长期栖息、繁育、劳作的大地上生长和发育起来的,必然受到它赖以生存的地理环境的制约②。在文化与环境的交互作用中,文化将呈现不同的生态现象。与文化生态学相关联的另一个文化现象就是文化适应,而文化适应往往是与人口迁移紧紧联系在一起的。在人口社会学理论看来,文化适应是指移民以融入的方式进入新的环境,一般通过两种方式实现文化适应:一是通过改变自我,用较长的时间进行调适,包括改变原有的生活方式、调整社会关系、改变居住环境;而另一种则是在新的居住环境中重建原有的生活环境和文化。一旦移民群体形成一个网络的时候,迁移者就会在新的社区中重建原有的生活方式和文化,实现了文化转移。

文化在受生活环境影响的同时,也具有明显的地域性和差异性。虽然在文化学者看来,文化并无优劣之分,但就文化在社会发展中所起的作用来说,却有先进与落后之别。小三线人带到皖南、浙西山区的是受城市环境影响较深的海派文化,而当地的文化则更具有本土文化的特征,当两者相遇时,碰撞是自然的。不过碰撞的结果却是上海小三线人由于生活环境的相对独立性而延续了自己的城市文化和生活方式,这也正应验了一些学者对于文化转移的判断,"大批移民迁入某地,他们为了沟通上的方便或者是出于通过团体来保护自己的目的,这些人大量集中居住在一起,形成一个小型的社区,在社区中使用自己的语言,保留自己在原住地固有的文化习俗和文化认同,这个社区也有自己的行为准则和规范"③。通过小三线人的日常文化生活,我们也会发现文化在空间上的转移。

---

① 江志伟:《"小上海"的今天》,《新民晚报》1983年1月27日。
② 程瑜著:《白村生活——广东三峡移民适应性的人类学研究》,民族出版社2006年版,第14页。
③ 程瑜著:《白村生活——广东三峡移民适应性的人类学研究》,民族出版社2006年版,第131页。

第一节 日 常 生 活

正如前文所引《新民晚报》对于小三线生活场景的描述一样,"小上海"的生活方式依然保持着"大上海"的韵味。通过对于衣食住行等日常生活的论述,我们可以从中看出在相对封闭的地理环境中,小三线人的生活状态和心态。

一、饮食习惯

作为一个在空间上相对独立于当地的"小社会",小三线人的生老病死基本是由企业全包的,每个企业都是一个自成一体的"小而全"的社会,具有"企业办社会"的典型特征。从小菜场、小卖部、浴室、开水房、食堂到医务室、礼堂,"麻雀虽小,五脏俱全",用以满足小三线人的日常生活需要。八五钢厂是小三线最大的企业,单在其一个厂内就拥有"十一只食堂、十二个浴室,有子弟中学、小学、幼儿园、托儿所、小菜场。小卖部内油、盐、酱、醋一应俱全"①,所有后勤保障都由企业来承担。同时小三线人的生活规律也是高度一致,"当时小三线有一个很独特的饮食文化,今天如果哪个车间吃馄饨,那么基本上八五厂整个家属区都在吃馄饨,今天吃黄鱼,整个家属区都吃黄鱼"②,"山里进出不方便,全厂吃的都是一样的,今天装了带鱼回来,那全厂今天都吃带鱼"③。这种同质性使得企业内部人与人之间的沟通较为频繁,因此企业也承担着维系职工间的邻里关系,调节职工间的矛盾等责任。八五钢厂还曾表彰过企业中的好邻居,"马根友、姜根章、盛铁民三户居民严于律己,互相谦让,团结互助,和睦相处。三家合用一只自来水龙头、一个阳台,从来没有拌过一回嘴,九年如一日,亲如一家人"④。

---

① 《上海八五钢厂概况》,《八五通讯》第134期,1983年3月20日,八五钢厂档案,档案号:83-3卷28号。
② "原上海小三线八五钢厂职工陈辉、陈震源访谈录",2011年3月27日。
③ "原上海小三线协作机械厂驾驶员孙胜利访谈录",2018年5月29日。
④ 史志定、唐泳琪摄影报道,《冶金报》1982年7月9日。

在小三线社会里,即使生活条件不如上海,但上海人讲究生活品质、重视生活质量的特质依然没有改变,这一点尤其表现在饮食上。尽管小三线的商品供应存在各种困难,但企业纷纷自力更生,千方百计地提高食堂的供应品种和供应水平,尽力满足职工对海派饮食的需求,以至于小三线职工作出了"我们到当地后,食堂是上海口味,全都说上海话,乡音没改,碰来碰去都是上海人。领导、同事,生活习惯都是上海的"①这样的评价。海峰印刷厂食堂在1977年的时候就能够为职工提供每餐八个菜以上的基本饮食服务,而受到职工的称赞②。80年代,光明机械厂食堂以提供小锅菜而闻名,"无论是厂里的职工,还是外单位来联系工作的同志,只要吃到光明机械厂食堂的小锅菜,没有不说好的。光明机械厂食堂的小锅菜分为两种:一种是平时周末和星期日的单只小炒菜;另一种是每逢节日预订的5元、8元、12元、20元一桌的'和菜',职工们虽然在山区度假过节,却如同生活在上海一样"③。协作机械厂也努力改善职工生活,不断增加食堂供应的花色品种,平均每餐小菜品种可以保持8个,周六有时可以增至25个。一些上海的中高档早餐、点心也出现在小三线企业的食堂,"以油炸点心来说,过去油条、糖糕、粢饭糕等点心,供应的情况是可怜的,每供应一天,职工都要4~5点钟到食堂排队等候,一买就是2~3斤,有的这么早起来还买不到,而现在,这些油炸点心已能满足职工的需要,使职工不仅能吃到价廉物美的大众化点心,而且也能享受中、高档点心的滋味了"④。

除了食堂供应之外,皖南当地物产丰富也为小三线人改善饮食提供了另一个选择。"宁国产的小核桃,打个电话,让当地村民送过来我们直接购买……医院里的医务人员自己买点菜,在宿舍里做饭。每当当地的小核桃、板栗下来的时候,整个宿舍楼里就飘着一股香味。有几个年龄稍大一点的护士,特别会做吃的。当地大闸蟹很便宜,没有工具,就用铜壶把大闸蟹放进去,

---

① "原上海小三线自强化工厂医务室医生孙明珠访谈录",2018年11月28日。
② 王宝来:《受称赞的食堂》,《文汇报》1977年6月16日。
③ 安徽绩溪县光明机械厂张荣定:《改善职工生活,安心山区建设,安徽光明机械厂食堂受赞扬》,《解放日报》1981年2月19日。
④ 《上海市协作机械厂行政科食堂:我们是如何办好食堂的》(1982年4月5日),协作机械厂档案,档案号:82-50。

两个人吃一壶大闸蟹,有8~10个"①。黄鳝、甲鱼、螺蛳等同样被小三线人视为美味,于是下河捕捞成了一种爱好,"安徽河里吃的东西很多,我下课去白洋河捞一网可以抓到半铁桶很大的虾,还抓黄鳝,当地人不吃的,后来看到这些景象,他们连蛇也拿出来卖了"。②山里的各种野兽也成为小三线人"打牙祭"的好选择,獐、狐、野猪等因为肉质好而常常成为狩猎的对象,曙光电料厂和协作机械厂还曾经发生过因为携带自制土枪打野猪、竹鸡吃而误伤同事的事件。

二、生活家电

另一个能体现小三线人追求生活质量的领域就是生活家电。小三线人家庭所拥有的生活器件数,一定程度上也能反映小三线人的生活水平,实质上更体现的是上海人追求新鲜、时髦的生活心态。以八五钢厂为例,据1980年统计,"我厂三年来六大件发放数统计:电视机,251台;缝纫机,481部;自行车,501辆;木台钟,269只;手表,988只;录音机,1976、1977、1978年均没有,1979年53台,这些数据是上级发给我厂的票证数,也是个证明。又据统计,我厂家属户家庭电视机1977年仅有6台,1980年初已有80台以上"③。同年,八五钢厂二车间团总支对该车间青工家庭生活进行了调查,职工家庭拥有生活器件的具体数字如表4所示。

表4 八五钢厂青工家庭生活一瞥④

数量	已婚人数(人)	手表(只)	自行车(辆)	电风扇(台)	电视机(台)	缝纫机(部)	录音机(台)	收音机(架)
前道甲班	13	13	10	9	4	10	0	9
乙班	8	7	2	3	2	2	0	0

---

① "原上海小三线瑞金医院医生卜晓明访谈录",2010年4月30日。
② "原上海小三线八五钢厂职工陈辉、陈震源访谈录",2011年3月27日。
③ 笪洁、唐士学、陈荣富:《从我厂实际看形势——满怀信心望未来,立足本职干四化》,《八五通讯》第15期,1980年3月21日,八五钢厂档案,档案号:80-3卷28号。
④《轻工生活一瞥》,《八五团讯》第48期,总第161期,1980年10月8日,八五钢厂档案,档案号:80-8卷61号。

续 表

数量	已婚人数（人）	手表（只）	自行车（辆）	电风扇（台）	电视机（台）	缝纫机（部）	录音机（台）	收音机（架）
丙班	11	11	6	6	2	7	3	6
常日班	22	22	8	8	3	12	0	9
机修	36	36	15	28	11	28	0	35
军工	15	15	3	8	4	11	0	9
累计	105	104	44	62	26	70	3	68
备注	（1）以上数据均在1968至1975年进厂的354人中统计。 （2）七大件均在已婚105人中统计。 （3）夫妻双方均在本车间工作，以女方所在工段中统计。							

从表4中可以看出，八五钢厂二车间共有职工523人，其中33岁以下的已婚青年职工105人。由数据可以看出，在这105名青工中，已经购置手表104只，占99%；自行车44辆，占41.9%；电风扇62台，占59%；电视机26台，占24.8%；缝纫机70部，占66.7%；录音机3台，占2.9%；收音机68架，占64.7%。而据国家统计局住户调查办公室统计数据显示，1979年全国城镇居民平均每百户拥有手表204只、自行车113辆、缝纫机54.3部；农村居民平均每百户拥有手表27.8只、自行车36.2辆、缝纫机22.6部。当时，电视机还属稀缺消费品，直到1980年，城镇居民平均每百户拥有黑白电视机32.0台，农村居民平均每百户仅有0.4台①。

小三线企业也纷纷为解决职工对高档生活家电的需要提供便利，协作机械厂工会就曾与上海日用五金批发部联系，为职工争取到用分期付款的办法赊购高档生活用品的福利。据统计，1982年共计为职工"购买水仙牌双缸洗衣机103台，单缸洗衣机7台，照相机4只，电视机10台"②。另外还多次组织上

---

① 《从统计数据看改革开放40年：居民生活水平不断提高 消费质量明显改善》，"光明网"2018年8月31日。
② 《上海市协作机械厂1982年工作总结》（1983年1月），协作机械厂档案，档案号：83-2。

海有关单位来厂修理电视机、洗衣机,方便职工。1985年,全厂已有80%以上的家属户有了电视机。

三、交通出行

上海小三线历经24个年头,先后在皖南的徽州、安庆、宣城三个专区和浙江临安等13个县(市)境内建成81个独立单位,整个小三线东西相距263公里、南北相距135公里①。安徽南部多为山地丘陵地带,之所以会选址作为上海小三线的建设地点,最直接的原因就是山多、隐蔽,小三线的地理环境由此可见一斑,这也给小三线人的交通出行造成了困扰。

小三线作为备战的产物,其基本特点就是"靠山、分散、隐蔽",在建厂时就要体现出车间与车间之间、单位与单位之间的远距离,因此不仅是小三线与外界的距离,即使是在小三线内部各厂间也存在着出行难题。企业不仅远离自己的领导机关,而且远离当地的中、小城镇,"以后方基地管理局所在地屯溪为中心,相距300公里以上的单位占10%,100~300公里的占45%,离最近县城在10公里以内的只占29%,20公里以上的占45%,最远的离开县城60公里"②。即使是同一个企业,厂内的布局也十分分散,有五个厂的厂内公路达10公里以上,最多的达到14公里。

"顺风车"成为职工解决出行难题的捷径,企业后勤的车、生产资料配送车、正常的会议用车等都成为职工进入县城、街镇的主要交通方式,"当时我们在医院里,可以乘各个单位接送病人的车,在后方各厂间兜一圈"③。后来,随着职工及家属人数不断增加,各厂自行开行设的接送职工上下班的班线开始出现,"没有接送车之前,一家三口甚至四口都骑在一辆自行车上,无论三伏寒冬,风雨冰雪,都得骑着走。骑车的丈夫气喘吁吁,乘车的妻子儿女提心吊胆。要是摔跤,更是不得了,这样人怎么有心思工作?现在,无论天气如何,人们再

---

① 上海市后方基地管理局党史编写组:《上海小三线党史》(未刊稿),1988年4月,第2页。
② 上海市后方基地管理局办公室:《上海小三线建设中的"左"倾影响——关于上海小三线建设过程及经验教训的调查报告》(未刊稿),1982年1月。
③ "原上海小三线瑞金医院政工科科员吕建昌访谈录",2010年3月28日。

也不用担心如何上下班了。工作起来劲头也大。从表面上，厂里费了一些人力、车辆、汽油，但是换来的是工人的干劲，减少了迟到早退和缺员率，这对生产无疑是十分有益的"①。

与日常厂与厂间的出行相比，困难更大的是后方单位与上海之间的交通，最需要解决的就是小三线人回沪的交通问题。山区气候变化无常，公路基础建设缺失，水路受气候影响更为直接，要如何解决小三线人定期回沪的交通问题呢？在1966年小三线刚开始筹建的时候，只开通由上海市公交公司负责行驶的定期班车，且只针对小三线内部人员，班车规定每周一次，凭企业介绍信购票和乘车，为保密起见，沿途不设车站路牌②。后来，上海市公交公司又增加了上海到绩溪、旌德等线路，贵池因为靠近长江，有水路可以利用，因此最初并未开通公交线路，后由于职工需要也开通了至贵池的线路，每周周一、周五共两班。虽然班车次数很少，但至少提供了陆上公共交通的出行条件。而一些有条件的企业则利用厂内的客车，满足职工平时往返上海的需求，光辉器材厂的客车"平时回上海是一个月一到两次，时间也不固定，要登记满员才能回去，票很便宜，一次3元钱，乘外面客车的就是9元2角5分，乘我们自己的客车是3元，家里如果有急事的就坐'925'③来回"④。

随着小三线人对于回沪的交通需求量的增加，上海为了方便小三线职工乘车，从1982年12月2日起，"把上海至贵池班车延伸到离县城二十多公里外的梅街。延伸后的行车班次，每周周一、周五从梅街发出，每周周二、周四从上海公兴路65号长途汽车站发回。两地发车时间都是清晨5点30分，当天晚上8点左右就可以到达终点站"⑤。这一举措给八五钢厂职工的出行带来了极大的便利，因为八五钢厂就在贵池的梅街，《八五团讯》向全厂职工作了宣传，"为了逐步改善全厂职工和家属去上海出差和探亲访友交通不便的实际困

---

① 庄根勇：《生活与生产的关系》，《八五团讯》第46期，总第159期，1980年9月29日，八五钢厂档案，档案号：80-8卷61号。
②《二二九工程指挥部六六一工区关于搭乘上海、屯溪定期班车有关事项的通知》（1966年10月15日），协作机械厂档案，档案号：68-2。
③ 因为客车票价为9.25元，所以简称"925"。
④ "原上海小三线光辉器材厂驾驶员黄章利访谈录"，2018年5月22日。
⑤ 史志定：《上海至贵池班车延长至梅街》，《新民晚报》1982年11月29日。

难,厂部已与有关单位商定,自12月2日起,梅街班车将直通上海,定40座大客车往返,沿途停靠贵池、青阳、南陵、宣城、广德,两地开车时间均为凌晨5时30分,当天达到终点站,全程票价为11.95元。梅街售票地点在我厂小车库登记船票处,售票时间为每天上午8时至11时,下午12时30分至3时,可提前三天购票,凭票在梅街车站上车,上海购票、乘车均在公兴路65号上海长途汽车站"①。1983年12月,上海长途汽车运输公司和安徽省汽车运输公司商定,从次年元旦起,将上海与贵池间的定期班车改为每日班车②。

浙西的协作机械厂职工也可搭乘已经开通的三线班车往返上海,但需要绕行,为了解决由此带来的不便,该厂积极与当地交通部门沟通,希望临安汽车运输中心站可以开通上海往返的直线长途班车,"我厂系上海支内单位,每年回沪及返厂计5 000人次左右,由于交通现状,给我厂去沪开会及工作,以及职工回沪及返厂均带来很大不便。多年来,厂内职工对沟通仁里—上海的交通,开辟直线班车的愿望很迫切,鉴于当前铁路交通较为紧张,公路交通逐渐发展的情况,特向贵股要求增辟仁里—上海往返直线长途班车,以解决我厂职工的困难,为我厂职工回沪及返厂提供方便"③。除了希望开通直线往返班线外,还于1976年向浙皖两地的汽车运输部门提出申请,开辟两地间的交通班车,便利协作机械厂职工出行,"我厂曾向浙江省第一汽车运输公司提出要求,开辟浙江临安县昌化至安徽胡乐古田医院客运班车的初步设想,……已原则上同意,但鉴于该段公路是跨省路线,涉及皖、浙两省管辖,为此,我们向贵公司提出申请,要求开设昌化至安徽旌德县间或浙江昌化至安徽胡乐间的客运班车,……争取在1976年冬季通车,为我厂职工、贫下中农解决交通困难"④。

虽然小三线的交通出行条件不断得到改善,但却依然无法避免由于山区

---

① 《梅街班车将直通上海》,《八五团讯》第60期,总第300期,1982年11月6日,上海八五钢厂,档案号:82-8卷80号。
② 吴健绍、张健夫:《上海贵池将开每日班车》,《解放日报》1983年12月18日。
③ 《上海市协作机械厂关于要求增辟仁里—上海往返直线长途班车的申请》(1982年12月1日),协作机械厂档案,档案号:82-62。
④ 《国营协作机械厂革命委员会要求皖浙通车申请报告》(1976年9月5日),协作机械厂档案,档案号:76-7。

气候、道路状况不佳等客观因素和驾驶员自身原因造成的交通事故,给小三线人的出行安全带来了威胁。1969年跃进机械厂就发生了翻车事故,"跃进厂300多名职工在沪度过春节后,于2月25日组织了11辆汽车,取道南线返皖,途中由于汽车驾驶员不慎,在浙江省临安县昌化区颊口公社大桥处发生了一起严重的翻车事故,共伤亡20人。其中因伤势过重抢救无效,当场牺牲2人,重伤6人,轻伤12人"①。同年还发生了韶山电器厂三卡②翻车造成重伤1人,轻伤2人;366厂车因强行超车而翻车,造成重伤3人,轻伤4人;八五厂车带一生产队干部因翻车致死等多起车祸③。1972年8月15日至19日五天时间里,就发生了五起交通事故,其中胜利水泥厂"七一牌汽车一辆,内装有雷管4万发及啤酒蔬菜等,全车12人,其中出差职工4人,余8人系搭车去杭州游玩的职工及家属。从杭州返厂,开到离孝丰17公里高山顶峰转弯处,因车速过快(时速50公里以上),越出车道,车辆横翻在深46米、斜度75度的山沟中,全车12人,1人死亡,1人重伤,5人轻伤"④。整个小三线最为惨痛的交通事故发生在1984年旌德开往上海班线车上,引起了上海社会和媒体的广泛关注。

6月2日上午5点30分,这辆班车从安徽旌德县德善里发车后,正遇下雨,公路泥泞。7时30分左右,当这辆班车在长潭岭下坡时,车子突然滚翻到岭下31.5米深的山沟里,有5名乘客当场死亡,车子也受到了严重的损坏。这时,韶山电器厂31岁工人王俊忍着伤痛和另一乘客从车子里钻出来,爬上了山坡,跑了1公里的路程,向离事故发生地点最近的曙光电料厂报告。该厂领导闻讯后,立即组织90多名职工,带着营救工具,迅速奔到现场全力营救。他们在最短的时间内就把全部受伤的乘客送到了附近的古田医院。经过古田医院和后方瑞金医院医务人员的全

---

① 《八一二指挥部军管会关于跃进机械厂翻车事故的通报》(1969年3月23日),协作机械厂档案,档案号:69-6。
② 三卡即三轮卡车。
③ 《八一二指挥部关于严防车辆事故的通知》(1969年11月6日),协作机械厂档案,档案号:69-6。
④ 《八一二指挥部关于最近连续发生严重事故的检查报告》(1972年8月24日),协作机械厂档案,档案号:72-8。

力抢救,除两人因伤势太重抢救无效外,目前八名重伤员病情稳定,没有发生意外变化。……发生这次事故的具体原因,目前还在调查中。①

记者从宁国县古田医院获悉,到昨天下午5点钟为止,经过古田医院和后方瑞金医院医生的全力抢救,在6月2日车祸中受重伤的八名乘客,病情继续稳定,他们当中有的已能吃稀饭了。古田医院的医生说,这些病人再过一个星期就可以陆续转回上海继续治疗。五名受了轻伤的乘客已有两人出院。上海第三人民医院派出的三名医生也已于6月6日返回上海。②

此次车祸事故造成车上18名乘客和3名行车人员中7人死亡、8人重伤、5人轻伤。

交通出行的另一个难题就是节假日期间小三线人的集中返沪问题。在没有开通客车前,"逢年过节,解放牌的大卡车,后面搭个帐篷,职工就都坐在后面,到上海以后都冻僵了。当时没有客车,就是大篷车一批一批地送上海"③。而在古田医院,早期则用一辆交通牌大卡车充当客车,后来加焊一个钢结构棚子,里面固定几排座位,改装成简易大客车,就这样定期不定期地接送职工往返沪皖两地④。有了定期往返的客车后,这一状况才得到了改观,但还是要受到天气的影响,在后方基地管理局后勤处处长王中平的记忆中,"每年春节前,几万人要回上海过年,上海公交公司专门由汽车四厂负责调度几十辆车,春节前一个月每天开进去,把人接回来。过了春节之后,又一批批送回去。那时候是很困难的,每年山区里都要下大雪,一下雪路就更难走了"⑤。每当春节前后大雪封山的时候就给车轮裹上防滑铁链,即便如此,也仍然可能因为路面结冰而耽误行程,"记得有一次春节大雪封山,不少职工要回上海过年,

---

① 陈发春:《市公交公司发生一起严重事故 一辆址车在宁国山中翻车车上七人死亡、八人重伤;本市和当地有关领导立即组织抢救并处理善后》,《解放日报》1984年6月6日。
② 陈发春:《经当地医院全力抢救,宁国翻车受伤乘客病情稳定》,《解放日报》1984年6月8日。
③ "原上海小三线协作机械厂驾驶员孙胜利访谈录",2018年5月29日。
④ "原上海小三线古田医院政工组职工陈正康访谈录",2018年6月24日。
⑤ "原上海后方基地管理局后勤处处长王中平访谈录",2011年1月22日。

因为下雪后第二天路面结冰,客车在过'强盗坡'地段时熄火,这就比较麻烦了,用人推路面很滑推不动,只好赶紧从山脚边搬来石块先堵住车轮,耐心等候路面解冻后再走"①。1984年的春节,市公交公司的24辆满载后方职工回沪的汽车被大雪困在了皖浙山区两天两夜,《解放日报》还对这一事件进行了报道:

> 由该公司三场和四场承担运送上海后方基地职工和家属返沪过春节的24辆公交车辆,在安徽省和浙江省境内,与大风雪搏斗了五十多个小时之后,昨天(20日)上午10点20分已全部安抵上海,近千名乘客与行车人员无一伤亡。
>
> 1月18日凌晨3时至5时,当24辆公交车辆满载着乘客陆续从安徽省宁国、屯溪一线后方工厂向上海方向发车后,恰巧遇上了一场多年未遇的大雪,沿途公路全被大雪覆盖。由于大雪的袭击,通讯中断,与上海失去了联系。乘客和行车人员的安全受到严重威胁。
>
> 车上广大乘客在饥寒交迫的困难前面,毫不畏缩,他们用手扒雪,用肩顶车子,一步步地在前面为车子引路开道。为了让司机吃饱肚子开车,有两个乘客饿着肚子在一尺多深的雪地上整整步行了四个多小时,找到15里外的驻军,为他们特地捎了米饭来。有一辆车上只有不到一瓶的开水,因为车上有两个不满周岁的婴孩要冲奶粉,大家都努力克制,节省下来让给婴孩用。
>
> 上海市人民政府得知这一消息后,日夜关心着被风雪困在山区的上海工人。1月19日,市政府分别向浙江省湖州市人民政府和湖州地区交通局连续打电话联系,请求他们大力支援,帮助寻找车队的下落。与此同时,一支由市公交公司副经理唐和定同志带领的救援队伍带着四辆越野性能强的吉普车和一辆后勤车,装载了150斤干粮,20多把铁铲和4部无线电对讲机,驱车向湖州进发。他们到达湖州后,采用逐步推进的办法营救受阻的车辆。②

---

① "原上海小三线古田医院政工组职工陈正康访谈录",2018年6月24日。
② 陈发春:《在皖浙山区同大风雪搏斗两天两夜,24辆汽车满载后方基地职工平安返沪》,《解放日报》1984年1月21日。

对于人员相对较多的企业,一般是由工厂自行解决职工返沪过节的交通问题。从安排厂车和短驳车、通知各车间职工、安全将职工送回上海,再到在上海设立购票点,便利小三线人按期返回企业,一个企业的后勤部门在每年的节假日前后成了最繁忙的部门,有的企业还会成立专门的春运组为全体职工服务。

八五钢厂的春运消息每年都会提前在其厂报、团报上刊登,披露详细的春运安排信息供职工参考,提供短驳、购票服务。乘火车和轮船成为八五钢厂职工回沪的主要渠道。以1980年春节为例,"今年节日期间职工离厂方式分水陆两路进行。一路是由公共汽车或厂车送到铜陵转火车,另一路是专车送到码头乘船旅行。从1月26日起,厂部春运组开始办理车船票预约登记手续。厂部出车铜陵的时间是:每天上午6时正,票价3元,铜陵火车开车时间是:中午11时40分,到沪票价8.5元;从厂部到贵池码头的发车时间,正班船每天上午5时正,加班船是下午5时左右"[①]。在1984年的春节期间,八五钢厂专门与交通部门联系承包了八部车直接从梅街到达上海。协作机械厂有明确的春节职工搭乘厂车、包车的规定,如统计报名、往返时限、搭乘次数、行李件数及重量、职工子女乘车收费标准等,用来保证职工不超假、按时返工。

交通出行状况不断改善,小三线人回沪频次不断增加,也带来了一个现实问题,那就是部分职工回沪后往往不愿意按期返回小三线,给企业的正常生产活动造成了影响。

第二节 医疗卫生

医疗卫生机构是上海小三线社会保障体系的重要组成部分。小三线地处皖南和浙西山区,在基本建设阶段就面临着开山、炸石、修路等事故易发的客观环境,再加上当地医疗卫生条件和水平相对较低,因此,上海小三线的医疗卫生机构建设是与小三线企业迁建同步启动的。

[①]《春运消息》,《八五通讯》第21期,1980年1月25日,八五钢厂档案,档案号:80-3卷27号。

一、"四院一站"的医疗机构

上海小三线的医疗卫生工作机构最初是以建立在各厂内部的医务室(又称保健站)形式出现的,由上海市卫生局统一协调派驻医务人员进厂,为奋战在建设工地上的小三线人提供最基础的医疗服务。在上海电子器材三厂,"平时职工的卫生保健由厂医务室负责处理。医务室初建时有6名医务人员,后从外单位调入1名医生,现在是7位医务人员,医务人员中,有2位本科大学毕业生,其中1位是主管医师"①。皖南地区地形复杂,施工条件恶劣,工人在施工中的意外受伤不断,加之建设任务的日益增加,临时建立在各厂的医务室逐渐难以满足需求。为此,上海市卫生局又协调市内各医院,采取轮换制,组成医疗分队前往小三线,作为小三线医疗卫生工作的补充力量。医疗分队除了承担小三线建设者的医疗救治工作以外,同时担负着为当地民众服务的责任,重点培养当地的"赤脚医生",建立起当地人自己的医疗卫生队伍。而遇到一些重大疾病需要检查、开刀、住院的情况时,"附近集镇、公社医疗条件、设备、力量均无法接受本厂职工的疾病治疗,在此情况下……只得送杭州、上海,影响病人的及时治疗"②。为此,协作机械厂还在1969年专门去工厂周围的浙江军区112医院联系,希望该院可以作为本厂职工的特约医院。据统计,到1969年10月,在小三线医院筹建工作组到达皖南前,"在后方的医疗队共有3个,计60多人,由东方红、工农兵、新华、一院、九院所组成,分布在皖南的绩溪、旌德和贵池3个地区"③。

布局阶段。随着小三线工厂的相继建成投产,职工及家属大量进入后方,对于医疗卫生条件的需求日益凸显,加强小三线的医疗卫生工作被提上日程。1968年10月15日,以时任上海市卫生局革委会主任洪明贵为首的调查组赴皖南开展医疗工作调研,听取了"二二九"工程指挥部军管会对小三线卫生工

---

① 《上海电子器材三厂简史(原东风机器厂,国营8301厂)》(未刊稿),1984年12月。
② 《国营九三八三厂革命领导小组要求浙江军区112医院为本厂接受职工治疗住院一事》(1969年5月19日),协作机械厂档案,档案号:1969-3。
③ 《上海后方卫生建设领导小组关于上海后方卫生建设筹建工作的汇报》(1969年10月31日),上海市档案馆,档案号:B242-2-82。

作的意见,并征求了工人对医疗卫生工作的意见,了解当地的主要疾病和卫生建设情况。返沪后,上海市卫生局革委会即向市革委会工交组呈报了《关于加强上海后方卫生建设的请示报告》,提出了几点建议:一是继续组织医疗小分队去皖南地区;二是加强后方工厂保健站医疗技术力量,抽调一批在职医务人员、分配一批医科中专毕业生给各有关工业局,充实医疗力量较薄弱的工厂;三是建议在洪门与胡乐地区之间,建立一所200张病床的综合性医院,主要负责后方工人疑难疾病的医治及工厂保健站的医疗技术指导工作。1969年1月,市革委会工交组就小三线医院建设做出调整,将原本打算筹建的一所医院增加到三所,并要求尽快上马。具体为:"在胡乐(距宁国与旌德之间)设100张床位医院;在雄路(距绩溪7公里)设200张床位的中心医院;在梅街附近的新冲(距贵池25公里,在上钢五厂与机电一局六个厂之间)设100张床位医院"①。决定胡乐、雄路地区的二所医院,有关基建工程、人员配备、设备内迁、医疗队的派遣等均由二医(包括四所附属医院)系统负责统筹安排(二医安排附属东方红医院②与工农兵医院③包建后方二所医院),贵池地区医院由卫生局革委会负责统筹安排,后确定由上海市第一人民医院包建。

关于筹建小三线医院的组织领导工作,决定成立由市卫生局、二医革委会共同组成一个六人后方建设卫生工作领导小组,领导小组的组长由洪明贵兼任,厉朝龙(二医革委会常委)、周仲鹤(卫生局革委会)为副组长,王洪根、陈国亮、吕舜麟任组员,负责领导三所医院的工程建设、人员配备、设备安排,以及整个皖南地区派遣医疗队等项工作,小三线医院开始筹建。

1969年9月,上海后方建设卫生工作领导小组正式离沪赴皖南筹建三所后方医院,仅用一个多月的时间,就先后完成了设计施工与建院选址两大重要任务,并将由市一医院包建的贵池地区医院定名为"长江医院",基建工作随即开工。而由二医包建的两所医院的命名工作,到1970年6月也有了结果,由东方红医院包建的医院定名为"瑞金医院",由工农兵医院包建的医院定名为

---

① 《驻二医工、军宣队团部 第二医学院革委会 驻市医卫系统工、军宣队团部 上海市卫生局革委会关于加强上海后方卫生建设的请示报告》(1969年5月25日),上海市档案馆,档案号:B242-2-82。
② 东方红医院即今天的瑞金医院。
③ 工农兵医院即今天的仁济医院。

"古田医院"。

为了加快建设步伐,在小三线医院基建工作进行之时,医务人员配备也已着手考虑。小三线医院筹建组提出了"鉴于皖南山区远离城市,各方面均需独立解决问题,人员编制应略高于市区,建议三所医院的床位与人员编制比例为1∶1.5,后方三所医院400张床位配备600名工作人员(包括行政人员和技工),即东方红医院200张床位配备300名,工农兵医院和市一医院各100张床位,各配备150人"①,并希望尽早确定编制,以便各包建医院组织人员尽早前往皖南,一边参加建院劳动,一边着手开展医疗工作。

1970年3月,工农兵医院后方筹建组提出了医院编制及科室设置等人员配备设想,共计设医院领导机构、行政部门、医疗部门、辅助部门等154名编制,此后其余两所医院也先后确定了各自的人员编制,从1970年第三季度开始,三大包建医院连续两个季度向各小三线医院派赴人员,具体人数如表5所示。

表5 对口包建医院医务人员赴皖人数表(截至1970年底)②

后方医院名称	瑞金医院	古田医院	长江医院
包建单位名称	东方红医院	工农兵医院	市一医院
计划职工数(人)	300	150	150
已去皖职工数(人)	男84、女126	男40、女60	男64、女96
已去皖家属数(人)	男40、女40	男20、女20	男60、女60

至1970年底,在一年的时间里,三所医院先后竣工。同年6月,瑞金、古田两所医院先后开设门诊业务,8月,长江医院开设病房。1971年10月,瑞金、古田也正式开出病房。三所医院的投入使用,使得小三线的医疗卫生条件一定程度上得到了改善。

---

①《驻市医卫系统工、军宣队团部 上海市卫生局革委会关于皖南后方战备医院人员编制的请示报告》(1970年3月31日),上海市档案馆,档案号:B242-2-130。
②《上海市卫生局关于支内人数情况表及后方医院筹建、命名的请示、批复》(1970年8月3日),上海市档案馆藏档,档案号:B242-2-127。

在小三线三所医院建成投入使用后,1972年3月,市化工局革委会向市革委会、上海市警备区、国防工办提出了在小三线化工基地建设一座医院的请示报告,指出"火药厂、炸药厂的生产具有易爆、易燃、有毒等特点,各厂医务室无法承担这一繁重的医疗任务,而设在贵池的长江医院距东至各厂将近200公里,路程远,交通不便,难以兼顾"①,建议在东至火炸药基地②增设一所综合性医院。1973年,经市委、市革委会同意,由长宁区天山医院对口包建,投资100万元。小三线天山医院的定位为普通综合性医院,"如需开展脑外科、胸外科、泌尿外科及大面积烧、灼伤业务,还须在医务人员和医疗器械方面另订计划"③。

为了加强对小三线卫生防疫工作的指导,更好地为皖南当地的防疫工作提供支持,上海市卫生局党委、后方基地党委在充分协调后,于1976年筹建成立后方卫生防疫站,将防疫工作专列。防疫站选点在绩溪河东岸,从市里调派了30多名经过防疫班培训的青年和有经验的防疫人员到后方,工作重点是面向小三线职工的预防保健工作,从建立工厂卫生防疫制度起,定期与不定期地发放各种预防药品,联系落实上海市结核病防治所,每两年派出X光体检车,定时、定点、定人巡回于后方山区两省13个县市,为小三线职工服务④。在组织关系上,后方卫生防疫站系后方卫生组下属的独立单位,与后方几所医院并列,享有与医院同样的相关会议、文件、生活以及物资分配等待遇。

从1965年开始,上海小三线形成了瑞金、古田、长江、天山四所医院以及一所卫生防疫站的"四院一站"医疗卫生工作格局,承担小三线近7.5万人的基本医疗服务。不过由于天山医院是化工火炸药基地的自建医院,列在金星化工厂的扩充设计之中,未单独列在医疗卫生体系预算内,加之化工基地的企

---

① 《上海市化学工业局革委会关于上海小三线火炸药基地筹建一所医院的请示报告》(1972年3月3日),上海市档案馆,档案号:B242-2-209。
② 火炸药基地系指化工公司的红星、卫星、金星、自强四个化工厂,主要生产火药、炸药。
③ 《天山医院党支部 革委会关于筹建上海后方天山医院的扩初计划》(1973年7月17日),上海市档案馆,档案号:B242-2-287。
④ 《我所知道的小三线卫生工作——原上海市后方基地管理局卫生工作组副组长邱云德访谈录》,徐有威主编:《口述上海:小三线建设》,上海教育出版社2013年版,第245～247页、第250～253页、第256页。

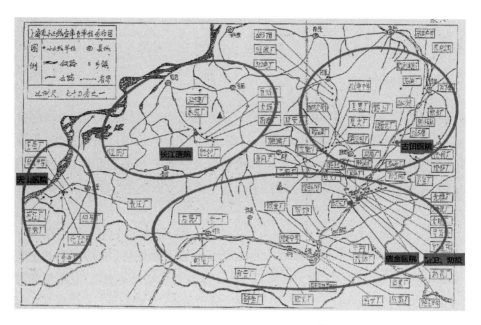

上海小三线医疗卫生单位示意图①

业始终难以正式投产,最终天山医院实际上并未开出病房,这一点与瑞金、古田、长江三所医院不同。

二、医疗水平

早在小三线医院还在筹建之时,市革委会就提出了"后方医院要为三线职工和周围贫下中农服务"的办院宗旨,加之毛泽东"医疗卫生事业的重点在农村地区"的指示精神,小三线医院的业务配备均可以用"精良"来形容,不仅科室设置齐备,且拥有一支技术过硬的医务人员队伍。

以长江医院为例,先后设立的科室有内科(包括儿内科、神经内科、中西医)、外科(包括耳鼻喉科、口腔科、胸外科、眼科、皮肤科、儿外科)、妇产科、放射科、药房制剂、化验、血库、病理科、超声波、心电图、基础代谢等。而瑞金医

---

① 徐有威、陈东林主编:《上海小三线建设研究论丛(第一辑)》,上海大学出版社2015年版,第375页。

院无论是从建筑面积上,还是从医务人员、科室设置等方面来看,都是规模最大、技术最全面的,业务科室中有内科、外科、妇产科、儿科、五官科、口腔科、皮肤科、传染科、中医科;医技科室中包括药剂科、放射科、检验科、手术室、麻醉科、病理科、心电图/脑电图/B超/同位素室、供应室等。

为了贯彻毛泽东提出的"好人好马上三线"的指示,对于派往小三线医院的医务工作者来说,必须拥有较好的业务素质,因为皖南地处山区,自然条件恶劣,本身医疗水平就差,当地很多病情在上海是不常见的,如败血症、霉菌感染、肝硬化腹水、慢性活动性肝炎等等,这就需要一支整体业务素质较高的医疗工作队伍。当时东方红医院对派往后方瑞金医院的医务人员就有规定,如果有两个水平一样的医生,必须有一个去后方,如果只有一个,也尽可能去一个,就连后勤、食堂人员也要挑选骨干。作为古田医院的包建单位,"上海仁济医院派出了各科重量级的带头人,时至今日我仍可如数家珍报出这支老专家队伍,他们大多是教授、副教授,主任、副主任医师,如陈曙霞(中西结合内科)、周连鸿(普内科)、蒋惠人(胸外科)、姚培炎(普外科)、姚德鸿(泌尿外科)、薛春大(脑外科)、汤希伟和周良玉(妇产科)、颜子武(儿科)、潘根长(耳鼻喉科)、陈维真(眼科)、沈崇欣(神内科)、张子应及杭燕南(麻醉科)、邓杏邺(放射科)、燕山(B超科)、徐学芳(心电图科)、万仲棠(药剂科)、乔心敏(护理部)等等,可以说医院初创时期,三线职工和当地老百姓真的好运气,看的全是专家门诊"①。而据当时曾在瑞金医院工作的卜晓明医生回忆:

> 瑞金医院给我总的感觉是,它人员配备的力量在当时条件来讲,比当时的中心医院力量要强。那里有一批很好的专家医生,因为各种各样的原因来到了后方,有的曾经戴过右派的帽子,有的可能出身资产阶级,但是业务是相当棒的。当时担任医院内科主任的唐振铎先生就有着丰富的临床经验,他不仅仅是书本上的知识非常的扎实,他自己的专业更扎实,甚至整个大内科的知识都很扎实。当时在后方瑞金医院,许多农民来的时候都是担架抬着来的,在唐主任的手里,一个个农民可以用不多的钱,最后都是走出医院的,这在上海都做不到。后来我回到上海,看

---

① "原上海小三线古田医院政工组职工陈正康访谈录",2018年6月24日。

到上海的医生在这方面的治疗经验上,远远不及唐振铎先生。①

因此,就医疗水平来说,小三线医院是有保障的。小三线医院从一开始投入使用,就将小三线人及当地人作为服务对象。对于小三线工厂来说,采取的是定期定时组织工人到医院集中就医的方式,由单位用大巴士或大卡车,运至医院进行集中诊治或者由小三线医院定期到小三线厂开设门诊。上海电子器材三厂和协作机械厂的特约劳保医院都是古田医院,前者距离古田医院有80多公里,平时厂里每星期放一次专车送慢性病人去该院就诊,有急病人随时派车护送②。后者作为唯一地处浙西的小三线厂,每周三有厂医务室派车去古田医院上门就诊,而古田医院每月有两次到厂的门诊,原则上会同厂医务室医务人员解决疑难病症,对一般病不予门诊;车间医务室在常见病的防治工作中,发现有疑难病症者,可介绍给厂医务室会同下厂医生给予诊治或处理③。但随着就诊量的不断增加,"各医院原计划的住院病床应接不暇,不得已突破了定额,到1975年瑞金医院增设到近250张床位,古田医院、长江医院也加床到150多张"④。从医院的接诊量来说,"由于三线工厂大部分职工刚刚进山,家属正在随迁中,所以,门诊就诊人数不多,三医院门诊就诊每天平均在150~300人左右,病床使用率低"⑤。

相对于小三线的职工来说,接诊当地人,为当地工农服务,也是小三线医院的主要业务,因为医疗救治水平高,留下了许多至今仍被当地人称道的危重病人救治的真实故事。还在古田医院筹建时期,"有一天晚上,胡乐当地就送来一位急性阑尾炎穿孔病人,情况十分危急,我们普外科的蒋、姚两位主任当即于简易工棚内,用沸水消毒医疗器械,在两支手电筒光照下施行手术,旁边同志用蒲扇驱赶飞虫,犹如战地救护,捡回了一条人命"⑥。而对于胡乐当地农

---

① "原上海小三线瑞金医院内科住院医师、主治医师卜晓明访谈录",2010年4月30日。
②《上海电子器材三厂简史(原东风机器厂,国营8301厂)》(未刊稿),1984年12月。
③《协作机械厂革委会办公会议决议通知单》(1972年7月18日),协作机械厂档案,档案号:72-1。
④《我所知道的小三线卫生工作——原上海后方基地管理局卫生工作组副组长邱云德访谈录》,徐有威主编《口述上海:小三线建设》,上海教育出版社2013年版,第251页。
⑤《上海市后方卫生工作组关于后方医院财务收支状况报告》(1971年8月31日),上海市档案馆,档案号:B242-3-249-32。
⑥ "原上海小三线古田医院政工组职工陈正康访谈录",2018年6月24日。

民方宇昭来说,古田医院的医生则是他的救命恩人,"1971年4月18日上午,我老婆羊水破了难产,我用独轮车载着她赶忙去医院,步行了大概三四公里路,终于到了古田医院,医院的妇产科汤主任等医务人员立即投入抢救,这是我的第一个孩子,经过几小时煎熬的等待,婴儿的哇哇大哭声从病房传来,我悬着的心落地了。护士告诉我母女平安的消息,我一时激动,竟说不出话来。古田医院的大恩大德我难以为报,所以我给女儿取名方古田,想要她永远记得古田医院的医务人员"①。据古田医院职工回忆,"截至1984年底,医院共收治病人2.6万人次,门急诊总人次达67万多人,不仅治愈了大量的常见病、多发病,对一些在上海地区少见的如嗜酸性细胞增多症、重症肌无力等疾病也都积累了一定的医治经验,赢得了广大三线工人和当地人民群众的好评"②。

三、运行状况

首先是医院收费和财务问题。在1970年底,上海的包建医院专门针对前、后方医院的财务管理问题组织了一期学习班,并明确小三线医院作为包建医院的分院,在财务上是一个核算单位,设立两套账目。要求从1971年1月起,后方医院要建立完善的财务管理制度,对开办费、开支标准、医疗收费等都作出了具体规定,在医疗收费上暂定初诊为0.10元、复诊0.05元,注射费、胸透均参照当地人民医院的收费标准,其他一律参照上海。在此基础上,为了加强对于小三线医院的集中管理,后方卫生工作组在对当地医疗机构收费标准进行了摸底的基础上,对于瑞金、古田、长江三所医院的收费标准进行了统一:

> 挂号费(每次初诊1角,复诊5分),透视费(每次3角),注射费(静脉、肌肉每次都是5分,补液2角),献血材料费(每100毫升11元,包括献血保养液1元),救护车费(具内每公里4角,出具每公里6角,单程计算);住院费(每天7角,观察床费每天4角);出诊费(原则上不出诊,如抢救重危病人出诊,收交通费或汽油费,不收出诊费,其他医药费照规定

---

① "安徽宁国胡乐镇下乡村农民方宇昭访谈录",2019年3月20日。
② "原上海小三线古田医院政工组职工陈正康访谈录",2018年6月24日。

收,如动用救护车接送病员等则按救护车规定办理);其他各项收费基本上都照上海市市区医疗机构收费标准办理。

由于小三线医院医疗水平较高,当地就诊病人不断增长,在运营一年后,医院的财务就出现了收支不平衡。长江医院仅1971年1～6月差额就有78 618.98元(收入36 077.91元,支出114 696.89元),同一时期瑞金医院的差额有83 215.01元(收入39 939.44元,支出122 954.45元)①,而出现这一问题的原因之一就是山区长期缺医少药,农民就诊中急、重、难抢救病例较多,普遍负担不起抢救所用医药费,导致欠费现象严重,瑞金医院几乎一半的坏账都是来自农民的欠费。其他几个医院也存在同样的问题。据统计,在1971年底,古田医院门诊接诊19 499人次,其中工人8 714次、农民10 785次;住院部接诊228人次,其中工人113人次、农民115人次②,且"医疗欠费对象主要是当地农民,也有住院中途逃走的,医院派人上门催讨医疗欠费,但多数债务人家徒四壁,根本要不回来,最后也就不了了之,作坏账处理了"③。为了追回拖欠的医疗费用、减少国家损失,瑞金医院也曾组织工作人员上门讨债。

到1972年6月,为了明确小三线医院的归口,解决多头管理的难题,后方卫生工作组向市卫生局提出了与前方包建医院脱钩的建议,要求市卫生局落实脱钩后小三线三所正常运行医院各项经费的下达途径。

其次是医务人员不足。小三线医院虽然拥有一批业务能力强的医护人员,但还是难以达到最初设计的医务人员规模,不可避免地出现了医务人员不足的情况。在小三线医院筹建的同时,上海还要对兄弟省市大、小三线卫生网络建设提供支持,市卫生局除了要完成上海后方的三个医院的包建外,还要负责包建贵州"061"系统卫生网(约800名,其中"417"医院设立500张床位),同时还要负责为生物所江西分所、四川长城钢厂、江西二指挥部、安徽获港、南京9424厂(梅山铁矿厂)分别配备医务人员120名、36名、50名、5名

---

① 《上海市后方卫生工作组关于后方医院财务收支状况报告》,(1971年8月31日),上海市档案馆,档案号:B242-3-249-32。
② 《上海市革命委员会文教组请示报告》,后方古田医院档案,档案号:14-DZ-1。
③ "原上海小三线古田医院政工组职工陈正康访谈录",2018年6月24日。

和70名①,而当时的市卫生局革委会已经感到了抽调的困难。

随着全国大、小三线建设进度的加快,上海医卫系统面临的医务人员派出压力也越来越大。1972年3月,由市卫生局包建的贵州"061"卫生网所属"471"医院提出上海派往的医务力量较为薄弱,要求追加业务骨干,最后在已经为其配备272名医务人员的基础上,再增加了17名医务骨干。同年11月,在江西省迁建的542厂要求支援内科、妇科医生各1名,因抽调困难而最终未能完成。与此同时,上海还承担着同时期向边疆、大小三线派遣轮换医疗队的任务,这些都造成了上海小三线医务人员的不足。

按照上海小三线医院包建计划,包建医院应向三所后方医院派驻医务人员共计600人。但截至1970年底,前往小三线医院的医务人员共计470人,东方红医院派往瑞金医院210人,与计划的300人相差90人之多,即使到了1972年时,还与计划数相差62人。瑞金医院向市里提出了配备短缺医务人员的请求,市卫生局革委会因抽调困难只得要求由其包建单位东方红医院自行负责解决。为应对医务人员的不足,上海的包建医院均采取了将其附属的卫生学校毕业的学生直接分配至小三线的办法。

面对医务人员短缺,后方卫生工作组也在想办法,据原上海后方基地管理局卫生工作组副组长邱云德回忆,"1972年起,从医院发展出发,我们请上海市从各种医护卫生及技术人员培训班中抽调部分青年学生,进入后方医院作为新生力量培养。分期分批将他们培养成为行政后备干部、医生、护士、药剂、检验和放射技术人员。1975年,又从上海争取了一批工农兵大学生毕业赴小三线医院工作,这批青年人员正是青春年少时,很有活力,成为医院发展中不可忽视的有生力量。同时向一些长期与配偶分居两地的医务员工放宽政策,如果他们愿意,通过申请经批准,配偶可以迁到皖南,与亲人团聚。……这样既稳定了原有队伍,又使各医院医务力量得到了充实和提高"②。到1976年末,小三线四所医院医护员工总数从开始时的数百人已增加到近1700人。

---

① 《上海市卫生局革委会关于上海医卫系统支援内地建设的情况报告》(1969年11月5日),上海市档案馆,档案号:B242-2-82。
② 《我所知道的小三线卫生工作——原上海后方基地管理局卫生工作组副组长邱云德访谈录》,徐有威主编《口述上海:小三线建设》,上海教育出版社2013年版,第255页。

第三节　娱　乐　文　化

按照马斯洛的需求层次理论,社交需求、尊重需求、自我实现需求都是高层次的需求,且需要在生理需求和安全需求获得基本满足之后才能出现。通俗来说,就是个体在发展过程中,在物质条件具备一定基础之后,就会有精神追求,于是精神消费就成为可能。

与上海相比,小三线人的业余生活、娱乐资源相对匮乏,同时,地处偏远、交通不便、基础设施差等因素从客观上制约了小三线人对精神消费的追求。对于最早进入小三线的职工来说,在离开上海前,从心理上就已经做好了生活条件艰苦的思想准备,但对于"老三届""新三届"等通过集中调配方式来到小三线的青年职工来说,小三线地理环境上的封闭带来了精神上的空虚和心理状态上的压抑。从1968年8月起,新安电工厂"陆续招收了133名从大学、中专和初中、高中毕业的学生。不少知识青年刚从繁华的大城市来到偏僻的山区,感到'穷山沟,没出息',有的来到以后'三不开':不开心,不开口,不打开背包。有些姑娘想家想爹娘,伤心得'呜呜'哭起来"①。甚至有人将在后方的生活比作和"吃官司"没有太大的区别,苦闷时只知道喝酒,"开怀畅饮,谈些古今不平事,不觉红日西沉,……,却醉得哪里还走得动"②。

如果说在小三线筹建阶段和军工生产任务集中时期,小三线职工的主要精力都在建设和备战上,那么到了70年代末80年代初,小三线面临职工思想活跃、民品生产任务不足等现实挑战带来的人心不稳,注重精神消费、关照职工精神需求就成为保持小三线社会稳定的重要手段。

从80年代起,根据国际形势的变化,国家开始缩减国防经费,改革开放带来了社会思想领域的深刻变革,这一变革也影响波及上海小三线人。原本小三线就存在职工生活不便的难题,再加上社会大环境的影响,导致各种问题交织叠加,影响职工思想稳定,造成了一部分干部、职工思想混乱,急于想了解外

---

① 《长在大城市,红在山沟里!——新安电工厂抓紧对知识青年进行再教育的调查报告》,《解放日报》1969年2月5日。
② 胡展奋:《恩人》,《青年报》2003年11月6日。

面的社会状况,急于想知道小三线的命运。

1981年,上海小三线军工生产任务在1980年下降44.8%的基础上,又下降21.2%,两年来共下降了66%。全后方54家工厂①,处于停、缓建和基本停工状态的占17%,生产任务在30%或60%左右处于半停产的企业占28%,生产任务在70%左右的企业占31%,任务较足、能正常开工的企业仅占24%②。生产任务不足造成大量职工待工和闲置,自由支配时间增加。但由于环境封闭、生活方式单调,空余时间不知如何利用,有的小三线人就直接指出"职工的文化娱乐活动不够活跃,特别是单身职工普遍感到业余生活枯燥"③。为了消磨时间,还曾出现青年职工买药片当棋玩的趣事,"有青工为了下象棋可谓想尽办法,竟然到厂医务室要求厂医开两瓶两种颜色的药片,胡医生感到奇怪,吃药为什么要讲究颜色? 小吴诡秘地一笑:'这药不是吃的。'胡医生捉摸不透,便拿了两瓶价值十多元的药,交给小吴。岂料小吴药瓶到手,便拧开瓶盖,哗地一声把药片全倒在胡医生的台板上,借着台板玻璃下的围棋盘,邀胡医生下起五子棋来"④。

小三线人娱乐生活的缺乏带来了精神空虚,不少青年职工在工作之余寻找消磨时间的方式,"有些青年三五成群喝酒消遣,耍钱赌博,无事生非,有的甚至走上了犯罪道路"⑤。"有些人不愁吃、不愁穿,钞票'莫老老',却精神空虚,甚至走上犯罪道路"⑥。后方基地管理局也注意到了这一现象,"没有健康的、丰富多彩的文体活动占领职工的业余生活阵地,腐朽没落的剥削阶级思想就会乘虚而入,丰富和活跃职工工作时间以外的业余生活,绝不是件可搞可不搞的事情,而要刻不容缓地作为一项重要工作来抓"⑦,并将其列入了对职工开展思

---

① 上海小三线81个单位中有54个为生产类企业。
② 上海市后方基地管理局党史编写组:《上海小三线党史》(未刊稿),1988年4月,第59页。
③ 史志定:《希望有更多的剧团到山区来——本信赞扬本市两个剧团赴皖南工厂演出》,《文汇报》1981年1月15日。
④ 许东飞:《药片棋子》,《劳动报》1985年10月8日。
⑤ 王士雄、但成杰:《丰富业余生活,建设精神文明——后方红星木材厂青年面貌显著变化》,《解放日报》1981年5月1日。
⑥ 《后方思想政治工作会议发言材料之七——让理想在一个个岗位上闪光》,《八五团讯》第4期,总第354期,1984年12月18日,八五钢厂档案,档案号:84-8卷48号。
⑦ 《丰富和活跃职工业余生活》,《八五团讯》第33期,总第146期,1980年7月15日,八五钢厂档案,档案号:81-8卷60号。

想政治教育的工作范畴(精神空虚带来的各种社会问题,将在后续章节作专题论述)。

面对这一现状,从前方的上海有关部门,到后方基地管理局,再到小三线各厂团委、工会等部门,努力通过各种渠道丰富职工业余生活,在山沟里努力营造文化气息。

一、电影放映

上海作为近代中国的娱乐消费之都,是中国电影的诞生地。在多数小三线人的回忆中,看电影被视为在小三线最为普及也是占主导地位的娱乐方式。后方基地与上海各影院联系,组织了专门的电影放映队,四个公司①也分别有各自的放映队伍,轮流至各厂为职工提供服务。

绩溪是后方轻工公司所在地,同时还有小三线的木材厂、瑞金医院等多家单位,公司的电影放映队每个星期放一次电影,"上海的国泰电影院放什么电影,一个星期后后方也一定要放这个电影,所以我们的片子比上海的二流电影院还要早放"②。电影放映队在为小三线人服务的同时也吸引了大批的当地民众,"记得看《红楼梦》的时候,人山人海,当地农民都站在山头上观看"③。

部分企业为了丰富职工的业余生活,尝试成立自己的电影放映队,自行购买设备放映电影,协作机械厂就是其中的代表。早在1975年,协作厂就希望通过临安县电影放映队购买自己的电影放映机,"为了从根本上解决我厂电影放映工作问题,我们要求你们帮助购买35毫米电影放映机,双机一套"④。1976年、1978年,又分别向后方基地和后方机电公司提出申请,要购买一套电影放映设备,"我厂职工人数越来越多,再加上周围几个大队的农民,电影场子

---

① 四个公司即后方仪电、机电、化工和轻工公司,由四个工区演变而来,负责管理各自系统在小三线的企业。
② "原上海小三线瑞金医院政工科科员倪传铮访谈录",2010年5月24日。
③ "原上海小三线683运输场党办主任陈伟明访谈录",2010年7月20日。
④ 《国营协作机械厂革命委员会关于要求购买35毫米电影放映机的报告》(1975年10月11日),协作机械厂档案,档案号:75-3。

压力很大。这样放一场大家看不好,放两场吧,收费和放映队都有困难,影响了职工情绪,影响工农关系。又如,目前放映电影每周一次,每次我厂上中班的同志要花去四个小时生产时间看电影。这样,每年按三百人次计算,就得损失工时六万二千七百小时之多,再如,我厂地处浙江,与电影队相距较远,交通不便。另外,职工对目前的电影收费方法意见也比较大。为了使我厂职工能够更好地看电影,让电影这一文艺武器,在为实现新时期总任务这场伟大的斗争中,发挥更大的作用,我们要求购买35毫米电影放映机一套(也可以购买座机一套,因为我厂新的大礼堂已开始建造)"①。在买到放映机后,又开始为片源向杭州市电影发行公司管理局寻求帮助,"为了丰富广大职工的业余文化生活,最近,我们厂向南京电影机械厂购买了一套35毫米立式电影放映机(长江牌),……我厂虽然有了放映机,有了放映员,但还是不能把电影放映工作开展起来。我厂如果通过上海关系搞片子,很不方便,所以特来麻烦你们,要求供应电影片子,关于供应片子的具体方法,我们不大清楚,还请你们多多指教"②。据统计,1983年全年协作机械厂为职工放映电影135场,1985年的时候还放映了3场立体电影,"尽可能创造一个安定的生活环境,为稳定职工思想、集中精力搞好生产和调整提供了必要的条件"③。八五钢厂也建立了自己的放映队,平均每五天保证职工就能看到一部新电影,并以旬为单位,定期在其厂报《八五通讯》《八五团讯》上开展影片预告:"2月份本厂放映电影,上旬:《白桦林中的哨所》《云中落绣鞋》《台岛遗恨》;中旬:《人世间》《开枪》《为他送行》《火红的第五乐章》;下旬:《仇侣》《两个孤女》《横冲直闯》"④。此外像《汤姆叔叔的小屋》《爱德华夫人》等国外影片也出现在八五钢厂电影放映的目录中。

小三线人对电影的热情可以从一些报道和职工的记忆中得以印证,"最

---

① 《国营协作机械厂关于申请购买电影放映机的请示报告》(1978年9月),协作机械厂档案,档案号:78-2。
② 《国营协作机械厂关于要求供应电影片子的请示报告》(1979年1月18日),协作机械厂档案,档案号:78-9。
③ 《上海市协作机械厂关于创建文明单位工作汇报》(1985年12月12日),协作机械厂档案,档案号:85-3。
④ 《二月份本厂放映电影》,《八五通讯》第128期,1983年1月31日。八五钢厂档案,档案号:83-3卷26号。

热闹的是看电影,看得最多的是《列宁在十月》《列宁在1918》《铁道游击队》等,还有《追捕》《冷酷的心》《佐罗》等引进的片子。一放电影,后面的食堂就没办法容纳了,人都站在椅子上,没办法,就在野外拉一块幕布放。职工下班后不是先吃饭,而是背一把竹椅子冲到广场上,把椅子放好后再去吃饭,吃好饭以后就坐着等天黑,那时候很开心,因为没什么其他的娱乐活动,一到放电影的时候就比过节还开心"①。协作机械厂的职工"十次看电影,就有七八次下雨,群众只好撑伞看电影,我厂地势高,海拔在700米左右,冬天特别寒冷,一般气温在零下十多摄氏度,冬天每次看电影,就有一批人感冒生病,有时一次竟达200人生病"②,"每个公司都有放映队,我们厂那时候一个星期要放两场电影,有时候到半夜三更才放,为什么呢?比如看《卖花姑娘》,万里厂先放第一遍,要等他们放完了才能轮到我们厂放第二遍"③。即便如此也挡不住小三线人看电影的热情,1982年7月,协作机械厂放映电影《少林寺》,为满足职工和当地人的要求,从下午开始至晚上连续放映六场,近万人次看了电影④。甚至有人愿意步行十几里路从一个厂到另外一个厂,只为看一场电影,即使对放映的电影并不感兴趣。据统计,1979年八五钢厂电影队全年播放影片87部,共放映454场,接待观众达366 000余人次⑤,到了1982年,全年放电影127部,平均三天不到就上映一部新片子,观众达到300 811人次⑥。

面对小三线人对电影的热情,不少企业先后盖起了礼堂,开辟集开会、吃饭、电影放映于一体的多功能场所,进一步改善了职工的观影条件。

---

① "原上海小三线轻工公司党委副书记史济民、原上海后方基地管理局党委常委顾榴龄访谈录",2011年5月13日。
② 《国营协作机械厂革命委员会关于申请扩建食堂的请示报告》(1978年7月11日),协作机械厂档案,档案号:78-10。
③ "原上海小三线光辉器材厂驾驶员黄章利访谈录",2018年5月25日。
④ 《上海市协作机械厂1982年工作总结》(1983年1月),协作机械厂档案,档案号:83-2。
⑤ 《春风送暖,生气勃勃——1979年工会工作一瞥》,《八五通讯》第20期,1980年1月15日。八五钢厂档案,档案号:80-3卷27号。
⑥ 《去年我厂职工享受到的物质文化生活待遇》,《八五通讯》第125期,1983年1月10日。八五钢厂档案,档案号:83-3卷26号。

上海小三线星火零件厂大礼堂旧址

二、文艺演出

从80年代起,各类文艺团体纷纷前往小三线开展慰问演出,丰富职工业余生活。上海县沪剧团、徐汇区前卫曲艺团、虹口区工人俱乐部、上海市人民评弹团、上海市人民滑稽剧团、上海曲艺剧团、上海歌舞团、上钢五厂文工团等都曾先后赴后方演出。

1980年11月23日,上海县沪剧团抵达八五钢厂,开始为期14天的演出,沪剧名家丁是娥、邵滨荪、石筱英等一同前往,先后演出了大型沪剧传统戏《碧落黄泉》《庵堂相会》《陆雅臣》和《茶花女》,并于12月20日与一车间职工举行了青年联欢会。1981年1月,虹口区工人俱乐部组织了一支小型工人文艺队伍,千里迢迢奔赴屯溪、贵池等地,先后在后方11个工厂进行演出[①],由于深受欢迎,不得不加演多场以满足职工需求。1981年,协作机械厂与上海市评弹团签订了长期的演出合同,规定了"演出内容:中篇、长篇、折子、内容新老结合;售票办法:每张每场票面为一角五分,……每场演出时间为

---

① 蓝翔:《千里迢迢奔赴皖南山区,送戏上门慰问后方职工》,《劳动报》1981年1月27日。

120分钟左右"①。而当时最为轰动的演出是1982年4月上海市人民滑稽剧团赴旌德上海电子器材三厂的演出,"4月14日晚上,接运剧团的汽车一到,车门前就密密层层围满了人。附近的工厂听说上海来了剧团,纷纷打电话要东道主替他们说说情,让剧团去为他们演一场。第二天晚上演出,头一天就有人在剧场上放了许多木条、竹条,像上海的老妈妈买小菜用砖头、破篮排队一样,抢好了位置。第二天一早,那些竹条、木头又变成了竹椅和条凳。演员们走到哪里,那里的人就说'我们难得看戏,你们一定要多演几场!'这天晚上,一千五六百人,坐的坐、站的站,被独脚戏的表演逗得一个个前俯后仰,笑声盈谷"②。此次滑稽剧团共为小三线七个单位演出了十场。这些演出对于业余生活枯燥的小三线人来说,可谓雪中送炭,每有演出便全厂轰动,场场爆满。

如果说来自上海的各类文艺团体赴小三线演出存在着时间不固定、交通不便等客观限制,那么小三线各厂自行开展的各类文艺表演活动就弥补了这一不足,小三线人的文艺活动由职工自己组织、创作和演出。后方基地职工业余文艺汇演成了小三线人展示自己的平台,"文艺汇演的形式以独唱、重唱、

1975年1月上海后方基地首届文艺汇演筹备组合影

---

① 《上海市协作机械厂工会、上海市评弹团演出合同》(1981年9月20日),协作机械厂档案,档案号:81-5-2。

② 李伦新、萧丁:《把笑声洒向山谷——上海市人民滑稽剧团在皖南》,《解放日报》1982年4月24日。

器乐独奏合奏、相声、快板、上海说唱、浦东说书、独脚戏、沪剧、越剧、京剧等为主"①,要求自编自演。在1979年后方基地第三届职工业余文艺汇演中,八五钢厂"自编自演的配乐小诗剧《正气之歌》荣获创作类一等奖和演出奖;小歌剧《凤凰花开》、小喜剧《欢喜勿欢喜》都荣获创作一等奖;上海说唱《让红花》、轻音乐《划船曲》荣获演出奖;器乐合奏《欢乐》获得创作二等奖"②。联合机械厂的文艺小分队,先后排演了《沙家浜》《智取威虎山》等传统剧目,不但轰动了厂部,还受邀在宁国县巡演了三天,场场爆满,反响很大。八五钢厂的业余文工团还曾代表后方基地到上海慰问三线职工家属,在上海工人文化宫等场所演出13场,观众达8 000多人次③。

三、体育运动

在1981年八五厂钢团委《关于青年提案的审议报告》中征集的16条建议中,关于改善职工业余文化生活的就占到9条④。电影和文艺演出的资源获取需要通过前方的协调才能满足小三线人的需求,体育运动则不受此限制,且更能突出小三线人参与的广泛性,尤其是能调动青年职工的积极性。小三线各企业的工会、团委等部门想方设法通过体育运动丰富职工尤其是青年职工的业余生活。

篮球、排球、乒乓球、游泳等各项体育运动先后在小三线开展起来,与之配套的体育设施也从无到有。从球场的建造上就可以看出小三线职工对体育活动的期待,"我每个星期天带领一个团支部参加一次义务劳动,开山挖土、运土、填平沟,平整后自己装灯光,水泥电线杆都是四个人扛,终于在我们联合厂

---

① 《上海市后方基地管理局工会、团委、人武部关于举行后方第三次职工文艺汇演的通知》(1979年5月16日),培新汽车修配厂档案,卷宗:1979年巾后方局党委有关干部管理考核、教育工作的打算、意见、通知。
② 《春风送暖,生气勃勃——1979年厂工会工作一瞥》,《八五通讯》第10期,1980年1月15日,八五钢厂档案,档案号:80-3卷27号。
③ 《春风送暖,生气勃勃——1979年厂工会工作一瞥》,《八五通讯》第10期,1980年1月15日,八五钢厂档案,档案号:80-3卷27号。
④ 《关于青年提案的审议报告》,《八五团讯》第37期,1981年7月28日,八五钢厂档案,档案号:81-8卷62号。

1984年6月,上海小三线古田医院足球队回沪参加"陈毅杯"足球赛合影

的厂部白菜园造了五四球场,每个礼拜天晚上都有篮球比赛"①。1978年,八五钢厂为了迎接贵池片区单位的排球联赛在该厂举办,全厂上下连续突击劳动建造比赛场地,发挥废钢管的作用,铺场地、挖排水沟、浇灯柱,"在全厂各单位的大力支持下,球场终于赶在联赛前完工了,当同志们蜂拥至球场观看兄弟厂排球队来我厂比赛时,同志们对造型美观大方,可以排、篮、羽三用的球场,都赞不绝口,一些排、篮、羽爱好者更是欢天喜地"②。而这些体育设施的建成也直接带动了职工的运动热情,仅八五钢厂在1979年就由工会组织了"篮球赛共计52场,乒乓赛111场,羽毛球赛80场,拔河比赛35场,迎春长跑和太极拳表演赛各1次,夏季纳凉象棋比赛11场"③,后来还在池州地区的运动会上获得了男子标枪、铁饼、手榴弹3项冠军,男子三级跳远和男子标枪2项亚军及16

---

① "原上海后方基地宣传组副组长、情况调研科科长毛德宝访谈录",2011年5月7日。
② 《逐步改善文体活动条件——我厂球场胜利完工》,《八五团讯》第23期,总第44期,1978年8月26日,八五钢厂档案,档案号:78-8-42。
③ 《春风送暖,生气勃勃——1979年厂工会工作一瞥》,《八五通讯》第20期,1980年1月15日,八五钢厂档案,档案号:80-3卷27号。

项其他名次。

前进机械厂、向东器材厂、培新汽车厂等企业还组建自己的运动队,克服各种困难开展各类体育运动、定期举办厂内运动会。如培新汽车厂有一千七八百名职工,除了一个灯光篮球场外,再没有其他活动场所。为此职工群策群力,自己创造条件,"没有足球场地,我们就利用厂区内尚未施工的车间工地作为足球场,工地要造房子我们就到职工子弟中学借场地;没有跑道和田径赛场地,我们就利用厂区试车跑道,在斜坡很大的试车跑道上我们进行了100米、800米、1 500米等项比赛;没有活动室,我们就千方百计地利用车间不作业时作乒乓球室,象棋比赛则干脆放在食堂里进行;为了进行军体比赛(如翻越障碍、钻铁丝网、过独木桥等),我们就放到汽车的停车场上;我们还利用山区地势特点修筑了简易靶场等等"①。在1978年的运动会上,针对运动器材要求高的问题,培新厂职工还利用厂里的废材料自制羽毛球架、杠铃、活动排球架、大象棋等,运动会共设置了44个项目,参加人数达400余人次,年纪最大的五十多岁,最小的仅四五岁。1982年,前进机械厂参加运动会的人数占全厂职工数的75%以上,参加人次达1 448人,拥有11个厂运动队、120名队员②。

在体育活动精彩纷呈的基础上,八五钢厂出台了基层组织比赛由团委给予经费补贴的相关规定,后来还成立了厂级的体育协会。在具体的经费补贴标准中,规定"凡是经厂团委批准,由一个单位发起、三个以上单位响应的各种邀请赛,都可以由厂团委发给优胜队奖金。标准是:三个单位参加的邀请赛只确定第一名,奖金12元,三个以上单位参加的邀请赛,确定冠亚军。冠军奖金12元,亚军8元;凡是厂团委批准,并从组织上、物质上认真做好邀请赛筹备工作的单位,厂团委将专门给予10元活动经费补贴"③。1982年5月7日,八五钢厂体育协会(筹)正式成立,规定体协(筹)的任务是"在党委的统一领导下,由工会会同团委、人武部具体组织领导。……广泛吸引和组织职工群众

---

① 《抓纲治厂见成效　群体活动展新貌:我厂群众性体育活动的总结》(1978年12月21日),培新汽车修配厂档案,培新简报(第十一期)。
② 《上海市后方基地管理局工会1982年工作总结》(1983年1月6日),协作机械厂档案,档案号:83-17。
③ 《促进群众性文体活动的新措施》,《八五团讯》第50期,1981年10月8日,八五钢厂档案,档案号:81-8卷60号。

经常参加体育锻炼,提高健康水平和运动技术水平,活跃业余生活"①。

后方基地管理局工会、团委也为推动职工体育活动发挥了重要作用,"三球一棋"比赛成为由后方基地统一组织的小三线最为盛大的体育赛事。篮球、乒乓球、排球和象棋被分配至不同赛区进行比赛,在1982年的比赛中,参加比赛的男女运动队有38支,运动员达270多名,排球比赛进行得异常激烈,"这是后方12年来规模最大的一次比赛,经过紧张激烈的拼搏,胜利厂、八五厂和井冈山厂分别荣获第一至第三名。在决赛前,来自后方各公司和直属单位7个代表队已经经过5天13场比赛,连日来,我厂每年都有五六百名职工家属聚集球场,兴致勃勃地观看后方最大的一次体育盛会"②。光辉器材厂、协作机械厂篮球队在后方基地的推荐下还参加过市国防工办举办的基层篮球赛。

到了80年代中后期,小三线各企业相继建造起自己的"青年中心""活动中心"等大型娱乐活动场所。1980年,后方红星木材厂就办起了"青年之家","在280平方米的活动室里,有气枪、乒乓球、康乐球等15种活动项目。最近,还组织了小乐队,成立了足球、乒乓球、羽毛球队"③。1987年,八五钢厂开辟了"职工文化娱乐中心",每周一、三、五开放,"职工们聚集在娱乐中心观看电视录像,打乒乓球,下象棋、围棋,打扑克,玩电子游戏,溜冰等,丰富了业余生活"④。

四、电视节目

与电影放映相比,电视更容易成为小三线人的娱乐休闲方式,但由于地处山区,厂内设置电视差转台,确保电视信号的正常接收就成为最大的工程。为了解决这一问题,小三线各厂可谓"八仙过海,各显神通"。

早在1972年和1976年,协作机械厂就先后两次向"八一二"工程指挥部和上海交电公司申请购买总计7台电视机,在厂内自行设差转台和固定的电

---

① 史志定:《我厂建立体育协会(筹)》,《八五团讯》第25期,总第265期,1982年5月11日,八五钢厂档案,档案号:82-8卷77号。
② 史志定:《上海后方局举行"三球一棋"比赛》,《八五团讯》第49期,总第289期,1982年9月14日,八五钢厂档案,档案号:82-8卷79号。
③ 王士雄:《红星厂办起了"青年之家"》,《青年报》1980年10月31日。
④ 史志定:《八五钢厂开辟文化中心》,《冶金报》1987年7月21日。

视放映点,用来丰富职工的业余生活。1977年,后方基地领导小组发布通知,规范了小三线企业电视差转台的设置,"凡今后各单位需设置和使用电视差转台,都必须向基地党委宣传组提出申请(同时抄报徽州地区无线电管理委员会、徽州地区广播事业管理局),经审查批准后,才能建台"①。

在前进机械厂,为了观看1982年世界杯,满山寻找信号强的点,"当时黄山顶上有个接收台,可是我们在山里收不到。工会就组织几个人,晚上带着手电筒、干电池、9寸电视机,在傍晚五六点天还没黑的时候上山,开始找地方接收信号,大概半个月的时间,终于找到了一个点,然后插一个差转机,放在这个位子上,向厂区发送信号。当时插转机不好买,我们特地跑到浙江临安去买了一台。开始的时候用油毛毡搭了一间小房子,后来发现不行,一是风大,二是有老乡好奇,动动它就坏了,于是我们发动全厂职工,从山下排到山上,运黄沙、运水泥,最后动员小青年背着黄沙和水泥上山,造了间房子,解决了看电视

八五钢厂机动部技工配合山上电视发射天线改造

---

① 《上海后方基地领导小组关于申请设置和使用电视差转台问题的通知》(1977年12月20日),协作机械厂档案,档案号:77-14。

的难题。上面放上插件机,下面控制开关,这样全厂职工就能看上比较清楚的电视"①。八五钢厂则成立了专门的电视维修组,保障厂内2台彩色电视差转机的正常工作,"原先一台差转机播出的图像较差,不是模模糊糊,就是出现闪烁不停的'多瑙河之波',或者干脆来个'看不见的战线'——漆黑一片,常常使得热情的观众为之沮丧。他们决心改变这一状况。在厂部的支持下,他们在去年的10月份历尽辛苦,又自力更生安装了一台50瓦差转机,大大改变了落后境况。而且,该机安装速度之快也令人瞠目结舌:一个月的工作量,他们仅用8天就完成了"②。光辉器材厂的职工就没这么幸运了,"事情真不凑巧,偏偏在电视节目最精彩的时候,上海光辉器材厂设在山顶上的差转机遭到雷击,信号中断。正在上海度假的电工吴玉田得知这个消息后,马上买了车票返回皖南。经过11天的苦干,不仅将差转机修好,还设法增加了一个收看频道,给全厂职工带来了更多的欢乐"③。

五、兴趣爱好

充分运用山区特有的条件,发挥个人兴趣爱好,盆景艺术、摄影、根雕、文学创作等艺术形式也在小三线发展起来。

在小三线人看来,盆景、根雕就是"无声的诗,立体的画",涌现出了一批业余艺术创作骨干。光辉厂、万里厂、延安厂、光明厂等单位先后举办了美术书法、摄影、盆景等展览会,其中光辉厂举办的"三热爱"大型艺术展览,展出了文学作品、书法、篆刻、摄影、美术、盆景、花卉、金鱼、小型手工艺品190件(套)④。在各单位开展各种美术作品创作活动的基础上,后方基地管理局工会还选送了200余幅美术作品参加市国防工办、市总工会、国防科委和兵器工业部举办的展览会。鉴于小三线人的创作热情,后方基地在1983年10月举办

---

① "原上海小三线前进机械厂党委书记苏开权访谈录",2010年7月23日。
② 《为职工送来欢乐的人——记厂工会电视修理组二三事》,《八五通讯》第167期,1984年2月29日,八五钢厂档案,档案号:84-3卷28号。
③ 章荣华:《给皖南山区职工添欢乐》,《解放日报》1984年11月27日。
④ 《上海市后方基地管理局工会一九八二年工作总结》(1983年1月6日),协作机械厂档案,档案号:83-19。

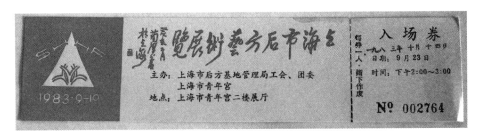

1983年上海市后方基地主办的艺术展览入场券

了首届艺术展览,展览的指导思想也很明确,"向故乡人民汇报和宣传后方生产、生活等各个方面的情况,表现后方职工的精神面貌,展现皖南山区的特有风光;通过艺术展览,提高三线职工的自信心,振奋精神,鼓舞斗志"①。展出地点就设在上海市青年宫,"展览包括美术、书法、篆刻、摄影、树根造型、盆景假山、工艺品和集邮等,这是上海后方基地建设十多年以来,首次举办大型艺术展览"②,展出的作品共计316件、24个种类,其中获奖作品57件。这些在小三线培养起来的兴趣爱好,即使在小三线职工返回上海后依然没有放弃,1985年12月,在复兴公园进行的青年艺术节上,展出了新光金属厂青年工人制作的100多件树根造型,"厂里边的14名青工利用工厂地处皖南山区的优势,成立了树根造型艺术兴趣小组。他们在工余假日翻山越岭觅'废品',把被人丢弃的树根带回来,细心雕琢出一件件优美的工艺品……很富有生活的情趣。是什么力量,促使这些青年变'废'为宝呢? 一位作者微笑着对记者说:'是我们对美的追求激发了创造力。'这个青年是工厂的车工,每天接触许多金属铁屑。后来,他参加了厂里边的业余艺术兴趣小组,便着意用自己特有'原料'来创造。于是,一幅幅金属铁屑画诞生了"③。和新光金属厂职工有着共同兴趣爱好的还有永红机械厂的"根雕迷"们,永红厂工人与根雕艺术结缘,是从60年代末开始的,"当时工厂在安徽九华山区,业余生活十分枯燥乏味。遇上

---

① 《上海市后方基地管理局工会、团委关于举办国庆艺术展览的通知》(1983年6月17日),协作机械厂档案,档案号:83-17。
② 《后方基地将举办首届艺术展览》,《八五团讯》第22期,总第328期,1983年6月29日,八五钢厂档案,档案号:83-8卷51号。
③ 王宝来:《用废品组成的艺术宫殿——青年艺术节第一天访复兴公园》,《文汇报》1985年12月9日。

周日,大伙只能以爬山来打发时光。不知从何时起,有人对山上各种形态的树根发生了兴趣"①,后来又成立了根雕艺术研究小组,以至于在从安徽搬迁回沪时,每人都带回了几个木箱的树根作原料,在1989年的文化与旅游艺术展览上,由该厂职工创作的"百折不回"根雕作品标价3 000元,成为根雕的精品②。

在摄影方面,八五钢厂、红星木材厂都成立了各自的业余摄影小组,八五钢厂的潘跃华作为摄影爱好者,用自己的钱购置了照相器材,利用业余时间为职工摄影和冲洗胶卷,短短三年时间为职工拍了1 500余张照片;红星木材厂的业余摄影小组为了帮助职工解决"拍照难"问题,得到了工会的大力支持,为小组购买了一架照相机,"过去,职工要想拍照,非得步行4里多路,上县城照相馆不可。如今消息传开,'顾客'盈门。有位支内老职工多年没拍照,这次兴冲冲地拍了一张。他拿到照片后满意地说:'寄回家去,让老太婆看了高兴高兴。'这个厂在上海市区招收了一批女青年,这些'上海姑娘'离家半年多,父母十分牵挂。最近,她们的父母连续收到女儿寄来的健壮活泼的照片,心里踏实了"③。后来摄影小组发展到不仅为红星厂的职工和家属拍照,也为邻近兄弟单位的职工拍照。协作机械厂仅1985年就为职工冲洗、放印照片200多卷近6 000张,还免费为全厂职工每人赠拍彩色留念照一张④。

文学创作培养了一批热爱读书、喜欢创作的小三线文学青年,《忻山红》就是由小三线人集体创作的反映小三线人工作生活的唯一一部短篇小说集。它创作于1975年前后,由上海人民出版社于1975年5月正式出版。谈起这部小说集的创作过程,作者之一徐梦梅至今仍记忆犹新:"当时上海人民出版社为贯彻知识分子接受工农兵再教育的政策,在安徽屯溪上海后方基地有一个深入基层生活的小分队。后方基地党委就和出版社商量,请出版社出面组稿,办一个后方基地创作学习班,出版一本反映上海小三线建设情况的短篇小说集。时任上海人民出版社文艺编辑室负责人的江曾培先生接受了此任务。后

---

① 董强:《工厂里的"根雕迷"》,《解放日报》1989年5月6日。
② 董强:《工厂里的"根雕迷"》,《解放日报》1989年5月6日。
③ 但成杰、王士雄:《业余小组解决山区拍照难》,《解放日报》1982年1月16日。
④ 《上海市协作机械厂关于创建文明单位工作汇报》(1985年12月12日),协作机械厂档案,档案号:85-3。

方基地通知各厂抽选一些有一定写作基础的青年职工参加学习班,我时任厂办秘书,被指令参加,……《忻山红》最后定了13篇稿子,其书名取于其中一篇小说名,寓意小三线建设一片新气象。"①正是因为有这样一批文学创作爱好者,他们利用业余时间充实自己,笔耕不辍,成为小三线生活的记录者,后来回沪后依然有一部分人发挥余热,或自我创作,或有作品偶见报端。胜利水泥厂的职工胡展奋、后方基地局的沈嘉麒等人都在文学、诗歌创作领域有不俗的表现,前者曾先后在《青年报》上发表多篇文章,描述小三线职工的生活及他本人为了读书所做的努力,"看着水牛在水里悠闲,突然计上心来,去老乡家搞来一个腌咸菜的大水缸,把水灌满,而后赤膊徐徐入缸,缸边设一小几,毛巾一条,清茶一壶,一卷在手,从容翻页,刹那间天上人间,美快无比。孵在大缸里,我潜心阅读了大量书籍……读书不可谓不杂矣"②。

上海小三线扎根皖南二十余年,小三线人在衣食住行和精神生活上都尽量保持着与上海的关联。可以说,小三线的文化生活依然延续着上海城市文化的特色,但由于身处异地,从深层次来看,小三线人的文化生活又有其独特之处。

相对独立性。文化具有较强的向心力,一个区域内的文化对于处于这一区域的群体来说,在日常活动、行为方式等方面都有着一定的影响和指导意义,上海小三线虽然地处皖南、浙西山区,但由于其涉密性以及人口的高同质性,"上海人"是这一特定区域内人口的主要来源,这也就决定了其文化生活的相对独立性。即使在日常生活中小三线人与当地民众也有一些互动交流,但两个不同群体的固有生活方式的差异还是决定了小三线人在文化生活上的相对独立性。

互动有限性。由于小三线人生活的相对独立性和聚居性,再加上与当地文化的差异性,使得小三线人与皖南、浙西当地人间的交流非常有限。与知识青年上山下乡不同的是,小三线人是"小聚居"的生活模式,在后方基地这一行政区域内部,不存在文化冲突产生的客观条件,小三线人对原有在上海的生

---

① 《在浙江唯一的上海小三线工厂中——原上海协作机械厂办公室负责人徐梦梅访谈录》,徐有威主编《口述上海:小三线建设》,上海教育出版社2013年版,第361页。
② 胡展奋:《咸菜缸里乾坤大》,《青年报》2005年5月4日。

活方式有着较高认同感,从而限制了与当地文化、当地民众间的交流融合。

供需不均衡。虽然经过前后方的共同努力,在一定程度上缓解了小三线人生活枯燥、精神文化匮乏的现状,活跃了后方的文化气息,但却囿于各种因素限制,从前方获得改善职工精神文化生活的资源并不能充分满足小三线人的精神需求。

尽管八五钢厂在1982年一年内先后邀请了三个剧团到厂演出沪剧、越剧和京剧,观众人数达到了14 826人次①,但仍有部分企业依然因为地处偏远还在渴求文艺团体能够深入厂区,为一线职工演出,"我们是地处皖南山区的上海小三线单位,由于受条件限制,文化生活比较枯燥。市里的剧团很少到后方基地来演出。……一些剧团下基层演出,甚至深入边缘地区,情景十分感动人。但毕竟不多。因此,我们这里,仍存在看戏难的问题。许多职工即使回沪探亲、休假,来去匆匆,也难得看戏。这件事,较长时间得不到解决。有关部门领导能否重视一下呢? 小三线职工是非常欢迎市里的大剧团名演员常来常往的"②。即使是演出团体经常光顾的八五钢厂职工,"我们向上海市文化部门呼吁:希望定期或不定期地派一些剧团,挑选一些优秀剧目带到小三线的工厂来演出"③。同时,业余生活的枯燥催生青工中出现了打牌、赌博、无事生非、饮酒等各类社会治安问题,企业又需要想办法解决这些衍生问题。

---

① 《去年我厂职工享受到的物质文化待遇》,《八五通讯》第125期,1983年1月10日,八五钢厂档案,档案号:83-3卷26号。
② 颜国宝、章荣华:《小三线职工看戏难》,《解放日报》1982年7月31日。
③ 安徽贵池史志定:《希望有更多的剧团到山区来》,《文汇报》1981年1月15日。

第五章　困境与挑战

上海小三线在与皖南、浙西当地社会的互动中,确实对当地的经济、文化和社会生活产生了一定的影响,但却无法改变小三线自身相对独立的性质。这一点是上海小三线区别于大三线、支内支边、上山下乡等同一时期其他人口迁移活动的特征,即使与全国其他省、市的小三线相比,上海小三线也因为建设在异地而被称为"飞地"。与大社会一样,小三线也面临各种复杂的矛盾和问题,而且越到后期困难和挑战越大。

在探讨上海小三线的社会问题之前,需要对小三线"企业办社会"的特征进行分析。新中国成立以后,受外部环境和苏联战时经济体制的影响,很长一段时间里采取的是战时共产主义的物资供应模式。按计划供给配给成为人们获取基本生活资料、企业获取生产资料的主要方式,企业不用考虑盈亏的经济效益,只要按照国家统一安排的生产计划进行生产活动即可。后来为了推进工商业的不断发展,国家开始允许和鼓励企业自己办一些福利事业,满足职工基本生活所需,"企业每年在自己的支出中要开支生、老、病、死、伤残的保险费用、医疗费用、公用设施费用、房租费用补贴等等。特别是三线企业的发展,企业办社会的范围越来越大,企业食堂、招待所、盖家属宿舍、单身宿舍、医院、托儿所、体育设施、老年活动场所、职工商店、菜场、理发室、小学、中学直至大学……凡生活所需工厂都要办"①。

三线企业之所以能将"企业办社会"的模式进一步发展,是与其所处的环境息息相关的,上海的小三线也不例外。"进山、分散、隐蔽"和"自成体系"在职工生活和公共设施方面带来的严重影响,就是上海小三线面临的突出问

---

① 傅荣发:《论企业办社会》,《党政干部论坛》1994年第3期。

题——自成"小社会"的问题。除了一部分基本的生活资料需要,在较小范围中可以得到满足外,大部分物质产品、精神产品、各种服务的需求,只有在社会的范围内而不是在单个生产企业内才能得到满足。小三线企业远离城镇、远离生活中心,无法满足职工及家属的基本生活需求,于是企业必然要承担起其生产经营范围外的更大责任,"上海小三线的干部,不只是工厂企业的领导人,而且要承担许多城市工厂不需要承担的社会职能,包括办中小学、办幼儿园、办派出所、办居民委员会、办婚姻介绍所、办商店菜场、办老虎灶、办殡仪丧葬以及处理厂社、工农等各方面的矛盾"①。这一点,作为曾担任小三线企业负责人的汪志荣、宣良辅至今仍深有感触,"后方的企业不像上海的企业,管生产就单管生产,而是什么都要管的。企业干部既是企业的领导也是政府的领导。所以在小三线当干部比当工人苦,有人生小孩了,有人家里父母出事电报来了,每天都提心吊胆,条件又不如上海好,一天到晚精神都很紧张"②。每个上海的小三线企业都有自己独立的职工生活配套设施,都是一个独立的小社会,每个企业的后勤部门都至关重要,因为生活服务部门的工作范围极广,从职工的生老病死到住食衣行都要管,职工生活对于小三线企业来说是一个举足轻重的问题。以上海电子器材三厂为例,"厂领导中有一位副厂长主持后勤服务工作,其他厂领导也要花费相当的精力过问职工的后顾之忧。另外配备了3位科长、65位工作人员负责后勤工作"③。

而与全国其他省市的小三线乃至大三线相比,上海的小三线除了企业办社会这一共性之外,还有另外一个特点,即异地办社会。上海的小三线是全国各省、市小三线中罕见的"异地迁建",与其他省市一般都选点在各自省内建设小三线不同,上海的小三线出于保密考虑选在了皖南、浙西的山区,跨省建设自己的后方使得上海在为职工提供后勤保障上必须付出更多。而这一特殊性,也使得上海小三线社会在运转过程中所暴露出来的问题就具有了一定的代表性。因此,在考察上海小三线面临的社会问题时,需要将其放于企业型社

---

① 上海市后方基地管理局办公室:《上海小三线建设中的"左"倾影响——关于上海小三线建设过程及经验教训的调查报告》(未刊稿),1982年1月。
② "原上海小三线前进机械厂党委书记、五洲电机厂党委书记汪志荣访谈录,原上海小三线五洲电机厂党委书记、红旗机械厂党委书记宣辅良访谈录",2010年11月28日。
③《上海电子器材三厂简史(原东风机器厂、国营8301厂)》(未刊稿),1984年12月。

会、异地办社会两个特征中加以分析,企业既是社会问题的发生地,同时也是社会问题的解决地。

第一节 职工子女教育

小三线职工子女教育问题是随着职工子女中适龄适学儿童的不断增加而在70年代末到80年代初集中出现的。职工子女受教育问题的解决关系到职工家庭、企业生产和小三线社会稳定等一系列根本问题。

还在小三线筹建时期,小三线职工就表现出对当地学校教育水平的担忧,宁可将子女寄留上海,与父母分居两地,也不愿意子女在安徽接受教育,职工子女随迁到小三线的并不多,部分跟随父母来到小三线的职工子女,也只能被安排进入当地的农村学校就读。对于当地的中小学来说,无论是从教师队伍素质上,还是在教学质量上,都难以与上海相提并论。但是长期远离父母,缺乏家庭教育,容易使职工子女出现一些问题,有职工反映,"在立新配件厂,有一对夫妻支内的时候三十出头,孩子放在上海,由于没有父母照顾,后来出问题了就去接受改造,知道这个消息后,母亲得了精神病,最后家破人亡"①。另一方面,在小三线人的记忆中,长期生活在小三线的孩子,与上海的孩子相比,还是有很大的差距,"有一个工人找我谈心,说是孩子出生几年以后带到上海去南京路玩,看到有很多车很开心,认为上海的车子都是横行的,为什么孩子这么说呢?因为后方工厂一般只有一条公路,上海的路有十字路口,小孩从小到大看到的都是一条路,没看到过十字路口"②。在曾经就读于小三线光明机械厂子弟学校的刘金峰记忆中,小三线孩子与上海孩子相比,最大的差距是信息缺乏,见世面少,"记得有一次父母带妹妹回沪,那是一个白天,在上海的街头,说要带她去看电影,妹妹竟然反问'现在是白天,怎么能放电影?'当时妹妹已经是小学三四年级了"③。

---

① "原上海后方基地管理局工会主席王美玉访谈录",2011年1月22日。
② "原后方前进机械厂党委书记、五洲电机厂党委书记汪志荣访谈录",2010年11月28日。
③ 《爸爸趴在工具箱上教我算术——原上海光明机械厂子弟小学学生刘金峰访谈录》,徐有威主编《口述上海:小三线建设》,上海教育出版社2013年版,第402页。

随着后方随迁的适龄入学儿童越来越多，企业便开始筹办幼儿园、小学、中学，先后建立起各级各类学校数十所，就读的都是小三线厂的职工子弟，子弟学校便由此而来。

1984年6月八五钢厂子弟学校学生庆祝"六一"儿童节合影

一、办学规模

以协作机械厂为例，由于地处浙西，早在1969年10月，该厂厂房已基本竣工，家属宿舍也大部分建成，职工家属也陆续迁入当地，初步统计约有400名儿童要入学，而前期已有150名左右的小学生和20名左右的初中生在当地学校就读，给当地公社、大队已增加了很大压力，所以提出了筹建一所小学，由协作机械厂负责施工建设，建成后协作机械厂和当地大队的儿童均可就读，不过希望学校的管理、师资配备以及课桌等由临安县来负责，但当地最终并未同意，"当地无法与我厂合办学校，职工子女读书问题要我们自行解决，他们建议由我厂办职工子弟学校"①。鉴于此，协作厂又向其主管局机电一局申请由厂

---

① 《国营九三八三厂革命委员会关于建造职工子弟学校及经费师资等问题的请示报告》（1969年11月29日），协作机械厂档案，档案号：69-1。

自己创办职工子弟中小学，"由于我厂职工家属有320户左右，其子女有700多名的实际情况，而地方上不能和我们合办学校。因此，拟创办职工子弟中小学，暂定为七年制"①，同时希望因陋就简，马上筹建施工，统一调配教师20名，调拨教育经费，以解决迫在眉睫的1970年春季学生的上学问题，但最终因为校舍问题并未能明确自办小学，只能"借当地生产队祠堂作校舍，因祠堂年久失修……夏天闷热，冬天寒冷，下雨天屋顶漏水，教师和学生的衣服也被淋湿，另外教室光线阴暗，白天开灯上课学习"②，导致职工意见很大，这一状况一直维持到1972年才得以解决。

1977年，培训汽车修配厂也向前方的主管部门上海市汽车修理公司提出新建职工子弟小学的要求，"据初步统计，目前家属人数超过800人，其中小学适龄儿童200余名，至今已在地方小学求学的为120余名，除了职工自付学费之外，我厂每年需向地方小学支付教学费、行政开支费达3 000元。由于地方经费有限，校舍系借用民房，低、暗、小，设备简陋，学生又多，几年来，我厂职工子弟参加地方办学入学，造成地方学龄儿童上课拥挤，影响工农关系。因此，部分职工只得将子女送往上海求学，加重了职工的经济、精神负担，影响了抓革命、促生产，广大职工迫切要求自建职工子弟小学"③。

由此可见，小三线企业最初多是采取借读当地学校的方式来解决职工子弟的读书问题，自建小学都是在学龄儿童达到一定的规模才提上日程的，只是不同企业因为职工规模、学龄儿童规模不同，筹建学校的时间有早有晚。

在建立了一定量的小学之后，随着职工子女相继进入中学年龄段，小三线又开始筹建中学。1972年，协作机械厂开始着手筹建自己的中学，主要原因也是由于当地对农村中学进行收缩、合并，不再吸纳小三线职工子弟，并且就职工子弟初中毕业后的分配问题与临安县教育部门达成了一致。1974年，后方基地将新建、扩建中学作为新增基建项目列入了计划，为使职工子女就

---

①《国营九三八三厂革命委员会关于建造职工子弟学校及经费师资等问题的请示报告》(1969年11月29日)，协作机械厂档案，档案号：69-1。
②《国营协作机械厂革委会关于建造职工子弟小学校舍问题》(1972年6月16日)，协作机械厂档案，档案号：72-1。
③《培新汽车修配厂革委会关于申请新建职工子弟小学费用的报告》(1977年10月10日)，培新汽车修配厂档案，卷宗：1977年度后方基地局文件。

地读书,"拟在宁国、绩溪、龙岩、渔亭地区各建中学一所,在旌德扩建中学一所。按建筑标准不高于当地的原则,包括住读生宿舍在内,共需土建19 500平方米,连同课桌椅等在内,投资178万元"①。1974年7月10日,上海市确定"由后方基地负责新建宁国、绩溪、岩寺、渔亭中学和扩建旌德中学,由后方基地自营,所需钢材、木材、水泥由物资局核拨,所需必要设备由机电设备公司组织供应"②。1974年底,上海后方基地领导小组对已建和在建的小三线六所中学作了统一定名:后方机电公司所属宁国地区中学定名为"机电第一职工子弟中学",贵池地区中学定名为"机电第二职工子弟中学",后方化工管理处所属东至地区中学定名为"化工职工子弟中学",后方仪表公司所属旌德地区中学定名为"仪电职工子弟中学",贵池钢厂所属中学定名为"贵池钢厂职工子弟中学",岩寺地区中学定名为"培进职工子弟中学"。但由于日常办学经费难以筹措、建设工期延后等影响,由后方基地负责筹建的中学直至1978年才正式开学,一些企业通过自建中学或者联合建中学,日常教育经费分摊的方式来解决职工子女的教育问题。以培进中学为例,1975年筹建,1977年招生,"学校经费是按各厂学生人数平均分摊,老师的工资和奖金由各厂分担。1980年后学校的水电煤等开支也按各厂学生人数向各厂收取,包括老师进修、学生到上海学习以及学校日常维护等项目"③。

经过近十年的努力,上海小三线的教育资源具备了一定的规模,有些学校相对来说规模还比较大,培进中学不仅拥有一个标准足球场、两栋三层的家属宿舍楼、两栋两层楼的学生集体宿舍和教工单身宿舍、一个食堂兼礼堂、一个篮球场、一个三层高的教学楼,还有后勤仓库和25米长的标准短距离游泳池,此外还有小卖部、医务室和托儿所④。据统计,到1978年,后方共计设有中小学48所,教职员工和学生有6 000余人。到1980年,根据后方基地管理

---

① 《上海市革命委员会工业交通组、上海市革命委员会综合计划组统计组关于后方基地一九七四年新增基建项目的请示报告》(1974年5月7日),上海市档案馆,档案号:B112-2-551-19。
② 《上海市革命委员会工业交通组转发〈后方基地基建会议纪要〉的通知》(1974年7月10日),上海市档案馆,档案号:B112-2-554-1。
③ "原后方培进中学校长余瑞生访谈录",2018年4月22日。
④ "原后方培进中学校长余瑞生访谈录",2018年4月22日。

局办公室的调查,后方共有厂办小学39所,在校学生2 328人,中学11所,在校生1 498人①。

二、师资队伍与学生规模

小三线企业子弟学校的教师来源基本有以下三种:一是多数学校均采用抽调一些曾经有过教师经历的职工家属、行政人员、业务技术不太熟练但有一定文化知识的青工任子弟学校的教师,这是后方学校教师队伍的主要来源;二是部分学校由小三线厂出面,通过商调的方式,从前方学校调入部分教师到后方任教;三是通过上级分配教师。总体来说,教师资源是比较匮乏的。

瑞金医院子弟小学就是简单的两间房,"由张春宝任校长,他是为了解决夫妻分居两地调到后方来的,还有一个是上海幼儿专科学校到后方的,后来医院还曾培养了两名职工的女儿担任学校教师"②。培进中学是1977年初建成并开始招生的,"主要是解决歙县至祁门小三线单位职工子女的就学问题,教职工主要也是由培新厂和跃进厂调派。教职员工的人事关系都在原单位,工资也是由原单位发给"③。当然也有个别学校有专业教师,东方红厂办小学规模就比较大,学生有一千多人,附近遵义厂的职工子女也可以来就读,教师有"上海市杨浦区中心小学的老师,还有上海徐汇中学的老师,都是上海过去的。但是专业老师不可能那么多,所以少数是单位里抽调的学历比较高的、文学水平比较好的几个人,一个小学大概有十几个老师"④。上海的教育主管部门也曾向小三线派过教师任教,八五厂子弟小学的谢驮老师作为从教27年的优秀教师还获得了1983年度上海市中小学优秀班主任的荣誉称号⑤,但这样优秀的师资并不多,无法满足子弟学校的需求,师资水平直接影响着小三线教育的

---

① 上海市后方基地管理局办公室:《上海小三线建设中的"左"倾影响——关于上海小三线建设过程及经验教训的调查报告》(未刊稿),1982年1月。
② "原上海小三线瑞金医院政工科科员倪传铮访谈录",2010年5月24日。
③ 余瑞生:《上海小三线培进中学追忆》,徐有威、陈东林主编《小三线建设研究论丛(第四辑)》,上海大学出版社2018年版,第392页。
④ "原上海小三线遵义器材厂党委书记陈志高访谈录",2010年12月7日。
⑤ 《爱在心坎上,爱在行动中》,《八五通讯》第221期,1985年9月10日,八五钢厂档案,档案号:85-3卷20号。

水平和质量。

中学也不例外,后方机电一中为了实现于1978年正式开学,在上级分配给学校9名教师的基础上,对于不足部分规定了按各单位职工比例分摊教师指标来完成学校首次调配教职工的名额,具体人数如表6所示①。

表6　各单位调配教职工名额

单　　位	科　　目	教师人数(人)
古田医院	卫生	1
协同厂	语文	2
	数学	1
	体育	1
	美术	1
联合厂	数学	2
	物理	1
	政治	1
	历史	1
协作厂	数学	2
	政治	1
	英语	2
	化学	1
260站	音乐	1
	历史	1

---

①《关于机电一中教职员工调配问题的意见和要求》(1977年12与13日),协作机械厂档案,档案号：77-13。

作为教师队伍的主要来源,从青工中抽调的教师,一方面不能安心教书育人,不愿意当教师的思想比较普遍。"光明小学的教师全部从本厂车间抽调出来的,并没有具体要求,一些文化程度相对比较高的职工也不愿意从教,这样就导致教学水平参差不齐。一些老师上课甚至常念白字,有的老师上课不备课,也不讲课文,随便弄个故事讲讲就算过去了"①。"后方基地的中小学教师,百分之七八十是从工人中抽出来的,有不少教师想回工厂当工人,他们说,做了教师,政治上、经济上的待遇都不如工人,在工作上,工人上班花力气,一下班就休息,干脆,当教师么,学生吵,难管。弄不好还要吃批评。有一些是机关干部'四个面向'转来的教师,也想去当工人,有的说:'做教师低人一等,工资福利比工人少。''做教师不是光荣,还有危险,没啥当头'"②。另一方面,教学能力不足,以协作机械厂子弟学校为例,"有一定数量的教师业务水平较低,教学水平不高,缺乏科学的教育理论指导,教学上只重教不重学,只顾教学进度要求,不顾教学效果等主观主义还不少。在教法上不得法,对提高教学效果,向45分(40分)钟要质量,启发学生学习主动性,指导学生改进学习方法上考虑得较少"③。后方基地1980年的调查数据显示,能胜任高中教学的只占教师总数的10%,教龄在十年以上的高初中教师只占9%④。师资力量的薄弱由此可见一斑。

面对小三线子弟学校师资力量匮乏、教学水平不高等现实,上海市教育主管部门曾在1975年的暑期对后方基地的教师进行过一次集中培训,希望通过培训加强对后方基地中、小学的教学业务指导和协助②。

1975年2月,市委要求"上海教育部门对后方基地等中小学的教学业务,要加强指导和协助;各有关党委要对这些学校加强一元化的领导"。为贯彻这一指示精神,上海市教育局革委会实行后方基地教育部门、学校与各区教育

---

① 《爸爸趴在工具箱上教我算术——原上海光明机械厂子弟小学学生刘金峰访谈录》,徐有威主编《口述上海:小三线建设》,上海教育出版社2013年版,第398页。
② 《上海市教育局革委会关于后方基地等中小学教师暑期培训情况汇报》(1975年7月28日),上海市档案馆,档案号:B105-4-1438-16。
③ 《上海市协作机械厂子弟学校1982学年学校工作计划》(1982年9月18日),协作机械厂档案,档案号:82-51。
④ 上海市后方基地管理局办公室:《上海小三线建设中的"左"倾影响——关于上海小三线建设过程及经验教训的调查报告》(未刊稿),1982年1月。

部门、中小学，与上海师范大学建立挂钩联系，在教育革命、教学业务、师资培训等方面多给予小三线协助和指导。具体挂钩单位参见表7。

表7　后方基地中小学与各区挂钩表①

单　位	中　学			小　学			挂钩区	备　注
	校数	班数	教师	校数	班数	教师		
上海后方轻工公司	1	1	4	7	30	50	长宁	
上海后方化工公司	1			3	11	15	长宁	中学待配备人员后即可招生
上海后方机电公司	2	13	30	8	57	83	徐汇	
上海后方仪电公司	1	6	14	11	56	80	普陀	
上海后方贵池钢厂	1	5	18	3	13	24	黄浦	
上海后方培新厂、胜利厂、325电厂、瑞金医院等单位	1	2	13	3	16	19	黄浦	

在确定挂钩单位之后不久，市教育局革委会开始就小三线子弟中、小学教师暑期返沪培训工作着手准备。根据安排，这次培训除了学习理论知识外，还有具体的业务培训，"我们除请师大吸收一部分教师参加体育训练班、英语学习班和吸收一部分教师参加本局办的推广普通话训练班之外，还拟在'语文''三算''工农基'等学科改革方面，请一些学校介绍情况，并请本局教材组按下半年使用的各册教材作些说明，供后方教师参考"②。培训时间为20天，参加培训的教师共计472人③，后来由于有人来信对培训有意见，因此酌情减

---

①《上海市教育局革委会关于后方基地等单位教育部门与区教育部门、与师大挂钩的通知》(1975年6月25日)，上海市档案馆，档案号：B105-4-1438-1。
②《上海市教育局革委会中小学组关于协助后方基地等政宣部门为暑期返沪中小学教师组织培训的请示》(1975年7月18日)，上海市档案馆，档案号：B105-4-1438-22。
③ 由于此次培训是针对上海小三线以及上海四个原料基地(大屯、梅山、新桥、张家洼)，因此参加培训的472人并非全部来自小三线子弟学校。

少了介绍情况的学校,培训时间也缩减为14天,而真正进入培训阶段,时间又缩减为7月25日至7月31日共计7天。具体培训内容安排如表8所示。

表8 后方基地等中小学教师暑期培训日程①

日期	上午 内容	上午 地点	下午 内容	下午 地点
7月25日	开会:学习动员,请基地办事处、劳改局、农业局负责同志讲话,教育局谈谈配合做好培训工作的打算	市三礼堂	学习毛主席理论问题指示和马列关于无产阶级专政的论述	各讨论室
7月26日	天津路小学、安庆路小学等介绍学理论,促进教育革命的情况	市三礼堂	学习马列和毛主席教育革命指示	各讨论室
7月27日	学习、讨论	同上	观看足球赛	各讨论室
7月28日	陆泉兴同志谈参加大寨教育现场会议体会,介绍刘行中学教育革命情况	同上	读《教育革命通讯》第六期文章,讨论,看科教片(3:30~)	各讨论室 市三礼堂
7月29日	中国五七中学介绍教育革命情况	同上	读《教育革命通讯》第六期文章,讨论	同上
7月30日	淮海中学介绍文科、理科教学改革情况	同上		
7月31日	交流学习体会,教育局负责同志讲话	各讨论室	开会,各单位代表发言,看科教片(3:30~)	市三礼堂

注:按计划介绍教材工作应安排在30日下午,后因故改在8月6日下午1:30,在五四中学与新闻中学进行。

① 《上海市教育局革委会关于协助后方基地等组织中小学教师暑期培训的请示与打算》(1975年7月23日),上海市档案馆,档案号:B105-4-1438-24。

培训工作如期进行,然而参加学习班的人数却远远超过了最初的人数,"计后方基地296人,梅山工地74人,大屯矿59人,张家洼矿28人,新桥矿156人,农业局农场28人,劳改局农场119人。合计619人"①。但从培训结果和效果来看,时间上只有短短七天,培训内容上受"文化大革命"影响,大部分内容被安排在政治学习,真正的业务培训很少,对于小三线整体师资水平的提升作用有限。

1977年,教育部发布《关于加强中小学在职教师培训的意见》,"力争在三五年内,经过有计划的培训,使现有文化业务水平较低的小学教师大多数达到中师毕业程度;初中教师在所教学科方面大多数达到师专毕业程度,高中教师在所教学科方面大多数达到师院毕业程度"。从这一年开始,后方基地管理局教育处加快了对厂办中小学教师的培训工作,要求"各单位分管教育的领导和组织、教育部门要会同学校对所属学校的教师队伍状况作一次全面分析,在此基础上订出计划,对有培养前途需要培训的教师作出安排,分期分批地送市或有关区培训,力争在八五年左右使绝大部分教师达到教育部提出的要求"②。1982年上学期就安排后方中学语文、英语、物理、化学、数学教师培训名额计22名,小学语文、数学教师培训名额计20名。

在招生范围上,学校不对当地人招生,即使是小三线人也要分类对待,根据后方的规定,凡全家都是三线职工,属城市户口的职工子女都可在职工子弟学校入学;父母一方在后方、另一方在上海或外地工作的职工,子女户口已随同父亲或母亲迁至后方的,可以入学,户口没有迁的原则上不招收,如确有困难,经有关单位革委会同意,凭转学证明报上级主管部门批准,可照顾入学;职工子女是农村户口的不予招收,确有特殊困难需在后方借读的由本人提出申请,向有关部门办理借读手续,经上级批准后,可借读小学,中学因牵涉分配问题,不予借读。

1978年的统计数据显示,小三线48所中、小学教职员工和学生共计6 000余人。到了1980年,中小学在校生为3 826人,学生人数持续下降,生源不足,

---

① 《上海市教育局革委会关于后方基地等中小学教师暑期培训情况汇报》(1975年7月28日),上海市档案馆,档案号:B105-4-1438-16。
② 《上海市后方基地管理局关于加强中小学在职教师培训的通知》(1981年12月31日),协作机械厂档案,档案号:82-52。

导致学校班级减少,教师缺少教学对象,积极性下降。"我们小学一个年级一个班级,一到六年级,一个班二十几人"①。还有的子弟小学一个班级一共六七个人,"学校班级多,学生少,人数最少的一个班级只有五个同学,大部分中学每个年级都没有平行班。对教师和学生都没有教学竞赛的促进,没有组织开展教研活动的对象"②。

三、教育成效

在教学内容、教育政策等方面,上海小三线享有与上海一样的待遇。教材上,统一使用上海教材进行教学,考试也是作为上海全市统一考试的一部分,小三线职工子女参加高考同样按照上海考生对待。一些子弟学校还通过与上海区县建立挂钩关系,打开渠道,取得上海教育系统的帮助指导,索取教育资料,沟通教育信息,使子弟学校的教学进度同上海一些学校保持同步。为了加强对于小三线教育的统一管理,畅通业务领导渠道,1978年底,后方基地正式成立了教育处,作为统一协调前后方教育的机构,由上海市教育局归口管理。

虽然师资力量有限,教育信息不通,硬件设施不足,小三线厂办学校还是取得了一定的教学成效。八五钢厂子弟小学曾在1982年期中考试中"采用了上海黄浦区凤阳路二小的试卷,全校平均成绩:语文81分,数学80.5分,外语78分,获优良成绩的占全校人数的三分之一。相当于上海同类学校中上教育水平"③。到1984年,这一成绩再度被提高,"全校385名学生的三门主课(语文、数学、外语)的平均成绩达到83分。与去年期中考试相比,语文平均成绩提高5.1%,为85.35分,数学平均成绩提高2%,为87.93分,不及格率下降到2.8%,有156名学生成绩都在90分以上"④。此外,也不乏有人从小三线考取大学的案

---

① "原上海小三线八五钢厂职工陈辉、陈震源访谈录",2011年3月27日。
② 上海市后方基地管理局办公室:《上海小三线建设中的"左"倾影响——关于上海小三线建设过程及经验教训的调查报告》(未刊稿),1982年1月。
③《辛勤耕耘,春催桃李》,《八五通讯》第20期,1980年1月15日,八五钢厂档案,档案号:80-3卷27号。
④ 张颖:《小学期中考试成绩良好》,《八五通讯》第175期,1984年5月20日,八五钢厂档案,档案号:84-3卷29号。

例,1982年,八五钢厂职工子女朱永祥、孙震海和白露三个学生分别考取华东纺织工学院、复旦大学和华东师范大学,但这却是八五钢厂自建厂12年来第一批考取大学的学生①。协作机械厂1983年初,高中升学率达到了两个100%,"大学升学率达到77.8%,18名应届毕业生14人考取大学,其中5人进了重点大学,其余4人也分别被中专、技校所录取"②,这一年也被称为建厂史上难忘的一年。

不过,与上海相比,子弟学校的教学质量、教育经费投入等方面与职工的期待还是有明显差距的,存在一些难以彻底解决的困难和问题。在升学率上,全后方"1980年中学应届毕业生380人,报考高校的为203人,录取大学、中专的仅17人,大大低于当时上海和徽州地方中学的水平。而国家补贴办学开支平均一年一个中学生达1 000元以上;据初步了解,社会办学一个中学生国家每年开支不过100多元"③。在学生综合素质方面,一些学校认为"体锻活动没有抓紧、抓好,学生达标率低,有一定数量学生忽视体育课,轻视音乐、美术学科,近视眼率严重,中学达60%～70%,小学达25%"④。在培养质量上,学习风气不好,小学高年级基础不扎实,自学能力差,两极分化比较大;中学生中,"男学生中学生态度差占35%～40%;女学生中学习方法不得法达半数以上,学习成绩二极分化严重,如今年初三补习班升学考试中,最高分数395.5分,最低分174.5分,平均分数278.8分,每门学科平均分数仅55.8分,所以讲尖子不尖,整体来讲,平均水平是属于低的"⑤。后方基地对此也有清醒的认识,"后方教育工作还不适应形势发展的要求,例如:有的单位领导对中小学教育工作是关系党和国家长远的根本利益,是四化建设的重要措施的认识不足,还没有真正列入议事日程,切实认真地抓起来;有的甚至把学校视为消费单位,'当

---

① 史志定:《我厂三名学生考取大学》,《八五团讯》第44期,总第284期,1982年8月25日,八五钢厂档案,档案号:82-8卷79号。
②《建厂史上的难忘一年——1983年工作总结》(1984年1月),协作机械厂答案,档案号:83-2。
③ 上海市后方基地管理局办公室:《上海小三线建设中的"左"倾影响——关于上海小三线建设过程及经验教训的调查报告》(未刊稿),1982年1月。
④《上海市协作机械厂子弟学校1982学年学校工作计划》(1982年9月18日),协作机械厂档案,档案号:82-51。
⑤《上海市协作机械厂子弟学校1982学年学校工作计划》(1982年9月18日),协作机械厂档案,档案号:82-51。

成负担和包袱',致使学校中存在的许多困难得不到解决。有的学校领导班子至今仍然不全、不力,师资配备不齐,存在有事无人管,有课无人教的现象,学校仪器设备缺乏,影响理化课正常进行"①等现象。

归根结底,教育质量不高的主要原因是工业领导部门和工厂不熟悉教育业务,没有足够的精力管好这方面的工作;相反,在物质待遇、奖金发放、假期安排等许多方面还会给学校许多干扰。因此,如果不跳出自成"小社会"的框框,这个群众的焦虑之点,将继续存在和日益尖锐化②。同时企业出于效益考虑,需要将优秀人才纳入技术人员队伍,"派到小学、初中的老师,中等水平的已经算是不错了。工厂的重点是生产,大学生和技术方面的人不可能去。技术工宁愿当工人,也不愿意当老师"③。

综上,"三线建设中的子弟学校实为封闭社会形态里保证生产的附加产品,教育普及的权宜之策"④,小三线社会注定难以承担职工子女的教育功能,职工们转而寻求其他道路以保障子女接受良好教育。瑞金医院的职工子女在初中阶段便来到上海,"专门在上海瑞金医院找了一间集体宿舍让职工子女住,在上海上学"⑤。1985年小三线进入调整期后,协作机械厂为了使符合条件的职工子女顺利回到上海读书,"数次派人去沪疏通渠道"。后方基地教育处也积极与上海的部分中学联系,以降分的方式录取后方职工子女,复旦附中、华师大一附中、交大附中、东昌中学、洋泾中学等在当时都成为小三线职工子女插班或借读的学校。

第二节 青 工 婚 恋

上海小三线从1965年开始选点和基建工作,到70年代投入军品生产,其

---

① 《中共上海市后方基地管理局委员会、上海市后方基地管理局关于加强中小学教育工作的意见》(1980年5月22日),协同机械厂档案,档案号:80-7。
② 上海市后方基地管理局办公室:《上海小三线建设中的"左"倾影响——关于上海小三线建设过程及经验教训的调查报告》(未刊稿),1982年1月。
③ "原上海小三线前进机械厂党委书记苏开权访谈录",2010年7月23日。
④ 邹富敏、徐有威:《三线建设时期的子弟教育需求与师资供给——以上海小三线为中心》,《上海党史与党建》2020年第8期。
⑤ "原上海小三线瑞金医院政工科科员倪传铮访谈录",2010年5月24日。

备战的性质和军品的定位,造成进入小三线的职工中,男性是占绝对多数的,男女职工比例是失衡的。一些企业的统计数据可以说明这一点:在胜利水泥厂,职工中的男女比例一度达到7∶1;八五钢厂5 400人中,有700个单身男职工,男性职工单身比例达到13%;光辉器材厂1 500余名职工中,单身男青年200余人。此外,立新配件厂、红光材料厂等年龄在25～30岁之间的单身男职工也多在百余人左右。

在小三线众多企事业单位中,只有后方几所医院中的女职工比例相对来说比较高(截至1970年底统计,瑞金医院中男职工84人、女职工126人,古田医院中男职工为40人、女职工60人,长江医院中男职工64人、女职工96人,男女比例均为7∶10①),于是各厂每周开出的便利职工前往医院看病的班车就成了未婚青工的"相亲车",利用看病的机会为自己创造婚恋机会,"当时后方有个有趣的现象,工厂病人来看病的时候都是活蹦乱跳来的,用一辆大巴士或大卡车送来,按照时间安排各厂分开,工人们把到医院来看病,当作是认识女孩子的绝佳机会,我们医院不少护士都和三线厂的工人结了婚。当时确实也找不到合适对象,因为医院里女的多,工厂里男的多,所以就自己牵线搭桥"②。

八五钢厂作为职工人数最多的企业,面临的青工婚恋问题也最具代表性。1979年底,该厂的统计数据显示:男女青年比例严重失调,25周岁以上的未恋男青年700多人,其中30周岁以上的有281人③。在1980年对全厂青年职工婚姻状况开展的调查报告中,表达了对男女比例严重失衡的担忧:"我厂1947年以后出生的青工有3 023人,已婚和已恋的男女青年职工只有2 305人,占青年总数的76%,还有718名男青工没有恋爱对象,其中,30足岁左右的还有171人,25足岁左右的还有547人,女青工却只有49名,女青工中,10名是30足岁左右的,39名是25足岁左右的。我们打算对这49名女青工,继续加强恋爱观教育,解决一部分青工配偶困难,但是,还有占青年职工比例高达22%的679

---

① 《上海市卫生局关于支内人数情况表及后方医院筹建、命名的请示、批复》(1970年8月3日),上海市档案馆,档案号:B242-2-127。
② "原上海小三线瑞金医院医生卜晓明访谈录",2010年4月30日。
③ 《上海市后方基地管理局党委办公室转发八五钢厂〈关于做好婚姻介绍工作的情况汇报〉的通知》(1982年10月28日),协同机械厂档案,档案号:82-12-3。

名男青工没有恋爱对象怎么办?"①同年,上海市国防工办在向市政府报送的专题报告中也提及了这一问题,"上海在皖南小三线单位的未婚男青年共有13 072人,未婚女青年仅有4 639人,男青年比女青年多8 433人,其中30周岁以上的未婚男青年就有1 015人,由于小三线单位多数建在偏僻的山沟里,男青年找不到对象。造成这一问题的主要原因,是将市内的七二届、七三届无去向代训艺徒一万多人分配到小三线,不仅使小三线工厂人员大大超过编制定额,更未考虑男女青年的比例问题。随着青年年龄的增长,婚姻问题已成为当前一个突出矛盾,迫切需要研究解决"②。

随着"新三届""老三届"青年职工大量进入后方企业,导致20岁左右的职工急剧增加,这一批职工在进入80年代后,普遍到了适婚年龄,甚至有的男职工年龄已经超过30岁,单身青年职工的婚恋问题逐渐暴露出来,并演变成为影响小三线社会稳定的最关键因素。实际上,除了男女比例严重失衡这一主要因素外,导致青年职工婚恋问题的成因是多方面的。

首先是地理环境的限制。厂与厂之间、车间与车间之间的距离无形中限制了小三线人的日常人际交流,各个企业分散孤立,山区道路崎岖,婚姻问题很难像城市一样通过日常社会交往得到解决。同时因为生活的相对独立性,再加上生活习惯和文化水平的差异,男青工即使到了适婚年龄,也不愿意考虑与当地女青年结婚。那么,是不是可以利用回上海探亲的机会来解决婚姻大事呢?答案也是否定的。"职工每年一般有两个假期,一个是春节探亲假,一个是调休假,调休假就是每个月多工作一天,全年就多休息12天,可以提前12天享受春节假期"③。多数职工愿意把探亲假和调休假放在一起使用,也就意味着每年仅有一次回上海的机会,且假期时长只有一个月左右,而这一个月正值春节,回到上海也是走亲访友,鲜有多少时间去相亲或者结识上海的女青年。同时,让上海女青年放弃已有的生活条件前往皖南山区,或是选择婚后夫妻分居两地,也不是容易的事。正如小三线古田医院政工组的陈正康所说,

---

①《关于我厂青年婚姻配偶问题的情况报告》,八五钢厂档案,档案号:80-8卷63号。
②《上海市人民政府国防工业办公室关于解决上海在皖南小三线部分未婚青年职工的婚姻问题的意见》(1980年6月20日),《上级有关毕业生分配通知、本厂艺徒、新职工转正》(劳安类),前进机械厂档案,档案号:1982-18-4。
③"原上海小三线前进机械厂工会主席伍雨珊访谈录",2010年9月22日。

"你让他找三线厂的上海籍女青年,相隔那么远,怎么找?你让他谈上海城里的女青年,人家女方也不愿意;你让他找当地女青年,以后的家庭生活、就业、子女落户等众多麻烦事怎么解决?男青年也不愿意。所以出现八五钢厂大龄青年上街打出'我们要老婆'这样的横幅也就不足为奇了"①。《解放日报》的调查就能说明这一点:"家庭生活与抚育子女是夫妻双方共同的事,家在市区、工作在市区的人大多不愿找一个远方的伴侣。于是,地区越偏僻,找对象越难,如皖南一家'小三线'厂,近十年中新婚共380人,其中156人(78对)为同一单位,占41%"②。

其次是社会环境的影响。小三线青年职工的婚恋问题与小三线本身所处的发展环境变化有着密切联系,在小三线生产任务比较充足的70年代,职工对于自身生活状态的关注并没那么强烈。但随着80年代小三线企业"军转民"带来的生产任务不足,改革开放推进过程中社会思潮的活跃之风也吹进了小三线,在身处全国各地的上海青年中开始刮起"回城风",这对于已经处于适婚年龄的小三线职工来说,造成了一定的心理冲击和压力,"刚到后方时大家住集体宿舍,也没什么问题,但时间长了,随着年龄的增长,再加上生活比较枯燥,心理空虚,找不到对象就着急了"③。

80年代开始,婚恋问题已经演变成为小三线的社会问题,企业的生产和职工的生活问题最终交织在一起,对本就处于困难时期的小三线来说更是雪上加霜。

一、社会影响

从表面上看,青工的婚恋问题可能只是小三线社会遇到的困境之一,但这一矛盾若不设法解决,则会衍生出一系列深层次的问题,直接影响到小三线的人心稳定和社会稳定。

一些青工思想波动,无法安心工作。主要表现为内心苦闷,要求回沪的

---

① "原上海小三线古田医院政工组职工陈正康访谈录",2018年6月24日。
② 陆振球:《高比例"同窗恋"分析》,《解放日报》1985年8月10日。
③ "原上海小三线683运输厂党办主任陈伟明访谈录",2010年7月22日。

情绪也在不断蔓延。"地处黄山脚下、新安江畔的上海向东器材厂,青年人占三分之一。这个厂的部分青年,曾经感到生活艰苦,前途暗淡,个人婚事难办,因而学习钻不进、生产没干劲;少数青年由于思想苦闷,还经常寻衅闹事。如一位进厂三年多的青年,纪律松懈,生活放荡,没有一天出过满勤,后来又私自回沪,长达四个月之久。这个厂男青年多、女青年少,恋爱、婚姻问题是导致部分青年不安心工作的一个重要因素"①。还有一些惹是生非、发牢骚者,"婚姻问题导致青年有牢骚的事情在屯溪有发生过。当时上海有个军工组到小三线企业去考察情况,该厂的青年职工在得知这一消息后,晚上就开了一个篝火晚会,叫'为青春送葬',音乐放哀乐,引来了很多人围观"②。"我们同批去的小年轻,到当地农村的镇上买了蛇,回来杀了吃,吃完以后把蛇皮缠在手臂上,到女生宿舍去吓唬女生"③。"分配到后方的青年男女比例不平衡,比如说一两千工人都是男的,女的很少,结果青工的工作积极性不高,悲观失望情绪蔓延,有一年五一节的时候,小青年觉得孤苦伶仃,结果就组织开追悼会,表达自己的失望情绪"④。从这些小三线人的回忆中可以看到男青工的婚姻焦虑心态。八五钢厂曾针对全厂青工作过调查,"有些青年在工作或生产中表现一贯很好,但空下来想到自己的终身大事解决不了,内心非常苦闷,挫伤了他们的上进心,家长也很着急……情绪消沉,领导去沪家访时,父母多次恳切要求组织上帮助解决婚姻问题"⑤。"有的青年在生产中,工作时表现良好,一空下来却非常苦闷。有的青年悲观失望,牢骚满腹,怪话连篇,工作没有劲,酗酒吸烟却很起劲,糊涂混日子。有的青年长期不安心工作,三日两头回上海,托亲访友找对象,钞票用光,不是向父母伸手,就是走上偷窃和聚赌的犯罪道路,有的干脆到上海跑单帮或做小生意,长期脱离生产岗位"⑥。这些行为被认为是"青工对自己的前途悲观失望,而将情绪发泄到工厂的前途上"。少数青工认为

---

① 李文秀、冯洁璞:《加强政治思想教育切实解决实际问题,上海向东器材厂青工思想稳定工作积极》,《解放日报》1981年5月1日。
② "原上海小三线前进机械厂厂长杨佳玉访谈录",2010年8月17日。
③ "原上海小三线胜利水泥厂职工胡展奋访谈录",2010年11月13日。
④ "原上海国防科工委主任余琳访谈录",2011年4月1日。
⑤ 《上海市后方基地管理局党委办公室转发八五钢厂〈关于做好婚姻介绍工作的情况汇报〉的通知》(1982年10月28日),协同机械厂档案,档案号:82-12-3。
⑥ 《关于我厂青年婚姻配偶问题的情况报告》,八五钢厂档案,档案号:80-8卷63号。

婚姻不能解决,是三线建设造成的,因此对领导和组织持对立情绪。1979年,八五钢厂一部分"老三届"青工,在社会上"返城风"影响下,集会请愿,这些婚姻"老大难"青工是其中的积极参与者,他们要求采取有效措施解决婚姻问题①。一段时期内,"在险峰厂、井冈山厂、万里厂和光辉厂等一些单位中,先后都发生了数十名以至上百名职工因婚姻等问题集体上访甚至围攻领导的偏激行为"②。

较之无法安心工作,结婚心切还导致青工中出现了恋爱观的随意性。八五钢厂就曾在《八五团讯》中专门分析了青工中存在的畸形恋爱观,并就青年正确恋爱观的树立进行指导,"我们厂有些青年找对象、谈恋爱、建家庭,不是建立在共同的思想基础上,而是随心所欲,乱来瞎搞;有的青年刚刚踏上新的工作岗位,人还在旅途中,在长江轮上,24小时内就与素不相识的对方成为一对热衷于谈情说爱的'未婚夫妻';甚至有的子弟中学,男女学生之间,职工与学生之间,插队知青与学生之间,也谈起了所谓的恋爱;有的青年还朝三暮四,追求容貌美丽,追求收入多、地位高,追求家庭条件好等,五花八门。……婚前形影不离,婚后'大闹天宫';流氓习气浓厚,败坏社会风气;甚至发生凶杀案件"③。对于出现这样的问题,在八五钢厂团委写给团市委的调查报告中均如实反映情况,"有的青年女工觉得自己身价高了百倍,胡说'八五厂的男青年多得如白洋湖的石卵子,随便拣拣'。有的结婚只有两天,就与男方闹离婚,有的多角恋爱,任意寻男青年的开心。有的青年怕'夜长梦多'被女朋友抛弃,就非法同居,发生不正当的关系,有的还同上海的女艺徒发生关系,影响很坏"④。还有一些青工将目光投向了厂办中学,"有的人留着小胡子,蓄着长发,穿着喇叭裤,有时还戴上一副墨镜,耳朵上还夹着一支香烟,在学校里晃来晃去,招摇过市,十分显眼,他们上来不

---

①《上海市后方基地管理局党委办公室转发八五钢厂〈关于做好婚姻介绍工作的情况汇报〉的通知》(1982年10月28日),协同机械厂档案,档案号:82-12-3。
② 上海市后方基地管理局党史编写组:《上海小三线党史》(未刊稿),1988年4月,第60页。
③《加强无产阶级恋爱观教育》,《八五团讯》第21期,总第42期,1978年8月14日,八五钢厂档案,档案号:78-8卷42号。
④《关于我厂青年婚姻配偶问题的情况报告》,八五钢厂档案,档案号:80-8卷63号。

是在学生宿舍里乱窜,就是把女学生找出去谈话"①。还有的青工因为两性关系问题受到党纪、团纪、厂纪处分的,八五钢厂、协作机械厂等很多企业都曾处理多起类似的事情,当事的男女青工多数会被给予警告、行政记过、留厂察看、停发工资数月等处分,当然也有个别人因为性质严重而受到刑事处罚的。

极个别青年职工在恋爱问题上受到挫折,对生活失去了信心,因此走上了自杀或凶杀犯罪的道路。1980年5月7日凌晨,八五钢厂职工子弟中学有名高二年级的女学生投河自杀,而其自杀的主要原因就是不听父母劝阻,坚持与某男青年谈恋爱,心里不服遂离家出走,最后自杀。在八五钢厂组织的以该起事件为主题的讨论中,矛头直指青工和女学生谈恋爱的问题,"青工是工人阶级一员,要以好的思想、好的作风去引导她们,与女学生谈情说爱,那是绝对错误的。……与在校学生谈情说爱,严重干扰我厂生产、生活、学习的正常秩序"②。据八五钢厂对本厂的调查统计:"从七二年至七八年,因恋爱问题造成的凶杀案有一起、丧命一人,自杀六起、丧命六人,自杀未遂五人,酗酒中毒致死一名,长期精神病患者十七人,有的精神病患者放火烧宿舍,有的盯牢领导不放,至于造成殴打、工伤、犯错误的人为数更多。"③类似的事情也发生在前进机械厂等企业,造成了较坏的政治影响。

青工婚恋难不仅逐渐演变成社会问题,更重要的是对小三线青工的思想状态和心理产生了极大的影响,动摇着小三线人心的稳定,这一点对于后方基地和上海来说,更是一个政治问题。因此,无论是后方基地还是小三线企业,吁请想办法解决这一问题的呼声不断高涨,"我们厂存在的婚姻恋爱问题已拖了整整九年了,越拖问题越严重。我们认为这个问题不能再拖延下去了!是到了下决心彻底解决问题的时候了。国家对三线职工各方面的重视和关心是否也应当列入议事日程了呢?有不少青、老职工都说:'我们响应党的号召到三线,参加国防建设,工资比上海低,奖金比上海少,支出比上海高,婚姻恋爱

---

① 《教学秩序决不允许被破坏!》,《八五通讯》第31期,1980年5月20日,八五钢厂档案,档案号:80-3卷29号。
② 《羊某某的自杀说明了什么——与青年朋友谈心》,《八五通讯》第32期,1980年5月20日,八五钢厂档案,档案号:80-3卷29号。
③ 《关于我厂青年婚姻配偶问题的情况报告》,八五钢厂档案,档案号:80-8卷63号。

无保障,叫我们怎么安下心来呢?!'我们觉得这话不能说没有一点道理"①,解决这一问题已经刻不容缓。

二、解决办法

为了解决这一棘手问题,尽力为男青工婚恋问题创造条件,后方基地曾有过在皖南当地建立一个农场、几个纺织厂(纺织厂女工多)的想法,但因为条件所限最终也未能落实。距离小三线较近的黄山茶林场、练江牧场因为上海女青年多也一度成为小三线为解决青工婚恋问题的一个选择,但实际效果非常有限,"我厂离黄山茶林场和练江牧场有500公里,千里迢迢很难谈恋爱。而且知青已都上调回城,农场的有上调上海的机会,不愿意再回三线来,据上海农场局团委反映,有的知青,哪怕有一线希望,也要等上调回上海"②。

后方基地逐渐认识到,要想在短时间内集中解决青工的婚恋问题,必须依靠社会,依靠上海有关部门的政策支持,充分发挥各个企业工会、团委的作用,吸引更多未婚女青年进入小三线企业。从70年代末开始,小三线开始不断向上海反映青工婚恋难问题,希望市政府能从政策上提供支持。在八五钢厂提交给团上海市委的报告中就提到,希望上级部门可以通过政策性手段解决八五钢厂女青年少的状况,"是否可以在我厂再上一些小金属制品车间和健全服务性行业等,这样就可以解决一大批女青年的工作。关于女青工的来源问题。是否请领导协调市有关部门,考虑上调一批七一届农场女青年分配来我厂"③。上海市政府、市国防工办、团市委也意识到解决这一问题的重要性,开始出台具体政策支持小三线企业通过各种方式解决青工的婚恋问题。以1980年为界,小三线青工的婚恋问题进入集中解决阶段,因为从这一年开始,上海市政府出台政策,后方各企业开始建立婚介组织,集中解决这一难题。1980年6月,上海市国防工办再次向市政府提交报告要求解决上海在皖南小三线部分未婚青年男职工的婚姻问题,同年7月9日,市政府同意由后方基地管理局和

---

① 《关于我厂青年婚姻配偶问题的情况报告》,八五钢厂档案,档案号:80-8卷63号。
② 《关于我厂青年婚姻配偶问题的情况报告》,八五钢厂档案,档案号:80-8卷63号。
③ 《关于我厂青年婚姻配偶问题的情况报告》,八五钢厂档案,档案号:80-8卷63号。

市劳动局牵头,贯彻落实解决后方青工婚恋问题,其中提出了吸收未婚女青年进入小三线的具体政策:

(1)由市劳动局每年下达一批招工指标给后方基地管理局,从市区社会待业青年中,招考一部分女青年进小三线工厂为正式职工;

(2)从市局农牧场抽调一批没有恋爱对象的女青年,分配去小三线为正式职工;

(3)小三线未婚青年到外省市企业事业单位中(包括农场和县办集体事业单位)自找对象,结婚后可将户口迁往皖南所在地,安排进小三线工厂为正式职工;

(4)小三线男青年从上海街道、里弄集体事业单位和社会待业女青年中自找对象,办理结婚手续后,女青年愿意将户口迁往小三线工厂的,可以吸收为正式职工;

(5)对于年满35岁还找不到对象的男青年,为照顾其特殊困难,允许在农村户口的女青年中找对象,结婚后其配偶可以转为吃商品粮,并吸收为小三线厂办的生活福利集体事业的职工。①

小三线所属机电、轻工、化工、仪电四大公司也纷纷在此基础上制定了各自为解决青工婚恋问题的具体意见,供各企业内部掌握。以轻工公司为例:

(1)上海市区(郊区)未婚待业女青年平时来信申请来后方厂工作,经调查符合招工条件者,请给工厂招工指标,分散使用,随时招收他们进厂。

(2)我方男青年已与市区(郊区)待业女青年结婚的,应该同意招收他们进后方厂工作。

(3)外省市集体所有制单位和待业的未婚女青年,在同我方男青年结婚后,可同意调入和招入后方全民单位工作。

(4)我方男青年同上海市属农场女青年结婚后,要求调往农场工作的,应该允许他们调往。

(5)我方男青年同本县当地全民、集体单位的女青年结婚后,应按外省市调入规定办理,同意她们调进后方厂工作。

---

① 《上海市人民政府国防工业办公室关于解决上海在皖南小三线部分未婚青年职工的婚姻问题的意见》(1980年6月20日),《上级有关毕业生分配通知、本厂艺徒、新职工转正》(劳安类),前进机械厂档案,档案号:1982-18-4号。

(6)本厂职工在农村的,年龄在20岁至35岁的未婚女儿,符合招工条件者,招收他们进厂工作。

(7)在35岁以上无对象男青年和少数找对象确有困难的男青年,借调上海工作,结婚后仍回后方工作。

(8)我方男青年同外单位女青年结婚后,要求调动工作,在政策许可下,请领导部门疏通渠道,优先办理他(她)们的调动手续。①

突破了政策瓶颈,小三线的企业工会和团委大胆地直面困境,通过各种方式宣传小三线,吸引全国各地的未婚女青年到小三线来。

在各级团组织层层分析团员青年的思想动态中,大家觉得团员青年目前呼声最高的有四件事。第一件事就是我厂远离上海又是钢厂,男青年迫切需要解决恋爱对象问题。过去几年,厂团委年年打调查报告给市有关方面,总是见效不大。敢不敢于碰这一几年来未能解决的老大难问题?如何设法解决这个老大难问题呢?

正当大家犹豫不决,举棋不定的时候。传来了《青年报》刊登新光厂招女工的启事和市委有关"尽快地、稳妥地解决后方三线青年婚姻恋爱问题"的指示。这给了厂团委的同志们很大的力量和鼓舞,大家的信心更足了,思路也开阔了。②

(一)成立婚介机构

为了提高工作实效性,为青工牵线搭桥,小三线企业纷纷成立了婚姻介绍机构。1980年11月5日,后方基地团委成立的婚姻介绍所正式开办业务,为小三线男女青年介绍对象,"凡后方基地范围内有真心诚意的男、女青年,请来信我所索取婚姻介绍登记表,本所将在后方基地或全国范围内,为您介绍一位称心如意的好姑娘或好小伙子,并为你们在恋爱过程中的一切保密"③。同时在

---

①《后方轻工公司对解决青年婚姻问题的几点建议(供内部掌握)》,《上级有关毕业生分配通知、本厂艺徒、新职工转正》(劳安类),前进机械厂档案,档案号:1982-18-4号。

②《乐为青年搭鹊桥》,《八五团讯》第53期,总第166期,1980年10月29日,八五钢厂档案,档案号:80-8卷62号。

③《基地团委婚姻介绍启示》,《八五团讯》第55期,总第168期,1980年10月14日,八五钢厂档案,档案号:80-8卷62号。

上海的《青年报》上登报宣传,扩大婚姻介绍所在上海的影响①,吸引女青年报名。而各个企业也先后由团委组织成立婚姻介绍组、青年之友联合会等机构,单1980年小三线就成立了24个婚姻介绍所。此时的上海也碰到了因为知识青年回城所面临的青年婚姻难题,社会也在呼吁上海市有必要建立市、区一级的婚姻介绍所,作为青年男女交流沟通的桥梁,"介绍对象是件严肃的事,必须对男女双方负责,如仅凭一纸表格搭配,也很可能产生弊病,而团组织又无法进行必要的调查。他们都强烈呼吁迅速成立市、区级的婚姻介绍所"②。小三线婚姻介绍机构成立后,可以说为青工的婚恋提供了全面的帮助和指导。

面对一些未婚男青工在征婚中出现的心态问题,小三线的婚介机构也提供正确的恋爱观指导。一方面只顾自己的愿望,不看对方要求,以貌取人、挑精拣肥、吹毛求疵的大有人在;另外一方面害羞、难以启齿,担心双方欠了解,姻缘难成,顾虑事不保密四处张扬,怕遭冷嘲热讽的也不在少数。针对这些问题,八五钢厂发起了"唯貌择侣会幸福吗?"的恋爱观讨论,并且列出了"姑娘们喜爱的小伙子"的标准对未恋青工加以指导:"一要道德品质好;二要文化业务好;三要思想作风好;四要内心美。"③对于已经在交往的男女青年,八五钢厂的婚恋指导小组通过初恋小知识、恋爱指导报告会等方式提供帮助,这一形式也得到了厂党委的支持,厂政治部主任还专门为未婚青年举办了"四个第一次"的专题讲座,谈如何通信,第一次如何见面,第一次如何上门,第一次外出约会应注意的问题④,同时通过《八五通讯》和《八五团讯》宣传报道,扩大影响力。

六个第一:

1. 第一封信:字迹要端正,字句要通顺。2. 第一次约会:准时来赴约,不能失信用。3. 第一句话:谈吐要温雅,讲话要礼貌。4. 第一次见

---

① 《为本系统男青年寻找对象,后方和基地团委成立婚姻介绍所》,《青年报》1980年11月14日。
② 高叙法:《上海市的婚姻介绍所赶快建立起来》,《解放日报》1981年1月14日。
③ 《姑娘们喜爱的小伙子》,《八五通讯》第48期,1980年10月31日,八五钢厂档案,档案号:80-3卷32号。
④ 《找对象登启事 青年人喜洋洋——八五钢厂团委十天收到来信470封》,《青年报》1980年10月24日。

面:衣着要整洁,朴素又大方。5.第一次登门:量力而行事,不卑也不亢。6.第一顿饭:谦逊又礼让,尊老又爱幼。

十个注意:

1.要端正审美观(内心的美要比外表的美更重要)。2.要掌握对方的心理状态。3.要了解对方的性格特点。4.要有耐心。5.要忠诚对方。6.要严禁鲁莽举动。7.礼尚往来不必浪费也不要小气。8.要不吸烟少喝酒。9.过去有错误的不要自卑。10.初恋失败也不必丧失信心。①

对于已经进入谈婚论嫁阶段的青工来说,婚介组织还帮助解答各种政策疑问,包括如何办理结婚手续、如何办理商调手续、"大三线"女青年如何来小三线等问题,解决小三线青年的后顾之忧。

(二)提供住房保障

对于已婚青工,小三线企业还要负责解决婚后的住房问题,新婚户的迅速增多,使本来就很紧张的住房问题变得更加突出,集体宿舍的扩建导致职工家庭住房投入相对比较少、住房供不应求,虽经各企业积极协调,新建扩建家属房,但仍有不少青工只能居住在单位宿舍或简易设施里,造成已婚夫妻不得不分居在集体宿舍中。针对这一状况,企业也千方百计予以解决,八五钢厂"改造临时棚舍,合并计提宿舍、办公室,临时借宿农民空房,腾出128户供新婚夫妇居住"②。据统计,截至1984年,八五钢厂共建职工住房29 650平方米,平均每年6 000多平方米,各家属区的人均住宅面积已达10平方米以上,改变了部分居住拥挤现象,此外,无住房职工的居住状况也有所改善。为了不影响企业正常的生产秩序,一些青工人数较多的企业开始举办集体婚礼。1981年8月,后方基地团委发出通知,希望"在各种会议上并运用各种宣传工具广泛宣传、号召和动员将在国庆结婚的同志前去参加集体婚礼"③。为响应号召,八五钢厂除了向职工宣传集体婚礼的好处、鼓励大家在沪参加后方基地组织的集

---

① 《初恋小知识》,《八五团讯》第52期,总第165期,1980年10月25日,八五钢厂档案,档案号:80-8卷62号。
② 《关于我厂青年婚姻配偶问题的情况报告》,八五钢厂档案,档案号:80-8卷63号。
③ 《通知》,《八五团讯》第42期,总第217期,1981年8月27日,八五钢厂档案,档案号:81-8卷59号。

体婚礼外,厂团委也开始自行筹备本厂的集体婚礼。1981年12月和1982年4月,八五钢厂先后组织了两场集体婚礼,向每对新婚夫妇授予"移风易俗积极分子"的光荣称号,提高青工的参与热情和积极性。

(三)登报招工

为了从市区社会待业青年中招收一部分女青年进入小三线工厂,后方基地积极发动各企业或独立招工或联合招工,上海各大报纸上陆续出现了小三线企业招收未婚女青年的信息,吸引上海女青年到小三线去。据不完全统计,从1980年10月至1983年5月,《解放日报》《文汇报》《青年报》总计发布小三线相关招工启事19篇,鼓励待业女青年积极报名赴小三线就业,共计招收女职工1 665人。(表9)

表9 小三线企业通过报纸招待业女青年人数统计表

招工时间	招 工 单 位	招工人数
1980年10月	新光金属厂	140人
1980年10月	万里锻压厂、红星木材厂、瑞金医院	130人
1981年9月	前进机械厂等22家单位联合招工	595人
1981年12月	后方基地18家单位联合招工	400人
1982年11月	光明机械厂等八家单位联合招工	200人
1983年5月	仪表、轻工、机电三个公司	200人
总 计		1 665人

注:根据《解放日报》《文汇报》《青年报》相关报道招工人数统计汇总而成。

表9所列并不能穷尽所有招工人数,但由此可以窥见小三线企业在80年代为解决青工婚恋难所做的努力。1980年,协作机械厂在向其主管部门后方机电公司申请招工指标的时候,就明确了具体要求,"目前我厂30岁左右的未婚男职工有40多名,找不到对象,这个问题不解决,影响职工的积极性,故这

次招收20名女职工时,要求是未婚的女青年,年龄最好在23～26岁之间"①。从招工范围来看,"市区应届、历届高中毕业(肄业)的待业未婚女青年""市区待业未婚女青年""市区常住户口的待业未婚女青年""市区具有初中毕业以上文化程度,年龄在20周岁以上的待业未婚女青年"等用词体现了招工的基本条件,即:女性、未婚、市区、初中或高中文化程度、待业。因为只有具备这些条件,才有可能为男青工提供机会。而对于其他方面的要求则相对较少,少数企业也提出了思想作风正派、身体健康(无慢性疾病)、愿意将户口和粮油关系转至后方企业等附加条件;对于女青年到小三线后从事的工作,则基本是以后勤工作人员、助理护士、车间熟练工最为普遍,均为普通工种。以下是新光金属厂刊于《解放日报》上的招工启事:

> 地处皖南山区的上海新光金属厂从本市待业女青年中招收一批新职工。昨天下午,黄浦、闸北两区第一批被批准录取的11名女青年已到厂报到。
>
> 上海新光金属厂属上海冶金工业局和后方管理局领导,是由上海钢铁研究所包建的全民所有制工厂,现有职工1 500余人,主要生产精密合金材料。该厂建在安徽徽州地区休宁县。厂内各种生活设施较全,职工住房条件较好,房租、自来水、电费等都低于上海市区。按国家规定,该厂职工每年可以享受探亲假一次,被批准录用的新职工工资待遇,进厂六个月内,每月28元。半年后定为一级工,工资33元。满四年,定为二级工,工资39元。
>
> 该厂的招工工作先在闸北、黄浦两区试点。凡是本市市区户口的历届待业未婚女青年,愿意将户口、油粮关系转到该厂的,只要具备思想作风正派、身体健康、初中以上文化程度等条件,均可报名。报名的女青年一般要经口试(必要时进行文化考试)和体检,厂方根据考生的成绩择优录取。凡本市市区户口的历届毕业的未婚女青年,需要报考上海新光金属厂的,可持本市市区户口簿、本人学历证明,于8月5日到6日,到陕西南路5号《青年报》社"为您服务"处去报名。②

---

① 《上海市协作机械厂申请招收二十名女职工的报告》(1980年8月24日),协作机械厂档案,档案号:80-14。
② 《上海新光金属厂招收新职工,本市首批女青年昨抵皖南报到,历届待业未婚女青年均可到青年报报名应考》,《解放日报》1980年8月5日。

招工信息确实引起了上海待业女青年的兴趣。上海市劳动局和团市委还专门派人去绩溪县具体了解万里锻压厂、瑞金医院、红星木材厂三个单位的概况和一些生活设施,在报名时向应招女青年推荐介绍①。新光金属厂作为第一个在上海媒体发布招工启事的单位,短时间内便完成了140名的招工名额,"140余名姑娘应招录取后,在10月底前已分三批赴安徽休宁该厂。行前,各区劳动局召开了欢送会"②。新光金属厂连续两次的招工启事引起了八五钢厂的注意,"七月二十几日,当第一张《青年报》一到厂里,厂团委就进行了认真的研究。大家认为,新光厂的招工,体现了市委对后方青年的关心,是一个解决青年恋爱问题的好办法"③。而紧随其后的万里锻压厂、红星木材厂以及后方瑞金医院"在本市招工开始后,二十八日到三十日三天时间里,有800余名市区待业女青年踊跃应招,不少家长还亲自陪同女儿前去报名"④,远远超过130名的招工名额限制,在媒体的报道中还出现了积极奔赴后方的典型人物,"黄浦区龙门街道有一个女青年,主动放弃'顶替'机会和优越的生活条件,主动报名要求去参加后方基地建设,这次被红星木材厂录用"⑤。

新光金属厂登载招工启事的真正目的并没有在媒体上公之于众,而以八五钢厂为代表的一些小三线企业则直接将招工启事改为征婚启事。

在八五钢厂看来,通过登报招工,能够为一些年龄相当的男青年解决婚姻问题,但对于后方企业存在的大龄男青年来说,则未必有效:"招工进厂的都是七九届、八〇届的女青年。从我厂未恋青年的现状来看,只能解决359名27周岁以下的青年,还有281名27周岁以上的青年的恋爱问题还是不能解决,怎么办呢?"⑥其实,登报征婚并非小三线的原创,而是借鉴了上海海运局为解决海

---

① 《待业女青年的好消息 万里、红星两厂及后方瑞金医院招工》,《青年报》1980年10月24日。
② 李虹光:《一百四十余名姑娘赴新光厂》,《青年报》1980年10月31日。
③ 《乐为青年搭鹊桥》,《八五团讯》第53期,总第166期,1980年10月2日,八五钢厂,档案号:80-8卷62号。
④ 《招工三天,报名八百》,《青年报》1980年10月31日。
⑤ 志春:《本市百多名女青年赴后方基地工作,市劳动局、团市委、青年报联合举行茶话会欢送》,《解放日报》1980年12月17日。
⑥ 《乐为青年搭鹊桥》,《八五团讯》第53期,总第166期,1980年10月2日,八五钢厂档案,档案号:80-8卷62号。

员婚姻问题的做法。

1980年8月,上海海运局团委为了解决海员的婚姻问题,与上海《青年报》社联合开展了为海员找对象的活动,"消息发出的第一天,就收到50多封信,两周后就达2 300多封,亲属陪着上门登记的女青年就有100多人,不得不在9月12日再发消息,声明报名截止。"①。这个效果让小三线看到了登报征婚的影响力。根据媒体报道,同一时期,上海的女青年未婚者也较多,与小三线未婚男青工多形成了互补,"据从有关方面了解,本市21岁到30岁的青年,共有271万多。由于种种原因,找不到对象的情况十分突出,尤其是前年从农村和农场回沪的40余万名青年中,有相当一部分青年过去由于怕影响'上调'或升学而坚持晚婚,如今年龄都已不小,找对象更为困难。在26岁到30岁的55万多名女青年中,找不到对象的情况更为突出。许多同志还认为,当前迫切需要关心的是年龄较大的青年,特别是女青年的恋爱婚姻问题,应当优先考虑"②。

1980年10月10日,《青年报》刊登了八五钢厂团委为企业职工找对象的征婚启事"为我厂男青年寻找对象,成婚后可调入我厂工作",直接点明了目的。1981年8月再次刊登启事。据原八五钢厂职工史志定回忆,这个启事的刊登也是经历了一番周折的,和团市委有过多次沟通,和《青年报》的负责人杀价砍价,才得以实现,"他(《青年报》负责人)开口120元,一共登了两次,第二次就200元了,那时八五厂团委经费也不多,卖了蓖麻籽之后才登的广告"③。现将启事内容摘录如下:

> 我厂是上海冶金局和上海后方基地管理局双重领导的全民所有制单位,在安徽省贵池县境内。全厂有五千多名职工、三千多名家属。现在厂里有二百多名27周岁以上的男青年还没有对象。为了解决这些青年的切身问题,决定公开为我厂男青工寻找对象。我厂生活设施俱全,工资待遇一级工是33元,二级工是39元,另有奖金等,婚后每年可以利用积休假回沪休息。这次要求寻找对象的都是上海支内多年的青年。
> 凡上海市区、郊区或其他省市在全民所有制和集体所有制单位工作

---

① 高叙法:《上海市的婚姻介绍所赶快建立起来》,《解放日报》1981年1月14日。
② 高叙法:《上海市的婚姻介绍所赶快建立起来》,《解放日报》1981年1月14日。
③ "原上海小三线八五钢厂团委书记、三车间支部书记史志定访谈录",2011年2月24日。

的女青年(须城、镇户口,吃商品粮的),如有诚意,均可写信到本厂。如恋爱成功,结婚后可以调入我厂工作(已经有关部门同意)。

来信请寄安徽省贵池419信箱团委收(邮政编码247175),姑娘和家属均可来函了解情况及索取登记表,信中请写明通讯地址、本人情况和对对象的要求,并附近照照片一张。①

上海八五钢厂属上海冶金局和后方基地管理局双重领导,地处安徽贵池县境内,职工、家属共七千余人,生活设施比较齐全。青工工资在42~45元,另有奖金和地区津贴。成婚青年每年可以利用积休假回沪休息。去年在《青年报》刊登婚姻启事后,已有398位姑娘与小伙子建立联系,有50对已结了婚,其中有15名女青年已在5月底开始分两批调入。目前厂里仍有近400名男青年没有恋爱对象。来信请寄安徽省贵池419信箱团委。②

征婚启事一经登出,在上海女青年和八五钢厂职工中都收到了意想不到的效果。首先是八五钢厂职工的反映,征婚启事见报短短几天,"车间里已有34位青年递交了照片,进行了登记,其中已有16位青年在团委的帮助下物色到了比较称心的姑娘,团委已经去征询姑娘的意见,小伙子们正在等候着佳音"③。而应征报名者也在不断增加,"从10月12日开始,在短短的六天时间里,我们已收到来自上海市区、郊区、甘肃、黑龙江、内蒙古、新疆、云南、贵州、四川、浙江、苏州、南京等近40个省市和地区工作的女青年或亲属的来信达324封之多"④。半个月之后,这一数字增长至612封,一个月后达到了847封,还收到了511位姑娘寄来的《婚姻介绍登记表》,"来信的姑娘中有干部、科学院翻译、演员、医务人员、技术员、工人、财会人员、大学生、教师、农场职工、公安人员、营业员等"⑤。

---

① 史志定:《八五钢厂团委启事 为我厂男青年寻找对象,成婚后可调入我厂工作》,《青年报》1980年10月10日。
② 《姑娘们,欢迎您来到我厂安家 为以下全民厂未婚男青年寻女友》,《青年报》1981年8月7日。
③ 《团委办好事,青年喜洋洋》,《八五团讯》第54期,总第167期,1980年11月5日,上海八五钢厂,档案号:80-8卷62号。
④ 《前言》,《八五团讯》第51期,总第164期,1980年10月18日,八五钢厂档案,档案号:80-8卷62号。
⑤ 史洋:《青年相恋勿需忧,团委乐为搭鹊桥》,《八五通讯》第48期,总第161期,1980年10月31日,八五钢厂档案,档案号:80-3卷32号。

1980年11月21日,《八五团讯》公布了征婚启事的阶段性成果。"来信总数881封,女方来表数572张,配对发信数161封,男女双方同意70封,女方不同意17封,女方提疑问信6封,要求对调工作9封"①。为了鼓励男青年积极回应女方来信,八五钢厂还定期将企业的青年婚恋状态进行公布。从表10的统计数据不难看出,该厂未婚男青工已有235人递交了婚姻登记表格,占全厂统计未婚青年641人的36.7%,其中男女双方已同意交往的90人,占递交表格总人数的38.3%,时间之短、效率之高,对八五钢厂的男青工来说,不能不说是一大喜事。到了12月11日,八五厂团委收到女方来信已达935封,团委向女方推荐人选总数达218位,男女双方同意交往的为137位②,占推荐总数的比例达到62.8%。而到了1982年7月底,"厂团委的红娘们已经耐心地处理了1 068位姑娘的多次来信。已为399位姑娘推荐了小伙子,其中,有260位姑娘与我厂小伙子交上了朋友,50对青年已结了婚"③。

表10　八五钢厂婚姻介绍情况表④(截至1980年11月26日)

单位:人

部　门	已交表	已配发信	男女双方同意	还未配表
一车间团总支	50	12/3	19	12
2车间团总支	34	14	14	6
3车间团总支	19	9/1	8	1
4车间团总支	21	7/1	11	2
运输部团支部	24	8/1	6	9

---

　　①《婚姻介绍消息》,《八五团讯》第56期,总第169期,1980年11月21日,八五钢厂档案,档案号:80-8卷62号。
　　②《婚姻介绍进度表》,《八五团讯》第59期,总第172期,1980年12月12日,八五钢厂档案,档案号:80-8卷62号。
　　③《我厂婚姻介绍工作取得很大进展》,《八五团讯》第38期,总第213期,1981年8月3日,八五钢厂档案,档案号:81-8卷59号。
　　④《我厂婚姻介绍情况表》,《八五团讯》第57期,总第170期,1980年11月27日,八五钢厂档案,档案号:80-8卷62号。

续 表

部　门	已交表	已配发信	男女双方同意	还未配表
中试室团支部	1	0	1	0
机动部团总支	16	4	6	6
八车间团支部	6	2	2	2
行政科团支部	1	0	1	0
卫生科团支部	2	2	0	0
基建科团支部	21	6	7	8
供应科团支部	10	3	2	5
农场团支部	2	0	1	1
技检科团支部	1	0	0	1
码头团支部	18	2	6	10
小学团支部	0	0	0	0
中学团支部	1	1	0	0
技校团支部	0	0	0	0
科室团支部	8	2	5	1
总　计	235	72/6	89	64

1980年10月《青年报》的征婚启事主要是为八五钢厂27周岁以下的未婚男青年征婚，面对还有近300名的27周岁以上的未婚青年，该厂于1981年8月7日再次登报征婚，同样收效较好。截至1981年底，上海后方已有569对青年领取了结婚证书，其中126对已调到后方各厂，还有833对男女青年建立了恋爱关系。1982年2月，后方基地团委召开婚姻介绍工作会议，八五钢厂作为代表在会上交流工作经验，此时该厂就有"近100对青年先后领取了结婚证书，

第五章　困境与挑战 | 149

占全后方的35%。已有40名新娘调来我厂,占全后方的32%。还有近300对男女青年正处在热恋之中,占全后方的36%。70%左右的青年解决了找对象难的问题,男青年找不到对象的矛盾有所缓和"①。到1982年6月,"319名青年结了婚,占未恋青年总数的46%。其中,1/4的女青年已先后来我厂落户。268对青年建立了恋爱关系,占未恋青年总数的38%,还有16%未恋青年"②。而到了1983年4月,八五钢厂原来统计的全厂大于25周岁的680名未恋青工,已经有390人结婚成家,登报征婚成功的比例达到57.4%。

除了八五钢厂,其他企业也纷纷通过媒体等各种渠道寻求支持。向东器材厂出面与歙县练江牧场积极联系,利用农场女职工多的特点,为本厂男青年"搭鹊桥",经过努力,"在没有恋爱对象的85名男青年当中,今年第一季度有22名已有对象,有5名领了结婚证书"③。1982年10月协作机械厂在《青年报》刊登了"为我厂未婚男青年寻找对象的启事"后,"两个月中收到全国各地的来信近两千封,……厂团委没有增加人员,利用业余时间认真对每封来信进行回复,还帮忙无合适近照的男青年拍照、洗印,现已有20余对男女青年正在相互通信联系中"④。类似于"为我厂男青年寻找对象""愿您在我厂找到称心的小伙子""姑娘们,欢迎您来到我厂安家""招婚启事"等标题鲜明的征婚启事出现在上海有影响力的报纸上,"有一段时期,该厂(红星木材厂)每天收到十余个姑娘的来信,要求在厂里工作,找一个'称心郎'"⑤。

在登报的征婚启事中,为了加强小三线对各地女青年的吸引力,小三线企业还非常注重对企业的宣传。

> 我厂是上海后方小三线单位,地处安徽省绩溪县。气候温和,交通

---

① 《满腔热情当红娘,后方青年喜洋洋 基地团委总结交流婚姻介绍工作经验——我厂婚介工作也取得可喜成绩》,《八五团讯》第8期,总第248期,1982年2月10日,八五钢厂档案,档案号:82-8卷76号。
② 《我厂婚姻介绍工作取得了很大进展》,《八五团讯》第30期,总第270期,1982年6月3日,八五钢厂档案,档案号:82-8卷77号。
③ 李文秀、冯洁璞:《加强政治思想教育切实解决实际问题,上海向东器材厂青工思想稳定工作积极》,《解放日报》1981年5月1日。
④ 《上海市协作机械厂一九八二年工作总结》(1983年1月),协作机械厂档案,档案号:83-2。
⑤ 但成杰、树柏:《本市赴皖南山区部分女青年与"称心郎"新春结良缘,红星木材厂廿多对新婚青年搬进新工房》,《解放日报》1983年2月21日。

方便。离沪四百公里,每天有上海公交公司专车直达,乘车十小时当天可以到达。除探亲外,每年可有积休假回沪一次,搭乘厂车回收费4元。厂内生活设施比较齐全,生活习惯和上海相同。①

我厂位于黄山附近,每天有汽车直达上海、芜湖、杭州。本厂职工除了享受探亲假外,每人每年还有15天积休假,有车辆接送,每月还免费放映四至七部电影,生活设施齐全,并有电视差转台,住房宽敞(每户30平方米左右),成婚后可调入我厂工作。②

厂里常有厂车,直达上海,收费低廉。厂内生产环境清洁,安静,生活设施比较齐全,有食堂、浴室、小卖部、菜场、医务室、小学校,托儿所,生活习惯与上海一样。住房舒适,起居方便,房租、水费低廉。厂内有礼堂,自备电影放映机,每月放映八至十部电影。厂电视室,俱乐部天天开放。③

交通便利、生活设施完善、住房条件优越、自然环境好、"花园工厂"等都成为宣传的重点。除了宣传自身拥有的条件外,通过媒体介绍已经在皖南安家落户的女青年的生活状况也成为吸引未婚女青年、解除一些女青年后顾之忧的好办法。因为在发布征婚启事的过程中,出现了"有些女青年刚开始有顾虑,怕自己适应不了山区的生活,为此,有人带上自己的家人前来皖南山区踩点,当时有一道风景线就是阿姨叔叔陪着侄女到小三线来实地看"④的现象。针对这种担忧,小三线各厂在报纸上刊登来到皖南女青年的生活情况,"去年6月以来,后方基地的一些工厂陆续招收了一批上海待业女青年参加工作。这些女青年到山区后,受到各单位领导和职工的热烈欢迎。各单位腾出了较舒适的房子给她们作宿舍,分配她们到适合女青年的技术工种和部门工作"⑤。在万里锻压厂,通过招工进厂的女青年也纷纷与男青工进入婚恋阶段,"厂团委书记告诉我们,去年来厂的姑娘,有不少人已有了恋爱对象。厂部还决定加快速度,在今明两年建好十幢家属楼。现在这批姑娘中有百分之八十

---

① 上海红星木材厂团总支:《为我厂男青工寻找对象》,《青年报》1981年6月5日。
② 上海8377厂:《愿您在我厂找到称心的小伙子》,《青年报》1981年6月26日。
③ 上海火炬电器厂:《为我厂青年寻找对象》,《青年报》1982年9月10日。
④ "原上海小三线八五钢厂职工陈辉、陈震源访谈录",2011年3月27日。
⑤ 《上海姑娘爱上了皖南山区》,《文汇报》1981年2月24日。

以上的人正在热恋"①。《新民晚报》记者曹晓波以《上海姑娘回娘家》为题,深入报道了因为招工和征婚进入小三线企业的女青年的生活状况,以此鼓励更多的上海女青年到皖南这一"第二故乡"落户开花。

  一年前,也是隆冬季节。位于皖南的万里锻压厂来上海招收女青年,六十六位上海姑娘欣然报名,告别浦江。一年后的今天,不仅她们的亲人在牵挂,上海人民也很想知道她们的工作和生活。让我拉开其中一位上海姑娘杜艾丽的生活幕帘——

爱上这里山山水水

  当走惯车水马龙大街的上海姑娘,乘坐长途汽车在浏览皖南山色时,她们嘻嘻哈哈地笑了。可当她们来到远离亲人的后方基地,夜夜要和这里的山水作伴时,不少姑娘又想家了。厂党委理解上海姑娘的心,派了不少中年女同志去悉心安慰。但她们也发觉姑娘中有一位没有想家,她正用惊喜的目光打量着这一切,这个白皙面孔大眼睛的漂亮姑娘叫杜艾丽。

  ……

好学上进的小伙子

  ……

  万里锻压厂的好小伙子有的是!可老家在山东的却不多,但凑巧有一个。他叫张康,父亲是上海闸北区领导干部,不幸在"十年浩劫"中去世。小张来皖南已有七年了,工作上进,和小杜一样是团员。厂领导有意安排两个年轻人会一次面,彼此留下印象,心中各有了好感。

  ……

已爱上了第二故乡

  每逢佳节倍思亲。在去年8月前夕,小杜发热,病了,她心头一阵烦躁,这时小张笑盈盈端来了一碗亲手煮好的鲜鱼汤。喝在嘴里,暖在心里,姑娘思乡之情顿时飞到九霄云外,杜艾丽感受到自己是一个幸福的人。懂得感情的姑娘,也懂得疼爱小张,每当她有好东西,总舍不得先吃,非要等小张一起来品尝,两人情投意合之际,在厂领导与同事的支持

---

① 《万里厂的笑声》,《青年报》1981年9月4日。

下,他们领取了大红的结婚证。

今年春节,小张和小杜结伴返回上海过年。我问他们在皖南习惯吗?他们两人相对一笑:"有什么事不习惯,有大米、有鸡鸭,有崭新的宿舍,厂党委对青年人的生活很关心。如果某些生活条件比不了上海,这有什么关系呢!靠我们年轻人的手,第二故乡一定会和上海争相媲美的。"据了解,六十多位姑娘大都已安心山区工作,并找到了伴侣。今天,皖南的山山水水和亲人们,正在伸开热情的双手,欢迎更多的上海姑娘去那里落户开花。①

面对男女比例严重失衡带来的青工婚恋难题,在上海相关政策的支持下,上海小三线以企业解决为主,主要借助社会和媒体力量,以保障小三线社会稳定为出发点,短时间内集中解决了部分适婚年龄青工的婚姻问题。

三、效果评价

在各方共同努力下,小三线男青工的婚恋难题得到了一定程度的缓解,短期内取得了一定的效果,这一点是毋庸置疑的。从1980年7月起,在有关部门的支持下,从之前由主管部门统一负责招工调整为工厂可以直面接向上海待业女青年招工,后来发展为在报纸上公开刊登《招工启事》,以后又进一步向全国各地征婚,在报纸上刊登《婚姻介绍启事》,通过多方面的努力,"后方男青年'无人可爱,无爱可谈'的状况已经开始改变,许多男青年也从悲观失望的情绪中解脱出来,鼓起了工作、学习的劲头,积极投身于工厂的生产和各项活动"②。根据对《解放日报》《文汇报》《新民晚报》《劳动报》《青年报》等15种报刊的不完全统计,从1980年8月5日刊登第一篇征婚启事到1984年6月,短短四年时间里,上海媒体关于为小三线未婚男青工征婚的新闻报道有60余篇,其中以《青年报》数量最多,达到34篇,其效果也是有目共睹的。以八五钢厂为例,"自1980年10月、1981年8月在上海《青年报》上两次刊登婚姻介

---

① 曹晓波:《上海姑娘回娘家》,《新民晚报》1982年1月27日。
② 《上海后方基地一九八○年工作总结及一九八一年工作初步设想》(1981年1月13日),协作机械厂档案,档案号:81-1-1。

绍启事后,全国各地的女青年来信1 307封,根据双方的要求和条件,我们推荐了825人次,目前已有340对领了结婚证,111名新娘按政策调进我厂,105对男女青年建立了较好的恋爱关系,初步缓和了婚姻问题上的尖锐矛盾,促进了工厂的安定团结,调动了青年的生产积极性"①。整个小三线在这几年内,在解决未婚青工婚恋问题上都是效果显著的,经过企业婚姻介绍组织的努力和登报征婚,到1982年初,"已有569对青年领取了结婚证,其中126名女青年已调到后方基地工厂,还有833对男女青年建立了恋爱关系"②。到1983年5月,小三线8 000多名男青工的婚姻问题,"在市委关心、各方支持和后方各级党组织的努力下,已经解决了近4 000名"③。

解决小三线青工的婚恋问题客观上起到了稳定职工思想的作用。"现在,八五钢厂青年思想安定,出现了'三多三少':学技术的多了,热爱集体的多了,争取入党入团的多了;热衷酗酒的少了,赌博闹事的少了,随便缺勤回上海的少了"④;还有不少青工开始积极参加集体储蓄活动,为成家作准备,"11月份的储蓄额达到4 336元,1~11月份储蓄总额已达31 843元,比去年全年总额增长了1.3倍,月平均储蓄额达到2 894元,相当于前年全年储蓄总额的73%"⑤。就连企业生产也取得了意想不到的成绩,"去年(1981年),该厂(八五钢厂)能在面临调整的情况下,通过增产节约,使原计划亏损300万元转为盈利82.2万元,其中有青年的一份功劳"⑥。"一车间的朱一新同志,自从与江西的女知青结婚后,生产劲头倍增,成了生产上的尖子,评为先进工作者。又如一车间的徐光耀同志,自从找到心上人以后,主动关心工厂的利益,甚至还修

---

① 《上海市后方基地管理局党委办公室转发八五钢厂〈关于做好婚姻介绍工作的情况汇报〉的通知》(1982年10月28日),协同机械厂档案,档案号:82-12-3。
② 曹晓波:《满腔热情做红娘 皖南迎来好姑娘 后方基地成立二十四个婚姻介绍所》,《新民晚报》1982年2月1日。
③ 《张梦营同志在国防工办系统政治工作会议上的讲话》(1983年5月3日),协作机械厂档案,档案号:83-3。
④ 曹正文、史志定:《八五钢厂团委乐做月老牵红线,三百对青年喜结良缘》,《新民晚报》1982年11月7日。
⑤ 《小启事解决了大问题 我厂婚姻介绍工作的汇报》,《上级与本厂关于团的工作、歌咏比赛、婚姻工作、旅游活动的通知及表彰、转化大会的材料》,八五钢厂档案,档案号:80-8卷63号。
⑥ 史志定:《千里结姻缘,生产传佳音》,《青年报》1982年2月5日。

复了价值12 300元的炼钢铜夹,得到了群众的一致好评"①。

解决小三线青工的婚恋问题还缓解了工资调整带来的矛盾。1980年初进行的工资调整在小三线也引起了不小的震动,不少职工存在"比不过上海,后方低人一等"的怨气,对工资调整有意见。但全国各地女青年的到来改变了一些职工的看法,"来自天南海北的姑娘来信说,八五厂无论生活环境、经济收入、福利待遇,在外地单位中都是比较理想的。……我们自己埋怨在后方工作吃亏,可是那么多人对我们羡慕备至,真是不比不知道、一比方知足。在当今贫困落后的中国,我们的境况虽称不上佼佼者,但也轮不上次下者,可谓是比上不足、比下有余啊!比比上海,我们39元,就算每人加几元,也比不过上海的48元,但比外地,我们却又遥遥领先。我想,要心平气和地对待工调才对"②,这一点使得小三线的生产秩序得以保障。

不过,从长远来看,短时间内集中解决青工婚姻问题也带来了一些不可避免的后遗症。

(一) 动机问题

部分有意愿通过招工去往小三线的女青年为分散在全国各地的上海籍女青年,她们或是上山下乡的知识青年,或是大三线的职工。这一点从企业收到的女方来信遍布全国各地便可看出,在八五钢厂,"向我厂男青年求婚的女青年中,90%以上都是在'一片红'极'左'政策影响下,被分配到我国南北边远地区插队过的上海女青年,一般都比较能吃苦耐劳,一些在县组织部工作或县团委书记都坦率地提出希望调到比较合适或离家乡比较近些的环境,有的只身在少数民族地区工作,存在无法解决配偶的大问题,大部分女青年比较容易适应我厂的环境"③。一批来自上海、黑龙江、贵州、云南、甘肃、吉林、安徽、广

---

①《上海市后方基地管理局党委办公室转发八五钢厂〈关于做好婚姻介绍工作的情况回报〉的通知》(1982年10月28日),协同机械厂档案,档案号:82-12-3。
② 庄根勇:《从姑娘来信想到的》,《八五通讯》第48期,1980年10月31日,八五钢厂档案,档案号:80-3卷32号。
③《小启事解决了大问题 我厂婚姻介绍工作的汇报》,《上级与本厂关于团的工作、歌咏比赛、婚姻工作、旅游活动的通知及表彰、转化大会的材料》,八五钢厂档案,档案号:80-8卷63号。

东、湖北、内蒙古、江西等11个省市、自治区所属的工矿企业和国营农场工作的上海知青①，先后来到八五钢厂。一些工作表现好但却无法通过商调回上海的女青年，也会将小三线作为其选择。而对于大三线的女青年来说，也想通过征婚进入小三线。为此，同样男女比例失衡的大三线明显感觉到了压力，不得不要求小三线停止商调大三线女青年的工作，"由于大三线本身女青年只占15%，在恋爱等问题上存在的困难比我们小三线还多。我们登报找对象后，大三线反映很大。根据国务院商调工作中小三线必须服从大三线的政策和大三线存在的实际困难，后方基地管理局团委12月11日（1980年）分五个片分别传达了市劳动局的指示精神，对11个省市大三线单位的商调问题，考虑到婚介工作已开展了一年多，有的已开花，有的已结果，希望后方小三线青年都能设身处地地为大三线青年着想，以后不要再到大三线去找对象了"②。

（二）婚姻的稳定性

其实，小三线企业从开始就担心短时集中解决青工婚恋问题可能带来的婚姻稳定性问题。据称，八五钢厂最短的仅仅认识一周就登记结婚了。因此，针对应征来小三线企业的女青年，都必须要求和男青工办理结婚手续后才能调来小三线企业工作，以防"见异思迁"，预防恋爱纠纷，堵死个别姑娘钻"过河拆桥"的空子③，但仍难以杜绝夹带个人利益的婚姻。1984年开始，小三线进入调整阶段，职工的离婚现象也逐渐显现。"在调整回沪时，不能说离婚率很高，但至少是拆散了一部分家庭。年纪轻的时候，因为生活枯燥而结婚，回来之后，就算是很多家庭没有离婚，也是凑合着过，也有人觉得死亡的婚姻是痛苦的，回来之后就离婚了"④。"八五钢厂有个小姑娘在新疆看到征婚广告后就跑过来，和我们的一个小青年见一面，小青年终于找到老婆了，但不了解女方的性格、爱好，就只是纯

---

①《又有一批新娘将来我厂》，《八五团讯》第57期，总第232期，1981年11月13日，八五钢厂档案，档案号：81-8卷61号。

②《婚姻介绍和商调工作问答》，《八五团讯》第63期，总第238期，1981年12月17日，八五钢厂档案，档案号：81-8卷61号。

③《上海市后方基地管理局党委办公室转发八五钢厂〈关于做好婚姻介绍工作的情况汇报〉的通知》（1982年10月28日），协同机械厂档案，档案号：82-12-3。

④"原后方基地管理局民兵指挥部负责人卞建华访谈录"，2011年3月4日。

粹地结婚而已。小姑娘主要是想到安徽,生活圈子都是上海人,结果当天就去领结婚证,但回到上海后女方接受不了这种方式,所以后来离婚的很多"①。"我们厂里还发生了这样的事情,为了使自己外地的亲戚能到上海来,找了一个上海的小伙子,结果回到上海安排好工作之后马上就离婚,这个就是利用政策骗婚"②。

(三)未能彻底解决问题

一些男青工对于通过组织解决婚恋问题抱有一定的看法和顾虑,"我厂男青年向组织上提出申请的比较少,这就需要各级团干部把工作做得更细点,深入调查,积极做好个别工作,尽快打消一些同志不必要的思想顾虑"③,"个别青年对婚姻介绍工作不够信任,对来厂求婚的姑娘抱有不可理解的想法"④。另一方面,后勤保障未能及时解决,商调的速度、住房建设速度跟不上结婚的速度,"已配对青年大多是三十岁左右,成婚后如何尽快地商调到一起? 有些上海男青年希望与外地的配偶一起到我厂安居乐业,能否给予解决? 集体单位职工来我厂后,能否转为全民,使解决我厂男青年配偶的路子再能宽些。我们厂职工住房,今年就已缺口200户,婚姻介绍工作开展后,给我厂住房建设又带来了新的压力"⑤。再者女青年的工作安排难度大,在个别企业中,还出现了打破只招收城镇户籍女青年的瓶颈,一些农村女青年进入小三线,在前进机械厂,每年都有少量的农村女青年办理进厂手续,但却碰到了岗位安排难的问题,"多数派不了什么用场","由于机械、冶金等工厂的工种特点,过多地吸收女职工后,工作难以安排,势必加剧人浮于事的臃肿现象,进一步降低生产效率。八五钢厂为了照顾夫妇关系,已有女工1 440人,占全厂人数的27%,感到无法安排工作"⑥。后

---

① "原后方基地管理局局长王志洪访谈录",2011年4月14日。
② "小说《忻山红》作者张长明、杨志松访谈录",2011年6月8日。
③ 《短评:抓紧时间,早结良缘》,《八五团讯》第57期,总第170期,1980年11月27日。八五钢厂档案,档案号:80-8卷62号。
④ 《启事虽小作用大 未恋青年喜洋洋》,《八五团讯》第51期,总第226期,1981年10月13日,八五钢厂档案,档案号:81-8卷60号。
⑤ 《小启事解决了大问题 我厂婚姻介绍工作的汇报》,八五钢厂档案,档案号:80-8卷63号。
⑥ 上海市后方基地管理局办公室:《上海小三线建设中的"左"倾影响——关于上海小三线建设过程及经验教训的调查报告》(未刊稿),1982年1月。

方基地管理局1982年的调查数据显示:"从今后几年的趋势来看,婚姻介绍已不可能再有大的进展,城市待业女青年愿来山区工厂的为数很少,其他各种办法也收效甚微,而现在男青年年龄普遍在27岁以上,有1 000多人已达到30岁以上,问题急需解决,处于迫在眉睫的状态,井冈山厂去年3月13日至10月9日就有50多名男青年因婚姻问题日久不能解决,引起闹事,三次围攻党委书记。"①

小三线进入调整阶段后,仍然有近3 000名青工的婚恋问题未能得到解决。以八五钢厂为例,"随着时间的流逝,目前厂内年龄大于25周岁的未恋男青工又上升到394人,其中一小部分人的年龄已超过35岁"②,"部分35岁以上的青年到小三线撤退时还未找到对象,要让他们再在后方找到对象已经相当困难了"③。面对这些难以彻底解决的问题,企业纷纷利用职工春节回沪机会,组织农场女青年与小三线男青年的联欢、旅游、看电影等活动,增进男女青年的相互了解;将大龄未婚青工劳务输出外借至上海,扩大其交际面,等等。1984年,八五钢厂第一批未婚大龄青工抵达上海,"第一批赴沪劳务输出的未婚大龄青工共有92个,未婚青工来到繁华的大上海工作,为寻觅生活知音提供了较好的客观条件"④,这一方面是出于调整阶段的稳定需要,另一方面也是希望能创造条件解决这部分人的婚恋问题。

第三节 社 会 治 安

70年代后,为了加快小三线的军工生产,大量的中专、技校毕业生来到小三线,从艺徒开始做起,其中不乏一些思想不稳定、对小三线生活不满意、经不起诱惑的人。"三车间甲班工段现有职工104人,青年有56人,占职工总人数

---

① 上海市后方基地管理局办公室:《上海小三线建设中的"左"倾影响——关于上海小三线建设过程及经验教训的调查报告》(未刊稿),1982年1月。
②《未恋青工的喜讯》,《八五通讯》第135期,1983年4月10日,八五钢厂档案,档案号: 83-3卷28号。
③《未恋青工的喜讯》,《八五通讯》第135期,1983年4月10日,八五钢厂档案,档案号: 83-3卷28号。
④《我厂"大龄"在沪情况》,《八五通讯》第177期,1984年6月10日,八五钢厂档案,档案号: 84-3卷31号。

的54%，其中团员有20人。这个工段政治力量比较强，但后进青年也比较多，其中有七年满不了师的老艺徒①，有生活不能节制的浪荡子，也有学校里就出名的捣蛋鬼，公安局几进几出和受到过各种行政处分的'知名人士'就有六名以上，占职工总人数的6%"②。

  80年代，小三线企业开始转产民品，试图"以民养军"，破解生存困局，但由于企业的生产、销售不能适应市场的需要，生产任务不足，空闲时间增多，再加上小三线未来的不确定性导致人心惶惶，使小三线人特别容易受到社会大环境的影响，市场逐利性带来的平衡感缺失，资产阶级自由化等社会思潮也在冲击着小三线，为小三线人的思想稳定带来了挑战。1985年，在小三线思想政治工作会议中，就有人对职工中出现的功利主义倾向进行了批判，"去年（1984年）底，车间实行了经济承包责任制后，有一些职工受社会上错误思想的影响，认为有了承包制，万事不用愁，思想政治工作不灵了，可有可无，一段时间，职工的眼光变得短浅了，出现了'金钱第一'倾向。他们说：远大理想看不见，摸不到，说来说去是空的，大团结（指拾元）才是实的。还有一些职工提出：'为什么少一分钱，就买不到一张车票，为什么少一分钱就打不到一斤油？可见没有钱，寸步难行'。借以论证金钱的万能。正是这种'金钱万能'思想使职工把承包仅仅看成是为了挣钱"③。同期开展的工资调整也使得部分职工出现了心理上的不平衡，"现在奖金高了，有些人反而在奖金分配上斤斤计较；奖金水平比过去提高了一大步，有些职工的工作效率还是提不高，牢骚满腹；有些人不愁吃、不愁穿，钞票'莫老老'，却精神空虚，甚至走上犯罪道路"④。

  思想苦闷，精神世界空虚，外部诱惑增加，给上海小三线带来了一系列的社会治安问题，盗窃、赌博、伤人等违法犯罪活动交织在一起，互为因果，影响

---

  ① 在当时，艺徒一般三年即可满师。
  ②《温暖的大家庭，沸腾的大熔炉》，《八五通讯》第30期，1980年5月10日，八五钢厂档案，档案号：80-3卷29号。
  ③《后方思想政治教育工作会议发言材料之七——让理想在一个个岗位上闪光》，《本厂代表在上级召开会议的汇报发言及各种报刊报道我厂情况》，八五钢厂档案，档案号：85-1卷7号。
  ④《后方思想政治教育工作会议发言材料之七——让理想在一个个岗位上闪光》，《本厂代表在上级召开会议的汇报发言及各种报刊报道我厂情况》，八五钢厂档案，档案号：85-1卷7号。

着小三线社会的稳定。

一、盗窃

因为小三线是以生产军工产品为主,所以各类原材料、零件等金属制品就成为盗窃的主要对象,一些小三线企业的档案资料记录了多起本厂职工"监守自盗"的案件。1976年,协作机械厂工具、劳防用品总库发生了一起盗窃案,"盗窃钢丝钳一把、尖头钳两把、螺丝刀五把……等生产工具"[1],盗窃者是本厂22岁的学徒;1979年协同机械厂同样发生了本厂职工盗窃案,盗窃者多次偷窃厂内物资,"今年5月31日,余某某[2]利用工作之便把机床大修换下的铜质零件(约2公斤),先偷放在自己的提包内,下班时携包带回家时,被车间职工发现,当场查获"[3]。

八五钢厂类似的案件则更多,"最近,侵犯职工财产安全,破坏社会秩序的撬窃歪风又有所发生:去年(1979年)12月连续发生四起撬窃民工棚及个人临时棚屋住宅的案件;今年元月以来,又发生了多起撬窃职工钱财手表案件,使受害者经济上蒙受很大损失"[4],经过上海市公安局和企业保卫科的侦查,"对四车间孙某某、基建科黄某某进行拘留审查。手表失窃案的作案者迫于强大的压力,已偷偷地将手表塞回原处"[5]。"罪犯黄某某、杨某某原系本厂基建科青工,去年4月、5月间,他们两次结伙翻墙进入基建科汽车库内,窃得半新旧的750-16型汽车轮胎两只(价值375.25元)。嗣后,黄犯又两次以同样手段窃得新的同型号轮胎两只(价值625.40元)。与此同时,被告杨某某还伙同严某某(另行处理)共同盗窃和单独盗窃各一次,窃得半新旧同型号轮胎两

---

[1]《协作机械厂关于徐某某问题的处理报告》(1977年3月20日),协作机械厂档案,档案号:77-9。
[2] 文中出现的部分人名因涉及具体案件和人员,故均以"某某"代替,下同。
[3]《协同机械厂关于对余某某问题的处理决定》(1979年12月14日),协同机械厂档案,档案号:79-9。
[4]《加强治安保卫,严厉打击违法犯罪活动》,《八五通讯》第21期,1980年1月25日,八五钢厂档案,档案号:80-3卷27号。
[5]《加强治安保卫,严厉打击违法犯罪活动》,《八五通讯》第21期,1980年1月25日,八五钢厂档案,档案号:80-3卷27号。

只(价值375.25元)。黄犯与杨犯将上述赃物销赃得款475元,黄分得赃款285元,杨分得赃款190元"①,两人最终被判处有期徒刑三年;"自今年5月以来,机动部职工殷某某利用中夜班下班之际,数次将铸造工段的电解铜偷回家,然后由婆婆卖给梅街废品收购站,获得赃款70元。上海市公安局对此给予治安警告处罚,并令其退出全部赃款。车间对其罚款30元,并扣发两个月奖金"②。

协作机械厂还曾发生因为盗窃案引发的极端事件。1979年6月,该厂所在地派出所向该厂反映了一桩当地农民在变卖该厂产品零件铜质药型罩的情况,后经厂保卫科初步查实药型罩是该厂职工从厂里偷盗后"用二元五角、三元一市斤或五角钱一只的价格卖给一些农民,这些农民再转卖给其他农民,并初步查证鲁某某偷窃卖给农民的药型罩有220只,计得赃款135元"③,但鲁却矢口否认,"一个曾替鲁销赃的农民,正在我厂保卫科作揭发交代笔录时,被鲁闯进保卫科倒开水喝撞见,鲁很慌张地回到储藏室,我们怕有意外,就打电话叫警卫同志去看一看,后来发现储藏室门已被锁上,保卫科同志上去叫门,并用钥匙开门,因门被里面台子顶住只开了一条缝,但马上又被鲁用力关上,并保上锁的保险,等保卫科同志破门而入时,看到鲁已站到窗台上,来不及拉住,鲁就跳了下去"④。

一些小三线企业也常常因为内部管理不严而被盗。如:协同机械厂贵重金属镉被盗39公斤,价值800元,管理人员一直未发现,在当地废品收购站通知该厂后,保卫科进行调查时,仓库和车间仍还不承认镉被盗⑤;红旗机械厂搬运工利用领料的机会多领铜料,并将剩下的铜私自藏起来用于盗卖,之所以能多领到铜料,就是因为仓库保管员执行制度不严格。

---

① 《盗窃犯黄某某 杨某某被判有期徒刑》,《八五通讯》第149期,1983年8月30日,八五钢厂档案,档案号:83-3卷31号。
② 《殷某某偷铜受处罚》,《八五通讯》第11期,1984年6月10日,八五钢厂档案,档案号:84-3卷31号。
③ 《中共协作机械厂委员会关于要求市公安局派员来我厂处理自杀案件的报告》(1979年9月5日),协作机械厂档案,档案号:79-1。
④ 《中共协作机械厂委员会关于要求市公安局派员来我厂处理自杀案件的报告》(1979年9月5日),协作机械厂档案,档案号:79-1。
⑤ 《上海后方机电工业公司保卫科关于今年一至七月份保卫工作情况和当前工作意见的报告》(1980年8月26日),协作机械厂档案,档案号:80-8。

对于盗窃公私财物的职工,多数都是由小三线企业的保卫科根据厂纪厂规定处理,按照盗窃财物的多少,或批评教育,或被给予警告、留厂察看处分,当然也会有个别数额较大而被收容审查。但这些做法仍难以减少盗窃案的发生,盗窃仍是后方发案率最高的社会治安问题,"大家认为,上半年治安上的突出问题,一是盗窃案件发案率很高,占发案总数的90%以上,损失价值11 150余元,据了解,当前盗窃电视机、录音机、电风扇等高档品的案件日趋增多;二是破案率不高,上半年的破案率只有38.7%,与公安部规定的一般案件破案率达到80%的要求差距很大"①。随着后方小三线调整交接工作的开展,盗窃案件也逐年增加,1985年协同机械厂全年共发生盗窃案件5起,比1984年上升40%,在治安案件中盗窃公私财物仍占了很大的比例。

二、赌博

与盗窃相比,小三线另一个社会影响较大的治安问题就是赌博,一些职工出现了以旷工、病假、调休等名义参赌的不良风气,影响了企业的正常生产秩序,也影响着职工家庭的稳定性,部分小三线企业出现了"某些车间和家属区,职工们的赌博已成风"的状况。

单身职工宿舍、家属区成为赌博活动的主要地点,参赌的人往往达几十人之多,赌资从日常生活用品到现金,从香烟、代价券到几元、近千元都有。培新汽车修配厂就出现了赌博成瘾的职工,"早在1972年间,就先后参加赌博二十多次,赢进现金十多元和饭菜票、袜子等物;1972年3月至1975年间经常通宵达旦聚众赌博;1977年5月至11月又为首聚赌,被教唆、拉拢参与的人数达几十人,赌注高达160元,还和借民房聚赌,郑获利现金120元左右"②。前进机械厂多次召开党委扩大会议,分析研究厂内赌博问题,以1975年1月10日的两委扩大会议为例,专门针对该厂二车间发现的集体赌博事件呈现的特点做了通

---

①《上海市后方基地管理局保卫处关于整顿后方治安工作的汇报》(1980年8月12日),协作机械厂档案,档案号:80-8。
②《培新汽车修配厂革命委员会关于郑某某处理的请示报告》(1978年12月29日),培新汽车修配厂档案,卷宗:1978年1月至12月上海培新汽车厂有关治安工作、职工处理和去港请示、批复、决定。

报:"(赌博集团)从1972年就开始,断断续续直到1974年国庆节后发展到严重,从1972年直到1975年1月5日。人数多:车间有16人,重点9个人经常赌;分布面广:涉及车间8个班组,有的班组二分之一以上;地点:在上海、轮船上、车间、家属宿舍、单人宿舍;输赢大:一次最多的输赢达60~70元,一二十元是经常的;情节恶劣:有的是业余时间,上班时间请病假,有的通宵达旦,有时一个宿舍分两桌;后果严重:上班无精打采,工作没劲,有的卖衣服,有的借钱,有团员,有递交入党报告的,有的搞成家庭不和,有的也想不赌,但陷入泥坑不能自拔。特别是有些刚进厂的小艺徒也卷进去了。"①从中足见赌博成风。在八五钢厂,"1982年12月份到今年1月中旬,厂内又发现五个车间(部门)十多人参与的聚众赌博事件,已造成了极为恶劣的影响。这次发现的聚赌事件,在厂内有两摊,二车间集体宿舍307室和运输部集体宿舍101室;赌资,仅台面上已达数百元;其特点是牵涉面广、参与的人员多、赌资大、伴有恶性苗子、影响极坏。赌博时常常通宵达旦,有人调休、请病假参赌。参赌者大多数为屡犯,少数为新者。总之,这次发现的赌博事件是自去年5月我厂打击赌博活动以来又一次大的赌博案"②。参与赌博的人群参差不齐且以青工为主,"参加者多数是中、青年职工,也有老工人和在校学生,甚至还有个别党员干部"③。从赌博类型上看,方式多样,有麻将、纸牌、花会。赌资有赌香烟的,也有赌代价券和人民币的。④

因为赌博导致的盗窃、抢劫事件也有发生。1979年11月,八五钢厂技工部三个青工因为赌博输了钱,就起了盗窃抢劫的心思,"晚上8时许,他们盗去了该县林业局解放牌汽车一辆,企图驶车途中作案(李某某、张某某还身带匕首和刮刀)。当汽车开到青阳县石岭处,发现前方有灯光,做贼心虚,疑是前方有车拦截,即弃车潜逃"⑤。还有因为赌博导致家庭破裂的,"7月4日早晨,二车

---

① 《厂部举会议记录》(1975年1月10日),前进机械厂档案,档案号:1974-1-3。
② 《赌博抬头,必须制止》,《八五通讯》第128期,1983年1月31日,八五钢厂档案,档案号:83-3卷26号。
③ 《我厂发布关于严禁赌博的通告》,《八五团讯》第20期,总第260期,1982年4月20日,八五钢厂档案,档案号:82-8卷77号。
④ 《赌博的同志该清醒了!》,《八五团讯》第2期,总第353期,1984年1月14日,八五钢厂档案,档案号:84-8卷48号。
⑤ 《扰乱社会治安受到法律制裁》,《八五通讯》第35期,1980年7月1日,八五钢厂档案,档案号:80-3卷30号。

间女青工应某某从单身宿舍南大楼三楼坠楼致重伤的消息迅速传遍了全厂。应某某今年5月刚从外地调进厂,她发现自己丈夫经常深更半夜回家,口袋里的钞票时多时少,便马上意识到丈夫在参与赌博,她规劝丈夫不要再赌了,赌博成瘾的他听不进妻子的劝告,他依旧在赌,……但一回到家里就对妻子大施淫威,大打出手,迫使应某某出走,她深夜12时回到宿舍,沈竟还不肯罢休,继续辱骂胡闹,第二天早晨当应某某还在熟睡之际,他又恶作剧地将她摇醒,逼使应某某坠楼致重伤"①。赌博也影响着职工间的关系,进而影响了企业的正常生产,"赌场上,有时往往为了一张牌争得面红耳赤,甚至输掉手表就扬言要动刀子杀人;有些人在赌博时宣扬'赌场无父子',为了一点点赌资大打出手。甚至有些赌博成员为了抬来'运气'、驱掉'晦气'而'烧纸头''过桥头',大搞迷信活动"②。一些参赌人员为了打牌忘掉了上班,有的即使是工间休息也要出去过赌瘾,有的则干脆用旷工、请病假的方式出去赌博,不参与车间生产。

三、人身伤害

由于婚恋问题、赌博问题等引起的人身伤害案件也在小三线时有发生,单单因为个人婚恋问题导致的杀人、伤人案就有十余起。在后方基地的统计中,1973年上半年先后发生侮辱、强奸妇女、摧残幼女甚至谋害、杀人案件六起③,1980年上半年,"共发生刑事案件80起,……上半年破案31起,共拘捕了19名犯罪分子,报送了12名大法不犯、小法不断的'尖子'进行劳教(强劳),对31名违法犯罪分子予以行政拘留(收容)"④。除此之外,因为生活困境和心理压力而引发的激情犯罪也有发生,在八五钢厂就曾发生一起伤人至死的案件:

  4月16日晚上近10点钟,厂里宣传法制和厂规的宣传车才开走两个

---

① 《惨痛的教训》,《八五团讯》第32期,总第339期,1983年8月26日,八五钢厂档案,档案号:83-8卷52号。
② 《彻底粉碎资产阶级对工人队伍的腐蚀——关于三车间赌博情况的调查》(1974年4月15日),八五钢厂档案,档案号:74-1-2。
③ 《中共上海后方基地委员会通报》(1973年8月13日),协作机械厂档案,档案号:73-6。
④ 《上海市后方基地管理局保卫处关于整顿后方治安工作的汇报》(1980年8月12日),协作机械厂档案,档案号:80-8。

小时,在一车间通往长江医院的公路上又出现了一辆救护车打着警铃急驰而去,车上躺着奄奄一息的我厂青工史某某,只见他浑身上下浸泡在担架上的血泊里,车子刚到医院就断了气,经法医检验尸体,受害者身上有六处伤口,心、肺、肝都被捅破,尤其是左心房的一刀成为致命伤。是谁杀害了他?是平时与他有宿怨吗?不!杀人凶手瞿某某也是一名青工,他平时与史某某并无任何怨仇,还是酒席宴上的一名知己呢!

厂里进展繁忙的生产任务,日益深入的法制文明礼貌活动,并没有吸引史某某等十名烟酒的崇拜者,他们被美酒佳肴深深吸引住了,发生血案的这一天,他们已是连续第三天摆"酒"了。

……

据瞿某某事后供称,史某某首先打了他一拳,瞿某某更感到吃大亏了,于是他就随手从裤袋里掏出一把普通的弹簧水果刀,向史某某猛刺数刀。当史某某捂着伤口逃跑时,瞿某某又紧追不放,直到追上即将倒地的史某某,再猛扑上去补上两刀方才罢休。

当对方倒在血泊中后,瞿某某还毫不在乎地扬长而去,他向周围的小兄弟表白:"今朝是他先惹人,我只不过教训教训伊。"

瞿某某犯了刑律,立即被上海市公安局逮捕了,他杀了人,理所当然地要偿命。可是,他在受审时却还糊里糊涂地说:"你们什么时候放我出去呀?"可见,在他的头脑中法制观念淡薄到何等地步! ①

一车间青工严某某在瞿某某持刀行凶后竟利令智昏地企图再一次造成血案,他说:"你动刀子要进班房的,我陪你一道进去。"这是多么荒唐、野蛮的逻辑! ②

在调整交接阶段,部分企业管理不严、防范放松,保卫和治安力量不足,"个别职工讲'闲得发慌''混日子',扬言要'强刺激'。企业内部偷盗公物、顺手牵羊、聚众赌博、无事生非的不良风气有所抬头。三季度后方共发生刑事

---

① 史志定:《酒友变凶手》,《八五团讯》第25期,总第265期,1982年5月11日,八五钢厂档案,档案号:82-8卷77号。
② 左伯:《四一六凶杀案说明了什么?》,《八五团讯》第25期,总第265期,1982年5月11日,八五钢厂档案,档案号:82-8卷77号。

案件27起、治安案件38起,比去年同期分别上升50%和192%"①。

四、应对措施

面对违法犯罪行为,小三线建立了相应的机构负责打击惩处。后方基地设有保卫处,各个企业设有保卫科,要求按照千分之四的比例配备保卫干部,主要承担小三线企业内部的安全保卫工作,经常了解社会上的治安情况,主动与地方公安保卫部门联系,交流情况。1976年,经安徽省委和上海市委批准,上海小三线又成立了皖南基地公安处,加强对违法犯罪活动的打击。单在后方机电公司保卫科,"(1980年)1至7月份,公司系统共发生刑事案件37起,破获了19起,破案率为50%,比去年同期提高17%,另外,火炬、协作、跃进、胜利、联合等厂保卫部门在厂党委的领导下,还破获了37起积案,为了整顿好内部治安秩序,狠狠打击犯罪活动,到7月底止,我们公司共打击处理了16人,其中:判刑2人,劳教3人,强劳4人,行政拘留7人"②。

针对盗窃、赌博歪风煞而不止等影响社会治安的行为,小三线企业普遍开展了法制宣传教育,尤其重视对于青工法制观念的宣传教育。新光金属厂"利用广播、黑板报、法制宣传栏等形式,选择法律知识,结合企业的治安情况及时宣传教育,1984年共张贴法制宣传栏45篇,黑板报11篇,广播稿5篇"③。而通报批评、停职停薪、调整住宿人员、举办帮教学习班等等,都是宣传教育的手段。各企业的团组织则通过团刊、厂报等刊物,加大对赌博危害性的宣传,《劝君莫打麻将牌》《赌博十害》《劝君莫赌博》等车间工人撰写的文稿以不同的表达方式说明了赌博的危害。以下是八五钢厂的厂刊《八五通讯》上刊登的一篇由工人自创的劝赌词,希望借助强有力的宣传和思想教育工作,刹住赌博之风。

---

① 《认清形势,统一思想,同心同德,锐意进取,努力完成小三线调整交接的历史任务——上海后方基地管理局党委书记王昌法同志关于小三线调整形势的讲话》(1985年12月2日),《关于前方调整的文件及资料》,前进机械厂档案,档案号:86-1-8号。
② "上海后方机电工业公司保卫科关于今年一至七月份保卫工作情况和当前工作意见的报告",1980年8月26日。协作机械厂档案,档案号:80-8。
③ 《新光金属厂保卫科一九八四年工作总结》(1984年12月27日),新光金属厂档案,档案号:2-246。

一劝诸君莫赌博,赌博场上是非多。宜将醒眼看醉人,哪个赌棍好结果?

二劝诸君莫赌博,伤风败俗人厌恶。东拉西骗惹人怒,谁不背后指脑壳。

三劝诸君莫赌博,赌博上身难解脱。输钱本从赢钱起,赢得少来输得多。

四劝诸君莫赌博,害儿害女害老婆。工作生活无心顾,柴米油盐无着落。

五劝诸君莫赌博,伤心劳神受折磨。一心想发混来财,吃不香来睡不着。

六劝诸君莫赌博,身陷赌场家心破。输钱好似水推沙,债台高筑实难过。

七劝诸君莫赌博,妻恼子怒家不和。离婚争吵因此起,一家骨肉动干戈。

八劝诸君莫赌博,法网恢恢难躲过。坐牢罚款不鲜见,人财两空食苦果。

九劝诸君莫赌博,赌债逼人生邪念。偷盗扒骗走败路,打架斗殴起灾祸。

十劝诸君莫赌博,恶俗陋习害处多。浪子回头金不换,遵纪守法是正果。①

结合1983年开始的全国范围的严打,协同机械厂在全厂开展了反盗窃斗争,"宣传科、厂工会等部门,利用一切有利时机开展宣传教育,全厂动员,层层发动,打防并举,造成一定的声势,以震慑盗窃犯罪分子,同时对广大职工进行一次普遍的遵纪守法教育,使开展反盗窃斗争做到家喻户晓,人人皆知,群众自觉地起来揭议盗窃犯罪活动的线索,有关部门要掌握重点,深入调查,把反盗窃斗争引向深入,取得较好的效果"②。而在八五钢厂,则用案例来教育青

---

① 《劝君莫赌博》,《八五通讯》第177期,1984年6月10日。八五钢厂档案,档案号:84-3卷31号。

② 《上海协同机械厂关于开展反盗窃斗争的意见》(1986年2月6日),协同机械厂档案,档案号:86-1-1。

工,"有一些青年没有触到痛疾,总认为法律这两字与他无关,挂不上号。所以,一遇到吃亏事,就想寻机报复……造成这些现象的根本原因,就是这些青年没有一个法令、法律的概念。有这样一位青年,当公安局用手铐把他带走时说:我犯了什么罪啊?还有一位,当他杀了人被逮捕法办时说:我以后不再杀人了。这是典型的法盲!这两事例同样也告诉我们,没有'伤疤'的青年要防止'伤疤'出现,有'伤疤'的青年要时常有痛觉,防止恶化,做好这些,首先就必须学点法律知识,牢记法制两字,并用以约束自己的行动"①。通过集中的宣传教育,在八五钢厂,"青年中钻研技术、学习文化、遵纪守法、文明道德的风气浓厚了,好人好事不断涌现。上半年度厂级先进36人中有18人是青工,占50%以上,歪风邪气受到了压制"②。

另一方面,有针对性地开展对"后进青年"的帮教和转化。后方基地管理局保卫处曾经要求各小三线厂保卫科要重点落实帮教对象,落实帮教措施,"凡从1979年1月1日以来有违法犯罪行为的青工、艺徒、学生都要列为帮教对象。……要会同有关部门逐个建立好帮教小组。保卫科要每半年对帮教工作进行一次检查、评审,认真总结经验和教训。劳教人员释放回厂后,保卫部门要找他谈话,落实帮教措施,半年后进行一次评审,表现好的,不再列为帮教对象"③。八五钢厂则利用"后进青年"成功转化的典型案例,现身说法,组织召开"后进青年"转化大会,以集体介绍经验、个人谈转化感受等形式对青工进行教育引导。1980年4月,八五钢厂召开了全厂后进青年转化工作现场会,介绍了三车间采取的"感情上亲近,思想上帮助,生活上关心,生产上发挥作用"的后进青年转化工作经验和做法,希望全厂的团员、青年"学习厂规、执行厂规,认真检查厂青年道德准则的执行情况,发扬正气,争当遵纪守法的模范"④。借用"后进青年"的转化故事教育青年职工遵纪守法,其用意和目的也

---

① 《青年要增强法制观念》,《八五团讯》第38期,总第345期,1983年10月22日,八五钢厂档案,档案号:83-8卷53号。
② 《上级与本厂关于团的工作、歌咏比赛、婚姻工作、旅游活动的通知及表彰、转化大会的材料》,八五钢厂档案,档案号:80-8卷63号。
③ 《上海市后方基地管理局保卫处关于整顿后方治安工作的汇报》(1980年8月12日),协作机械厂档案,档案号:80-8。
④ 《我厂团委召开后进青年转化工作现场会》,《八五通讯》第29期,1980年4月30日。八五钢厂档案,档案号:80-3卷28号。

是非常明显的,"一度失足的青年都应该从他们身上汲取力量,真正向'昨天告别',开创一条崭新的生活之路"①。以下便是一个"后进青年"的转化书:

> 过去,我是个后进青年,走过许多坎坷不平的道路。从懂事的那天起我就认为:打砸抢是"英雄"所干,天天东逛西游照样有吃、有穿、有用。我狂热地追求这一切,开始走上了犯罪的道路。在上海时,我就因偷窃、赌博,多次受到学校、里弄、公安局的帮助教育。进入八五厂后,我没有变好,经常无故旷工,和一些沾染流飞习气的人混在一起吃喝玩乐,穿着奇装怪服,梳着女人的"长波浪",不以为耻,反以为荣。后来,又和那些不三不四的人进行了赌博,受到了留厂察看一年的行政处分。

> 粉碎了"四人帮",党给我们青年一代送来了春风。团支部组织我们批判"四人帮"毒害青年的罪行,车间领导、班支部、广大老师傅热情帮助我,使我痛悔过去的一切。我开始感到过去的一切与社会格格不入,对不起党和人民对我的期望,我要痛改前非重新做人。

> 从此以后,我开始谢绝一些不三不四的好友,上班不迟到、不早退,坚守工作岗位,啥地方有事故就到啥地方抢着干,不怕苦不怕热,抓紧时间多做工作,补回过去的过错。党、团组织和师傅们是我最好的良师,他们看到我有一些进步,就鼓励我鞭策我,在我前进的道路上指出了光明。我这个当了整整七年的艺徒,终于在79年年底刚要进入第八个年头的时候转了正。②

进入80年代,小三线企业在经营上面临着生产任务不足,"军转民"成本高,停工、半停工状态工厂占多数的困境,加之不断暴露的各种社会问题,"企业办社会"面临的压力越来越大,后方基地的社会治安压力也不断加大,小三线企业职工出现了"离家上班心在跳,担心家里被偷盗;下班途中心在跳,担心路上遇强盗;人在企业心在跳,担心孩子轧坏道"③的社会心理。后方基地

---

① 《坚持做好后进青年转化工作》,《八五通讯》第164期,1984年1月30日,八五钢厂档案,档案号:84-3卷27号。
② 《做一个有用于社会的好青年》,《八五通讯》第29期,1980年4月30日,八五钢厂档案,档案号:80-3卷28号。
③ 《在"继续严厉打击刑事犯罪活动"动员大会上的讲话》(1983年11月16日),八五钢厂档案,档案号:83-1-10。

管理局作为小三线的管理机构,一直和上海保持积极协调沟通,希望依靠上海的力量解决小三线的各种问题。从1981年开始,后方基地管理局先后多次向上海市委、市政府和五机部呈送关于小三线职工生活困难的书面报告,也曾多次利用各种场合向上海市委有关负责人口头汇报小三线情况。1982年6月20日,共青团后方基地管理局委员会曾就8 000余名男青年婚恋方面存在的突出问题写了专题调查报告,并建议从实际出发,放宽政策,切实帮助解决小三线青年切身利益问题。1983年4月,后方基地管理局工会对上海小三线职工生活存在的问题进行了专题调查,并向有关部门分别作了书面汇报。1979年、1980年、1983年,上海市委、市政府先后出台多项措施,帮助小三线解决职工面临的生活困难,如:《关于解决后方基地职工生活若干问题会议纪要》使小三线职工中一部分子女的户口问题分期分批得到了解决;《关于解决上海在皖南小三线部分未婚青年职工的婚姻问题的意见》,放宽了有关政策,推动解决小三线青年婚姻问题;《关于本市小三线职工生活方面若干问题的处理意见》《关于本市小三线职工子女教育和医疗卫生工作若干问题的处理意见》,先后解决了小三线从农村招收女青年的户口问题、夫妻两地分居问题;对于小三线的教育、医疗卫生问题,责成市教育局和卫生局等部门协助后方基地管理局搞好对口、就近挂钩就学和就诊的规划,提高小三线中、小学教育质量,方便职工就医。

面对国民经济大调整和改革开放推进过程中的市场经济,"企业办社会"遇到了一系列的困难,企业承担过多社会职能的弊端日渐显现,本就在生产上缺乏竞争力的小三线企业一方面面临企业艰难转型,同时又面临各种社会问题亟待解决,为小三线寻找出路已经迫在眉睫。

第六章 互动与碰撞

互动与碰撞,是对来自上海的小三线人与皖南、浙西当地人之间关系的一种描述。虽然上海小三线社会相对比较独立,但也不可能是"世外桃源",前文提及在小三线人的日常生活物资供应中,就已经或多或少与当地人发生了联系。而除此之外,小三线与当地还有更多更深层次的交流,交流过程中有互利合作,也有矛盾重重,客观上却在互动与碰撞中对当地的基础设施建设、社会经济、文化生活等方面产生了深远的影响。

首先从地理环境上看,"七山一水一分田,一分道路加田园"是对皖南和浙西地理环境的生动描述,地瘠民贫,山多地少,地势高峻复杂,山高林密,生存环境较为恶劣。从当年上海小三线在皖南选点前的地形考察工作和皖南各地的县志中我们可以大致看出皖南的自然和地理环境:

"黎阳镇①地势较低,解放以来发过洪水五次,上岸约1.5尺,半天至一天水即退,发水时间是在梅雨季节或7～8月份间","黟县离公路干线较远,出入不方便,面积较小,四面环山,当中一块盆地"②;绩溪县"基本特点是山地多,平地少;林地多,耕地少;差地多,好地少;分布不均。长期以来,对土地资源的开发、利用不尽合理,局部土地地力衰退、沙化"③。

在自然生态环境影响下,皖南的工农业发展也受到牵连。以祁门县为例,在当时的选点考察人员看来,"全县面积约2 200平方公里,总人口11万人。全县分6个区,有25个公社,耕地面积13.4万亩(其中水田11.7万亩,旱地1.7万

---

① 黎阳镇系屯溪管辖镇。
②《浙西、皖南情况简介》《浙西、皖南、赣东北地区简要情况》(1965年),上海市档案馆,档案号:B103-3-586-17、B103-3-586-43。
③《绩溪县志》,黄山书社1998年版,第109页。

亩),平均每人耕地面积1.2亩。1964年粮食总产量为5 400万斤,平均亩产400斤,平均口粮420斤。主要经济收入为茶叶、木材,粮食不能自给,1964年国家调进粮食约800万斤"①。

在交通条件上,该县的交通除一条由屯溪通往江西景德镇的主公路横贯县境外,县内支路不多,只有至历口、赤峰口30多公里和至闪里3公里两条支路。县内工厂和县城照明用电全靠柴油发电,功率都很小。在绩溪县,全县21个公社,只有7个公社通车,病害有血吸虫病、血丝虫病、恶性疟疾,在病害中以血吸虫病为严重,"一般地区50%、重点区80%的人染病,流行区以沿公路的临汐、华阳、阳汐、高村、旺川、云州等公社"②。

再从经济基础来看,皖南当地农作物基本靠茶叶、芝麻等土特产,粮食也仅在基本能自给的边缘,偶有需要国家调拨粮食解决基本生活问题。祁门县"主要经济收入为茶叶(年产约19 000担)、木材(年产约7万立方米)和粮食";黟县"主要经济收入为粮食、木材(年2 100立方米)、茶叶(3 800万担)、毛竹(年8万支)、麻(年12万斤)";而绩溪除了粮食和茶叶外,还产蚕茧,年产大约22万斤。主产农作物也决定了皖南的工业基础是极为薄弱的,即便有工业企业,也是建立在农作物产品基础上的茶厂等轻工业。1965年,祁门县有个309人规模的茶厂和548人的瓷厂,14人的柴油发电厂,23人的农机修配厂③。绩溪县因为产蚕茧还设立了一个丝厂。

与工农业基础薄弱相关联,皖南的交通条件也极为不便,无论是水路还是公路,这一点在勘察选点的人看来,是尤其需要改善的。"东至县位处安庆市之南,东至县的长江边有一轮船码头(东流),水深约5公尺,该码头最大时停过800吨货船,再大的未停靠过,一般两至三千吨,拖驳停靠无问题。该码头较简易,如要利用,尚需扩建。该县公路沿长江只能通到大渡口,与贵池的牛头山不能通汽车,向南与江西景德镇当中隔一段也不能通车,因此,该县除水路外,公路与邻县都不通车,军区计划从该县的葛公镇经贵池珂田,修通与祁门闪里

---

① 《浙西、皖南情况简介》(1965年),上海市档案馆,档案号: B103-3-586-17。
② 《浙西、皖南、赣东北地区简要情况》(1965年),上海市档案馆,档案号: B103-3-586-43。
③ 《浙西、皖南、赣东北地区简要情况》(1965年),上海市档案馆,档案号: B103-3-586-43。

连接的公路,如此条公路修通,利用东流水路,到祁门的运输路更近"①。黟县更是因为四面环山,从外面进入该县需要穿越山洞,因而只有一条13公里的公路通向外界,县内交通也很少,公路仅有10公里。在所有皖南县市中,仅有宁国县交通相对而言较为便利,南通屯溪,东南通向浙江临安,东北有通广德、北通宣城、芜湖的主公路,全县有21个公社通汽车,这也成为小三线调整接收后宁国能够较为合理利用小三线企业的客观原因之一。

第一节 相互支援

上海小三线远离上海,建设在皖南及浙西,又"靠山、隐蔽、分散"。在小三线基本建设阶段,任务重,时间紧,当地各级政府以及民众为小三线基建工程的顺利完成提供了大力支持并作出了牺牲,而上海小三线则为了加强工农联盟,密切工农联系,积极为皖南、浙西当地提供工业、农业上的帮扶,推动当地的农业生产和经济社会发展。

一、当地对小三线建设的援建

从小三线选点和建设工作开始,皖南各地就从干部配备层面给予小三线大力支持。徽州、池州两个专区都有领导参加"二二九"工程指挥部(后"八一二"工程指挥部)和"五〇七"工程指挥部的领导工作。"小三线建设涉及的县,县委都指定一位县的领导和部门领导分工负责支援小三线建设工作;工区所在地县,都有一名县级领导参加工区领导小组工作;施工现场所在地都有数位公社、大队的负责同志参加施工现场建设领导小组。专区、县以及公社、大队都有干部参加上海小三线各级基建组织的领导工作,具体而迅速地帮助解决了基本建设中人力、物资、交通、用地等方面的困难,为小三线基建任

---

① 《浙西、皖南、赣东北地区简要情况》(1965年),上海市档案馆,档案号:B103-3-586-43。

务的胜利完成提供了良好的社会条件"①。

小三线基建工作所需要的大量劳动力,基本上都是由皖南和浙西当地提供的。据统计,从开始筹建到1968年底,已有约2 000余名当地农民参与了小三线企业的基建工作。后来,随着基建任务的不断增加,"在抢建507工程中,贵池、东至、青阳、石台等县六个民兵团和副业队有1.5万人参加基建工作。安徽政府支持解决了砖2 617万块、瓦581万块以及沙、石、木料、毛竹、煤、石油等问题"②。"小三线厂区的建设是保密的,厂外的道路、供电线路则都是我们一起参加的。我们在厂区外围负责炸山、平地、修水沟、修马路,架高压线等。……我到现在还记得一条小三线公路,长达3 700米,从南门到507码头,25万元就造好了,是砂石结构。这其中还包括农民的征地、动迁、青苗补偿,勘察设计施工以及材料"③。另据资料记载,1970年9月,贵池县下发文件,要求"全县抽调4 270名民兵,共同负担'五○七'工程中四厂、一库、一院、两局的道路开辟、场地平整,并配合上海工人建筑安装、架设高压线、埋设电缆等项工程"④。位于浙西临安的协作机械厂1966年开始选点建设就得到了当地的援建,"广大贫下中农急毛主席所急、想毛主席所想,为共同加速三线建设出大力、流大汗,不分昼夜战斗在工地上。当时,筹建人员人地两生,走在哪里,吃在哪里,睡在哪里,一举一动离不开贫下中农。为了开辟厂区的公路,牺牲了2名贫下中农"⑤。还有一些县根据公社大小、就近方便的原则,从各公社抽调民兵支援,仅据协同、协作、联合三厂统计,当地农民在小三线基建工程中死亡的就有11人之多。

在小三线企业陆续投产后,职工宿舍、食堂、招待所等辅助设施建设也离

---

① 上海市后方基地管理局党史编写组:《上海小三线党史》(未刊稿),1988年4月,第20页。
② 上海市后方基地管理局党史编写组:《上海小三线党史》(未刊稿),1988年4月,第50页。
③ 《一位上海籍安徽县长经历的上海小三线建设——安徽省贵池县原县长顾国籍访谈录》,徐有威主编《口述上海:小三线建设》,上海教育出版社2013年版,第193页。
④ 余顺生、武昌和:《安徽贵池在小三线企事业单位建设生产经营中的作用与贡献》,徐有威、陈东林主编《小三线建设研究论丛(第四辑)》,上海大学出版社2018年版,第251页。
⑤ 《中共协作机械厂委员会、协作机械厂革命委员会关于加强工农关系工作的情况报告》(1970年8月28日),协作机械厂档案,档案号:70-2。

不开当地的劳动力,"数年来,我厂的基建任务,在贵县各级领导的关怀和支持下,都能完成。今年,我厂基建任务仍较重,目前,正在施工的五层楼宿舍、招待所的辅助工和回填土、水厂设施等工程的土石方量都较大,为了能按时完成基建任务,特向你局申请民工30名,请大力支持,给予批准"①。这是培新汽车厂向歙县劳动局申请民工支援小三线企业建设的报告,类似的还有很多,协作机械厂在1975年曾向临安县申请30名民工参与失火工房的重建,时间为两个月,日工资1.3元,"实际上,没有地方的支援,我们厂不可能在三线长期战斗下去"②。

要建厂就要有地,征地是小三线建设中不可避免的,有时还需要征用部分耕地。对于如何处理小三线在征地上与当地农村的关系,是全国性的三线建设都会面临的问题。1965年7月,交通部下发通知,要求"在公路选线和汽车修理厂选定地址时,必须认真贯彻'不占高产田,少占可耕地,不迁居民,便利居民'的原则,在处理排水和废弃土方时,也应尽可能少占可耕田地"③。1966年9月,《中共上海市委关于后方建设搬迁工作中若干问题的批复》中提出了在搬迁过程中要注意厂社结合、加强工农联盟的要求,"在后方建设中,各工厂(所)可利用农闲与业余时间举办一些文化、技术综合训练学校吸收贫下中农参加"④。

为更好地处理与当地的关系,上海小三线还专门设立了地区组,负责处理与地方关系中出现的各种问题,皖南三个专区及各县也都有相应的机构与小三线对接,皖南和浙西山区都属于人多地少的地区,征地中出现的各种问题或分歧就通过双方协商来解决。如小三线"五○七"工程指挥部一成立,

---

①《上海培新汽车修配厂革委会关于申请招用民工三十名的报告》(1978年2月27日),培新汽车修配厂档案,卷宗:1978年1月至12月上海培新汽车厂有关基本建设工作的文件。
②《上海培新汽车修配厂关于支援地方"七一"牌汽车的请示报告》(1978年3月16日),培新汽车修配厂档案,卷宗:1978年3月至12月上海培新汽车厂有关安全驾驶、接送子女的规定。
③《中华人民共和国交通部关于小三线交通建设工作的几点意见的通知》(1965年7月30日),上海市档案馆,档案号:B257-1-4330-30。
④《中共上海市委关于后方建设搬迁工作中若干问题的批复》(1966年7月22日),上海市档案馆,档案号:A38-1-351-82。

贵池县就成立了"小三线建设办公室",小三线建厂、修路需要征用土地,就通过这个办公室协调解决①。小三线大面积征地工作集中在选点建厂时期,如:培新汽车修配厂1966年在基本建设中征用了当地岩寺公社的一部分土地,特别是下街大队土地征得最多,这个大队1968年前有耕地1 010.3亩,1969年被征用土地85.6亩,尚有土地924.7亩,减少了8.4%②。截至1969年,协作机械厂建设先后占用土地187.84亩,其中太平公社172.57亩、岛石公社15.25亩③;而1974年单是岛石公社下属的仁里大队,就已经被协作机械厂先后征用耕地、蔬菜地共计168.03亩,"大队现有人口808人,原有耕地574.72亩,平均每人耕地0.71亩,几年来征用130.31亩,蔬菜地37.72亩,还有耕地406.69亩,平均每人耕地0.50亩。第四生产队31人,原有耕地28.2亩,已征用水田10亩,这次扩建又需征用水田6.3亩,只剩水田5.9亩"④。随着工厂的投产,大量职工进入后方,生活设施建设也需要通过征地来建造。1974年8月,协作机械厂分别与岛石公社的仁里大队、大坦大队就扩建厂房和职工宿舍征地达成协议:"征用仁里大队耕地5处计13.826亩……双方协商同意:仁里大队天子墓水田3.055亩、旱地0.425亩,胜水岩脚水田6.300亩,大元内旱地1.544亩,地后旁水田0.520亩,中坞口旱地0.531亩……由协作厂征用建厂使用"⑤。到1979年,根据协作机械厂统计丈量,"建厂十余年来,得到当地政府和社队的不少支持,并征用了一定数量的田地,其中仁里大队139.867亩,新川大队2.885亩,南洋大队3.610亩,大坦大队36.921亩,直川大队9.974亩,北坞大队0.795亩,岛石大队1.307亩,杨川大队4.570亩,下塔大队8.680亩,塘家大队0.300亩,桐坞大队0.410亩⑥。另据安徽方面不完全统计数据,"1969年至1973年,

---

① 余顺生、武昌和:《安徽贵池在小三线企事业单位建设生产经营中的作用与贡献》,徐有威、陈东林主编《小三线建设研究论丛(第四辑)》,上海大学出版社2018年版,第250页。
②《八一二指挥部关于培新汽车修配厂支援农业调查情况简报》(1972年4月25日),协作机械厂档案,档案号:72-8。
③《协作机械厂革命委员会关于国家建设征用土地数字的报告》(1969年12月21日),协作机械厂档案,档案号:69-2。
④《国营协作机械厂与岛石公社仁里大队关于工厂补偿大队水利建设资金的协议书》(1974年8月13日),协作机械厂档案,档案号:74-6。
⑤《国营协作机械厂与岛石公社仁里大队关于建厂需要土地征用和厂方给予经费补偿问题的协议书》(1974年8月13日),协作机械厂档案,档案号:74-6。
⑥《国营协作机械厂证明书》(1979年11月22日),协作机械厂档案,档案号:79-7。

经省地市批准基本建设征用土地约13.7万多亩。这些土地的征用绝大多数是国家建设所必需的"①。

小三线征地基本是通过协商补偿的方式进行的,或与当地县乡村签订征地协议,或以口头协议的方式协商补偿条款。1971年,培新汽车修配厂为修建一条公路向岩寺下街大队征地一亩九分七厘,"青苗赔偿费为期三年,每亩年产粮食1 200市斤,油料200市斤,按国家收购牌价结算,每亩赔偿170元"②。1981年,协作机械厂为了建技校,征用临安直川第三生产队土地,折合"青苗赔偿小麦和水稻计人民币126.53元,从1982年至1984年共三年,今作一次付清计赔偿费379.53元,从1985年以后亦作一次付给第三生产队面积计四分,每亩按2 000元计算付赔偿费计800元整"③。部分小三线企业在与当地协商征地补偿时,采用的是改地还田,不作土地征收协议,以水利灌溉工程款或其他形式予以补偿,如协作机械厂1974年征用当地0.9亩土地用于扩建职工宿舍,就是以帮助当地解决水利灌溉及饮水问题(因工厂上游污染,对下游人畜安全有害)的名义,达成补偿协议,"帮助第九生产队武装抽水机1座、四进三出水泵1台150元,水管50~60公尺计400元,机房接通电源,……以利乙方造田迁田。甲方帮助……建造农民用水井五眼,每眼井甲方同意补偿250个人工,每个人工为1.30元,另外无偿支援水泥每眼井10包,由乙方自己兴建以解决贫下中农饮水问题"④。

随着征用土地的范围不断扩大,导致被征地地区耕地逐年减少,基本建设用地与农业生产用地矛盾日渐突出,多余劳力无出路,口粮、燃料不能自给。与此同时,征地过程中还出现了一些地方和单位不按国家规定办理征用土地的报批手续,或者搞两种协议,上报一种,对内又是一种,擅自占用和浪费土地现象严重。一些地方对安置补偿要求过高,"用地单位认为'国家建设需要,多占几

---

① 《安徽省民政劳动局关于当前国家建设征用土地工作中存在几个突出问题和意见的报告(摘要)》(1974年10月14日),协作机械厂档案,档案号:75-8。

② 《培新汽车修配厂革命委员会征用土地协议书》(1978年1月24日),培新汽车修配厂档案,卷宗:1978年1月至12月培新汽车厂关于基本建设工作的文件。

③ 《协作机械厂、直川大队协议书》(1984年5与16日),协作机械厂档案,档案号:84-8。

④ 《国营协作机械厂与岛石人民公社大坦大队关于扩建职工宿舍占地解决办法的协议书》(1974年8月10日),协作机械厂档案,档案号:74-8。

亩地没啥关系',被征用土地单位认为'国家建设有钱有物资,可以乘机多要一点'"①。安徽和上海先后要求在征地过程中"要充分利用荒山、荒岗、空地和劣地,尽一切可能不占或少占耕地良田,不拆或者少拆迁民房。非占用耕地良田不可的,必须借道行驶,从紧安排建筑密度,从严掌握审批,坚决反对贪大求宽、先用后征、多征少用和不经批准擅自占用等浪费土地的错误行为"②。1975年1月,安徽省印发《国家建设征用土地和拆迁房屋补偿标准试行规定》,就不同类型土地补偿原则作了规定,同时就青苗补偿、房屋补偿具体标准进行了统一,比如对一般土地征用(指粮食作物和其他农作物土地),"以征用前三年生产队实际平均单产的总值为标准,按当地国家原粮价格,计付补偿费",对农作物(包括水稻、大小麦、豆类、高粱、玉米、薯类等),则"根据季节和生长情况,未成熟的补偿百分之五十至七十,接近成熟期原则上应等本季作物收获后施工,紧急工程,非立即施工不可的,应以本季作物实际定产给予补偿"③。

关于小三线企业对当地的补偿,不仅仅限于征地补偿,工程建设过程中引起的各种后续和遗留问题,也会通过经济补偿来解决。1974年,协作机械厂因为征地建厂给当地水库带来了不安全因素,先后以帮助整顿水利系统、建设水利工程、补偿水利费用等方式支付补偿款共计3.5万元④,1975年9月,又因该厂新建家属宿舍在施工过程中出水,影响农作物及永久性排水措施问题与当地达成协议,协作厂除对农作物进行赔偿外,还需为该生产队开凿排水沟一条。直至1985年小三线已经进入调整阶段,仍在因为征地建造的菜场排放污水影响农作物生产的问题与当地村民进行协商,除了对村民的农作物减产作出93元经济赔偿外,还需提供开排水沟的费用⑤。

---

① 《安徽省民政劳动局关于关于当前国家建设征用土地工作中存在几个突出问题和意见的报告(摘要)》(1974年10月14日),协作机械厂档案,档案号:75-8。
② 《安徽省民政劳动局关于关于当前国家建设征用土地工作中存在几个突出问题和意见的报告(摘要)》(1974年10月14日),协作机械厂档案,档案号:75-8。
③ 《安徽省印发〈国家建设征用土地和拆迁房屋补偿标准试行规定〉》(1975年1月22日),协作机械厂档案,档案号:75-8。
④ 《国营协作机械厂与岛石公社仁里大队关于工厂补偿大队水利建设资金的协议书》(1974年8月13日),协作机械厂档案,档案号:74-6。
⑤ 《上海市协作机械厂和仁里乡直川村村民朱昌国、仁里乡大坦村村民帅小干关于在菜场和稻田的交界处为排放污水所产生的一些实际问题协议书》(1985年11月19日),协作机械厂档案,档案号:85-4。

而对于因为征地失去生活来源的当地农民来说,或是鼓励他们在剩余土地上精耕细作、提高单位面积产量、解决口粮不足的问题,或是通过发展集体副业生产增加收入解决多余劳动力生活问题。当然还有一个渠道,就是进入小三线企业从事一些搬运、加工、零星修建等劳动,这就是第二章中提到的征地工人群体,通过吸收农民进厂的方式解决了被征地的农村劳动力"无地可种"的问题。

二、小三线对皖南、浙西的支援

相对于皖南、浙西提供人力、土地支持小三线建设,上海小三线对当地的援助则更全面,影响也更深远。

(一)医疗卫生服务

1972年,上海赴皖南第二批医疗队撤回时,针对当地医疗器械紧缺的实际情况,医疗队采取赠送等方式将大批先进的医疗设备和器械捐赠给了宁国县,宁国县政府为此专门向上海市卫生局革委会表达了谢意:"两年多来,医疗队的同志发扬'一不怕苦,二不怕死'的革命精神,艰苦奋斗,谦虚谨慎,帮助我县普及发展和巩固农村合作医疗,培训赤脚医生和卫生员,积极热情地开展'一根针、一把草'的群众运动,努力做好血防、计划生育和防病治病工作,勤勤恳恳地为贫下中农服务,为改变山区的卫生面貌作出了重大贡献,他们在广阔的农村不但取得了极为良好的政治影响,而且与贫下中农建立了深厚的无产阶级感情,广大干群热情赞扬他们是'毛主席派来的好医生',是'贫下中农的贴心人'。"[1]

在小三线的医院建立起来以后,更是从医疗费用、日常诊疗等方面为当地民众提供服务。考虑到山区整体经济落后、收入有限,小三线医院在统一收费标准时,基本的挂号费、透视费、注射费等都是按照当地医疗机构的收费标准执行的。即使是遇到急诊出诊,也只收交通费和汽油费,免收出诊费,巡回医

---

[1]《上海市卫生局革命委员会派赴皖南医疗队关于拟赠送给宁国县一批计划生育器械的请示报告》(1972年4月18日),上海市档案馆,档案号:B242-3-320-28。

疗更是免费诊治。当地群众的就医也成为小三线医院的主要业务。

为了有利于工农联盟,减少贫下中农经济负担,方便贫下中农门诊,门诊诊费(初诊0.10元,复诊0.05元)、透视费(0.30元)、注射费(静脉、肌肉都是0.05元,补液0.20元)、献血材料费(11元,包括献血保养液1元)、救护车费(县内每公里0.40元,出县每公里0.60元,单里程计算)……凡三线职工家属和当地贫下中农在(传染病)隔离期间,其住院医药费都只收药品费、输血费,其他费用(包括氧气费)免收。①

由于医疗卫生条件差,为了看病,农民常常要徒步到小三线医院,病人最多的时候,当地农民几乎占到了医院医治病人的一半以上,还有因为小三线医院医疗水平高而从城里来就医的,"小三线每个厂都有医务室,在离县城6公里的公路旁,上海人还建有专门的医院。我们县医院不能做大的手术,东方红医院(即瑞金医院)都能做,条件非常好,我们这里人需要动大手术的,医院都会接收我们的病人"②。"当地的县级医院肯定是比不上的,地级市黄山市的医院也不行。所以当地的领导都到我们医院来。市委书记、革委会主任生病了都到我们医院,住在我们病房"③。凡医院所在当地县人民医院要求协助会诊的,小三线医院也是有求必应。"深夜农民在家急病、妇女难产,我们医院医生都是挑灯夜战,立即行动,奔走于山区羊肠小道,前往救治;当地发生严重车祸,伤者颅脑损伤,四肢断裂,医院脑外科、骨科医生都随时出诊进行抢救"④。

1965年6月26日,毛泽东针对农村医疗卫生的落后面貌,指示卫生部要把医疗卫生工作的重点放到农村去,为广大农民服务,解决长期以来农村一无医、二无药的困境,保证人民群众的健康(即"六二六"指示)。"六二六"指示发出后,小三线医院医生除了坐堂待医,还主动走出医院,到农村为当地群众提供上门服务,定期组织医疗队,抽调各科室医生,到当地的乡镇开展巡回医

---

① 《上海市卫生局革命委员会关于后方医院医疗收费标准的批复》(1971年10月19日),上海市档案馆,档案号:A242-3-249-32。
② 《我要嫁人了,和你说一声——原安徽省绩溪县小三线交接办公室副主任汪福琪访谈录》,徐有威主编《口述上海:小三线建设》,上海教育出版社2013年版,第202页。
③ "原小三线瑞金医院政工科科员吕建昌访谈录",2010年3月29日。
④ 《我所知道的小三线卫生工作——原上海市后方基地管理局卫生工作组副组长邱云德访谈录》,徐有威主编《口述上海:小三线建设》,上海教育出版社2013年版,第251页。

疗,提供免费医疗服务,解决群众日常基本医疗需求。古田医院医疗队"经常到交通不便的深山老林蹲点巡回医疗,我们的医疗队去过宁国地区方塘、板桥、东岸、立新、高村和歙县深渡等乡村进行巡回医疗,帮助当地培训乡村卫生员。组织医务人员翻山越岭采集中草药;对肺吸虫、血吸虫、老年慢性支气管炎等寄生虫病和常见病进行调研防治,协助农村地区搞好'二管五改'①爱国卫生运动。宣教和指导当地群众灭钉螺、不吃寄生蟹(石蟹)和控烟,尤其是未经加工的土烟,当地农民由于经济条件所限总是抽自己做的土烟,里面的尼古丁等有害物质更多更厉害。通过群防群治,预防和控制农村地区的传染病和寄生虫病"②。后方瑞金医院也曾派出医疗队,长期驻扎在农村开展医疗工作。根据"八一二"指挥部的统计,仅1972年的上半年,后方医院"为贫下中农治病两万六千余人次,单瑞金、古田医院就达一万四五千人次"③。

医疗卫生事业一直伴随着小三线建设的始终,在为小三线人提供医疗保障的同时,也为当地山区民众提供了先进的医疗设施和高水平的医疗服务,培养了一批当地的"赤脚医生",为当地建立了一支基本的医疗队伍,对提高山区的医疗水平作出了积极的贡献。

(二)支援农业生产

从人力、物力、财力等方面支援皖南农业生产,是上海小三线企业落实"加强工农联盟"、搞好与地方关系的主要方式。"1973年市委明确要求小三线要支援农业,尊重地方同志,听取他们的意见,给当地带来好处,以巩固工农联盟。1974年6月5日后方基地党委常委会对支农问题作出决议:要主动地支援农业、支援地方,能帮助地方上的项目一定要上,原则上要坚持,要把支援地方作为后方各级党组织的一项日常工作"④。1977年,后方基地领导小组专门下发通知,要求各企业支援所在地社队的"双抢"(抢收抢种),"各单位要有一

---

① 二管五改:管水、管粪;改水井、改厕所、改畜圈、改炉灶、改环境。
② "原上海小三线古田医院政工组职工陈正康访谈录",2018年6月24日。
③《八一二指挥部上半年支农情况报告》(1972年8月9日),协作机械厂档案,档案号:72-8。
④ 上海市后方基地管理局党史编写组:《上海小三线党史》(未刊稿),1988年4月,第46页。

位负责同志分管这项工作。领导干部都要带头支援'双抢'。要充分发动群众,组织职工(除老弱病者外)有计划地分批参加附近社、队的'双抢'战斗。组织一支精干的农具修理队伍,在'双抢'前,要积极主动地为附近社、队检查、修理农机农具,有条件的单位,可在'双抢'过程中组织巡回检修小组,到田头修理,服务到现场"①。

皖南、浙西地区以农业为主,工业基础薄弱,农业机械化程度较低。为了解决这一问题,小三线企业在农忙时节组织职工帮助生产队"双抢",有的企业还专门成立支农领导小组和支农突击队等奔赴农忙第一线,而水源、化肥、电力和修理农机具等方面的支援更是直接提升了当地的粮食产量。

在"双抢"上成绩比较突出的是培新汽车修配厂。据不完全统计,该厂1971年参加"双抢"抗旱的就达九百多人次,"去年旱情严重,培新厂抽出技术人员帮助大队、生产队进行农机维修,同时又抽出三台抽水机和水泵支援农业抗旱,甚至把厂里食用的自来水节约一部分放到稻田里去"②。1972年,培新厂又抽调大学生专门从事农业科学试验,试制成功了"920""5406"等杀螟杆菌农药,在当地部分社队进行推广。胜利水泥厂为当地公社接通电源、水源,提供脱粒机、拖拉机等设备的维修服务,协作机械厂为当地照明及社办粮食加工厂提供电力支持。小三线企业在建厂之初就会充分考虑到农业需求,结合工厂需要,建设一些有利于农业生产的水利工程,为当地农业和农民服务,新光厂为石田大队建造了一座电灌站,使200亩旱田改水田,光明厂帮助四个生产队抗旱,接了三四百米水管引水上山,使570多亩田没有受旱。同时为了开山造田,小三线还积极为当地提供农用炸药,用于开山炸石,扩大造田工程。

对当地农业生产的大力支持取得了一定的成效。根据"八一二"工程指挥部1972年上半年的统计数据,"有32个厂单位与当地45个大队、生产队挂了钩。参加双抢已有7 400多人次,支援抗旱借用水泵、马达67台,水管4 860多米,电线23 000多米,帮助社队制造打谷机48台,维修农机具1 580多台次。经市革委会批准,支援徽州地区手扶拖拉机33台,2吨汽车15辆,水泥600吨。

---

① 《上海后方基地领导小组关于支援附近社队"双抢"的通知》(1977年7月11日),培新汽车修配厂档案,卷宗:1977年1月至12月一九七七年度后方基地局文件。
② 《八一二指挥部关于培新汽车修配厂支援农业调查情况简报》(1972年4月25日),协作机械厂档案,档案号:72-8。

此外,帮助地方运输物资526车次(683汽车运输场未计在内)"①。由于工厂支援,很多厂区附近的生产队,在改单季稻为双季稻之后,水源和肥源基本上有了保证,使不少生产队获得了增产。在培新汽车厂的帮助下,被该厂征地最多的下街大队1968年前有耕地1 010.3亩,粮食总产525.429斤,1969年被征用土地85.6亩,尚有土地924.7亩,减少了8.4%,但在1971年粮食总产却增加到678.267斤,比1968年总产增加了152.834斤,增产29.1%。上街大队未被征用土地,共有土地799.3亩,1968年粮食总产485.019斤,1971年土地劳动力均未变动,但粮食总产却下降到449.978斤,比1968年减少了36.041斤,减产7.4%②。满江红材料厂挂钩的朱旺大队团结生产队,"1967年刚建厂时亩产300斤;1968年试种三亩双季稻,亩产500斤;1969年扩种30亩,亩产600多斤;1970年扩种100亩,亩产700斤"③。协同机械厂挂钩的杨狮生产队,建厂后由于得到水、肥支援改种双季稻,1969年总产19万斤,1970年30.8万斤,1971年达到38万斤。正如八五钢厂在总结支农经验时指出的:"支援和协作从来都是相互的,我们支援了兄弟单位和地方,地方和兄弟单位也大力支援了我们,……我们把支援农业、支援地方,作为义不容辞的责任,几年来,我们从人力上、技术上、物资上给地方以一定的支援,进一步加强了工农联盟,使我厂所在的公社大队的粮食产量连年实现了超纲要。"④

对当地农村的支援,除了相对集中的医疗卫生服务和农业生产领域外,在很长一段时期内,为了搞好与地方的关系,上海小三线企业对于当地政府提出的其他需求也尽量满足。1971年,协作机械厂为所在地临安县提供生产拖拉机所需钢材4～5吨;1974年,为临安县建桥支援钢筋7吨;1976年,临安县邮电局、粮食局、文教局、副食品公司、公安局等单位,因翻修或扩建房屋,急需钢材、水泥等建材,所需钢材有10余吨之多,又向该厂求援,与此同时该厂邻近

---

① 《八一二指挥部关于上半年支农情况报告》(1972年8月9日),协作机械厂档案,档案号:72-8。
② 《八一二指挥部关于培新汽车修配厂支援农业调查情况简报》(1972年8月9日),协作机械厂档案,档案号:72-8。
③ 《八一二指挥部关于上半年支农情况报告》(1972年8月9日),协作机械厂档案,档案号:72-8。
④ 《上海市财政局革命委员会驻皖财政组关于贵池钢厂实现转亏为盈的调查报告》(1974年7月25日),上海市档案馆,档案号:B112-5-816-16。

的五个大队,因为筹建校舍缺大量的建材,也联名来函要求给予支援,"派专人会同仁里大队党支部数次来厂要求解决,并坐等在党委,希望满足要求,恳求我厂对教育革命的支持"①。由于建材系国家统配物资,该厂只得向主管的机电公司地区组请求增拨一些钢材等建材,以解决当地的急需。1977年,协作机械厂为临安车辆管理所代买打字机1台。1978年,培新汽车修配厂应当地政府的请求,支援当地"七一"半挂车辆和"七一"4吨车各1辆。

虽然说支援当地农业生产是在不影响生产的前提下,但实际上小三线企业在援建的过程中还是会面临一些实际困难,比如和当地生产队挂钩的问题,有一部分小三线企业因为跨队比较多,厂里怕摆不平,地方也因挂钩发生矛盾,所以难以落实。再比如帮助地方维修农机具,厂里普遍反映维修材料有困难,压力很大。再比如一些职工支援当地农业生产的积极性不够,部分企业的青年职工看不起农民,称他们"阿乡""乡下佬",存在"我们是工厂,下乡割麦不像样"和"怕苦畏难"的现象。最困难的就是地方提出的一些需求是小三线企业满足不了的,支援地方给小三线企业也造成了一定压力,1970年,针对地方用电一事,"八一二"工程指挥部要求"农业及工厂附近的城镇居民用电,各厂在考虑本厂供电设备时,在规划中要留有余量,以帮助公社、大队在农业中适当改善排灌能力和方便城镇居民用电,但在目前电源缺乏,电网尚未形成的情况下,要婉言说明道理,暂时不能供应,各厂更不能随便拉线、接源电……工厂附近的公社、大队及城镇居民用电,原则上设备材料(如变压器、导线、电杆等)应该由用电的公社、大队、城镇自行解决"②。

第二节 矛 盾

相互支援、互惠互利并非小三线社会与皖南、浙西两地关系的全部,由于皖南、浙西地区和上海在社会、政治、经济、文化、资源、环境、技术、心理等诸多

---

① 《国营协作机械厂革命委员会要求增拨支农建材的报告》(1976年9月21日),协作机械厂档案,档案号:76-7。
② 《八一二指挥部关于后方工厂电力供应方面几个问题的通知》(1970年2月4日),协作机械厂档案,档案号:70-5。

方面的差异明显,于是在相互支援的同时,小三线企业和当地农村在文化娱乐、青年恋爱、交通出行、水电供应、治安管理等方面的矛盾也日渐暴露,摩擦不断。

  在一些小三线企业看来,"地方上,特别是当地社队对工厂的意见较大,不太欢迎","工厂迅速建成,职工大批进山,生产逐渐正常,工厂和地方、工人和农民之间的关系日渐开始疏远起来,……因而同地方上、同当地贫下中农关系上碰到了一连串具体问题,产生了一些矛盾,主要是:由明显的工农差别,造成的思想隔阂;当地人多地少,建厂房、宿舍和征用农田的矛盾;农民出入厂区和工厂的保卫保密工作之间的矛盾;农副产品不足,工人任意向农民购买农副产品,助长了农村资本主义自发势力的矛盾;农民看病、看电影、用水用电、修理农机收费中产生的矛盾;还有如雇佣民工、合办学校、柴火供应、粪便处理问题的矛盾,以及地方上要求调拨工业原材料而我们不能调拨供应的矛盾"①。事实也确实如此,五洲机械厂、胜利水泥厂、韶山电器厂、万里锻压厂等企业都曾与当地发生规模较大的冲突。一方面随着小三线企业相继完成基建并投产,大量职工及家属涌入皖南,当地人原有的支援热情开始减退,在小三线人看来,"刚开始去的时候当地百姓很热情的,到山上去玩,他们会给你泡杯茶喝、煮蛋吃。后来去的人越来越多,当地人相对就比较淡漠一点了"②。另一方面一些小三线人的行为也加剧了矛盾的产生,小三线青工捉弄当地人的事情偶有发生,"山区的农民鸡蛋串着卖,一串鸡蛋一元钱,结果上海人去了以后跟他们说'我不要这一串,我要这串拿两个,那串拿两个',后来搞不清楚了,收不到钱,鸡蛋却被拿走了,这样的事情多的是"③。对于这样的捉弄,皖南当地农民也调侃小三线职工:"上海佬上海佬,右手拿个包,左手戴个表,吃的好穿的好,死了还是用火来烧。"④"上海佬,吃得好,死得早"⑤等顺口溜在当地农村也流行起来,久而久之,便埋下了双方矛盾和冲突的伏笔。

---

  ①《中共协作机械厂委员会、协作机械厂革命委员会关于加强工农关系工作的情况报告》(1970年8月28日),协作机械厂档案,档案号:70-2。
  ②"原上海小三线遵义器材厂党委书记陈志高访谈录",2010年12月7日。
  ③"原上海机电一局军工处处长王权顺访谈录",2011年4月20日。
  ④"原上海小三线金星化工厂团委副书记蒲志祥访谈录",2011年1月14日。
  ⑤"原后方仪电公司工会主席朱仁锡及夫人朱静颐访谈录",2010年5月20日。

一、村民盗窃财物

由于上海小三线企业的军工性质,产品的原材料多为铜、铁等金属材料,价格不菲。因此,当地村民偷盗小三线企业金属原材料的案件经常发生。改革开放推进过程中,随着小三线企业的"军转民",保密性已不如从前,在经济利益驱动下,皖南当地农民进出小三线企业偷拿金属材料的现象日益严重。

上海小三线企业多数是没有围墙的,这给当地个别村民盗窃作案提供了可能。协作机械厂生产厂房分布在方圆5.9公里的8个山坞之中,地处皖浙交界山区,涉及两省三县四个公社,厂区又无围墙(也无法建围墙),周围有十余条民间道路可通,当地农民可自由出入。1980年,临安县岛石公社仁里大队农民胡某某先后五次盗窃协作机械厂军品原料铝锭383斤,折合人民币383元;设备铝铸件5件,折合人民币324元,"12月8日深夜20点45分,在销赃铝铸件时,被协作机械厂巡逻民兵就擒,缴获了赃物五件"[①]。八五钢厂的铜帽口、铜模、铜锭、铜质电线等常被当地农民偷去卖给梅街的回收站。光辉器材厂电镀车间价值近千元的铜支架和电解铜被窃后,经查是瀛洲公社外巧大队农民周某某所为。还有些厂是因为防范措施不到位导致被窃,新安电工厂所在地的农民连续三次开着拖拉机到厂里偷窃铝皮16张竟无人察觉,立新配件厂将大量铜皮堆放在没装窗铁栅的库房内,一个月内被盗两次,被窃去铜皮235公斤、产品铜帽2.8公斤和弹簧片5.5公斤,共计价值1 600余元[②]。仅1980年,上海小三线企业就"发生被盗案件148起,共计损失折款33 000余元,其中生产物资和公物被盗案件70起,被窃去金丝53克、银7公斤、镉39公斤、铜材1 250公斤、铝材800公斤、铅块390公斤、电热器300只、杜鹃牌收音机11台、电视机1台、录音机4台、电风扇19台、自行车9辆以及电缆线、电线等其他各种器材、工具各公物,共计损失折款26 000余元,占被盗案件损失总额的

[①]《昌北公安派出所、上海市协作机械厂保卫科关于胡某某盗窃军工物资的综合报告》(1980年12月13日),协作机械厂档案,档案号:80-10。
[②]《上海市后方基地管理局关于贯彻〈国务院办公厅转发公安部关于厂矿企业生产物资大量被盗的情况报告的通知〉的意见》(1981年5月30日),协作机械厂档案,档案号:81-19-1。

80%"①。盗取的金属原材料或者零件一般都转卖给一些非法收购生产物资的小商贩和回收站。

1980年的《解放日报》对小三线工厂屡次被盗的现象进行了报道，表达了对当地人偷窃行为的不满："上海市后方基地所属一些工厂，建厂以来都是没有围墙，又是警而不卫的工厂。当地不少人借种地、割猪草为名，堂而皇之出入厂区。堆放在厂房、仓库周围露天场地上的铸铁、铸铝以及上百斤重的紫铜、黄铜等，经常被一些人私盗而去，影响了工厂的正常生产。这些盗窃者将偷来的工业材料转卖给当地的供销社。后方基地有家厂，他们生产科遇到生产上突然'缺料'时，只好到所在地区的供销社去火急'求援'，将厂内被偷去转卖的材料'采购'回来，应付生产需要。上海后方基地所设的厂，大都是征地造房。造了房，却不准建筑围墙。筑了围墙，立刻被当地一些人捣毁"②。

其实这篇报道只是冰山一角，圆钉、钢筋、工地的砖头以及电线、变压器、电话线都成为部分农民盗窃的目标。在《八五通讯》和《八五团讯》中，有关这样的盗窃案件屡见不鲜。1980年1月，贵池梅街车站的一辆客车正在上下乘客，有个民工模样打扮的人，把两件用破纸麻布包扎成的行李正想朝客车顶置放，八五钢厂的丁家荣等人觉得该民工形迹可疑，便上前盘问，最终发现藏在那两捆破纸和麻布里面的一捆是圆钉、一捆是钢筋，民工承认都是在基建工地偷来的。同月一个晚上，在八五钢厂车库候车点，车间工人季以来发现"从凌村方向影影绰绰先后走来五六个肩挑畚箕的老乡……一刻钟之后，那几个人又挑着畚箕朝这里走来，扁担压在肩上发出吱呀吱呀的响声，季以来迎面走过去，一看畚箕里都盛满砖头，顿时那几个人神情慌张，还有的往后跑。他紧紧拖住一个人，把他送交给值班的保卫科同志，第二天，那几个窃贼也都被一一逮住"③。1983年4月18日夜里，当地的三个社员从八五钢厂二车间偷走

---

① 《上海市后方基地管理局关于贯彻〈国务院办公厅转发公安部关于厂矿企业生产物资大量被盗的情况报告的通知〉的意见》(1981年5月30日)，协作机械厂档案，档案号：81-19-1。

② 杨俊逸：《上海后方基地一些工厂任人出入，国家物资经常失窃》，《解放日报》1980年4月30日。

③ 《工厂卫士》，《八五通讯》第20期，1980年1月15日。八五钢厂档案，档案号：80-3卷27号。

了一桶柴油,被青工发现抓获①;1984年5月19日凌晨,八五厂警卫徐大发和顾金章两人抓捕一农民,缴获其用工作服包好的机用铜配件,并随后在其家中发现了紫铜管、汽车轮胎、千斤顶、紧绳器、管子钳、铜婆司、铜齿轮等,价值1600元左右②。同样的事例也发生在协作机械厂,自建厂至1983年,该厂光是照明线路、电话线累计被窃约为3000米,经济损失约750元,"尤为严重的是今年春节期间以打墙洞撬门进入藏弹药室偷去一只40公斤重的电源变压器,价值1000元,破坏了照明设备,影响我厂夜间的产品试验工作"③。

在1985年小三线进入调整阶段后,听说工厂要调整回上海,有些当地人便产生了"靠山吃山、靠厂吃厂,工厂要搬迁,现在不捞,等工厂搬走就没有机会了"的思想,认为"现在工厂还在生产,有东西可拿,今后不生产了就拿不到了","现在管得不严,到搬迁时候管得严了,就不好拿了"等等④。当地农民进入厂区盗窃的现象更为严重,其中损失最严重、影响最大的就是协作机械厂的"504工房"被盗案。1985年8月6日,协作机械厂总装车间504工房发生盗窃案,被盗点火具部件2594只、点火药盒2600只,价值11026元⑤。这一案件惊动了浙江省公安厅、杭州市公安局、临安县公安局、上海市公安局经保处、后方基地公安处等各级公安部门,原因就在于点火具系产品的重要部件,"其内有黑火药、延期药、火帽三种爆炸品。2594只点火具总含有黑火药8.75千克,延期药437克,火帽2594只,其中黑火药本身能燃烧外,还可以起点火作用,引爆其他炸药,有一定威力"⑥。8月11日案件告破,系当地农民所为。该厂的办公室负责人徐梦梅至今对这一失窃案印象深刻,"504发动机小组发现隔夜配

---

① 《李余德半夜冒雨抓小偷》,《八五通讯》第137期,1983年4月30日,八五钢厂档案,档案号:83-3卷28号。
② 《工厂的卫士》,《八五通讯》第177期,1984年6月10日,八五钢厂档案,档案号:84-3卷31号。
③ 《上海市协作机械厂关于我靶场物品多次被窃和当地农民强行进入我靶场危险区哄抢军工产品残骸的情况报告》(1983年8月6日),协作机械厂档案,档案号:83-22。
④ 《协作机械厂民警室挂牌办公》(协作机械厂简报(第七期),1985年12月27日),协作机械厂档案,档案号:85-5。
⑤ 《上海市协作机械厂保卫科关于504工房盗窃案的情况汇报》(1985年8月23日),协作机械厂档案,档案号:85-16。
⑥ 《上海市协作机械厂保卫科关于504工房盗窃案的情况汇报》(1985年8月23日),协作机械厂档案,档案号:85-16。

好的两盘'点火具'不见了,生产停下来找了两天没结果。上海市公安局派人带了警犬来搜寻,最后在附近村里的一个柴棚里找到。这个农民看到'点火具'外表黄黄的,以为是铜的,窃取来准备卖钱"①。为此,协作机械厂党委还向后方基地管理局党委作了检讨,认为发生这一案件主要是厂里对调整以来当地的客观反响估计不足,对社会上偷盗案发率的上升会如此之快地危及小三线的情况没有引起十分警惕,在防范工作上只注意了防偷窃铜铝等有色金属而对犯罪分子已瞄准并开始偷窃火工品车间的零部件缺乏预见②。可是到了1986年,该厂的盗窃案仍为高发,当年的11月7日至12月6日,短短一个月,就发生了19起盗窃案,"统计有经济价值可查的物资损失达10 834.10元。另外原堆放在厂区内的各种钢材和其他物资均被当地某些农民偷窃一空,以上情况只是初步统计的数字,还有一些盗窃物资还来不及统计在内"③,可谓前所未有。在向主管的机电公司报送的报告中,该厂这样来描述当地农民盗窃财物的场景,"一当地妇女偷了一根重近80斤的钢锭,被警卫发现后,双方发生冲突,在警卫转身去阻拦其他老乡时,这一妇女还是把这根钢锭偷走了,中午,趁车间内人员吃饭时,当地40余位老乡从山上蜂拥而下,大肆抢夺供应科露天仓库内的材料,警卫人员前往劝阻也毫无作用"④。

除了进厂偷窃,还发生了一些在运输路上的公然哄抢。"我厂运输线较长,山区的公路坡度大,车辆山坡车速缓慢,有些人就利用山区的自然条件行盗。比如在4～5公里、6～9公里及19～20公里等处,在车辆减速后便趁机爬车,用锄头、钉耙往下扒煤炭、废钢。即使被驾驶员发觉进行阻止,这些人也强词夺理,称是'路上捡的',不予理睬。有的还唆使十二三岁的小孩,趁车子上坡或驾驶员停车吃饭,爬上停靠公路旁的车辆,盗取车上的废钢,每次

---

① 《在浙江唯一的上海小三线工厂中——原上海协作机械厂办公室负责人徐梦梅访谈录》,徐有威主编《口述上海:小三线建设》,上海教育出版社2013年版,第358页。
② 《中共上海市后方基地管理局委员会转发协作厂党委〈关于五〇四工房盗窃案的报告〉,切实做好调整中治安保卫工作的通知》(1985年9月4日),协作机械厂档案,档案号:85-16。
③ 《上海市协作机械厂关于治安情况的紧急请示》(1986年12月9日),协作机械厂档案,档案号:86-8。
④ 《上海市协作机械厂关于治安情况的紧急请示》(1986年12月9日),协作机械厂档案,档案号:86-8。

30~50公斤,卖给当地收购站或私人收购处。凡此种种已引起了有关方面的严重关注"①。

偷盗现象在小三线进入调整交接阶段后更为突出,据1985年的数据统计,仅在"三季度后方盗窃案件发生26起,损失折款23 400多元,其中80%以上案件是地方农民进厂作案"②,当地的农民还有个口头禅叫作"上海佬要跑,不捞白不捞"。为了加强调整时期的安全保卫工作,协作机械厂将警卫岗点从4个增加到7个,警卫人员从原来28人增加到65人,仍无法杜绝当地农民的盗窃现象,仅1987年,当地人在该厂内发生的治安案件就达50余起,罚款120元,收回赃款11 696.70元,没收赃物一批,包括铜400多公斤、铝锭438.5公斤、废铝400余公斤、铁3吨多、铁管1吨多,还有马达、水泵、电缆电线、保暖桶等物资③。

虽然小三线企业极力想通过工农联防,加强厂、社、队的治安管理,申请在厂区建立公安派出机构、民警值班室等措施来降低盗窃案的发生,但随着进入调整阶段,似乎已经很难起到应有的效果。

二、意外事故与各类纠纷

小三线企业所在地区气候条件恶劣,路况条件差,再加上一些三线厂的驾驶员道路安全意识不强,开"英雄车"、超速行驶等,导致交通事故发生率一直较高,这其中就包括导致当地农民死伤的事故。尤其是683运输场这种以运输为主要业务的企业,就更会与当地人因为处理交通事故而产生一些纠纷。

从小三线协作机械厂等企业档案资料中发现,后方基地会定期通报小三线各企业发生的各类交通事故,其中有大量关于小三线单位驾驶员撞伤、撞

---

① 《制止偷窃行为,保护国家财产》,《八五通讯》第220期,1985年8月20日,八五钢厂档案,档案号:85-3卷20号。
② 《认清形势,统一思想,同心同德,锐意进取,努力完成小三线调整交接的历史任务——上海后方基地管理局党委书记王昌法同志关于小三线调整形势的讲话》(1985年12月2日),《关于前方调整的文件及资料》,前进机械厂档案,档案号:86-1-8。
③ 《以调整为中心,在艰苦创业中前进——协作厂1987年工作总结》(1987年12月),协作机械厂档案,档案号:88-2。

死当地人的交通事故通报记录。1970年2月16日,培新汽车修理厂载送6名施工人员的三卡去旌德途中,行至山村时,由于只鸣号未减速,当场撞死一小女孩;2月19日,跃进厂载重卡车途经宁国河沥溪镇,由于车速远远超过汽车进入村镇不准超过15公里的限速,加之行错路线,刹车失灵,撞伤一6岁小孩,经送医院抢救无效死亡[①]。1972年8月15日至19日五天中,后方连续发生五起严重事故,其中两起与当地人有关,一起是"八一二"工程指挥部机关的轿车途经广德土桥大队时,将一位横穿马路的65岁老太太撞倒,造成其臀骨骨折、右腿股骨骨折;另一起则是联合厂的七一牌汽车将一横穿马路的人撞伤致死[②]。683运输场是交通事故的多发单位,1978年4月至5月,后方发生的六起交通事故中683运输场占了一半,造成当地三人死亡的严重后果,占1月至5月份后方死亡事故总数的近三成,"4月27日,683运输场六车队驾驶员驾驶解放半挂车从芜湖回宁国,途经芜湖县慈张县116K附近,由于车速过快,偏左行驶,撞死当地青年农民钱志山一人。4月29日,一车队驾驶员驾驶'七一'半挂车,从宁国装水泥去芜湖,途经芜屯公路130K弯坡窑厂附近,由于警惕性不高,措施不及,将横穿马路的一名6岁男孩撞到,后经抢救无效死亡。5月26日,三车队驾驶员驾驶解放半挂车,由东至县香口码头装煤运往红星化工厂,途经摇香线23K处,发现前方有两个小孩在一起行走,由于思想麻痹,临近鸣号,致使其中一名9岁女孩(盲人)惊慌不知方向,碰着半挂车中轮,当场死亡"[③]。

据后方基地统计,1970年1~5月,小三线发生各种大小行车事故21件;1973年8~11月,小三线发生多起重大行车事故,造成6人死亡,20余人受伤;1974年1~8月,后方共发生行车重大事故39起,死亡10人,重伤9人,车物损失1 000元以上的有20起;1975年8月,连续发生撞车、翻车、车辆烧毁等13起重大事故,撞车翻车损坏4辆,重伤6人(包括致残4人),轻伤8人;1978年

---

① 《八一二指挥部关于后方交通事故的紧急通报》(1970年5月18日),协作机械厂档案,档案号:70-5。
② 《八一二指挥部关于最近连续发生严重事故的检查报告》(1972年8月24日),协作机械厂档案,档案号:72-8。
③ 《上海后方基地领导小组敢于贵钢厂发生翻车伤人事故和几起死亡事故的通报》(1978年6月9日),协作机械厂档案,档案号:78-13。

1~9月,小三线共发生重大伤亡事故78起,死亡21人,重伤57人,其中交通事故发生52起,死亡19人,重伤34人①。虽然无法确切地得知这些数据中具体多少与当地人有关,但结合上面的具体案例也能从一个侧面对交通事故造成当地人的伤亡有大概的判断。

在发生交通事故以后,多数小三线企业通过当地政府出面与死伤者家属达成赔偿协议,而秉持的原则就是维护好工农关系优先,事故责任的认定相对来说并不是最主要的。对于赔偿的标准,在小三线人的记忆中是这样描述的:"举个例子,骑脚踏车把小鸡压死了,或者开车把小牛撞死了,赔起来比赔拖拉机还厉害。人要是被碰了就更不得了,长江医院不去的,他们认为这是上海的医院,不相信。"②"我们单位有人骑自行车,把农民的鸭子给轧死了,结果跑出来一个老太太,说鸭子值5元,但要赔偿36元,理由是因为轧死的是母鸭,母鸭会生蛋,蛋会孵小鸭"③。这样的描述或许是比较极端的,但从档案资料里也能发现一些处理交通事故的案例。

1973年4月24日,前进机械厂司机从码头装货回厂的路上碰倒横穿马路的小孩王某某,导致其右脚受伤,最后在厂、社、伤者家长以及地区车辆监理所的共同协商下,虽然认定王某某未遵守交通规则负主要责任,但前进机械厂还是支付了957.85元的赔偿,除伤者住院治疗费及家属膳食费637.85元外,"出院后考虑到可能有感染还需到门诊治疗,……由前进机械厂给予负担医药费150元;……给予补助工分150元;伤者母亲需陪同照顾,对劳动工分受些影响,经研究给予补助人民币20元"④。相反,协作机械厂职工被当地人的拖拉机撞倒后,"手脚受伤,花呢裤子被擦破,自行车被撞坏,……双方协商认为,自行车原价167元按九折赔偿,计150.30元,花呢裤子赔偿16.70元,共计167元,被压坏的自行车归仁里大队所有"⑤。

---

① 数据来自不同年份上海后方基地的统计。
② "原上海小三线八五钢厂职工陈辉、陈震源访谈录",2011年3月27日。
③ "原上海小三线金星化工厂团委副书记蒲志祥访谈录",2011年1月14日。
④《关于上海前进机械厂碰伤里山公社永明大队社员王某某事故处理有关问题的协议书》,前进机械厂档案,"有关本厂职工调动报告和劳动工资的通知及其他材料",档案号:1973-18-5、4。
⑤《仁里大队、协作机械厂协议书》(1977年7月28日),协作机械厂档案,档案号:77-11。

与造成当地村民受伤相比，交通事故致人死亡的例子则更能反映小三线人面对交通事故时的心态。1976年，协作机械厂驾驶员驾驶货车不慎碰伤斜穿公路的洪门公社社员，该社员经抢救无效死亡，经安徽省宁国县公安局、宁国县公路站、洪门公社与协作厂共同调查认定驾驶员负主责，死者负一定责任，由该厂一次性给予补助安葬费、抚恤费等费用550元①。1977年，前进机械厂驾驶员驾车至青阳县乔木公社时碰倒一名9岁小孩，当即送医抢救无效身亡。死者出事前由老师带领在路边割草积肥，休息时在公路上玩耍被撞。后经事故责任认定驾驶员负主要责任，小孩被碰倒时还没有发觉，继续行驶103.7米，最终以赔偿死者家长总计759.42元而告终②。虽然事故责任不同、死伤不同，但赔偿结果也可能完全相同。

　　另外，因为当地村民缺乏安全意识，在企业的日常生产试验活动中造成的意外事故也常有发生。以打靶为例，小三线生产的火箭筒试验时，每次要打三发，为安全起见会在山上拉铁丝网禁止进入试验场，但当地人为了捡拾试验后落在场地上的金属铜竟把铁丝网扯掉，"（他们）在每周试炮的时候就来了，躲在山底下，利用每发之间的间隙去挖铜。结果有一次临时决定打四发，当地一个女的被击中身亡。村民闹得很厉害，万里锻压厂的厂长和党委书记都躲起来了。后来和公社谈判，结果是把她的孩子抚养到18岁，同时负责其丈夫的医疗费用，这些钱都是厂里来负担的"③。1979年，协同机械厂曾与当地联合发布通知，指出"吉宁大队江村坞试验场和杨狮大队方家坞试验场是危险禁区，特别在试验时更有危险性，社员群众一律不准堆放东西，如随便进出和堆放物资，所造成的人身伤亡事故、物资损失，厂、社、队一概不负责任"④。协作机械厂也先后处理了多起这样的事故，1977年5月10日，该厂在靶场进行四〇火箭弹冲量试验，"下午4点10分左右，安徽省绩溪县和阳公社合阳大队外平坑生产队社员（女，30岁）擅自进入禁区，拾取四〇残余零件，不

---

①《国营协作机械厂革命委员会关于陶某某车祸事故的处理决定》（1976年10月7日），《协议书》（1976年7月13日），协作机械厂档案，档案号：76-7。
②《车祸事故报告》，前进机械厂档案，"有关事故处理材料"，档案号：1977-18-13。
③ "原后方基地管理局公安处副处长郑兆山访谈录"，2011年4月10日。
④《宁墩区革命委员会、协同机械厂关于加强厂社治安工作的联合通知》（1979年7月21日），协同机械厂档案，档案号：79-9。

幸被飞弹片击中,当场死亡"①。在该厂办公室负责人徐梦梅印象里,"有一次一只'液型罩'飞出,将蹲在山上的一个姓帅的安徽女子击死,她村里的亲戚朋友全到了工厂,无法收场"②,后经协商给予死者家属一次性经济补助700元。事后虽然在厂方的要求下,当地公安机关和社、队加强了对农民的教育,但仍然无法改变这一状况,"近时间来类似情况却时有发生并逐渐增多,当地农民少则十几人、多则六七十人(最近还有不少放假在家的当地中小学生加入),他们利用山坡树木和草丛作掩护,潜入试验危险区争抢产品残骸,有的甚至不顾危险在实弹射击时强行进入靶场危险区争抢,迫使我试验中断,严重影响军代表对我厂产品的正常验收工作,如不及时阻止此类情况,那么伤人死亡事件就很有可能再度发生。……为此请求地方各有关组织能加强对当地农民的社会主义法纪教育,不要到我厂靶场争抢产品残骸,不能偷窃和破坏试验设备"③。1985年5月31日,该厂在靶场进行产品验收,在实验验收射击警报未解除时,临安县仁里乡仁里村的几个农民擅自进入试验禁区,冲入射击点抢拾废弹部件,一名19岁的农民不幸被弹片击中左脚,虽经送宁国医院抢救,但脚已残疾。后经确认,事故由其负全责,但厂方还是给予了一次性经济补助1 500元④。

三、争抢资源

随着小三线人生活条件和文化娱乐条件的不断改善,皖南、浙西当地农村也开始受到小三线人生活方式的影响,电影、电视、食堂、浴室等相关生活娱乐资源也进入了当地人的生活。尽管上海和后方基地一直强调小三线企业要与地方搞好关系,但因为争抢生活资源引起的小三线人与当地人的冲突也时有

---

① 《国营协作机械厂革命委员会关于靶场弹片击死农民情况及处理结果的报告》(1977年5月19日),协作机械厂档案,档案号:77-2。
② 《在浙江唯一的上海小三线工厂中——原上海协作机械长办公室负责人徐梦梅访谈录》,徐有威主编《口述上海:小三线建设》,上海教育出版社2013年版,第358页。
③ 《上海市协作机械厂关于当地农民强行进入我靶场危险区争抢产品残骸的紧急报告》(1982年8月14日),协作机械厂档案,档案号:82-53。
④ 《协议书》(1985年11月20日),协作机械厂档案,档案号:85-4。

发生。

如前文所述,为了丰富小三线人的业余生活,后方基地组织了放映队,轮流到各企业为职工服务,很快也吸引了当地村民对于电影的热情,由此带来的矛盾也开始出现。在小三线人的眼里,认为"小三线照顾当地人,比如厂里放电影,我们厂里的职工去看,门票是1毛钱,当地人去看则是5分钱"①,"工人是下班才能去看,而农民知道要放电影,三四点钟就吃好饭过来占好位置,工人没地方坐或者认为位置不好,就不开心了,一闹矛盾就吵起来了"②。在古田医院,露天电影对当地农民是半价卖票,但当地农民也很艰苦,很多人就是1毛钱也不愿意出,有一次因为这个事情就吵起来了,"一般来说我们是电影放映开始前20分钟左右就把大门敞开让农民进,那次时间可能稍微晚一点,老乡们就嚷着'怎么还不开门!怎么还不开门!'几十号人就在医院的大铁门外用力往里推,把铁门推倒,看完电影以后又把大铁门抬出去,丢在路边的水稻田里,第二天我们医院的职工又去把它抬回来。那时候有的三线厂因为看电影的事与当地农民发生矛盾,当地老乡把进出厂区的公路也给扒了"③。后来随着小三线企业先后建起了礼堂、食堂等场所,电影放映也改为室内,并因此开始售票限制人数,又出现了当地农民为看电影砸碎礼堂玻璃,与职工发生冲突的极端事件。1975年9月3日,后方仪电公司所属韶山电器厂部分职工因当地社员看电影买票问题,以及当天有少数职工违反市场管理规定,私自去尚村大队社员家中购买花生,被大队民兵发现的问题,与俞村公社尚村大队部分社员发生了冲突,"特别严重的是去尚村要人的职工在回厂途中,又将来厂协助处理问题的方广才同志打成重伤。这次冲突经旌德县委、公社党委和仪电公司领导做了大量工作后,于次日凌晨始告止息。在此冲突中,总计社员有一二十人受伤,其中五人伤势较重,住院治疗,工人中也有十余人被打,四人轻伤"④。这次冲突是小三线史上最严重的一次,对工农关系和正常的生产生活秩序造成了一定的负面影响。

---

① 《厂长握着我的手,哭了——原上海工农器材厂安徽征地工王志平访谈录》,徐有威主编《口述上海:小三线建设》,上海教育出版社2013年版,第213页。
② "原后方基地管理局党委副书记郑金茂访谈录",2011年2月14日。
③ "原上海小三线古田医院政工组职工陈正康访谈录",2018年6月24日。
④ 《中共上海后方基地委员会关于关于韶山厂部分职工与当地部分社员九月三日发生冲突的检查报告》(1976年1月2日),协作机械厂档案,档案号:75-8。

因为食堂吃饭、浴室洗澡等产生的矛盾也不断出现,"厂里改善生活,周六下午多烧点菜,工人下班后就去买点菜、喝点酒,当地老百姓知道这个规律以后,就提前把菜都买走了。工人有意见,心里不舒服就吵起来了。还有就是洗澡问题,工人洗澡都是下了班去洗,男女浴室是分开的,村民知道了洗澡时间,结果提早来洗了,女同志还到男浴室洗,工人有意见嫌他们身上又脏,这矛盾就又来了"①。"洗澡也要向当地人收钱的,也有吵起来的。每个厂的政策都是不同的,工农厂当地人洗澡要收钱,卫东厂不收,其他厂是一星期有一天给当地人免费洗澡"②。

矛盾和冲突积累到一定程度,也会出现农民围攻小三线企业的极端案例,胜利水泥厂、东风机器厂、五洲电机厂和万里锻压厂都曾经发生过这样的群体性事件。1973年3月29日,发生了五洲机械厂同六街公社新和大队社员群殴的严重事件;4月23日,东风机器厂又因厂区修路问题与当地发生冲突,"(职工)不许洪川大队拖拉机经过,打伤拖拉机手,后发展到社员多人到厂打伤并关押东风厂革委会副主任陈伏堂等同志的严重事件"③。在胜利水泥厂职工的印象里,"食堂都有老虎灶,每天八九点之前,你根本别想用水,热水全部被农民占据了。农民排队用热水,把热水放光了,也没人管他们,他们非常强大,曾经包围过我们厂区,当时周围的农民全来了"④。在万里锻压厂也出现了类似的矛盾,"当地的农民偷厂里的东西,我们有几个民兵,营长是万里厂的党委副书记兼的,血气方刚,把几个民兵全部集合起来,准备好枪就去抓人了。一动手农民就有反应了:'你竟然敢抓我们农民?'便开始打架。农民用锄头,我们拿着枪,当然枪里面是没有子弹的。这么一闹整个厂都瘫掉了,农民把整个厂都包围起来了,厂长和党委书记都躲了起来"⑤,这次冲突持续了三天,当地农民将工厂的路全部封堵,马路上全是石块,无法进出,严重影响了工厂的正常生产秩序。面对生活资源却挤占,小三线职工也不甘示弱,五洲电机厂的部分

---

① "原后方基地管理局公安处副处长郑兆山访谈录",2011年2月14日。
②《厂长握着我的手,哭了——原上海工农器材厂安徽征地工王志平访谈录》,徐有威主编《口述上海:小三线建设》,上海教育出版社2013年版,第213页。
③《中共上海后方基地委员会关于东风机器厂职工与洪川大队社员发生殴打纠纷的报告》(1973年5月20日),协作机械厂档案,档案号:73-6。
④ "原上海小三线胜利水泥厂职工胡展奋访谈录",2010年11月13日。
⑤ "原后方基地管理局团办公室副主任、轻工公司党委副书记史济民访谈录""原后方基地管理局党委常委顾榴龄访谈录",2011年5月13日。

工人为了泄愤,上山将当地山上的树木砍掉并运回了上海,结果当地乡政府和五洲厂矛盾闹得很大,关系一度非常紧张。

四、化解矛盾

小三线企业与当地民众的冲突与矛盾,既与小三线建在异地有关,又与小三线后期所面临的困境、人心不稳等因素有关。有效化解冲突与矛盾,既能保障小三线社会的稳定,又能与当地村、社保持较好的关系,为小三线后来的调整奠定了基础。

一方面,小三线企业以加强工农联盟,改善工农关系为主基调,与当地政府及村社合作,加强对职工和农民的法制宣传教育。如:提倡新道德、新风尚,互相尊重、互相爱护、互相谅解,以礼待人,不准骂人,不准侮辱人,不准动手打人,如发生争执纠纷,各方不得包庇怂恿和姑息迁就,做到赏罚严明,切实做到安定团结,不利于安定团结的话与事不讲不做[1]。协同机械厂则与其所在的宁墩地区就避免各类治安案件发生达成一致,"厂、队双方内外物资,都是国家和集体所有制的财产,以及职工、社员群众的财产,必须爱护和保护,受国家法律保障,任何人不得侵犯,不准乱拿。严禁小偷小摸等行为,厂方要加强物资管理和警卫制度,……严格执行宁国县工商管理局、宁国县公安局、宁国县供销合作社联合通知,严禁收购工业用铜、工业用铝、工业用铅等物资,有乱拿乱挪东西的行为,应进行教育,损坏东西负责赔偿"[2]。而对于因为看电影等生活琐事发生矛盾的问题,则通过加强电影放映时现场秩序的维持来避免,"在假日和放电影时,厂、社、队要共同维护好公共场所秩序,如发生纠纷由组织解决,对乘机肇事者应按国家治安条例追究处理"[3]。为避免交通事故多发,小三线企业也主动采取了设立固定检查站、加强对后方所有车辆的行车途中检查、举办驾驶员学习班等措施。

---

[1]《昌北派出所、岛石人民公社革委会、协作机械厂、仁里大队、大坦大队关于加强厂社队治安工作的联合通知》(1980年10月15日),协作机械厂档案,档案号:80-10。
[2]《宁墩区革命委员会、协作机械厂关于加强厂、社治安工作的联合通知》(1979年7月21日),协同机械厂档案,档案号:79-9。
[3]《昌北派出所、岛石人民公社革委会、协作机械厂、仁里大队、大坦大队关于加强厂社队治安工作的联合通知》(1980年10月15日),协作机械厂档案,档案号:80-10。

另一方面,注重日常关系的维护。协作机械厂负责人"经常主动上门向他们交流情况,交换意见,征求意见,使地方组织加深对我们的了解,逢年过节,或路过当地革委会,就进去坐一坐,谈一谈,放下架子,……做到'有事谈事,无事谈心'"①。在小三线企业的负责人看来,"他们(当地)提出的条件要尽量满足,就不会有什么问题,要跟村里的生产队长、乡里的乡长搞好关系,这是非常重要的"②。这是曾经担任遵义器材厂党委书记的陈志高的切身体会,事实也说明了这样做确实能化解一些矛盾。而日常的关系维护更是必不可少的,小到一顿中饭、一包香烟、一斤白糖,大到钢筋、水泥,都成为维系双方关系的载体。"当时后方征地,都是公事公办的,但当地人不是这样的,县里同意把地给企业了,到公社去,公社把章一敲,还必须到大队敲章,大队这时就说:公章不在身边,一次两次我们就明白了,要请他吃饭,这钱没有办法报销,厂长就自己掏钱"③。"厂里的干部在后方是吃亏的,因为经常和当地的干部一起吃饭,都是我们付钱。有次一个当地干部,饭吃好了还坐着不走。我问他还有什么事?他说:家里老母亲生病,要些糖,我马上找厂长,到小卖部买点东西包了给他,他就走了"④。"市里每年给多少水泥、多少钢材,我们也会给地方一些,要是他们觉得少了,或者平时要些钢材、钢筋要造房子,我们没满足,他们就生气了。在路边挖条沟,让车子无法行驶"⑤,"木材要的倒不多,关键是钢筋水泥要的多,我们又不能不给"⑥。

针对已经发生的各类矛盾,双方主要通过协商处理。发生治安案件,由小三线企业配合当地公安机关共同查处;针对农民围攻企业的纠纷,也规定了双方必须通过自己的领导协商解决,不准寻事上门,以免事态扩大;对于多发的交通事故造成的伤亡,也多数通过协商达成一定的经济赔偿、补偿、补助等方式加以解决。既然是协商,就会存在妥协或退让,面对农民围攻厂区、工厂

---

① 《中共协作机械厂委员会、协作机械厂革命委员会关于加强工农关系工作的情况报告》(1970年8月20日),协作机械厂档案,档案号:70-2。
② "原上海小三线遵义器材厂党委书记陈志高访谈录",2011年12月7日。
③ "原小三线金星化工厂团委副书记蒲志祥访谈录",2011年1月14日。
④ "原后方基地管理局公安处副处长郑兆山访谈录",2011年4月10日。
⑤ "原后方基地管理局党委副书记郑金茂访谈录",2011年2月14日。
⑥ "原后方基地管理局生产处副处长朱国勇访谈录",2011年2月28日。

生产无法正常进行的状况时,小三线企业也不得不退让以利于问题的解决,为避免因看电影引发的打架斗殴,各单位先后以一定比例的电影票直接给到当地农村;而针对万里锻压厂如此严重的事件,也只能妥协,"我们党委书记让我去处理,去了以后我不能拿农民开刀,我只能拿党委副书记开刀,把他隔离审查,再把他从厂里转移到轻工子弟小学。然后跟当地的农民讲这个人犯错误了,已经把他抓起来了,你们不要闹事了,他们也就散开了"①。

从上述解决矛盾和冲突的方式来看,尽管小三线成立了地区组专门负责处理与皖南当地的关系,皖南各专区、县甚至乡镇都设有负责与小三线单位接洽的协调办公室等机构,但在实际的工作中,依然是旧的矛盾还未彻底解决,新的矛盾又产生了。

第三节　交接带来的矛盾

根据上海市与安徽省1985年1月签订的交接协议,上海小三线企业所有的固定资产一律留给安徽,以便于当地在小三线撤出皖南后对原有企业资产的利用和改造,但实际上一些小三线企业在离开皖南时还是将仪器、设备乃至半成品、成品都运回上海出售,以获取企业在上海重建发展的资金,违背了双方的协议规定,引起了当地人的不满。同时对当地来说,小三线企业调整回沪后,长期以来依赖小三线企业提供的水电等生活设施将不复存在。凡此种种,导致了小三线企业在调整交接阶段,与当地的矛盾越来越多。

针对调整交接时期可能会出现的各类冲突和矛盾,上海是有预判的。早在与安徽省谈判时,针对交接协议的条款双方就发生了激烈的争论,"当谈到交接时间时,争论一直较激烈,即使在宴会时省经委陆副主任宣布会后双方签字,当正式签字时,又争论开了,因为安徽怕多变,怕财产运走,怕吃光分光"②。鉴于此,后方基地要求小三线各企业在与当地接收单位协商时,"要注

---

① "原后方基地管理局团委办公室副主任、轻工公司党委副书记史济民,原后方基地管理局党委常委顾榴龄访谈录",2011年5月13日。
② 《黄彪同志对〈关于贯彻上海在皖南小三线调整和交接协议的实施意见〉的解释》(未刊稿),1985年5月17日。

意态度问题,在交接时要做到四个满意,即中央、省市、地方、群众四满意,不能只搞一个满意,要活中求稳,稳中求快;要算大账,不要算小账。李晓航同志多次强调,严禁私分家产,严禁将固定资产包括废钢再往外运,不要自找麻烦;在磋商时,要各自多为对方设身处地地想想,要相互谅解,与对方接触时要注意对方的特点,把会上谈与会下个别谈结合起来,这样容易沟通思想,便于解决问题"①。

一、财产交接矛盾

然而,谈归谈,为了给回沪后争取更多的企业自筹资金,不少企业悄悄运回固定资产的事情依然不断,而当地为了保护"财产",在各地设卡查车,严禁小三线企业将固定资产运出。早在1972年,前进机械厂驾驶员就曾为了阻止当地管理站的查车而发生殴打工作人员的事,"我厂一辆'交通牌'货车从上海开回厂里,车上装的主要是产品毛坯件、顺带本厂11位职工,并有十几件行李及木床一副、方凳两张等。当行车途经安徽广德县誓节渡镇时,该镇竹木检查站工作人员按照规定,要求停车检查车上物品,我厂驾驶员虽然当时停了车,但态度傲慢没有接受检查,因此引起口角。……这时,乘车的我厂职工就借上去劝阻为名,进行围攻,殴打检查站的同志"②。

进入调整阶段后,因查车引起的冲突也越来越多,在老职工的回忆中,可以看出双方为了争抢资源的博弈,"当时搬迁,所有的运输车当地都要检查,看有没有带走什么东西。运回来的家具必须要当地开证明才能运出。我听说过有一个厂的领导,从旌德回上海,结果在路上被拦下来检查,发现带有家用的榔头、老虎钳,被当地人认为是携带固定资产回沪"③。就连平时与当地关系比较好的八五钢厂,在调整交接时也出现了类似情况,"有职工

---

① 《黄彪同志对〈关于贯彻上海在皖南小三线调整和交接协议的实施意见〉的解释》(未刊稿),1985年5月17日。
② 《关于我厂职工行车途经安徽广德县发生殴打竹木检查站工作人员事件的检讨报告》,上海前进机械厂档案资料,"本厂有关组织机构、干部任免、会议纪要等材料",档案号:1972-1-8、19。
③ "原后方基地管理局后勤处处长王中平访谈录",2011年1月22日。

带回两个矮凳,农民检查的时候都要收掉的,自己做的家具都不能带出来。当时比较有名的关卡有白洋、青阳,还有卡住到铜陵的火车,比较大的一个是南陵,南陵下面是宣城,接下来是广德,广德查起来也很厉害,八五厂到上海的车子必经广德,上海到八五厂基本上在八到十个小时,慢一点的十五六个小时,路上堵、拦太多,影响了正常的行车时间"①。即使有如此严格的过路盘查,仍然有小三线企业偷偷运回了一些物资,包括精密的仪器设备、仪表、金属原料等等,这些都是在与当地人关系较好的驾驶员的"公关"中被运回上海的。前进机械厂需调整交接给安徽当地的通用机械厂,为了将企业所留的部分尚未组装的民用产品运出当地,厂里连夜组织了30辆汽车用一个晚上的时间想尽办法躲过当地农民的阻拦,成功将零部件运回上海组装后加以出售。在协作机械厂,针对一些小三线职工在搬运家具回上海的途中私自多带当地木材的问题,当地林管站作出了具体的规定,"凡需要搬运家具职工,必须按照有关政策,不得带运禁运物资,事先须向厂搬运家具登记处如数登记出运家具数量,不得漏登瞒登。搬运家具的职工要自觉接受林业部门的检查,如发现拒检者,应按有关规定从严处理,发现违章者由林管部门按有关规定处理"②。为了避免在调整交接中引发厂地矛盾,后方基地对这一现象提出了批评,"在处理地方关系问题上,有个别单位不听指挥,继续转移设备,造成两地关系紧张,被人家老是抓住辫子,联防设卡,株连一片"③。

二、人员安置矛盾

在与当地争夺企业固定资产的同时,小三线企业内部皖南当地人员的安置也成为影响小三线与当地关系的焦点。按照上海市与安徽省达成的协议,

---

① "原上海小三线八五钢厂职工陈辉、陈震源访谈录",2011年3月27日。
② 《仁里乡林管站、上海协作机械厂关于协作厂职工搬运家具问题的通知》(1986年12月6日),协作机械厂档案,档案号:86-3。
③ 《人情形势 统一思想 同心同德 锐意进取,努力完成小三线调整交接的历史任务,后方基地管理局党委书记王昌法在小三线思想政治工作会议上的讲话》(1985年12月2日),协作机械厂档案,档案号:85-7。

由上海迁往小三线的职工全部返回上海。而对于从当地进厂的职工,则区别对待,与上海职工结婚的可以跟随回上海,其余则需由安徽方面负责安置。留在当地由安徽负责安置的小三线职工共计 1 465① 人,上海按每人 9 000 元的标准共计支付给安徽安置费 1 300 余万元。当地进厂职工因不满对新岗位的安排而到后方基地管理局上访的现象屡有发生,协同机械厂一些由当地安置的职工被安排在仓库、食堂、门卫、汽车驾驶、电话总机、行政等后勤岗位,于是便出现了工人"背着公司、协同厂领导,私自召开会议,私自宣布不上班,有个别人阻止其他职工上班,严重地影响着出口产品水泵钳生产"②。

面对上海小三线企业的调整,当地人则充满了各种担忧。长期以来,农村社会对于小三线已经养成了较强的依赖性,水力、电力、道路、通信等硬件设施,成为农村改善生活条件的一大支柱,电视、电影等基本娱乐活动也多依靠上海小三线,小三线人的日常消费也是当地村民的一大收入来源,而小三线企业的调整回沪打破了双方间的互动关系,从而出现了当地村民想方设法阻挡小三线企业迁回的现象。据时任前进机械厂厂长杨佳玉回忆:"双方之间的关系比较紧张,当初到后方的时候,当地的水、电都是由我们解决的,日常生活中的开水供应、洗浴等都是对当地人开放的,我们撤走后这些便利就不存在了。所以当地人扬言要放掉汽车轮胎的气,阻止我们离开。"③1987 年,联合机械厂因为调整交接的资金问题与宁国县的关系也一度比较紧张,"6 月 10 日发生接收单位开卡车堵大门强占四车间事件,为了解决厂地双方矛盾,我局会同机电公司走访了宣城行署和宁国县政府,在坚持贯彻省市协议精神的前提下,通过互让互利的协商,就有关资金交接问题达成了基本一致的意见,双方关系得到一定程度的改善"④。

从开始选点时期当地对小三线建设的支持,到投产以后双方的互动交流,再到调整交接时期发生的矛盾冲突,小三线与当地政府之间,小三线人与当地

---

① 另一统计数据为 1 492 人。
② 《关于接收三线留皖人员及有关事宜的报告》(1988 年 5 月 3 日),安徽省宁国县(三线办)档案,宁国县档案馆,全宗号: 85,案卷号: 31。
③ "原上海小三线前进机械厂厂长杨佳玉采访记录",2010 年 8 月 17 日。
④ 《中共上海市后方基地管理局委员会 1987 年上半年工作小结和下半年工作意见》(1987 年 6 月),协作机械厂档案,档案号: 87-6。

人之间的关系也悄然发生着变化,互动与矛盾既有其必然性,又有其局限性,并未能为双方带来更高层次的交流融合,互动与矛盾交织在一起,奏响了山区里的生活交响曲。

第四节　小三线对当地社会的影响

上海小三线在皖南和浙西山区存在的24年,也是小三线对当地农村社会产生影响的二十几年。无论是在日常生活方式上,还是在思想观念上,小三线人不自觉地影响着与其共处于一个生活半径和地理环境的当地农村社会,推动了当地的经济、社会、文化的发展。在上海市原副市长兼市计委主任陈锦华看来:"小三线对战备,改善工业布局,改变皖南山区经济、文化、科学、技术的落后面貌都有好处,意义不要低估,要珍惜和爱护这个成果。"①

一、改善农村基本生产生活条件

一方面,皖南山区自然环境优美,黄山、九华山耸峙其间,天目山西麓迤逦东南边缘,地形上主要由北东—南西走向的天目山、白际山、黄山、九华山、仙人尖三组山系和夹于其间的两组河谷盆地组成②。另一方面,地貌类型复杂多样,由于地形切割强烈,山高坡陡,层状岩体以及风化岩体发育,雨量充沛,因此崩塌、滑坡、泥石流发育,水土流失严重③。地貌决定了皖南的交通条件相对较差,限制了其与外界的交流。随着上海小三线的到来,这一情况得到了明显改观,给当地人的生活条件带来了质的变化。

在基础设施建设上,为保障小三线企业和职工的正常生产生活,通水、通

---

①《小三线:上海对兄弟省安徽的现代化播种工作——上海市原副市长兼市计委主任陈锦华访谈录》,徐有威主编《口述上海:小三线建设》,上海教育出版社2013年版,第5页。
② 郑建中、邹正明:《皖南山区环境地质特征与滑坡地质灾害防治》,《合肥工业大学学报(自然科学版)》2006年第1期。
③ 王国强、李瑛霞、吴道祥等:《安徽省地下水资源特征与水环境问题》,《自然资源学报》2002年第1期。

电、通路等也在客观上极大改善了当地人的基本生活条件。在交通出行方面，通过开山修路，由山区通往外部的交通条件大大改善，公路、铁路在为小三线提供基本运输条件的同时，也改变了当地相对封闭的交通环境。"后方81个企事业单位，分散在皖、浙两省的50多个公社100多个生产队之中，大部分在深山沟里，有不少地方原来没有公路，要建造工厂首先劈山开路，新公路的建成，促进地方工农业、交通运输业的发展"①。在电力设施建设和供应上，"从1965年10月开始，到1988年5月止，历时23个春秋，新建3家发电厂，1家供电所，总装机容量8.6万千瓦，共发电509 754.5万千瓦时②，架设1 310公里输电线路，供电范围除小三线外，还包括安徽省的徽州、宣城、池州3个地区的13个县，纵横300多公里，为支援军工生产和地方工农业生产的发展，改变皖南山区无电、缺电和交通闭塞的状况，促进皖南山区资源的开发和社会进步，发展农村经济改善农民生活，作出了重要贡献，这一点也得到了当地的肯定，"上海小三线厂来这里，对绩溪的工业和经济发展起到了很大的作用。第一是电力方面的贡献。当时绩溪还没有发电厂，用一个柴油机组发电，仅供照明用。上海小三线来以后就把华东电网拉过来了，给绩溪解决了供电问题。第二是公路方面的贡献。瀛洲过去是泥土路，晴通雨阻，后来改成比较好的砂石路，到1982、1983年就浇为柏油路了"③。"原来没有公路的通公路了，原来没电的通电了，原来没见过汽车的也看见汽车了"④。在供水上，小三线的龙江水厂解决了当地人喝不到过滤水的问题，在当地人印象里，"我们吃的都是没有经过过滤的井水、潜沟水，水源里面含有血吸虫，周边地区得血吸虫病的人比较多，小三线厂来了，就供应周边几个村庄的吃喝生活用水，他们供应的水都是从龙江水厂过来的，水质都是经过专业处理过滤后，通过地下的管道直接供应给我们，当时三线厂在我们村庄装一个公共的水龙头，村民要用水，都可以去那里

---

① 上海市后方基地管理局党史编写组：《上海小三线党史》（未刊稿），1988年4月，第47页。
② 上海市电力工业局史志编纂委员会编：《上海电力工业志》，上海方志电子数据库，http://www.shtong.gov.cn/difangzhi-front.htm。
③《我要嫁人了，和你说一声——原安徽省绩溪县小三线交接办公室副主任汪福琪访谈录》，徐有威主编《口述上海：小三线建设》，上海教育出版社2013年版，第201页。
④《一位上海籍安徽县长经历的上海小三线建设——安徽省贵池县原县长顾国籁访谈录》，徐有威主编《口述上海：小三线建设》，上海教育出版社2013年版，第193页。

放水,方便了村民取水,水都是不要钱的,我觉得更重要的是我们喝到了洁净的自来水,后来患血吸虫病的人也减少了很多"①。基础设施的建设和改善为后来整个皖南山区的经济和社会发展提供了必要条件。

在农业生产上,为了搞好与当地农村的关系,小三线企业从一开始就很注重扶持皖南当地的农业生产机械化。当时的皖南山区基本只种植小麦、油菜,后来在后方基地的帮助下,逐渐开始种植水稻,从一季稻开始到二季稻种植,上海提供的技术和设备支持对皖南山区农业生产技术的改进发挥了积极的作用。小三线从机关到基层单位,逢年过节都要到所在的地、县(市)、公社、大队、生产队去慰问、沟通思想,了解地方在物资上的需要,制订支农物资计划,取得上海市有关部门和有关局的支持,定期或不定期的对当地给予物资上的支援。支援物资的品种主要是钢材、水泥、拖拉机、汽车、化肥、机电设备和其他工业品等。据后方基地统计:"每年定期支援的物资从1978年至1980年三年的统计,钢材4 185吨、水泥2 300吨、载重车53辆、拖拉机78台,其他还有玻璃、汽车拖拉机配件、农用水泵、变压器、电动机、轴承、电线、电焊条、化验设备等等若干。"②这些物资全都由小三线无偿提供给当地农村。这部分内容在前文已经论述得较为充分,不再赘述。

二、影响农村社会思维方式

除了在基础设施、农业生产上对皖南当地提供援助与支持外,小三线人也深刻改变着当地人的生活方式,且这一变化是思想观念和思维方式上的。

在小三线人眼里,当地人对外界的认知是这样的:"我们刚去的时候,汽车、卡车开过去,他们说这辆小车是不是那辆大车生出来的。"③"工厂水龙头一开,农民想这水是哪里来的。"④"七几年的时候我们开了一辆北京吉普车,去看望慰问长江医院一个医疗小分队,结果当地一个年纪比较大的老人,看到

---

① "原安徽省东至县香隅镇新叉村村支部书记庞吉忠访谈录",2012年5月28日。
② 上海市后方基地管理局党史编写组:《上海小三线党史》(未刊稿),1988年4月,第47页。
③ "原后方基地管理局工会主席王美玉访谈录",2011年1月22日。
④ "原后方基地军代表王根富访谈录",2011年5月19日。

车以后割了一把稻草给车吃,后来看没动静,就问我们,这个铁牛怎么不吃草的,它吃什么啊?"①这些认知在小三线企业到来后发生了改变,从不认识汽车到习惯于搭乘小三线企业的顺风车走出去,水、电、道路的建设更使当地村民的眼界和视野得到了拓展,潜移默地影响着当地人的生活方式。

随着与小三线人的不断接触,当地人的生活习惯也逐渐发生了观念性的变革,"每次放映电影,当地乡亲们携老拖小与职工一起看电影,使他们得到了文化娱乐方面的享受。工厂的小卖部带来上海的产品,山区的乡亲们不需要出远门,就可以买到称心如意的生活用品。工厂的浴室,给当地农民创造了讲究清洁卫生的条件;工厂的自来水,为乡亲们的生活用水及农业生产用水提供了方便;工厂的电也输送到附近的村庄,为乡亲们送来了光明,改变了农村的生活习惯;工厂的中小学,解决了穷山僻壤中的农民子女读书难的问题;工厂的医务室和后方瑞金、古田、长江、天山等医院,改变了山区的医疗条件,使当地人民的疾病得到及时的医疗"②。甚至经常会出现有村民无论距离多远,就为看一场演出而赶几十里路的现象,"有一次文工团到后方演出,他们为了看戏,从山里背了点心过来看,后来业余队伍到后方演《红灯记》,他们又赶了几十里路来看"③。值得一提的是,一些因为征地而进入小三线企业的当地青年人,更是从头到脚都习惯了向小三线人学习,从穿着打扮、行为方式到学说上海话,都成为让当地人羡慕的行为举止,"当地人用的都是纸伞,而我们的伞是阳伞,后来油纸伞也找不着了,跟我们一样用阳伞了"④。在贵池县原县长顾国籁的记忆中,"这些当地民工融入上海的工人队伍中,同吃同住,久而久之,很多人甚至上海话都说得很好"⑤。而在衣着上的效仿则更为有趣,"上海人在衣着上比较时尚,当年的化纤衣料质量好的叫的确良,一些女工穿的确良衬衣,我们这里人看到了觉得很高级,所以很快就流行起来了,从衣着的衣料上、

---

① "原上海后方基地卫生工作组陈金洋访谈录",2019年1月16日。
② 上海市后方基地管理局党史编写组:《上海小三线党史》(未刊稿),1988年4月,第48页。
③ "原后方基地管理局工会主席王美玉访谈录",2011年1月22日。
④ "原上海小三线胜利水泥厂干部刘志余访谈录",2018年11月21日。
⑤ 《一位上海籍安徽县长经历的上海小三线建设——安徽省贵池县原县长顾国籁访谈录》,徐有威主编《口述上海:小三线建设》,上海教育出版社2013年版,第194页。

衣服的式样上进行模仿。我记得最典型就是上海人当时穿的裤子,很窄的裤脚,只有5寸或5寸半,很长的拖下去,然后穿上很时髦的鞋子,我们这里穿的是大裤脚的,但此后也逐步改为小脚裤了"①。然而也不乏始终无法真正学到位的人,他们通常也会自我调侃,"想学上海样,学学学不像,刚刚学得有点像,上海又变样"。

小三线人的生活消费也提高了当地人的经济效益意识。对于蔬菜、日常副食品等新鲜度要求比较高的食品来说,皖南当地具有天然的供应优势,尤其是土特产,更是成为小三线人回沪探亲的必备物品。从最初的以物易物,到出售山核桃、鸡蛋、蔬菜等给小三线人,从最初的随便给点钱就可以买到超出预期的农产品到后来的物价逐步上涨,追求经济利益已经成为当地村民的共识。"过去县城里没有菜市场,他们(小三线职工)来了之后,农民就运菜到县城卖菜了。开始是小规模的,沿街上卖一点,特别是星期天,小三线厂职工进城来采购一些东西,就形成了市场"②。"星期天早上,老母鸡、花生、芝麻、瓜子就摆出来了,当地人的现钞因此多了点"③。据小三线职工反映,靠近小三线工厂的村庄,农民年收入不断增加,甚至能超过工人的收入,"靠近厂周边的农民,年收入有1 000多元,离厂10公里以外的寡妇村也有300多元"④。随着山区道路的畅通,以前山里的农副产品无法运出的困境也得以解决,利用小三线企业的运输车将茶叶、花生、山核桃等土特产运出山外,帮助农民获得了更高的经济效益。

三、奠定皖南现代工业基础

上海小三线从选点、基建到军品投产、转产民品、调整接收,来自上海的人力、物力、财力大量投入,为皖南当地工业发展奠定了基础。尽管多数企业选

---

① "原安徽绩溪县小三线交接办公室副主任汪福琪访谈录",2012年3月15日。
② 《我要嫁人了,和你说一声——原安徽省绩溪县小三线交接办公室副主任汪福琪访谈录》,徐有威主编《口述上海:小三线建设》,上海教育出版社2013年版,第203页。
③ 《厂长握着我的手,哭了——原上海工农器材厂安徽征地工王志平访谈录》,徐有威主编《口述上海:小三线建设》,上海教育出版社2013年版,第212页。
④ "原上海小三线八五钢厂团委书记、第三车间支部书记史志定访谈录",2011年2月24日。

点在深山，不利于当地在接收后的整体改造利用，但从固定资产到技术再到人力资源，小三线对于皖南当地的工业发展提供了无形的资产，为改革开放过程中皖南工业经济的发展提供了全方位的支持。在上海市原副市长兼市计委主任陈锦华看来，小三线无疑是一次工业技术上的转移，"小三线促进了皖南地区的经济发展。上海工业是先进的，它通过三线建设把它的人才、技术和管理带到经济落后的地区，是一种社会进步"①。

以当时上海小三线筹建小组到皖南选点时的调研了解数据来看，在休宁县，当时县城的供电都是小型的火力发电厂，除此之外没有像样的工厂；黟县距离公路干线较远（27公里），出入极不方便，电源也有困难；旌德县当时有两个工厂，一个是机械厂已经当作党校利用，另一个是造纸厂，也被另作他用——福利院；宁国已经算是有一些工业基础的县城，在其县城东北港口的灰山煤矿，储量已有1 840万吨，且当时江苏已准备在此建立6 000千瓦的火力发电厂②。皖南当地的工业基础薄弱，由此可见一斑。

在上海与安徽1985年签订的交接协议中，明确规定小三线企业的固定资产全部移交给皖南当地，为原本并不系统的皖南工业提供了支持。虽然有些县在对小三线企业的改造中未能充分完整地加以利用，但却依然出现了像宁国这样利用小三线企业调整接收而大力发展起来的县域经济，成为中国县域经济的奇迹，被学界称之为"宁国现象"。上海小三线先后在宁国县设立了15个企事业单位，这其中包括联合机械厂、协同机械厂、曙光电料厂等军工产品生产企业。在小三线企业调整接收时期，宁国县共接收小三线企业固定资产5 729.4万元，净值3 656.5万元，有国拨流动资金1 046.3万元，企业全部占地面积987 076平方米，年末企、事业房屋建筑面积261 417平方米，并拥有大小金属切削机床423台、锻压设备55台、各种汽车133辆③。宁国县正是利用了这笔工业遗产，采取务实的态度，合理利用，积极发展乡镇企业，盘活了小三线企业

---

① 《小三线：上海对兄弟省安徽的现代化播种工作——上海市原副市长兼市计委主任陈锦华访谈录》，徐有威主编《口述上海：小三线建设》，上海教育出版社2013年版，第5页。
② 《浙西、皖南情况简介》（1965年），上海市档案馆，档案号：B103-3-586-17。
③ 《上海后方古田医院（甲方）、安徽宁国县政府小三线接收办（乙方）交接协议书》，宁国市档案馆，档案号：85-23。转引自段伟：《安徽宁国小三线企业改造与地方经济腾飞》，《当代中国史研究》2009年第5期。

移交的资产,"宁国工业是以上海'小三线'企业为原始基础,以乡镇企业、民营经济为主体而逐渐发展起来的。1979年以后,设在宁国的上海'小三线'企业全部回迁,只不过是人回上海了,但机器、设备、厂房都移交给宁国县,宁国将此视为珍宝,充分利用这个'原始基础',办起了第一批乡镇企业"①。如今的宁国,已经摆脱了原有的"八山一水半分田,半分道路和庄园"的农业经济主导发展模式,发展成为安徽乃至全国著名的县域经济。在复旦大学段伟看来,"安徽省皖南地区曾利用上海'小三线'企业完成了现代化建设的基础改造,并使皖南在发展的同时反过来促进了上海的发展。其中,宁国县改造'小三线'建设效益最为明显"②。同样作为接收小三线企业较多的贵池县,"为了加大与上海的交往、联系、协作,专门在上海成立了办事处,成为皖南地区第一个在上海成立办事处的县。后来,我们和徐汇区结成了友好区县"③。而在绩溪,"以前的海峰印刷厂,现在这里仍然叫海峰印刷厂,仍然是搞印刷的。当时海峰印刷厂是过渡性移交,……从厂里的业务到生产技术,经过两年的磨合期,交接很成功。老厂仍在生产,另外已经在宣城开了分厂,仍在印刷保密试卷"④。在旌德,作为小三线建厂最多的县,在全部移交给地方后,"当时基本得到改造利用,先后在原上海小三线办起电子元件厂、苎麻纺织厂、羊毛衫厂、胶囊厂等一批国有、集体和乡镇工作企业"⑤。

需要提及的是,为了协助皖南当地利用好小三线的设备,各企业在调整接收时都应当地接收单位的要求,留下了部分技术工人对企业的改造利用进行技术指导,为皖南当地培养了一批本土的技术人员和管理人员,也成为皖南当地改造利用小三线工业资产的重要力量。

---

① 程必定:《县域层次统筹城乡发展一般路径的探讨——以安徽宁国为例》,《嘉兴学院学报》2005年第1期。
② 段伟:《安徽宁国小三线企业改造与地方经济腾飞》,《当代中国史研究》2009年第5期。
③《一位上海籍安徽县长经历的上海小三线建设——安徽省贵池县原县长顾国籍访谈录》,徐有威主编《口述上海:小三线建设》,上海教育出版社2013年版,第197页。
④《我要嫁人了,和你说一声——原安徽省绩溪县小三线交接办公室副主任汪福琪访谈录》,徐有威主编《口述上海:小三线建设》,上海教育出版社2013年版,第206页。
⑤ 刘四清:《安徽旌德历史上的上海小三线》,徐有威、陈东林主编《小三线建设研究论丛(第二辑)》,上海大学出版社2016年版,第51页。

第七章 "小社会"的回归

上海小三线作为上海的后方基地,在20世纪60—70年代中期,建成了一批军工企业以及相关配套设施,并先后投入生产运营。但随着国内、国际形势的不断变化,特别是改革开放不断深入推进,全国范围的三线建设普遍面临着一个全新的挑战:何去何从?此时的上海小三线作为一个相对独立存在的小社会来讲,受国民经济调整的影响,最直接的困难就是军品生产任务大幅下降,转产民品又由于成本较高而缺乏市场竞争力,再加上小三线人生活上面临的各种困境和问题始终无法彻底解决,维持小社会稳定的成本不断增加,职工思想在各种社会思潮的影响下普遍出现波动,从而对企业和个人的未来产生了质疑和恐慌。作为全国规模最大、人数最多、门类齐全的省(市)小三线,它的命运将直接关系着小三线81家企事业单位、7万余名小三线人的命运,如果这个问题解决不好,必然会对上海的经济发展和社会稳定带来影响,为小三线社会寻找出路迫在眉睫。

第一节 国内外形势变化

经过二十多年的发展,三线建设确实在改变我国工业布局不合理上发挥了一定的作用,同时也为抵御外敌威胁做了充分的战备准备,其存在的合理性是毋庸置疑的。但同时三线企业本身一直存在的问题也是无法避免的,尤其是随着国民经济调整和改革以及国际国内形势的变化,各种问题暴露加速,企业生存面临困境。

80年代初,世界格局发生深刻变化。尽管战争的危险依然存在,但和平的力量也在不断发展。正如邓小平所说,随着世界形势的发展,70年代以来,尤其是进入80年代以后和平与发展逐渐成为国际形势的主流,"世界战争的危险还是存在的,但是世界和平力量的增长超过战争力量的增长。世界大战打不起来,尽管世界仍不太平,但是今后很长时期内,我们可能面临的主要是中小型的局部战争"①。加上中国的外部环境不断改善,中美、中日先后建交,为国家的经济建设营造了较好的外部条件。与此同时,美苏争霸的冷战局面也得以缓解,世界范围内的民族解放运动告一段落,而当初为备战建立起来的三线工业体系,已经难以适应新的国际环境。

在国际形势发生变化的同时,党的十一届三中全会决定将党和国家的工作重心转移到以经济建设为中心上来,对国民经济进行调整和改革,对外实行改革开放。全会在审议1979年、1980年国民经济计划时指出:"国民经济比例严重失调的状况没有改变过来,生产、建设、流通、分配中的一些混乱现象没有消除,城乡人民生活中多年积累下来的一系列问题没有妥善解决,因此,要切实做到综合平衡,压缩基本建设规模,重视逐步改善人民生活。"②此后,邓小平、李先念、陈云等人开始着手制定国民经济发展的新方针,1979年4月,中共中央召开工作会议,正式提出了"调整、改革、整顿、提高"的方针,计划利用三年左右的时间对整个国民经济进行调整,"调整"成为以经济建设为中心的关键词。

进入80年代后,建立社会主义市场经济体制的目标标志着计划经济体制的破冰,为了备战而建、高度依赖计划经济体制,无须考虑成本、产供销均由国家统一调配的三线企业已经越来越难以适应以经济效益为中心的企业发展模式,三线工业的调整已经势在必行。

在内外因素的综合作用下,根据国民经济调整的八字方针,国家开始着手对三线工业进行调整,提出了"军民结合、平战结合、军品优先、以民养军"的方针,压缩基本建设规模,不再向三线地区大规模投资,而对于一些已经无法正常运转的三线企业,提出了"关、停、并、转、迁"的调整思路。

1983年11月20日,国务院约谈四川省省长、川东三线建设总指挥鲁大东

---

① 《邓小平文选(第3卷)》,人民出版社1993年版,第127页。
② 李彩华:《三线建设调整改造的历史考察》,《当代中国史研究》2002年第3期。

和电子工业部部长、西南三线建设委员会副主任钱敏及国务院国防工办副主任郑汉涛,就三线建设调整改造问题进行了一次讨论。时任国务院总理赵紫阳在关于设立三线建设调整改造规划办公室问题的讲话中指出:"总的要求是:三线企业要经过调整、改造,使它发挥作用,要通过联合、协作,把三线企业组织起来,解决生产中的问题,使它的作用发挥出来,调查研究和进行调整要从长远观点来考虑,三线有那么多的人,那么多的设备,花了那么多的投资,怎样发挥作用,要好好研究,总的讲,三线建设是这么三句话:调整、改造、发挥作用。"①12月3日,国务院下达的《关于成立三线建设调整改造规划办公室的通知》明确:"调整,改造,发挥作用"是三线建设调整的方针,成立国务院三线建设调整改造规划办公室,任务是提出三线现有企业的调整和技术改造规划,并对其实施进行检查监督。12月29日,国家主席李先念又指出,抓三线建设调整,对稳定和鼓励在三线工作的同志的情绪会发挥很大作用。可以继续调整我国不合理的工业布局,改变三线地区的落后面貌,促进内地经济的发展……要经过调查研究和统一规划,在一定时候和力所能及的情况下,应该把那些有条件、有前途的工程项目搞起来,使三线建设发挥越来越大的作用②。国务院针对三线工业的调整正式拉开大幕。在上海小三线,"这一时期,按照实事求是的原则,对上海小三线的生存、发展进行了积极的探索和再认识"③,并通过积极努力,尽力维持企业的生产和职工生活。

第二节 小三线企业转型

社会转型系指在不改变原有社会基本性质前提下,在经济、政治、文化等

---

① 《上海市人民政府国防科工办关于传达李肇基副市长小三线工作会议精神和本市调整意见的讲话稿》(未刊稿),1984年10月20日。
② 钱敏:《西南三线建设》,朱元石主编《共和国要事口述史》,湖南人民出版社1999年版,第336—337页。转引自陈东林:《走向市场经济的三线建设调整改造》,《当代中国史研究》2002年第3期。
③ 上海市后方基地管理局党史编写组:《上海小三线党史》(未刊稿),1988年4月,第58页。

各方面从传统向现代社会进行的整体转变。80年代开始的社会经济发展转型也很快传导至上海小三线这个企业办社会,国家先后提出了允许企业实行多种灵活的经营方式,同时在农村实行家庭联产承包责任制,允许一部分人先富起来。但是,在多数小三线企业看来,由于地处深山,基本不具备灵活经营的条件,也就很难完成企业的转型,小三线的生存空间不断被挤压。

一、转型遭遇的困境

在小三线企业面临的众多问题中,核心是生产经营困难。这一问题的出现,既与最初的选点筹建有关,也与国民经济调整有关。一些在计划经济和军事备战时期并不能称之为困难的问题却成了制约小三线发展的瓶颈。

摊子过大战线过长。从常规武器品种来说,上海小三线企业"不但超过一般小三线工厂的范围,而且曾经生产过的13个装备品种中由于大多数属于长线产品,重复布点,只有四〇火箭弹等两三种能在较长时期内维持一定数量的生产。从生产业务门类来说,则包括上海16个局的业务范围"①,后方化工公司所属的几个小三线企业自从建成后就从未正式生产,由此带来的投资浪费、回报率低的问题不断暴露。据不完全统计,上海小三线"历年来停建、缓建、建后撤销、建后停产以及建后不能按原定目标生产的投资数约占总投资数的30%以上,其中建前考虑不周,建后不能正常生产的达1.3亿余元,中途停工停建、未形成生产能力的达8 400余万元,跃进机械厂(即上海第七机床厂)领导干部回忆在全迁来后方之前,规模600人,每年上缴利润1 000万元左右,最高时达到1 300万元,内迁后,并没有实现为后方承担精密机械修造的预定目的,人数已达到1 260人,上缴利润只有8万元。八五钢厂领导干部感到国家为这个厂已花去投资7 000万元,人员达到5 400人,到1980年止,10年累计利润860万元,去年一年要亏损406万元;而上海同样规模的矽钢片厂一年可上缴6 000万元"②。

---

① 上海市后方基地管理局办公室:《上海小三线建设中的"左"倾影响——关于小三线建设过程及经验教训的调查报告》(未刊稿),1982年1月。
② 上海市后方基地管理局办公室:《上海小三线建设中的"左"倾影响——关于小三线建设过程及经验教训的调查报告》(未刊稿),1982年1月。

选点造成生产成本高。由于最初建设小三线时片面追求大而全和"进山、分散、隐蔽"的选点原则,导致在市场经济环境下,未按经济规律办事的弱点不断暴露。不同性质的企业对于原料、燃料、动力、水量、水质,对于劳动力和生产协作,对于运输量和运输方式,对于地形、地质以及三废的排放和处理都各有其特定的要求。以电力行业为例,水、煤的来源和灰的出路是电厂建设中必须考虑的三个基本条件,但是上海小三线的三个电厂却在不同程度上背离了这些基本要求,水源不足导致三个电厂都不得不用风机冷却循环用水;从煤来看,三个电厂分别从贵池、繁昌、芜湖运入,公路运输里程分别为28公里、86公里和176公里,致使运费大量增加。就连生活用煤的成本也奇高,以协作机械厂职工生活用的阳泉屑煤为例,"来价每吨31.5元,从上海运到我厂相距385公里,每吨煤运输费为69.3元"①。同样的问题也出现在冶金、化工等企业中,八五钢厂建在水陆运输都不便利的山区贵池梅街,而生产上所有废钢铁和各种原辅材料几乎全部需要从500多公里外的上海运来,70%以上的产品又要发往上海销售。"从贵池到上海利用长江水运,贵池港到厂30公里用汽车运输,以1980年为例,钢产量4万吨用原辅料12万吨,比上海多花运费264万元,钢材产量88 000吨,比上海多花成品运费198万元,另加厂内运输费一年50万元,三者合计比上海一年多耗运费512万元"②。在化工行业方面,上海小三线的火炸药工厂,建在距离东至县城约30公里的山沟里,工厂建成后,由于缺乏足够的地下水,不得不采取长江引水的方案,建设水厂,敷设27公里管道,用六级泵房提升送水,共投资1 979万元,而且成品厂和原料厂的建设次序颠倒,投产之后,绝大部分原材料依赖上海供应,长途运输不但危险性大,而且运费昂贵,如液态氨,每吨400元,运费为700元,硫酸铵每吨140元,运费为182元,加上山区工厂开支庞大,生产成本大大提高,如小三线红星化工厂生产的乌洛托平,与上海溶剂厂相比,原料消耗低于溶剂厂,但成本却高出溶剂厂1倍以上,上海溶剂厂每吨成本为1 700元,红星厂则高达3 500元,按现行售价

---

① 此数据源于协作机械厂1979年报五机部的调查报告(1979年11月23日),报告主题缺失。协作机械厂档案,档案号:79-5。
② 上海市后方基地管理局办公室:《上海小三线建设中的"左"倾影响——关于小三线建设过程及经验教训的调查报告》(未刊稿),1982年1月。

每吨 2 700 元计算,上海溶剂厂每吨可获利 1 000 元,红星厂反净亏 800 元①。

布局过散协作困难。上海小三线建设在皖、浙两省 13 个县、方圆 15 300 多平方公里的范围之内,东西距离 263 公里,南北距离 135 公里,企业不仅远离自己的管理机关,而且远离当地的中小城镇,即使是在一个厂内的布局也十分分散,单体面积小,车间间距大成为普遍现象。如协作机械厂,生产用单体平均面积为 300 平方米,最小的只有 22 平方米,厂内公路达 10 公里,每天要有 16 个辅助工、3 辆 2 吨载重车、1 辆 4 吨载重车专供厂内半制品流转运输之用,生产成本大大增加的同时,使得车间之间在生产协作上也存在极大困难。

上述种种困境,使得上海小三线企业的生存面临前所未有的困难,这一点不仅在后方基地管理局、小三线企业及职工中有着共识,上海的相关部门也意识到了这一问题的严重性。这些工厂大多数分布于偏离县城的山区,各自组成一个个封闭式的工厂小社会。因布局孤立分散,各厂之间只有用汽车运输,许多物资又依赖于上海,所以运输费用大,再加上长时期来生产任务不足,致使这些厂的经济效益极差。不少企业只能依靠国家贷款救济,上海市国防工办每年要补贴 2 000 万元给后方基地用于弥补各厂的亏损,虽然也有一些企业试图改变这一现状,但效果并不理想。以八五钢厂为例,上海冶金局为了提高八五钢厂的经济效益,曾打算"死马当作活马医",再投资 2 000 万元搞一个不锈钢拉管车间。经过实地反复考察,也撤销了这个不切实际的投资计划。很明显,这个钢厂就属于中央论述的那种与先进企业争原料、争市场,耗能大,效益差,浪费惊人的企业。

与此同时,由于长期以来吃单一军品饭吃惯了,所以军品任务的不断减少,对小三线来说无疑是雪上加霜,"自 1980 年开始,国家大量压缩国防费用,军品生产急剧下降,1980 年比 1979 年下降 44.5%,1981 年又比 1980 年下降 21.2%,致使全后方 54 个工厂处于停工和半停工状态的占 59%"②,小三线轻工公司系统的八家工厂,有六家厂的产品生产任务下降 50% 以上,有的工厂整个产品都已经下马。"前几年,这批工厂普遍处于半死半活状态,一部分常年关

---

① 上海市后方基地管理局办公室:《上海小三线建设中的"左"倾影响——关于小三线建设过程及经验教训的调查报告》(未刊稿),1982 年 1 月。
②《后方局关于小三线调整工作总结报告》(1991 年 9 月),上海市档案馆,档案号:B67-1-312。

门,价值几百万元、上千万元的设备躺在那儿睡觉,请人看大门,还要上海掏钱维护"①。"任务上面下达,利润百分之五,基建国家投资,产品部队收购,有多少活干多少,没有活就闲着"②。面对军品任务不断减少,诸如"上面没有任务,又不是我们不干"的职工埋怨声也多起来。小三线企业的出路也引起了社会的广泛关注,这一时期的媒体常有报道,认为目前这批工厂普遍人浮于事,非生产性开支大。几年来国家对这些工厂已付出大量投资,工厂的技术装备较新,有些单位技术力量较强,固定资产较大,却没有很好地发挥优势。如何让这些工厂起死回生,是当前上海经济建设中一个急待解决的棘手问题。

二、转产民品

1984年8月18日,时任国务委员、国家计委主任的宋平在三线企业调整工作会议和全国小三线工作会议上的讲话中再次指出:"小三线企业原是各省、市管的地方军工企业,主要是生产常规武器,……这些厂大都在山沟里,有相当一些厂很困难,近几年有的省已作了一些调整,一部分厂已转产,但还有一些企业确实需要进一步调整。……这些企业也要军民结合,增加民品生产,以民养军,我们办什么事都不要一刀切,有些企业过渡一下也有必要。"③在这次会议上还明确了小三线企业调整中的几个问题,为调整搞活小三线定了基调。面对中央一系列的调整工作会议释放出要调整小三线的信号,根据中央提出的"军民结合、平战结合、军品优先、以民养军"方针,上海小三线也开始尝试转而生产民品,希望能够"以民养军",小三线企业在大力争取军品任务的同时,纷纷转投民品生产。1979年,为了帮助后方机电公司所属的11个小三线企业转产民品,其民品生产任务的具体安排、原材料供应、毛坯件、配套件和工艺协作、产品的分配销售统一由前方的机电一局

---

① 陈宝善:《拆除人为樊篱,改变归属关系,皖沪改造"小三线"企业》,《人民日报》1987年3月10日。
②《张梦营同志在国防工办系统政治工作会议上的讲话》(1983年5月3日),协作机械厂档案,档案号:83-3。
③《上海市人民政府国防工业办关于传达李肇基副市长小三线工作会议精神和本市调整意见的讲话稿》(未刊稿),1984年10月20日。

组织、安排和管理①,试图从管理体制上推动转产民品。万里锻压厂形成了手表表壳生产能力,达到日产量四五千只,产品合格率在99%以上②。红星木材厂建成了台钟木壳、沙发和铰链三项民用品生产线③。向东器材厂从市场出发,调整了军品民品生产的比重,"将本高利低的民品铝电解,由原来占年产值的37.88%,上升为66%。这样虽然生产任务重了,利润少了,但是适应人民生活需要,加速了资金周转"④。培新汽车厂转产旅游用车,批量生产了五种型号大客车,其中SP665T型新型大客车,"采用东风'T'级客车专用底盘,载客47人(包括驾驶员),轴距5 000毫米,发动机功率135马力,最高时速80公里"⑤。

上海小三线军转民取得一定成效的是轻工公司,他们克服民用产品生产需要的场地、设备、技术等难关,加速由单一军品生产转入军民结合的轨道,从无到有形成了七条轻工产品生产线。上海燎原模具厂1980年转为生产表壳,1981年第一季度提前完成了30万只表壳毛坯的加工任务;上海光明机械厂将旧仓库作为民品"百乐牌"电风扇的总装车间;上海红光材料厂转产自行车链条,组织后方机修工人设计、制造大批专用设备,到1980年底已造出专用设备64台,为企业节约了资金⑥。

小三线企业在上海各有关局的帮助下,积极调查研究,调整产品结构,转产民用产品。以1982年为例,全年上海小三线共计生产电风扇4万台、台钟8万台、成品表壳75万只、电度表8万只。同时加快新产品、新品种试制、投产的速度,机电公司试制新产品18种,仪电公司试制新产品33种,全后方1982

---

① 《关于进一步加强后方机电公司民品生产管理的初步意见》(1979年8月23日),协作机械厂档案,档案号:79-13。
② 颜国宝:《在搞好军品生产的同时,万里锻压厂大批生产表壳》,《解放日报》1980年6月10日。
③ 王士雄:《红星木材厂在确保军用品生产同时,增产民用产品》,《解放日报》1981年3月12日。
④ 路青、李文秀:《调整军品民品生产比例,满足人民需要,向东器材厂产品质量创最好水平》,《文汇报》1981年7月22日。
⑤ 严志光:《适应旅游业发展和单位用车需要,培新厂大力发展新型大客车,整车性能优良、造型别致、产品供不应求》,《解放日报》1984年12月6日。
⑥ 唐仁承、蒋梦丹:《上海市后方轻工公司在军工生产大幅度下降情况下,不安于吃国家补助,大力发展民用产品》,《解放日报》1981年4月6日。

年完成民品产值占总产值50.73%①。至1983年共计建成了15条民品生产线，生产矿用单体液压支柱、皮带输送机、电扇、台钟等十几种民品，使民品产值占总产值的88%，基本上完成了军转民的转变②。整个后方基地在"军转民"过程中，有的企业在不断减少亏损额，还有部分企业开始有了盈利，一些民品设计还曾获得了国内的技术大奖。五洲电机厂以其原有的小型耐氟电机为基础，研制了一批电机供应市场，一举使企业扭亏为盈，1983年上缴利润148万元，民品生产的人均利润跃居后方基地首位③。拥有一千余名职工的前进机械厂生产的皮带运输机供应煤矿，第一次就盈利26万元，八五钢厂、群星材料厂也取得了一定的盈余，而韶山电器厂等企业也因为试制电子清纱器而减少了亏损，1982年亏损的31家企业，经过1983年的调整，"已有八五钢厂、前进机械厂、群星材料厂等六家工厂扭亏增盈，韶山电器厂、培新汽车修理厂等25家工厂不同程度地减少了亏损额。这样，整个后方基地第一次出现了少量盈余"④。而由培新汽车厂试制的SP120型双排座轻型载重车1985年在全国交通公路工业产品展览会上被评为优秀展品"金怀奖"，由上海电子器材四厂历经三年研制的电子计算机重要外部设备ZDC-105A和ZDC-202数字磁带机在国家计算机总局举办的全国首届磁带机评比和观摩评比中均荣获第一名。

然而，部分企业的扭亏为盈仍无法掩盖上海小三线整体的生存困境。一些企业"转产后，由于企业布局、人员结构、社会负担没有得到相应调整和改善，经济效益仍然较差，缺乏竞争能力，亏损企业增多"⑤。能够取得盈余的企业多为过去生产的军工产品有一定民品基础的，拥有设备、手段、技术等优势，因而在转产后能够很快就具备生产条件，但多数企业却无法摆脱产品单一的

---

①《中共上海市后方基地管理局委员会1982年工作总结和1983年工作意见》（1983年1月6日），协作机械厂档案，档案号：83-3。

②《后方局关于小三线调整工作总结报告》（1991年9月），上海市档案馆，档案号：B67-1-312。

③ 李金祥：《当年赖补贴度日，如今是年年有余，五洲电机厂靠挖潜力打开销路》，《文汇报》1983年12月19日。

④ 施志兴：《加强企业管理，广开生产门路，调动职工积极性，上海后方基地首次有了盈余》，《解放日报》1983年10月29日。

⑤《后方局关于小三线调整工作总结报告》（1991年9月），上海市档案馆，档案号：B67-1-312。

不利因素,加上原料、运费等客观因素影响,转民品也无法摆脱亏损的局面,在东方红器材厂,"79年以后,我们转产录音机的集成块,但成本却比在香港买的还高,后来厂里索性到香港去买集成块,贴上我们厂的名字卖出!到后来企业发不出工资,就把镀集成块的黄金拿到银行抵押贷款发工资。民品越做越差,依然亏损严重"①。一些企业在转产民品之后,原有的技术装备搁置无用,需要重新投资,加上运输路线长,消耗大,成本高,缺乏市场竞争力,往往是愈转愈亏,整个小三线的生产水平逐步下降,据统计,"80年比79年下降15.8%;81年又比80年下降20.7%,估计82年还将比81年下降16%左右。上海电子器材三厂曾试图通过试制三个新产品来提升企业效益,但却因为试制速度慢,产品老化,加上信息闭塞,难以适应市场行情的变化,先后都以失败告终,试制的大台式收音机,样机的技术性能、外形都比较好,但由于市场变化迅速,样机刚出来,市场已被录音机占领,虽然厂里已购进了近20万元的大台式收音机元器件,也只能忍痛停产"②。同时由于成本高,生产周期长,造成销售困难,"仅收音机一项,上海同行厂家在元器件降价后,生产1台收音机一般可挣几元,多则近10元,而上海电子器材三厂的七管二波段收音机却每台亏损2～3元,加上外形欠新颖,虽然由上海交电包销(完全是照顾性的),但收音机仍难销售,大量积压在交电仓库里,或被紧销产品作为搭配产品销售"③。

在这种情况下,小三线企业的年产值和利润水平也连年直线下降。整个后方"80年利润比79年下降45%;81年变盈为亏,亏损户接近企业的半数,亏损额近200万元,从81年的生产任务来看,54个工厂,处于停缓建和基本停工状态的按厂数计算占17%,按人数计算占11%;生产任务在30%~60%的半停产企业占厂数的28%,占人数的30%;任务在70%左右的企业占厂数的31%,占人数的37%;任务较足,能比较正常开工的只占厂数的24%,占人数的22%,军品减少、民品增加、市场调节作用扩大之后,相当一部分工厂比较普遍地产生一种价格竞争的自卑感和企业生存的危机感"④。由于军品生产任务不足、民品转

---

① "原上海小三线东方红厂职工刘雪林访谈录",2010年6月21日。
② 《上海电子器材三厂简史(原东风机器厂,国营8301厂)》(未刊稿),1984年12月。
③ 《上海电子器材三厂简史(原东风机器厂,国营8301厂)》(未刊稿),1984年12月。
④ 上海市后方基地管理局办公室:《上海小三线建设中的"左"倾影响——关于上海小三线建设过程及经验教训的调查报告》(未刊稿),1982年1月。

型难带来的上缴国家利润大幅下降,亏损企业数量逐年上升,"1979年,全后方上缴国家利润为6 770万元,亏损企业4家,1980年上缴利润3 023万元,比1979年下降了54%,亏损企业增至10家,1981年,上缴利润仅203万元,又比上年下降了93.3%,亏损企业竟达23家,约占全部企业的44.4%"①。由此带来了一些企业负责人经常处于忧心忡忡的状态,小三线迫切需要进一步的调整改革。

第三节　职工的回城诉求

在企业面临军转民困难的同时,小三线人也感受到与上海生活水平的差距正在不断拉大,"(上海)年收入50元的中等水平工人家庭,已经有条件买电视机、缝纫机、录音机等家电,而一些困难职工,需要补助,生活仅维持在'基本上能过得去'的水平"②,这对于小三线人来说是一种心理落差,随之而来的就是思想不稳定,想要回城的诉求不断出现,再加上前文述及的各种生活困难、性别比例失衡、青工婚恋、职工子女教育等问题叠加,上海小三线社会的生存空间越来越小,"回城风"在小三线开始刮起。

小三线的"回城风"也深受社会大环境的影响。1979年发生了六八、六九届中专、技校、半工半读学校毕业生利用春节回沪探亲的机会,到上海市有关部门上访的事件,要求回上海重新安排工作③。后方基地为此要求小三线企业"做好六八、六九届半、中、技毕业生的政治思想工作,教育和鼓励他们维护、珍惜当前安定团结的大好形势,顾全大局,遵守纪律,坚守本职岗位,努力工作,为四个现代化建设作出新的贡献"④。同年,胜利水泥厂的青年职工中也出现了一些思想波动,"回城风"一度让生产面临严峻考验,"全厂80%以上的职工

---

① 上海市后方基地管理局党史编写组:《上海小三线党史》(未刊稿),1988年4月,第60页。
②《大河有水小河满》,《八五团讯》第10期,总第123期,1980年3月26日,八五钢厂档案,档案号:80-8卷59号。
③《关于我市原六八、六九届中专、技校、半工半读学校毕业生上访和接待情况的函》(1979年3月13日),协作机械厂档案,档案号:79-13。
④《中共上海市后方基地管理局委员会办公室通知》(1979年3月26日),培新汽车修配厂档案,卷宗:1979年市后方局党委有关干部管理考核、教育工作的打算、意见、通知。

是30岁以下的青年,主机岗位上的青年占90%以上。今年初,由于社会上'回城风'的影响,加上参加包建该厂的干部、工人陆续支援上海金山水泥厂扩建工程,技术骨干和车间领导骨干减少,在青年中一度引起思想波动"①。1981年,上海又出现了新疆农场上海支边青年要求回沪的问题,后方基地再次要求各企业"加紧做好本单位职工的思想工作,稳定情绪,妥善安排春节前后的各项活动,防止因支疆青年问题的波及而影响后方的安定"②。随着思想领域的不断活跃,职工对小三线的现状和前途开始议论纷纷,"有一部分职工对小三线的历史地位和作用发生了怀疑,感到'支内吃了亏',主张'早搬迁''早下马''早返城',一些外省市小三线工厂的搬迁消息,更使人心浮动"③,小三线社会的形势日益严峻。

一、青年职工要求回城的呼声最高

70年代进入小三线的中专、技校毕业生,此时已普遍进入适婚年龄,而小三线固有的男女比例失调注定无法彻底解决这个问题。与此同时,青工中通过高考、出国等方式离开小三线的人不断增加,随着市场活跃,也有极少数青年"长期离厂,弃工经商,在上海设摊贩卖,有的甚至长期流窜上海,搞拦路行凶抢劫活动,严重破坏了社会治安"④。而企业的招工遇到了难题,没有人愿意来小三线,人员流动频繁带来了常日班都有一部分设备空闲,设备利用率最低的时候只有12%。通过其他渠道了解小三线要撤的消息更使得青年职工无法安心本职工作。1979年3月12日至15日,贵池地区的胜利、前进、永红、火炬、五洲等五个炮厂的部分群众,轻信了少数人散布的"户口在沪的可回上海,在

---

① 《来自皖南山区的捷报,胜利水泥厂安定团结产量上升》,《解放日报》1979年7月17日。
② 《上海市后方管理局关于新疆支边青年问题的通知》(1981年1月9日),协作机械厂档案,档案号:81-1-11。
③ 上海市后方基地管理局党史编写组:《上海小三线党史》(未刊稿),1988年4月,第60页。
④ 《上海市后方基地管理局宣传处、保卫处、教育处、工会团委关于加强青少年教育工作的报告》(1979年12月18日),培新汽车修配厂档案,卷宗:1979年市后方局党委有关干部管理考核、教育工作的打算、意见、通知。

皖的有的划到江西铜鼓、有的划到内蒙包头……"等谣言,聚众两千多人请愿,提出一些错误口号,造成停工停产,经各级党组织及时澄清事实真相,耐心说服、劝导、制止,才平息了风波①。本应正常更迭的职工队伍也缺乏新的职工来源,"近几年分配去的技术人员、大专毕业生、青年工人又很少……青壮年生产骨干缺乏补充"②。上海电子器材三厂1984年时全厂职工的平均年龄是39岁,"接近退休的职工125人,30～40岁之间的491人,41～50岁的125人,25岁以下的8人……由于无新工人补充,人员老化,造成生产第一线工人难以适应电子技术的不断提高,生产效率逐年下降"③。这不仅关系到职工的生活与人心稳定,而且影响到小三线企业的生产需要。在瑞金医院,出现了"7=-1"的大字报,意思就是"普通外科在编一共7个人,结果7个人都在上海不肯回后方,最后只能到上海瑞金医院借一个医生过来。编制7个一个没有,反而从瑞金医院借了一个,所以叫作'7=-1'"④,借此表达小三线职工的流失现象严重。

二、职工骨干因为生活所迫也希望回城

当初为了备战,凭一腔热情来到小三线的骨干力量,此时都已四五十岁了,上海的父母无人照顾,子女教育问题得不到解决,反映生活困难的信访信件不断。据后方基地管理局主管信访工作的毛德宝回忆:"职工家庭生活环境的变化促使他们急于回到上海,信访工作的最大接待就是来信要求回上海,人心浮动,1 000封来信中80%～90%是询问政策、反映困难的"⑤。后来还出现了部分老职工自行返沪聚集到人民广场等人流量较大地方要求回上海的行为,时任后方基地管理局局长的王志洪就曾处理过这样的突发事

---

① 上海市后方基地管理局党史编写组:《上海小三线党史》(未刊稿),1988年4月,第60—61页。
② 《上海市人民政府国防工业办关于传达李肇基副市长小三线工作会议精神和本市调整意见的讲话稿》(未刊稿),1984年10月20日。
③ 《上海电子器材三厂简史(原东风机器厂,国营8301厂)》(未刊稿),1984年12月。
④ "原上海小三线瑞金医院政工科科员倪传铮访谈录",2010年5月24日。
⑤ "原后方基地宣传组副组长、情况调研科科长毛德宝访谈录",2011年5月7日。

件,"电话说,公司某个厂某某几个人,今天一早回上海了,要到人民广场去,我们马上开车去追,赶到他们前面拦下,再请他们回去。职工不是不安心,是家里确实有困难,当时的医疗条件差,父母身体都不行了,如果父母其中有一个身体是好的,绝对不会找儿子,工人已经是坚持不下去了"①。不断有职工因家庭原因申请借调到上海工作,培新厂为此还专门制定了《临时照顾去上海工作的对象试行条件》,据培新厂1978年对全厂职工开展的调查显示,截至1978年3月中旬,"已照顾在上海和要求照顾去上海工作的职工约142人,占全厂总人数的8%,第一批我们调查82个,尚有60个未来得及调查。目前已照顾上海工作的共69人(不包括闵行技校),其中36人暂借在外厂,在沪办工作33人"②。而对于一些条件不符合、困难不大却也要求照顾回上海工作或已经在上海的职工,"群众意见较大",则通过做思想工作,该回厂的坚决动员回厂,"对按'规定'该回厂的30名同志,不论未回来的或已回来的,本着实事求是的精神,对由于思想问题不肯回厂的坚决按规定办,不能迁就"③。

  据统计,到80年代整个小三线因为家庭困难借调、照顾在上海的职工已有1万多人。同时一些早期全迁厂和劳动强度高的厂反映面临着全厂人员过多但生产第一线人员短缺的困难,培新厂"非生产人员占很大比例,社会性开支大量增加,有的企业非生产人员高达45%。同时,由于生产不正常,加上各种假期很多,工时利用率很低,有的企业每个直接生产工人每月实际工作日仅有14天多一点"④,"跃进厂反映81年产品生产车间生产工人工时比80年减少10%;八五钢厂反映维持现有生产规模,生产第一线缺强劳动力350人,而现在辅助部门和后勤部门的人员一般要占全厂总人数的2/3,比上海厂的1/3增加一倍。据1978年统计,81年至90年各年达到退休年龄的职工将以每年递

---

① "原后方基地管理局局长王志洪访谈录",2011年4月14日。
② 《劳动工资组关于要求照顾上海工作的职工家庭困难情况调查报告》(1978年3月20日),培新汽车修配厂档案,卷宗:上海培新汽车厂1978年厂内部文件(一)。
③ 《培新汽车修配厂劳动工资组关于继续认真地贯彻执行我厂的6号、7号文件,积极稳妥地做好家有严重困难职工的照顾工作的意见》,培新汽车修配厂档案,卷宗:上海培新汽车厂1978年厂内部文件(一)。
④ 《上海市人民政府国防工业办关于传达李肇基副市长小三线工作会议精神和本市调整意见的讲话稿》(未刊稿),1984年10月20日。

增60余人的速度从310人逐步增加到1 090人,这部分职工在退休之前,已不能胜任劳动强度较高的工种,势必转移到后勤部门。因此,在一些有生产任务的单位非生产人员增加,一线生产人员不足的矛盾还将扩大"①。在协同厂"由于车间分散,警卫室就设五个,警卫人员就有35人,三个食堂等一切后勤服务人员就更多了,虽然有生产工人600多人,但实际操作机床工人只有290多人,加上一些社会设施如学校、菜场、百货店、医疗都由厂里负责安排解决,实际后方厂就像一个小社会性质,样样要管,这样工厂负担重,缺乏活力和竞争能力"②。这些都从一个侧面反映了职工对小三线前途的担忧。更为严重的是,伴随着小社会而来的,还有工厂"家族化"的问题。据跃进厂反映,全厂职工中有70%互有师徒或姻亲关系,不少厂已有一门两代姻亲分布在全厂六七个部门,以至一人有事,全厂波动,为各种工作带来困难。

三、干部队伍也遇到了同样的问题

根据后方基地管理局的调查,"15年来不少干部身体健康状况、家庭状况都起了变化,产生了新的困难。据对54个单位的厂级和局、公司、处、科级以上的442名干部统计,年满56岁体力衰弱已难以胜任山区工作的有44人,占10%;患有多种疾病或家属有残疾、精神疾病等特殊困难的也有44人,占10%,共20%。又据对49个单位统计,各级干部中夫妻分居两地的有1 431人,其中分居6～10年的582人、10～20年的有574人、20年以上的86人,这些同志为三线建设作出过贡献和牺牲,他们的困难,理应得到关心和照顾,而另一方面,一些单位班子不齐、不力的现象还很严重。据上述54个单位统计,缺党组织负责人10人,缺行政负责人16人,有12个单位的班子不能胜任领导任务"③,而这些问题单靠小三线社会是难以解决的,干部队伍一旦不稳定,则会

---

① 上海市后方基地管理局办公室:《上海小三线建设中的"左"倾影响——关于上海小三线建设过程及经验教训的调查报告》(未刊稿),1982年1月。
②《上海协同机械厂关于调整交接工作汇报提纲(草稿)》(1985年4月29日),协同机械厂档案,档案号:85-1-20。
③ 上海市后方基地管理局办公室:《上海小三线建设中的"左"倾影响——关于上海小三线建设过程及经验教训的调查报告》(未刊稿),1982年1月。

更加直接影响到小三线的稳定。

在综合因素的作用下,小三线人要求回沪的呼声越来越高,甚至还由此引发了一些群体性事件。据时任后方基地管理局副局长的黄彪回忆:"有一次,生产'五七'高炮的五个厂数卡车的人到总装厂的一个大会议室集会,要求局领导解释为何广东小三线已经着手调整,上海为什么没有行动?"① 上海市国防工办负责人后来带队到小三线做说服工作,竟被群众轰了出去,"后方这些同志都不安心,一到节假日回上海,就在市府劳动局门口(现在的江西中路)静坐,一静坐就是三五百人,搞得整个市里都不安宁"②。小三线暴露出的所有问题,简单依靠思想工作保持后方稳定,化解职工对小三线前途和命运的担忧已经难以见效,对小三线进行整体调整势在必行。若不尽早调整,各种矛盾将会日益加深,不但影响整个小三线的社会稳定,也势必会对上海的经济和社会发展带来不安定因素。

第四节 调整接收

在上海,市委、市政府也在考虑究竟要如何改变小三线的现状,是否要调整撤回。后方基地管理局也在为小三线寻求出路,在上海市人大会议上,来自后方基地的八位代表反映了小三线的实际情况,希望可以搬迁回城,但这个想法当时遭到了市国防工办的批评,认为这样会造成群体性事件在上海的发生。

为了了解小三线的实际情况,1983年10月15日,在时任上海市委副书记、常务副市长阮崇武的要求下,由上海市社科院部门经济研究所工业经济研究室主任李斗垣带队,一行四位专家学者悄悄赴皖南对小三线开展了一次实地调研,"记得市里有明确要求,调查必须如实反映情况,即小三线当地领导怎么想的,职工怎么想的,目前状况怎么样,没有任何的预设框框"③。调查结束后,

---

① "原后方基地管理局副局长黄彪访谈录",2011年1月17日。
② "原上海国防工办主任李晓航访谈录",2011年3月18日。
③ 《阮崇武副市长秘密派我们调查小三线——上海社科院经济研究所研究人员陶友之访谈录》,徐有威主编《口述上海:小三线建设》,上海教育出版社2013年版,第415页。

阮崇武副市长听了调查组的汇报,"我也没开什么专题汇报会,就单独跟他们去安徽的专家谈,专家的汇报基本上跟小三线人说的情况差不多,我们是在很小的范围内做这件事情的"①,担心引起恐慌。调查组最终得出了上海小三线非撤不可的结论。

此时,国家对于小三线的调整也开始启动。1984年3月10日,赵紫阳在湖南视察三线工作时指出,"小三线要搞活一点,让它自己找出路,自己闯,小三线设备好,技术人才多,比地方厂子要好,要让它成为地方工业一个很重要的力量,要研究搞活的政策,小三线将来主要是搞民品,小三线要搞活,就要给它条件,……总而言之,小三线要搞活,要有找出路的政策,让它自己去搞,搞几年以后,有些不行的就关了,大部分企业就会走出一条路子来,小三线的体制问题要纳入各省体制里去"②。紧接着在1984年4月,中共中央、国务院召开沿海部分城市座谈会,"并于5月4日印发《沿海部分城市座谈会纪要》通知,确定进一步开放包括上海在内的14个沿海港口城市。这个时候我们就看到了机会"③。

根据调查组给出的"非撤不可"的建议,上海市委、市政府先后多次召开专题会议讨论小三线问题,并最终在1984年将由后方基地管理局整理的上海小三线调查报告以及上海与安徽方面达成的《上海市人民政府、安徽省人民政府关于上海在皖南"小三线"调整和交接的商定协议》(以下简称《协议》)一并上报国务院。1985年4月17日,国务院办公厅批复同意上海小三线的调整交接协议。以此为标志,上海小三线进入正式的调整回迁阶段,小三线的"小社会"用回归"大社会"的方式来解决其面临的所有问题。为了加强领导,确保调整交接工作的顺利进行,上海市委经讨论决定调整后方基地管理局领导班子,1984年12月,王昌法出任后方基地管理局党委书记一职,全面推进小三线与安徽的调整和接收工作。

---

①《上海小三线,抓住机遇的调整——上海市委原副书记、常务副市长阮崇武访谈录》,徐有威主编《口述上海:小三线建设》,上海教育出版社2013年版,第13页。
②《上海市人民政府国防工业办关于传达李肇基副市长小三线工作会议精神和本市调整意见的讲话稿》(未刊稿),1984年10月20日。
③《上海小三线,抓住机遇的调整——上海市委原副书记、常务副市长阮崇武访谈录》徐有威主编《口述上海:小三线建设》,上海教育出版社2013年版,第11页。

一、《协议》签订

事实上,在《协议》签订之前,根据中央关于小三线调整的政策,上海小三线的一些企业就已经开始自己寻找出路,在他们看来,即使回不了上海,回到距离上海较近的地方也不失为一种方式。一些企业开始到上海附近寻找合作机会,一些开始与包建厂联营。在683汽车运输场,早在1979年就开始派车队到上海金山参加金山石化的围海造田工程,"我们单位很早就已经跟上海交通运输局建立了联系,由上海市汽车运输公司代管,我们在安徽有400多辆车,其实上海运输公司的运力是比较紧张的,所以我们从1979年下半年开始,在上海成立了第一支车队,即在金山的第七车队,大概有400多人,第二个车队是支援宝钢的第八车队,约在1981年过来的"①。随着业务量的增加,683汽车运输场在上海的办事处规模不断扩大,工作重心已经开始慢慢转移回沪。八五钢厂也积极在上海周边寻找交通便利的地点,为离开皖南作准备。"当时政策还不允许回上海,所以只能在外围跑,芜湖也看过,稍微近一点的就是川沙。考虑到运输要方便,废钢要装卸方便,必须要靠水,靠交通方便的地方。江苏这一带都跑过,即使在江苏回不了上海也近多了,最后常熟还是比较满意的。后来市冶金局同意我们可以再近一点,于是就找到了杨行"②。进入80年代,越来越多的企业和上海周边厂搞联营,缩短企业与上海的空间距离,"实际上,压是压不住的,都在跟上海的老厂、跟上海相关的单位、跟上海的乡镇企业挂钩,就是由后方工厂提供技术、设备、厂房、产品型号,两家一起做,由此解决了一批困难户回上海的难题。各个厂都不同程度、千方百计跟上海的老厂、社办企业搞联营,虽然大本营还在山沟里,事实上人已经在上海了"③。

1984年的全国小三线会议为上海小三线企业调整确定了基本方向。根据国务院提出的指导性意见,1984年10月,上海提出了小三线调整的初步设

---

① "原上海小三线683车队团委职工孙华元、徐黎明访谈录",2010年7月30日。
② "原上海小三线八五钢厂副厂长许汝钟访谈录",2011年6月29日。
③ "原后方基地宣传组副组长、情况调研科科长毛德宝访谈录",2011年5月7日。

想,"引导和组织小三线企业走联合的路子,主要与郊区工业企业实现联合,支援郊县工业的发展;也可以与市属在郊区的企业(包括新建、扩建、引进项目)实行联合、协作,或者支援技术力量和劳动力;也可以与当地企业就近实行联合;也可以与上海经济区内的企业和其他省、市的企业实行联合"①。根据分步实施的原则,设想用三年左右的时间完成小三线的调整任务,并就加强领导、纳入行业规划、思想政治工作、资金筹集、住宅建设等五个方面内容作了详细规划。在调整接收的领导工作上,由李肇基副市长主持工作,有关委、办、局指定一名负责人组成联席会议,研究确定小三线调整的具体方针、政策、调整规划和重大措施。下设协调办公室,由国防科工办主任、经委副主任李晓航负责,计委、经委、农委、科工办、劳动局、后方局派人参加,处理各方面的协调工作;在行业规划中,按当初小三线建设时期归口负责,小三线54个工厂类企业,机械行业的12个,电子行业17个,轻工8个,化工6个,冶金3个,电业3个,建材1个,交运1个,邮电1个,医药1个,大百科全书出版社1个,要求各局(公司)指定一名领导分管对应小三线企业的调整工作。对于配套的服务单位,在确保调整期间供电、通讯、医疗、教育、运输、后勤等各项工作正常进行的前提下,参照企业的办法逐步进行调整;在职工思想政治工作上,加强后方基地管理局党委、公司党委的领导,调整充实各级领导班子,保证小三线正常的生产秩序,协调处理与当地的关系,解决企业在调整过程中发生的问题;在资金筹集方面,要求市计委、财政局、银行会同有关部门,为小三线企业解决调整所需的资金;在职工关心的回沪后住房问题上,要求市计委每年安排10万平方米住宅建造指标,解决职工的住宅问题。同时还就小三线调整中可能出现的问题作了安排:"一定要处理好安徽、浙江两省的地方关系。先由省市领导同志商谈,确定交接的原则,然后由省市指定一个部门负责研究资产转移、人员安置等具体细则,指定有关单位负责处理。前、后方各局、公司和企事业单位都不允许自作主张、各行其是;小三线调整工作一定要注意连锁反应。小三线企事业单位的调整不要和支援内地建设、原料基地、支农下放等问题挂起钩来。工作要扎实,方法要讲究,不要大张旗鼓,不发表消息,不登报(市委已向

---

① 《上海市人民政府国防工业办关于传达李肇基副市长小三线工作会议精神和本市调整意见的讲话稿》(未刊稿),1984年10月20日。

新闻单位打过招呼）。工厂先联合生产经营，产品要先上后下，原则上不搞迁建，人员先采取借调的办法，暂不迁户口；调整工作要一个厂一个厂、一个单位一个单位逐户研究落实；小三线各单位要加强思想政治工作，做好明年各项生产准备工作，在稳定的前提下，后方局、公司、工厂可以选派少数几个人，着手调查研究调整的方案，联合的途径，向上级领导汇报，后方局、公司、工厂党政主要负责同志要在小三线，抓好第一线的工作，郊区有关县要从发展郊县工业、提高技术水平，长远观点出发，欢迎小三线企业来搞联营，各方面提供方便，给予支持。"[1]由此可以看出，上海方面已经就小三线的调整有了比较成熟的方案，接下来的工作就是要与安徽、浙江方面协商，如何在不影响双方关系的基础上顺利达成调整交接协议。

对于上海而言，小三线的调整，稳定是第一位的。"从20世纪五六十年代的支内，60年代的支持新疆兵团生产的青年，还有参加大三线建设的职工，以及'文革'中去江西和贵州的职工，这是一支庞大的队伍。当时社会上已经出现不安定的苗头，从上海到外地的都希望回来，政府处理这些历史遗留问题，相当复杂和困难"[2]。因此上海希望调整能进度快、影响小，力争做到中央满意、省市满意、地方满意、职工满意。对于安徽而言，其自身的小三线建设也面临着艰巨的调整任务，再加上上海小三线，调整叠加，压力亦可想而知。因此安徽也希望尽快达成协议，同时希望上海市要在小三线的调整上出力气、出资金，不能仅仅依靠小三线企业。

安徽和上海虽同属一个经济区，但前者的工业相对较落后，调整前，安徽全省的工业总产值为60亿元，不到上海的1/12。1984年12月，安徽先后给胡耀邦、赵紫阳、万里等中央领导发去电报，希望上海建在皖南的小三线企、事业单位的固定资产，厂房、设备等，全部无偿交给安徽省。小三线单位的人员，包括技术人员，愿意留下，安徽表示欢迎，待遇不变，不愿意留在山区的科技人

---

[1]《上海市人民政府国防工业办关于传达李肇基副市长小三线工作会议精神和本市调整意见的讲话稿》（未刊稿），1984年10月20日。
[2]《我所目睹的朱宗葆副市长主持上海小三线调整前后——上海市原副市长朱宗葆秘书王真智访谈录》，徐有威主编《口述上海：小三线建设》，上海教育出版社2013年版，第40页。

员,也可以安排在省有关地区工作,待遇从优①。为了顺利完成小三线的调整交接,上海从大局出发,尊重安徽方面的要求,"安徽从发展本省经济出发,要求上海给予支援,这个心情是可以理解的,上海也有责任帮助安徽经济的发展;安徽经济发展了,对上海经济的进一步发展,也会起促进作用。特别上海小三线又建在皖南,20年来,安徽在人力、物力、财力上都给予很大的支持,现在,安徽省因发展地方工业和第三产业的需要,建议把皖南小三线单位的固定资产流动资金全部留给他们,通过调整、改造,发挥作用,我们理应支持。因此,对他们的建议,原则上表示赞同"②。在双方基本达成共识后,1985年1月24—28日,时任上海市市长汪道涵③率领上海市政府代表团对安徽进行访问,其间由朱宗葆④副市长和安徽省副省长邵明⑤主持,主要就上海在皖南的小三线调整问题在合肥稻香楼宾馆进行商谈。在去安徽商谈之前,上海市小三线调整联席会议曾研究过一次,也准备了一些商谈的意见。与安徽方面的商谈进行了三轮,双方充分交换了意见,《协议》经汪道涵市长、王郁昭⑥省长审核定稿后,1月28日上午由朱宗葆副市长、邵明副省长代表双方政府签字。

《协议》明确了小三线调整的指导思想,即"分类规划、调整改造、择优搞活、分期移交",规定了调整交接中应遵守的原则,即上海在处理好生产经营中的有关问题后,再将固定资产、流动资金全部无偿移交给安徽地方,并理顺供销渠道;对外部条件很差、产品不对路、改造无前途的企事业单位,先关停后,再将固定资产和流动资金全部无偿移交给安徽地方,地方将充分利用和发挥其作用;人员的安排既要从生产的需要考虑,也要从实际出发,如安徽省生产

---

① 《关于进一步做好小三线调整工作的意见(讲话稿)》(未刊稿),1985年2月2日。
② 《关于进一步做好小三线调整工作的意见(讲话稿)》(未刊稿),1985年2月2日。
③ 汪道涵(1915—2005):安徽明光人,曾任第一机械工业部副部长、对外经济联络部副部长等职。1980年后,先后任上海市委书记、副市长、代市长、市长;1991年起,任海峡两岸关系协会会长。
④ 朱宗葆(1932—1992):浙江鄞县人,曾任上海第五钢铁厂车间副主任、副总工程师、厂长等职,后任上海市副市长,负责小三线调整工作。
⑤ 邵明:山东威海人,曾任安徽省计委副主任,安徽省副省长。
⑥ 王郁昭(1926—2016):山东文登人。1970年3月起,历任中共安徽省全椒县委副书记、全椒县革委会主任、中共全椒县委书记;1975年3月任中共安徽省滁县地委副书记、滁县地区革委会主任、中共滁县地委书记;1982年4月,任中共安徽省委常委;1983年3月至1987年6月,任中共安徽省委副书记;1983年4月至1987年6月,任安徽省省长。

发展需要,应尽量动员职工自愿留下,对一些技术骨干、关键工种的人员,可以签订聘用合同,给予优惠待遇,职工有困难需要回沪的,由上海负责安置。同时对小三线企、事业单位分四类进行处理:靠近城镇或铁路沿线、公路干线、交通比较方便,生活有所依托,产品有发展前途,企业自身有生存条件的,首先移交给安徽地方;虽然靠近城镇,交通比较方便,生活也有所依托,但产品发展前途不大,需要通过改造转产的,上海和安徽继续支持企业开发新产品,也可跨地区、跨部门组成新的联合体,条件成熟后,由安徽方面验收;进山较深,交通不便,产品无发展前途,生活无依托,无法继续组织生产的,应采取关停的果断措施,全部固定资产和流动资金无偿移交给安徽地方;对行政事业单位,全部固定资产和流动资金无偿移交给安徽地方[①]。为了确保交接顺利,《协议》明确了成立由安徽省和上海市共同组成的联合领导小组,双方共同负责,做到成熟一个接收一个,争取用一至两年时间调整交接完毕。

《协议》基本符合上海对小三线的调整设想,但与小三线企业对口上海各局原来设想的调整规划相比,情况和条件还是发生了一些变化,如:固定资产和流动资金全部无偿移交安徽,企业调整所需要的自筹资金就增多了;从小三线企业调整的任务来看,企业不仅要搞好和上海郊区工业的联合、妥善安置人员,而且同时要帮助皖南当地择优搞活一批企业,促进当地工业的发展,调整任务艰巨了许多;在时间上,原来打算用三至五年的时间调整好,现在商定争取用一两年时间调整交接完毕。资金紧缺、时间缩短、任务加重成为影响小三线调整交接的主要因素。

二、与皖浙交接

1985年5月14—16日,省市联合领导小组及有关方面在安徽屯溪召开第一次调整交接会议。会上研究决定,上海后方基地管理局和徽州、安庆、宣城行署负责处理调整、交接的日常工作;小三线各公司和有关县市政府共同组织交接班子,负责所属单位的交接工作;交接双方工作班子根据企事业单位

---

① 《上海市人民政府、安徽省人民政府关于上海在皖南小三线调整和交接的商定协议》(未刊稿),1985年1月28日。

的实际情况,具体商定交接的实施方案和方法步骤,于1987年全部交接完毕。所有移交单位的固定资产,从省市《协议》签订之日(即1985年1月28日)起,不得转移。在人员安置上,规定需要返回上海的职工,由上海根据政策安置,分期分批落实;留在安徽工作又可以安排的,由安徽方面解决;一时难以安置的,双方协商处理;一类企业①生产需要留用一些技术骨干,关键工种的人员,在自愿的前提下,由交接双方企业签订聘用合同,给予适当优惠待遇,到期回沪,户口供给关系可以先转回上海②。这次会议讨论通过了《关于贯彻上海在皖南小三线调整和交接协议的实施意见》(以下简称《意见》)。

在《意见》中,明确了小三线单位交接给安徽方面时应具备的条件:一是企业分类双方协商一致;二是配备好接收工作班子;三是企业交接双方商定了交接协议和实施方案并经省市联合领导小组批准;四是职工的安置基本落实。1985年7月10日,后方基地管理局在屯溪召开小三线单位领导干部会议,正在后方调查调整交接工作的朱宗葆副市长在讲话中指出,小三线调整一定要遵守纪律,企事业单位的正式交接手续,一定要报省市联合领导小组审查批准,不要自作主张。但在具体操作中要使得交接双方都能满意却没那么简单。双方在交接的各个环节都存在着一定的分歧,而资产是双方最为关注的焦点问题。后方机电公司要求所属小三线企业在调整交接中"对于地方派工作组来厂了解情况,既要热情接待,又要实事求是介绍情况,凡是地方出面商借厂房、设备,要由县府事先与公司联系,由公司请示后方局才能决定,千万不能乱开口子,造成不必要的矛盾"③。有一段时间,机电公司在贵池的五个厂的交接工作几乎处于停滞状态,原因就是资金分割问题谈不拢,后来在后方基地管理局会同机电公司主动到安庆行署和贵池县政府听取意见,沟通协商,才打开了交接工作僵持的局面,一揽子解决了五个企业交接中的资金问题。

---

① 小三线企业在调整交接中被划分为四类,其中"一类"指的是企业产品有发展前途,自身有生存条件的。
②《上海市 安徽省联合领导小组关于贯彻上海在皖南小三线调整和交接协议的实施意见》(未刊稿),1985年5月16日。
③《上海市后方机电工业公司1985年上半年工作小结与下半年工作安排》(1985年7月28日),协作机械厂档案,档案号:85-7。

在《意见》中规定,所有移交企业的固定资产,交接双方认真清点,凡失去使用价值的,由上海方面处理就地报废,其余按账面净值予以销账。流动资金中属于失去使用价值的物资,也由上海方面办理报废手续后再予移交。移交后的设备凡上海方面需要的,安徽方面愿意转让的,可由上海按账面净值出钱购买运回上海利用[1]。1986年在省市联合领导小组第三次会议上,又进一步明确了移交当地的小三线企业固定资产和流动资金的时间节点,凡1985年1月28日以前已经在上海的,只要提供足以证明的依据,留给上海方面,没有依据的,移交给安徽。流动资金的移交数以1984年底资金平衡表来源方的国家流动资金、企业流动资金数为值,同时为了做到交接有依据,上海方面需要提供相关的会计报表、账册和固定资产卡片,便于当地查阅[2]。虽然有明确的政策规定,但有的企业为了尽早回撤,与皖南当地尽早签订交接协议,把1984年年报及1985年报表、账册、凭证等和盘托出,导致在交接协议商定中陷于被动局面;有些单位将整幢完好的办公大楼列作报废处理;有些单位该划归上海的固定资产、流动资金却不划拨,甚至自作主张地与地方签订小协议,擅自处理相关资产。

地处浙西的协作机械厂,于1985年底开始和上海柴油机厂结对联营,1986年4月与上海柴油机厂签订联营协议,成为"上海柴油机厂配件分厂",1987年10月与华东师范大学和临安县政府分别达成协议,将其所有的房屋、土地、财产分别进行了移交,共计交给华东师范大学固定资产原值8 824 046.20元、净值5 971 391.30元、残值60 228.65元,人员安置费90万元,一次性开办费、改造费20万元,交给地方固定资产原值501 652.30元、净值376 513.26元、残值975.55元,给地方一次性扶贫费28.5万元[3]。华东师范大学利用协作机械厂旧址建立了教育、培训、写作基地,还发展康复疗养事业。

对于小三线中部分尚有军品生产任务的企业,经过双方协商,由上海出

---

[1]《上海市 安徽省联合领导小组关于贯彻上海在皖南小三线调整和交接协议的实施意见》(未刊稿),1985年5月16日。
[2]《上海市、安徽省联合领导小组第三次会议纪要》(未刊稿),1986年3月27日。
[3]《中共上海协作机械厂委员会关于协作机械厂交接汇报提纲》(1988年3月30日),协作机械厂档案,档案号:88-2。

面报国防科工委、原兵器工业部、电子工业部批准,"撤销地方军工厂的建制和代号,并相应撤销或转移生产纲领①和生产线,有关军品产品图纸和技术资料、专用设备、工艺装备、测试仪器,均由上海方面按有关规定进行了处理"②。

在省市联合领导小组的指导下,1985年9月、1986年3月、1987年4月先后召开了领导小组第二、第三、第四次工作会议,就小三线单位的分批移交做了具体安排。根据"先交企业,后交行政机关和服务单位"的原则,在企业移交工作中,又确定了无生产能力,需要关停的企业先行移交,能够坚持生产的后交的原则。从1986年起,分三批完成了交接(表11),第一批交接26个,第二批交接31个,第三批交接23个,交接工作于1988年8月顺利完成。

表11 上海皖南小三线所属企事业单位移交名录

序号	单位名称	单位所在地	交接时间	交接批次
1	机电公司(机关)	宁国县县城		第三批
2	胜利机械厂	贵池县棠溪乡	1988年1月26日,由池州家用机床厂接收	第三批
3	前进机械厂	贵池县棠溪乡	1987年11月25日由通用机械厂接收	第三批
4	五洲电机厂	贵池县刘街乡	1987年9月移交贵池,改名池州电机厂	第二批
5	永红机械厂	贵池县刘街乡	1987年7月14日由贵池银河机械厂接收	第二批
6	火炬电器厂	贵池县棠溪乡	1987年7月14日移交贵池,由贵池起重工具厂接收,更名为贵池火炬机械厂	第二批
7	联合机械厂	贵池县霞西乡		第二批

---

① 生产纲领系指企业计划期内应当生产的产品产量和进度计划。
② 安徽省经济委员会副主任黄岳忠:《关于接收和利用改造上海皖南小三线的情况汇报》,上海市档案馆,档案号:B67-1-316。

续 表

序号	单位名称	单位所在地	交 接 时 间	交接批次
8	协同机械厂	贵池县南极乡		第三批
9	协作机械厂	浙江省临安县岛石乡		第三批
10	卫海机械厂	绩溪县华阳镇	1987年12月移交绩溪,更名为皖南卫海机械厂	第三批
11	跃进机械厂	歙县岩寺镇	由歙县接收后更名为皖南机床厂	第二批
12	红旗机械厂	屯溪市屯光乡		第二批
13	813汽车运输队	宁国县西津乡		第一批
14	机电中学	宁国县西津乡		第一批
15	轻工公司(机关)	绩溪县华阳镇	1988年4月11日签字移交	第三批
16	万里锻压厂	绩溪县北村乡	1988年1月12日签字移交绩溪	第三批
17	光明机械厂	绩溪县瀛洲乡	1987年3月移交绩溪,更名为皖南光明机械厂	第二批
18	燎原模具厂	绩溪县瀛洲乡	1987年11月移交绩溪,改名为皖南电缆机械厂	第三批
19	光辉器材厂	绩溪县瀛洲乡	1987年6月8日移交绩溪	第二批
20	红星木材厂	绩溪县北村乡	1986年11月移交绩溪,改建为红星丝绸印染厂	第二批
21	曙光电料厂	宁国县胡乐乡	1986年6月30日正式签字移交	第一批
22	红光材料厂	屯溪市屯光乡	1986年12月10日正式签字移交	第二批
23	利民机械厂	绩溪县临溪乡	1986年6月移交绩溪,更名为皖南利民机械厂	第一批
24	轻工中学	绩溪县华阳镇	1986年2月1日正式签字移交	第一批

续　表

序号	单位名称	单位所在地	交　接　时　间	交接批次
25	仪电公司（机关）	旌德县旌阳镇		第三批
26	电子器材二厂（井冈山）	旌德县孙村乡		第二批
27	电子器材三厂（东风）	旌德县白地乡		第二批
28	电子器材四厂（旌旗）	旌德县白地乡		第二批
29	险峰光学仪器厂	旌德县孙村乡		第三批
30	韶山电器厂	旌德县俞村乡		第一批
31	立新配件厂	旌德县孙村乡		第二批
32	延安机械厂	旌德县孙村乡		第二批
33	工农器材厂	旌德县孙村乡		第二批
34	卫东器材厂	旌德县孙村乡		第一批
35	满江红材料厂	旌德县朱庆乡		第一批
36	星火零件厂	旌德县朱庆乡		第二批
37	小型轴承厂（向阳）	旌德县旌阳镇		第二批
38	东方红材料厂	绩溪县大源乡	1987年移交绩溪	第三批
39	遵义器材厂	绩溪县大源乡	1987年8月移交绩溪。大源乡利用部分厂房开办黄酒厂和茶厂	第二批
40	向东器材厂	屯溪市屯光乡		第二批
41	新安电工厂	黟县渔亭乡		第二批
42	朝阳微电机厂	祁门县城关镇		第一批

续 表

序号	单位名称	单位所在地	交接时间	交接批次
43	为民器材厂	祁门县城关镇		第二批
44	七一医疗设备厂	祁门县城关镇		第二批
45	仪电中学	旌德县孙村乡		第一批
46	化工公司（机关）	东至县合镇乡		第三批
47	红星化工厂	东至县合镇乡		第二批
48	卫星化工厂	东至县建新乡		第二批
49	金星化工厂	东至县合镇乡		第一批
50	自强化工厂	东至县合镇乡		第二批
51	长江化工机修厂	东至县建新乡		第二批
52	龙江水厂	东至县香口乡		第一批
53	化工中学	东至县合镇乡		第一批
54	八五钢厂	贵池县刘街乡	1987年12月28日移交贵池，改名贵池钢厂	第三批
55	新光金属厂	休宁县溪口乡		第三批
56	半导体材料厂（群星）	休宁县渭桥乡		第二批
57	培新汽车厂	歙县岩寺镇		第二批
58	胜利水泥厂	宁国县山门乡		第一批
59	红波设备厂	泾县潘村乡		第一批
60	312电厂	泾县白华乡		第一批
61	366电厂	宁国县青龙乡		第一批

续 表

序号	单位名称	单位所在地	交接时间	交接批次
62	325电厂	贵池县墩上乡	1986年1月1日移交贵池县,更名为贵池发电厂	第一批
63	703供电所	绩溪县华阳镇	1985年12月18日移交绩溪县供电局接管	第一批
64	后方电力处(机关)	绩溪县华阳镇		第三批
65	海峰印刷厂	绩溪县杨溪乡	1986年1月移交绩溪,更名为皖南海峰印刷厂	第一批
66	后方卫生处(机关)	绩溪县华阳镇		第三批
67	后方卫生防疫站	绩溪县华阳镇		第一批
68	瑞金医院	绩溪县临溪乡		第三批
69	古田医院	宁国县胡乐乡		第三批
70	长江医院	贵池县刘街乡		第三批
71	天山医院	东至县合镇乡		第二批
72	五六五供应站	宁国县洪门乡		第二批
73	七零七仓库	宁国县西津乡		第一批
74	培进中学	歙县岩寺镇		第一批
75	683汽车运输场(场部)	泾县潘村乡		第三批
76	260通讯站(总站)	宁国县胡乐乡		第三批
77	后方基地计量检定所	绩溪县华阳镇		第一批

续 表

序号	单位名称	单位所在地	交 接 时 间	交接批次
78	后方基地干校	歙县桂村乡		第一批
79	后方基地农场	歙县桂村乡		第一批
80	上海市后方基地管理局（机关）	屯溪市屯光乡		第三批

1991年9月，由后方基地管理局向上海市政府提交的关于小三线调整工作的总结报告中，对于小三线企事业单位移交给安徽方面的资产作了统计："小三线移交给安徽方面的固定资产原值为56 103.08万元、净值为37 876.67万元、残值435.70万元，其中房屋建筑面积195万平方米。金切、锻压设备、车辆和各种专用设备2万余台（套），以及装机容量为5.6万千瓦的发电机组，25座变电站和1 500多公里输电线路，13条直通上海的通信线路和设备，还有文化教育和医疗卫生等服务设施。移交给安徽方面的国家流动资金为7 876.96万元"①。至此，上海与安徽、浙江方面关于小三线企业的交接工作宣告完成。

三、调整回沪

"小社会"的回归首当其冲的就是企业的安置。1985年4月，上海就小三线单位的调整办法制定了三种途径：对技术状况比较好、产品有发展前途、经济效益比较好、有一定偿还能力的企业，可以和郊县乡镇企业联营；一部分小三线企业可以和市属在郊区的工厂实行联营；对在小三线已经关停的工厂或列为停、缓建的项目以及有些产品无发展前途的工厂，可撤销建制，采取支援技术力量和劳动力的办法，将职工调配到市属在郊区需要增加技术

---

① 胡盛林：《后方局关于小三线调整工作总结报告》（1991年9月），上海市档案馆，档案号：B67-1-312。上海小三线移交给安徽的固定资产和流动资金数据与安徽方面统计的有细微的差距，在安徽省经委副主任黄岳忠《关于接收和利用改造上海皖南小三线的情况汇报》中显示，安徽实际接受固定资产原值为56 100.85万元，净值37 439.16万元，实际接收国拨流动资金为7 878.15万元。

力量和劳动力的单位。在规划定点问题上,……不进入市中心区,但部分企业可以进入闵行、吴淞、漕河泾、吴泾、桃浦、浦东等地区①。1985年6月1日,上海召开小三线调整第三次联席(扩大)会议,重点对小三线企业回市郊县联营建设问题进行讨论。要求规划局和各有关局尽快将大部分企业的联营点确定下来,抓紧编制设计任务书上报,原则上鼓励多搞一些一千人以下的小企业,周转快,效益好;住房建设上,要求先建住宅,后建厂房;要求人事、劳动、公安部门与后方局一起研究,拿出关于后方职工的人事劳动政策和户口的具体条款②。

为了筹集企业回沪后所需资金,保障小三线调整的顺利进行,小三线企业将当前生产、郊区联营、地方交接三方面工作结合起来同步进行,稳定有序推进调整工作。同时,为了避免企业随意关停带来的大量职工无事可干,引起不必要的骚动,上海规定小三线企业不能随意关掉、中断生产。在整个调整、交接过程中,都要做到"生产不中断,效益不降低"。而小三线的广大职工在调整回沪政策的鼓舞下,积极性空前高涨,主动加班加点积极生产,为企业筹集资金。1985年1~4月份,"小三线企业完成工业总产值10 872万元,占年计划35.7%,比去年同期增长14.2%,一季度实现利润458万元,比去年同期增盈245万元,增长115%"③。1985年上半年完成总产值17.757万元,占年计划的57.3%,比1984年同期增长13.06%,1~5月份实现利润1 275万元,比1984年同期增长53.06%。在对小三线1986年、1987年生产任务的安排上,要求有条件的企业尽可能多安排一些,充分利用现有生产力,争取多积累一些调整资金,对于既要坚持在后方生产又要在郊县联营点开始生产的,也要保证生产不中断、不脱节。对列入第二、第三批移交的企业,由市主管部门下达生产计划进行考核,八五钢厂、永红机械厂、卫海机械厂都取得了较好的经济效益。八五钢厂作为第三批交接单位,在山里的生产一直坚持到1987年12月31日交接为止。

---

①《上海市计划委员会　上海市经济委员会　上海市人民政府国防科技工业办公室关于小三线调整中有关问题的请示》(未刊稿),1985年4月3日。
②《朱宗葆副市长在市小三线调整第三次联席(扩大)会议上的讲话》(未刊稿),1985年6月1日。
③《国防科工办负责同志汇报小三线调整情况和今后意见》(未刊稿),1985年6月17日。

在后方生产不中断的同时,企业与上海郊县的联营工作也逐步推进。为了实现顺利调整,小三线企业和郊县都做了大量的调查研究工作,相互了解情况,选择联营对象。"一部分企业由于联营建设项目周期比较长,就借用市郊空闲厂房或搭建临时工棚,添置或借用联营厂部分设备,建立简易生产线,组织返沪职工进行过渡生产。如培新汽车厂搭建临时工棚,建立两条简易的汽车改装线,广大职工克服困难,改装半挂车、大客车;电子器材二厂利用农村蘑菇房进行改建,借用了上无四厂的生产线设备,装配14吋和17吋凯歌黑白电视机"①,到1989年底迁入新厂为止,共筹集调整资金2 281万元。而早在1984年的时候,就已经有部分企业准备和宝山、嘉定、南汇、松江等县企业进行联营,有的都草签了联营协议,另有部分企业与市属在郊县的工厂已经开始联营,"韶山厂和上海灯泡厂,电子器材四厂和显像管玻璃厂,朝阳电机厂和上海微电机厂,小型轴承厂和上海滚动轴承厂实行了联营"②。1985年《协议》生效后,在相关各局的帮助下,小三线初步确定了调整方向,81个单位中和郊县城乡搞联营的工厂有39家,分散支援劳动力的工厂有15家,还有27个机关、事业单位绝大部分也采取将人员分散安排到郊县单位的办法,"与郊区乡镇企业联营建厂有5家:五洲厂、火炬厂、永红厂、燎原厂、新光厂;与老厂或市属郊区工厂联营办分厂或先联后并有30家:机电公司8家、轻工公司4家,仪电公司16家,其他单位2家;独资经营有4家:万里厂、遵义厂、卫海厂、培新厂;撤销建制、分散消化的有15家"③。具体到每个企业最终的调整方向在实际调整中又有所变动。

以后方轻工公司为例,利民机械厂与上海工玻三厂"三废"迁建联营;红光材料厂与上海铝材二厂"三废"迁建联营,建立上海轻工材料厂,厂址设在川沙县金桥乡;红星材料厂与上海秒表厂联营,建立上海秒表厂一分厂;光辉器材厂与上海照相机总厂联营,建立分厂,厂址设在松江县;万里锻压厂与上海自行车二厂联营,建立分厂;曙光电料厂与上海家用化学品厂联营,建立分

---

① 李传卿:《坚持保护和发展生产力,圆满完成小三线交接工作——皖南小三线交接工作总结会议发言》(未刊稿),1988年8月。
②《关于进一步做好小三线调整工作的意见(讲话稿)》(未刊稿),1985年2月2日。
③《认清形势 统一思想 同心同德 锐意进取,努力完成小三线调整交接的历史任务——后方基地管理局党委书记王昌法在后方思想政治工作会议上的讲话》(1985年12月2日),协作机械厂档案,档案号:85-7。

厂,厂址设在蕴川路①。联营所需资金基本都是靠小三线项目贷款和企业自筹来解决。以利民机械厂为例,总投资927万元,其中小三线贷款552万元,自筹60万元,占到总投资额的66%。机电系统的跃进机械厂与上海电机厂、红旗机械厂与电动工具厂、前进机械厂与上海锅炉厂、协同机械厂与上海重型机器厂、协作机械厂与上海柴油机厂等结对联营。据统计,小三线企业"自1985年至1990年累计完成工业总产值18.1亿元,占小三线企业累计20年税利的40.9%,至1990年底累计筹集资金4.197亿元,绝大部分小三线企业,保证了调整所需的自筹资金"②。

除了联营之外,还有少数小三线企业回沪后采取了独立建厂的模式。如燎原模具厂就在沪独资建立上海华联食品厂,1988年改名为上海梅林罐头食品厂分厂,生产液体饮料、塑料包装、食品空罐等产品,投资1701万元。五洲机械厂、卫海机械厂、永红机械厂也都独立设厂经营。

最终,54个小三线企业单位回沪后,2个与郊区企业联营建厂,4个在市郊独立建厂,20个采取支援技术力量和劳动力的办法,整体或分散消化在市属郊区工厂,28个与市属郊区企业联营,至1990年其中17个已并入联营厂③。无论是独资设厂还是与郊区企业联营,小三线企业回沪后均取得了较好的预期效果。如后方小型轴承厂调整回沪后与滚动轴承厂联营,小三线项目建成后两厂合并,该厂用小三线投资新建厂的7246平方米冲压机装配车间与美国通用轴承厂合资生产各种类型的轴承内圈套,产品出口国外,1990年总产值达887万元,创汇132万美元,1991年计划创汇200万美元。又如,独资建厂的永红厂返沪后仍生产矿用单体液压支柱,调整期间每年都能较好地完成各项经济指标,1990年完成产值1500万元,比1989年增长11.3%,超过了设计纲领;1990年生产QTJ250汽车提升机150台,深受国内外用户好评,并进入美国市场,全年实现利润60万元。再如,仪表系统的电子器材二厂返沪后与上无四厂联营,生产17吋黑白电视机,1989年在闵行建成分厂。1990年投产后产量达27

---

① 《上海市后方轻工业公司建设经过及文书档案全宗历史考证》(未刊稿),1988年4月。
② 胡盛林:《后方局关于小三线调整工作总结报告》(1991年9月),上海市档案馆,档案号:B67-1-312。
③ 胡盛林:《后方局关于小三线调整工作总结报告》(1991年9月),上海市档案馆,档案号:B67-1-312。

万台,抽样合格率、厂内开箱合格率和主要电性能指标合格率均超过考核指标,产值1.674亿元,取得了较好的经济效益①。

对小三线企业回沪后的安置,只是小三线调整回迁的第一步,人员安置才是"小社会"回归"大社会"的核心问题。对职工安置得当,可以为企业的调整安置提供稳定的环境,同时也可以保障上海的社会经济发展稳定,如果安置不当,则前、后方都会受到影响,可以说人员安置直接决定着小三线调整回迁的成败。小三线人回沪是分步、分阶段实施的。7万多人都要返回上海并且要安置落实工作,这是一项政策性强、涉及面广、关系到职工切身利益的复杂工程,加上同时期参加大三线建设与支边、支内、上山下乡的人员也在争取回沪,如何合理地安排小三线人稳步回沪又不至于出现一股"回城风",是对小三线人员安置工作的挑战。

还在调整工作刚起步时,小三线人的思想就出现了较大的波动,一方面为即将实现多年来的回沪愿望而欢欣鼓舞,却又由于各项政策迟迟不能出台而存在这样那样的顾虑;另一方面调整政策出台后,由于对政策的认识存在误区,产生思想情绪,尤其是担心在交接时间上,怕晚出山政策发生变化,希望早点回上海,能安排一个理想的单位,考虑家属工作、子女求学、住房等各种现实问题。协同机械厂的部分职工在听到有关《协议》情况后,"心里很焦急,怕慢而变卦,希望速度快一点,安排再好一点";还有人认为"小三线调整工作叫了半年,到现在还没有结果。现在固定资产、流动资金都要给了安徽,什么也没有了,也进不了市区,想想当年支内时是光荣进山,今天造成这样结局,早知今日,何必当初"②。为了不影响调整工作,在做好职工思想工作的同时,协同厂还引导每个职工要做到:不说不利于调整工作的话,不做不利于调整工作的事,不议不传有关调整方面的小道谣传,不许愿,不要随便开口子,不得擅自处理财产③。与皖南的小三线企业不同,地处浙西的协作机械厂职工

---

① 胡盛林:《后方局关于小三线调整工作总结报告》(1991年9月),上海市档案馆,档案号:B67-1-312。
②《上海协同机械厂办公室关于上海小三线调整精神的传达提要》(1985年3月3日),协同机械厂档案,档案号:85-4-1。
③《上海协同机械厂办公室关于上海小三线调整精神的传达提要》(1985年3月3日),协同机械厂档案,档案号:85-4-1。

除了有急躁、埋怨的情绪外,还有一种盲目的优越感,"和兄弟厂不一样,(我们)固定资产和流动资金可以全部带回上海,职工们形象地比喻说'浙江姑娘有嫁妆,比起没有嫁妆的安徽姑娘要优越得多了'"①。面对后方人心不稳,上海市提出了人员安置工作"三定保一定"的目标,即用定点、定住宅、定户口来保证人心安定。

小三线人回上海后安置在什么区域?上海小三线在调整、交接中的人事劳动政策定位为"既要考虑控制上海城市人口的精神,也要考虑到群众的实际困难,减少后遗症;同时尽可能减少连锁反应,以利安定团结"②。1985年6月24日,上海市委召开常委会扩大会议,专题研究小三线调整工作,在会上,确定了对小三线劳动力安置的基本原则,"只限在郊区工厂,进市区这个口子不能开,现在调整规划准备在郊区分散安排2万人,约占35%,这个数字不算小,一定要妥善安排好。要把人员安排好,回市郊的时间不要太集中,要一批一批缓慢一点,绝不能形成一股回城风"③,这显然是为了保障上海社会的整体稳定考虑。

哪些人可以回上海呢?经过近20年的发展,小三线的人员构成已经较为复杂,虽然超过95%的人都为上海籍的职工,但从去往小三线的渠道、时间、工种、单位性质等方面来看,还是存在着较为明显的区别。经过上海市劳动局、人事局、公安局、后方基地管理局的共同研究,在1985年底初步确立了回沪职工的范围:

> 积极动员上海去小三线的职工,自愿留在当地;凡是从上海到小三线工作的职工(包括原是上海去外地工作,后调入小三线的职工),如本人要求,原则上可以随厂回上海郊区联营或接收单位。从外省市和当地招收、调入厂的职工中,其配偶是上海职工,以及因小三线建设需要,双方都是从外省市调入的生产技术骨干和专业技术人员,亦可随厂回上海

---

① 《在调整中发挥工会作用,协助党政领导挑起调整、生产两副重担(协作机械厂在后方思想政治工作会议上的发言材料)》(1985年12月),协作机械厂档案,档案号:85-13。
② 《上海市劳动局 上海市人事局 上海市公安局 上海市后方基地管理局关于上海小三线调整中人员安置意见的请示》(未刊稿),1985年12月17日。
③ 《市国防科技工业办公室主任李晓航同志在小三线工作会议上的发言》(未刊稿),1985年8月14日。

郊区联营或接收单位;凡从当地招收、调入的职工,家庭生活基础在当地或在外省市的,以及从外省市招收和调入的职工,其配偶在当地的,应留在当地安置;从外省市招收和调入的下列职工,分别情况,区别对待,予以妥善安置:一部分双方都是从外省市招收和调入的职工,原则上也应动员他们留在当地继续建设山区,或回原籍;对未婚和配偶在外省市的职工(主要是一批招收支农下放工人及其退休顶替进入的职工),拟采取商调的办法,动员他们回原籍工作,以利夫妻团聚和照顾家庭,如上述落实有困难者,则亦可随厂回上海郊区。①

1986年7月,上海和安徽就小三线单位有关人员的安置问题进行了磋商,双方签署了《关于上海在皖南小三线单位移交给安徽时有关人员安置问题的协商纪要》,其中规定了上海和安徽各自负责的安置人员范围,"凡是从上海招收和调入以及子女顶替到小三线单位的职工,原则上由上海方面安置;凡是从安徽招收和调入到小三线单位的职工,原则上由安徽方面安置;凡是从外省市招收和调入到小三线单位的职工,因情况复杂,应区别对待,由上海方面负责联系"②。据小三线人的回忆,因为征地进厂的安徽当地职工也曾经努力争取,希望企业能将他们一并安置回上海,"我们一起工作的一些安徽征地工,曾经一起到我们上级的公司去反映过情况,但是没有用"③。在协作机械厂,根据政策需要在当地安置的职工共计99人,在得知这一消息后,他们曾联名打报告要求厂部说明具体政策和说清楚他们的出路,要求以劳务输出的方式去上海,"这部分职工反映强烈,多次分批来厂反映情况,要求予以尽快明确落实,这已影响到我厂的调整正常秩序,成为我厂调整中的一个不安定因素"④。留皖、留浙职工能否妥善安置直接影响着小三线调整的进度。

---

①《上海市劳动局 上海市人事局 上海市公安局 上海市后方基地管理局关于上海小三线调整中人员安置意见的请示》(未刊稿),1985年12月17日。
②《上海市人民政府办公厅关于上海在皖南小三线单位移交安徽时有关人员安置问题的通知》(未刊稿),1986年8月4日。
③《厂长握着我的手,哭了——原上海工农器材厂安徽征地工王志平访谈录》,徐有威主编《口述上海:小三线建设》,上海教育出版社2013年版,第215页。
④《上海市协作机械厂关于要求落实我厂从当地招收、调入且生活基础在当地的职工安置及房屋、辅助设施处理问题的报告》(1986年11月20日),协作机械厂档案,档案号:86-8。

按照职工安置的基本原则,小三线 57 000 余名职工中,需要回沪安置的占 95%～97%,留在皖、浙当地安置的占 3%～5%。其中明确可以回沪的 52 000 人左右,占百分之 92%;应留在当地的 1 700 人左右,占 3%;需要根据情况,区别对待的约 3 000 人,占 5%。需要随迁回沪的职工家属约为 7 500 人左右①。针对在调整期间已经临近退休年龄的职工(男职工满 55 岁,女工人满 45 岁,女干部满 50 岁),身患疾病,如果本人自愿回家,经单位批准,可以提前享受劳保待遇,到规定年限再按规定办理退休手续,并可吸收一名子女进厂作培训工,待其父母办理退休手续时,同时为其子女办理进厂手续,以此在一定程度上缓解职工年龄结构老化的问题,这一做法有利于小三线单位对职工回沪后工作岗位的安置。通过表 12 后方轻工业公司的职工安置数据,我们可以对小三线职工的安置工作有比较直观的认识。

表 12　上海市后方轻工业公司职工安置交接情况表②

单位			中学	利民	曙光	红星	红光	光明	光辉	燎原	万里	公司	备注
在册职工总数(人)				357	459	744	597	1 518	1 410	1 025	1 365	8	燎原 2 人调外省市未统计在内
回沪职工(人)	小计			350	458	721	576	1 454	1 332	978	1 292	8	
	其中	全民		340	447	707	567	1 409	1 306	943	1 247	8	
		集体		10	11	14	9	45	26	35	45		
留皖职工(人)	小计			7	23	23	21	64	78	47	73		另有光明厂劳改留皖 2 人
	其中	全民		7	23	23	19	61	77	45	71		
		集体					2	3	1	2	2		

---

①《上海市劳动局　上海市人事局　上海市公安局　上海市后方基地管理局关于上海小三线调整中人员安置意见的请示》(未刊稿),1985 年 12 月 17 日。
②《上海市后方轻工业公司建设经过及文书档案全宗历史考证》(未刊稿)。

确定了回沪人员的范围,如何妥善安置返沪职工的工作单位、与安徽方面协商留皖人员的待遇及相关政策、大批的小三线干部回沪后如何安置等一系列的问题也同时启动。

对于回沪职工的安置,上海原则上采取的是由原系统归口负责的方式。以轻工业公司为例,回沪人员除了燎原模具厂400人独立筹建了上海梅林罐头食品厂分厂外,其余全部联营消化安排在轻工系统各单位。光明厂职工由上海市自行车行业管理处负责安置;光辉厂职工由上海市钟表行业管理处、上海照相机行业处和总厂负责安置;万里厂职工由上海市钟表行业管理处负责安置;红星厂职工由上海市钟表行业管理处和上海市包装装潢行业管理处负责安置;红光厂职工由上海市轻工装备行业管理处和自行车行业管理处负责安置;利民厂职工由上海市玻璃器皿行业管理处负责安置;曙光厂职工由上海市日化行业管理处负责安置;公司职工由上海市轻工业局干部处和劳资处负责安置;此外,各厂还有一些职工由局劳资处负责安置在造纸、缝纫、制笔、烟草等行业①。医疗卫生机构的瑞金医院职工被安置在瑞金医院、宝钢医院、浦东公利医院、潍坊街道医院、东方医院等单位。"我们回来的时候市区不能进,就分到郊区了,工厂的职工大多数回来还在一个厂,我们当初是从上无六厂去(三线)的,一部分回到了上无六厂,一部分人去了上海录像器材厂,还有少部分人去了广电系统的其他厂"②。

小三线职工在前、后方单位的组织和安排下,严格执行"一律不进市区"的政策,基本上都得到了妥善安置。据统计,后方机电公司共有职工12 261名,截至1986年底已返沪的达到8 187名,占职工总数的66.61%,这其中定向到点的有5 280名,定向培训832名,劳务输出595名,沪办346名,待工948名,长病事假115名,其他52名。全公司共有家属户4 770户,已搬迁的有3 350户,占总数的70.23%③。同年底,全后方调整返沪职工已达43 481人,占应返沪职工总数79.66%,其中定向到位,在生产过渡点市郊劳务输出和定向培训人员共35 000人,占已返沪职工总数80.49%,仍留在市区工厂

---

① 《上海市后方轻工业公司建设经过及文书档案全宗历史考证》(未刊稿)。
② "原上海小三线工农器材厂副厂长须敬先访谈录",2010年8月5日。
③ 《中共上海市后方机电工业公司委员会、上海市后方机电公司1986年工作总结》(1987年1月),协作机械厂档案,档案号:87-6。

劳务输出的约2 000人，因联营厂或吸收劳动力单位进人计划变动或正在落实，一时难以定向到位等待安排的有2 200人①。截至1987年6月底，小三线回沪职工已达50 100余人，占应返沪职工总数的91.85%，其中90%的职工基本上明确了安置方向并到职上岗②。同时对于部分回沪后待工的职工，各单位积极争取前方局和联营单位的支持和帮助，千方百计地安排这部分人员上岗工作。到1990年，小三线返沪职工全部安置完毕，他们在新的岗位上积极工作，得到了安置单位的好评。上海秒表厂1986年度、1987年度各评选出一名局级先进，这两人都是原后方红星木材厂的职工；安排在浦东利华造纸厂的原红星木材厂11名职工，1987年有5名职工被评为厂级先进工作者，占安置进厂人员的45%，创外单位进厂当年被评为先进工作者的最高纪录③。上海微电机厂全厂职工1 669人，其中小三线朝阳厂并入的有464人，占27.8%；该厂1989年评出先进生产组71人，其中朝阳厂并入的职工有20人评为先进生产组，占全厂先进总数的28.17%；朝阳厂高级工程师顾品山同志自1985年9月并入该厂后，负责出口产品钢板机座的设计任务，在与他一起并入该厂的模具高级工程师张伯进同志的配合下，从设计试制、设计定型到生产定型，不到一年时间完成任务，产品工艺先进，比同类产品节约10%矽钢片原料，并能改善生产环境和劳动强度，达到国际先进水平，获上海市科技进步奖三等奖。该产品自1987年至1990年累计出口20万台，创汇300万美元。上海电动工具厂全厂职工1 545人，其中小三线红旗厂调入的366人，占21.75%。该厂1990年评出先进33人，其中红旗厂调入的职工有12人评为先进，占全厂先进的36.3%，在单项车工、钳工操作赛中，车工的前三名中红旗厂调入的职工占两人，钳工的前三名中红旗厂调入的职工占一人④。

---

① 《上海市后方基地管理局1986年工作总结和1987年工作意见》(1987年2月21日)，协作机械厂档案，档案号：87-6。
② 《中共上海市后方基地管理局委员会1987年上半年工作小结和下半年工作意见》(1987年8月)，协作机械厂档案，档案号：87-6。
③ 《上海市后方轻工业公司关于皖南小三线的调整、交接工作总结》(未刊稿)，1988年3月20日。
④ 胡盛林：《后方局关于小三线调整工作总结报告》(1991年9月)，上海市档案馆，档案号：B67-1-312。

在回沪的职工中,有一部分人为农业户口,多数是小三线职工的家属,回沪后属于农转农范围,这部分人员主要是后方化工公司所属职工农场的人员,还有后方机电、轻工、仪电公司、后方电力处、260通讯站、683运输场、天山医院等单位的部分职工①。对农转农返沪的163户384名小三线职工家属,在市劳动局、市公安局和市农委、农场局的支持下,于1987年12月由小三线后方化工公司为代表与星火农场签订了农转农人员的安置协议,后方一次性付给星火农场每人安置费7 500元,共计285万元。户口、粮油关系、党组织关系均已落在农场,住房也解决得比较好(平均每人9平方米左右)②。对于需要回外省、市原籍的219名职工,上海也主动与有关省、市劳动部门联系落实安置单位,同时征求本人意见,使接收单位和本人双方都感到满意,在安置落实后又普遍进行家访,妥善地解决了他们在安置中存在的一些实际问题,做到不留后遗症③。

小三线干部的安置,包括中层干部和一般干部8 000余人,根据"先职工后干部"的安置顺序,干部安置被排在最后,基本按照"尽可能按原职务安排,确实无法安排职务的,保留政治、经济待遇"④的原则分批进行了妥善安置。

留在安徽由当地负责安置的小三线职工虽然人数较少,但因为这一工作涉及沪皖两省的关系,因此如何做好留皖职工的安置工作至关重要。光辉器材厂在与当地交接前,由于驻厂调研组中有个别人不了解政策,对留皖职工讲留下来无法安排,给一些钱让他们自找出路,结果在留皖职工中引起了极大的反响。1986年4月7日起,留皖职工把工厂道路堵死了将近一个月之久,给工

---

①《上海市后方基地管理局关于做好部分职工农场家属安置工作会议纪要》(未刊稿),1987年12月21日。
② 胡盛林:《后方局关于小三线调整工作总结报告》(1991年9月),上海市档案馆,档案号:B67-1-312。需要指出的是,在1990年后方化工公司要求将农转农职工行政隶属关系变更至星火农场名下时,指出共计安置163户381名职工,而按照每人7 500元,共计285万安置费计算,可得出应安置职工人数为380人。
③ 胡盛林:《后方局关于小三线调整工作总结报告》(1991年9月),上海市档案馆,档案号:B67-1-312。
④《中共上海市后方基地管理局委员会1987年上半年工作小结和下半年工作意见》(1987年8月),协作机械厂档案,档案号:87-6。

厂正常生产、生活带来很多困难,最终还是当地县政府出面解决了这一问题。因此,留皖职工的安置离不开安徽的支持和帮助。

在留皖职工的安置工作中首要需要明确的就是待遇问题。小三线的职工是有进山津贴的,工资也是按照上海标准执行的。调整移交后,留皖职工普遍担心收入降低、福利减少等实际问题。除此之外,安徽方面提出了短时间接收小三线职工并进行安置有难度,尤其是对于移交给当地的三类企业(即关停的企业),当地区县表示在职工安置上有困难,对于留皖职工安置费的确定、划转也有担心。同时由于安徽是由各地区、县就地接收留皖职工,因此存在各地区间接收单位有好有差,参差不齐,要安置的职工人数有多有少等具体情况。

针对这些问题,经上海和安徽协商最终决定,"上海方面按留皖在册职工的实际人数,在单位移交时,一次性拨给有关接收安置的地区行署、县人民政府安置费用每人8 000元。安置生产费用只使用于发展生产、安置留皖人员,做到专款专用。安徽方面对留皖人员的工资福利待遇(包括地区差、进山津贴、肉食补贴)不降低,实行老人老办法。差额部分,上海方面给予适当补助。按留皖在册职工的实际人数每人9 000元计算,一次性拨给有关接收安置的地区、行署、县人民政府"①。安徽负责接收安置的区、县则必须切实做好留皖人员的安置工作,自单位人事交接协议书签字生效之日起,留皖职工为安徽所属企业、事业单位的职工,与上海终止关系。

小三线职工及家属共计7万余人,大约2万户,在皖南当地约有住宅面积100万平方米。对于这些职工来说,回沪就需要住房。因为住房建设的周期性,最初返沪小三线人的住房问题,基本上采取了借私房、投亲靠友等临时性过渡性的办法解决。

早在调整接收开始前,部分小三线人已经通过借调、劳务输出等方式先期返回上海。到1985年,借调回沪的这部分已经达到1万多人,住房问题开始显现,"他们大多是无房户,一部分是临时投亲靠友寄居的,有的几代同堂,有的睡三层铺,有的兄弟姐妹吵闹,时间长了矛盾就会尖锐,还有一部分是临时租

---

① 《上海市劳动局　安徽省劳动局关于上海在皖南小三线单位交接安徽时有关人员安置问题的协商纪要》(未刊稿),1986年7月16日。

借农民的房子,每月每平方米1～2元,有的职工每月负担房租30～50元,他们担心借住一年半载还可以,储蓄用光了怎么办"①。协作机械厂回沪的618户人家中,"在市区投亲靠友的有127户,借农民住房的有491户。投亲靠友的127户人家,家庭关系普遍紧张,家庭关系达到破裂,矛盾不能自行调节的有30多户,……借农民住房的419户人家生活也相当艰难,由于各种原因,有147户转移一次,72户转移二次,16户转移三次。有25户人家房租已增长40%,有420户人家的子女,因无当地户口入托入幼、入学相当困难。491户人家在心理上普遍有一种压力感,怕一不小心被房东赶出门"②。小三线企业在返回上海后,也积极与联营厂协商,多渠道、尽力为职工解决暂时性住房问题。有的联营厂腾出了部分宿舍,有的改建临时住房,由企业进行适当的经济补助。如上海重型机器厂腾出办公楼和单身宿舍,给协同厂200户职工居住;上海第五钢铁厂利用空闲营房和工棚改建成简易宿舍,安排了八五钢厂500户职工的临时住房。这些措施在一定程度上缓解了职工的住房问题。

根据小三线的调整规划,小三线人返沪后的住房建设面积共计80万平方米,计划在1985～1988年的四年内完成,其中50万平方米由市里统筹,剩余的30万平方米由各局、公司、工厂自筹。1985年6月,在小三线调整第三次联席(扩大)会议上,市国防科工办在汇报小三线调整情况和今后工作的意见时,希望能够加快住房建设的步伐,"因为小三线职工和家属1986、1987年绝大部分要回来,统建住宅又分四年安排,时间上跟不上,自筹部分应尽可能在今、明两年多安排一些,以缓和这个矛盾"③。后经市计委批准,小三线协调办将1985年统建的10万平方米、系统自筹的15万平方米住宅建造计划下达各局,同时,计委同意了1986年的住宅建设计划尽量多安排的方案,安排统建指标20万平方米,系统自筹指标15万平方米,由此,列入1985年、1986年的住宅建造计划共计60万平方米,占到80万平方米总计划的3/4。至于建设资金,1985年9月,

---

①《市国防科技工业办公室主任李晓航同志在小三线工作会议上的发言》(未刊稿),1985年8月14日。
②《上海柴油机厂配件分厂关于我厂调整回沪职工住房建设问题的专题报告》(1989年5月8日),协作机械厂档案,档案号:89-6。
③《国防科工办负责同志汇报小三线调整情况和今后意见》(未刊稿),1985年6月1日。

市政府发布《关于贯彻落实小三线调整几个问题的意见的通知》,要求"按每平方米250元计算,共1亿2 500万元,列入基本建设计划,分年划拨给市小三线协调办公室,由小三线协调办公室分配下达各局包干使用"①。

在各有关部门的协同配合下,小三线职工的住宅建设全面铺开。对建设任务比较集中的闵行、吴淞、泗塘、月浦、桃浦、杨思、沪东、莘庄、朱行等地的规划定点、配套设施和组建单位等具体工作,经过逐个讨论,也都有了明确的分工。"定点在闵行、吴泾、吴淞、泗塘、月浦、桃浦、杨思、沪东等住宅大区的建设用地,有已征土地,尽可能优先安排;也可在'七五'规划的三万亩中征用,小三线职工住宅以多层为主,新征地得房率为80%,公建配套中商业网点、幼托、学校等投资可由地方财政补贴"②。除了上述各个住宅安置比较集中的区域之外,小三线职工还分散在一些零星的基地安置,包括华漕、颛桥、大场、嘉定城厢、南翔、安亭、松江城厢、花木、高桥、上炼、东沟、青浦城厢、方家窑等地。而由企业、局自筹的30万平方米住宅建设任务,最终也扩大到了50万平方米。经过几年的工作推进,小三线职工住宅建设克服了征地、拆迁、施工、配套、资金等方面的种种困难,取得了阶段性的成果。100万平方米的住宅规划分布在市郊和浦东等地,共有30个点,主要集中在闵行、吴泾、莘庄、宝山、浦东,共计有834 342平方米,占100万平方米的83.43%,少数分散在金山、松江、嘉定、青浦等地。"至1990年底,累计开工986 400平方米,占100万平方米的98.64%,其中地方财政486 400平方米,占50万平方米的97.28%,自筹50万平方米,占100%。累计竣工793 200平方米,占79.32%,其中地方财政376 100平方米,占75.32%;自筹417 100平方米,占83.42%,这样2万户小三线职工有16 000户职工住进了新工房。1991年尚有206 800平方米的任务,其中地方财政123 900平方米,自筹82 900平方米"③,基本上解决了小三线职工的住宅问题。

在住房分配上,重点强调户口是否在小三线的原则。对于机关人员住房

---

① 《上海市人民政府办公厅转发市计委〈关于贯彻落实小三线调整几个问题的意见的通知〉》(未刊稿),1985年9月5日。
② 《上海市建设委员会小三线住宅建设工作会议纪要》(未刊稿),1986年1月16日。
③ 胡盛林:《后方局关于小三线调整工作总结报告》(1991年9月),上海市档案馆,档案号:B67-1-312。

的分配,要求职工要服从调整,在无房优先、本人户口符合要求的前提下,根据房源,实事求是、分期分批地逐步解决,"根据机关分房的原则和条件,在服从调整有利于工作的前提下优先解决机关职工中的无房户(含暂借私房)。在同等条件下要看本人的工龄、进山年月和结婚年月分配住房"①。与后方基地管理局机关职工住房分配办法相同,小三线各企业均有自己的住房分配规定,在原前进机械厂党委书记苏开权印象中,"搬迁的时候最担心的是房子,当时我们广泛听取群众意见,制定分房的办法,房子大小看户口,两个户口为小户,三个四个为中户,四个五个户口以上为大户,这个户口指的是在安徽的户口,与家庭人口数无关。房子谁先分谁后分,要看分数,将夫妻两人的年龄、工龄转成分数,每户户口分数计算出来后进行公布,从高分到低分开始分。层数好坏看运气,以抓阄抽签的方式决定"②。

四、后方基地的结束

本着调整回迁中"先企业,后机关,先职工,后干部"的原则,在小三线企、事业单位纷纷逐步移交给皖南当地的情况下,作为最后调整回沪的小三线相关组织机构也进入了收尾阶段。由于小三线各企业党政关系不仅仅涉及与前方各主管局、公司的关系,还涉及与皖南当地政府的关系,因此为了顺利实现皖南当地政府、后方基地、前方接收局和公司三者间的党政关系转移,上海市政府于1986年9月出台了《关于上海小三线单位调整中党政关系转移的实施意见》,要求小三线单位在做好与安徽方面的交接工作的基础上,才能办理前后方党政关系的转移;同时要求前方主管局根据小三线企业回沪后的实际情况制定相应的党政关系管理办法。

小三线81家企、事业单位,党政关系涉及的主要内容包括党的组织领导关系、行政组织领导,职工行政、供给关系,工资基金、职工粮油户口关系,党员组织关系,工会、共青团组织关系,人事档案,科教、财会、文书等各类档案以及在沪的资产等,涉及面之广、范围之大,是一项系统又复杂的工作。为此,后方

---

① 《上海市后方基地管理局机关职工住房分配的规定》(未刊稿),1987年3月3日。
② "原上海小三线前进机械厂党委书记苏开权访谈录",2010年7月23日。

基地要求各单位在党政关系转移后,应在一段时期内设留守小组,负责协调解决遗留问题,如与地方的沟通协调、办理撤销原后方单位建制的手续、接待少数职工的咨询等。到1988年,交接工作接近尾声,小三线职工及家属已经基本返沪,各企业的留守小组陆续撤销,仅保留了后方基地管理局和后方四大公司机关建制。从1989年到1991年,后方基地管理局和后方机电、仪电、轻工、化工四大公司机关开始收尾,分两个阶段最终完成了其历史使命。

第一阶段:办理小三线企业建制的撤销工作。小三线企业建制撤销由后方基地管理局统一撰写书面报告向市工商行政管理局备案;将小三线企业营业执照、党政公章上缴后方公司,撤销银行账号,营业执照由后方局统一送缴市工商行政管理局,公章由公司集中后上缴后方局统一处理;做好财产的清点、登记、造册工作,清理债权、债务工作;完成小三线调整工作总结报告,上报相关单位;完成文书档案整理和归档工作①。

第二阶段:撤销后方基地管理局和后方公司建制,停止对外办公。1991年9月30日,上海市人民政府同意撤销上海市后方基地管理局,明确涉及原后方局的未了事宜,由市经委负责处理。1991年10月1日开始,后方基地管理局和四个公司停止对外办公,先后进行了内部资产移交、档案交接、资料处理、上缴党政公章、办理银行账号撤销等工作。1991年12月27日,后方基地管理局向市经委申请关闭后方局和所属公司机关,"目前除档案材料需由市档案局安排时间接收以及局行政经费年终决算报表需待1992年1月完成外,其他各项工作均已处理完毕,为此我局和所属公司在1992年1月1日起正式关闭,局机关关闭后,由胡盛林同志和曹同盛同志继续工作到1月底,分别负责档案和财务报表的结束工作"②。至此,上海市后方基地完成了其历史使命,小三线退出了历史舞台,融入了上海经济、社会发展的统一规划中。

在调整之初,有没有保护和发展社会生产力、人员是否妥善安置、省市关系是否处理好等三点,被定义为评价上海小三线调整好坏的标准。从1985年调整工作开始,到1988年小三线企业职工基本返回上海,再到1991年职工住

---

①《上海市后方基地管理局关于衔接上海市后方基地管理局和后方公司的请示报告》(未刊稿),1991年7月12日。
②《上海市后方基地管理局关于关闭后方局和所属公司机关的报告》(未刊稿),1991年12月27日。

房安置完成,小三线人在市郊安营扎寨,开始了新的工作、生活。在调整回沪的过程中,小三线经历了一系列的困难,这其中不乏部分工厂发生停工停产风波、厂地矛盾激化等严重影响调整工作正常进行的事件,但从结果来看,可以说上海小三线的调整回沪总体上是平稳有序的,不仅克服了自身面临的各种困难,也将它对上海社会稳定的影响降到了最低。

第八章 总结与反思

上海小三线是特定时代大背景下的特定产物。从上海小三线本身出发对其进行深入的分析研究,只是对上海小三线社会这一具体标本的解剖。只有将上海小三线置于当时的时代背景下,置于全国范围的大、小三线建设中,才能更为清晰地对上海小三线有一个全息的认识,也才能对上海小三线社会所呈现出的特殊性及其历史经验有更加深刻的理解和把握。

第一节 上海小三线建设特殊性

上海小三线作为全国一、二线省、市小三线中规模最大、门类最齐全的军工生产基地,从最初的筹建时期开始,到后来的自成小社会、调整接收、职工回沪安置等,都有其特殊性。之所以将上海小三线称之为"特殊"的小三线,是因为它具有以下几方面的特殊之处。

一、筹建的特殊性

1964~1965年,毛泽东多次表达了自己对于一、二线城市的担忧。1964年6月,毛泽东作出了"不但要注意大三线建设,同时要注意小三线的建设,各省要在战时能独立作战"的指示,提出各省都要有军事工业,都要造自己的步枪、冲锋枪、迫击炮、子弹、炸药的小三线建设目标。福建作为一线省份,当年的8月便召开了省委扩大会议,提出了要按照建设小边区的要求来建设福建的后方,明确了要将福建后方建设成为"政治上、军事上、经济上、文化上能独立自主的巩固后方"①。同时对福建小三线建设作出了全面部署,确定划分了福建一、二、三线的范围。10月16日,福建省委又成立了省委军工及三线建设领导小组,国防工办也应运而生,专门负责小三线的规划和具体实施工作。经过福建省计委、经委和军区的勘察选点,很快便向省委提出了《关于加强我省一、二线建设的初步意见》和《关于后方建设和战略工作的请示报告》。比福建动作更快的是广东,1964年10月18日,广东省委的《关于国防工业和三线备战工作的请示报告》就已经送到了毛泽东手中,10月20日,毛泽东作出批示:"广东省是动起来了,……是否可以将此报告转发第一线和第二线各省,叫他们也讨论一下自己的第三线问题,并向中央提出一个合乎他们具体情况的报告。无非是增加一批建设费,全国大约15亿元左右,分两三年支付,可以解决一个长远的战略性的大问题,现在不为,后悔无及"②。29日,中共中央将广东省委的报告和毛泽东的批示下发一、二线各省、区、市,并要求各地于12月提出备战工作的具体规划。随之,河北省政府也屡次召开紧急会议,讨论河北小三线的建设问题。成立了战备领导小组,由时任省委书记李颉伯兼任组长一职。1965年5月,河北、内蒙古、辽宁三省区在天津召开后方基地建设会议,着手具体研究三省区在后方建设中的军工及相关配套问题。

在兄弟省市加速推进小三线建设的同时,毛泽东、周恩来多次对上海的小三线建设给予了关注,"比如上海,我看任务更大。如何把一个上海变成三个、四个、五个,最后变成十七八个,用二分法把它分出去,上海的城市既不至于扩大,又能够帮助别的地方发展起来"③,"一有战争症候,工厂就要搬家,疏散到山里去。上海这么多工厂还能留给敌人?不能"④。足见上海在国家工业布局中的重要地位。与其他几个省份相比,在建设小三线

---

① 钟健英:《六十年代福建的"小三线"建设》,《福建党史月刊》2009年第19期。
② 《中央关于加强一、二线的后方建设和备战工作的指示(1964年10月29日)》,《党的文献》1995年第3期。
③ 周恩来:《关于第三个五年计划的若干问题(1964年5月28日)》,《党的文献》1996年第3期。
④ 孙东升:《我国经济建设战略布局的大转变——三线建设决策形成述略》,《党的文献》1995年第3期。

之前，上海已经先后承担了全国范围内的支边、支内、大三线、华东小三线等大批建设项目的任务，因此对再建一个上海的小三线有着不同的认识，按照后来上海后方基地管理局办公室的总结，可以说"上海小三线的发展有一个从小搞到大规模上马的过程，有一个大角度曲折、大幅度起伏的过程"。

最初，上海是将小三线建设的精力主要集中在华东小三线上的。当时的上海根据中央指示承担在江西建设华东小三线建设的任务，安排军工项目19个，投资2亿元左右，分别由上海各大厂包建，筹建工作主要由上海抽调力量，成立指挥部负责领导。当时中共上海市委认为，华东小三线也是上海的小三线①。根据当时上海市委的认识，可以说是将包建江西的华东小三线作为自己的小三线，而针对中央一再要求各省都要建立自己的后方基地一事，1965年5月6日，上海方面给中央的书面报告中指出："按照华东局已指定的地方，在皖南黄山和浙江天目山一带建立上海的后方，在充分利用原有空关房屋的基础上，盖一些房屋，搞一些仓库，造一个医院，把市内的一些重要档案、文物、技术资料和一部分重要物资运去妥为保存。同时，打算抓若干研究所和实验工厂，在后方继续从事科学研究，保证在战时仍旧能够少量地生产一些同国防军工、三线建设有关的新材料、新设备等产品。上述科研单位，在战后可以作为恢复和发展上海工业生产的骨干力量。"②这一设想在后来被称为"保存精华、发展精华"的建设思路。按照这一思路，上海所建立的后方并非以军工生产为主的，而是从保留技术和科研人员的角度出发的，主要是为战后工业的恢复作准备。战争一旦爆发，就可以在后方保存一部分精华力量和疏散一部分科研人员，为战后的上海重建服务，因此主要是搬迁一部分科研单位，"认为没有必要再搞军工，更没有必要搞大规模生产"③。"小而精、小配套""先立足，后发展"的目的显而易见，且当时考虑兴建的研究所规模大体都在100人左右，同时人

---

① 孙怀仁主编：《上海社会主义经济建设发展简史（1949—1985）》，上海人民出版社1990年版，第512页。
② 上海市后方基地管理局党史编写组：《上海小三线党史》（未刊稿），1988年4月，第6页。
③ 上海市后方基地管理局办公室：《上海小三线建设中的"左"倾影响——关于上海小三线建设过程及经验教训的调查报告》（未刊稿），1982年1月。

员可以与总所互动调动。根据这一想法,"拟定了建立12个研究所①分所的计划,以及为研究所配套服务的项目,如科学仪器厂、器材公司、机床厂、技工学校、指挥部等"②。

从1966年起,毛泽东在中央有关会议上就小三线建设问题批评一部分省市"要文不要武,要钱不要枪",上海的小三线建设开始快马加鞭,步入大规模选点筹建搬迁时期,最终成为全国小三线中规模最大、门类最齐全的。

二、选点的特殊性

全国范围的小三线建设遍布地理位置处于一、二线的省市,无论是福建,还是河北、新疆等省份的小三线均选点在自身辖区内的山区,还有一些省份的小三线企业就建在城市的边缘。河北的地形地貌高原、平原、山地、丘陵均有,尤其是太行山脉的复杂地形条件使得河北自然就将其省内的燕山、太行山作为最佳选点,同时其西部和北部的张家口、保定、石家庄、邢台、邯郸地区就成为河北小三线的选点范围③,河北小三线建设中为军工配套的7个企业甚至建在了省会石家庄;福建作为东南沿海省份,其小三线选点则向闽赣边界靠拢,"闽赣边区、武夷山以南,鹰厦线以西,包括长汀、连城、清流、宁化、建宁、泰宁、光泽、顺昌、建阳、松溪、政和一带划为三线"④。北京因为拥有地理之利,所以其小三线基本建在市郊的山区,个别建在距离北京很近的河北张家口后城和蔚县⑤。而这样的选点范围无论是对于小三线企业的建设还是管理以及后来的调整来说,都属于各自行政区划的范围,由自己作主。但上海的小三线却因为上海自身地理条件限制,无法找到符合建设军工企业的区域,"山、散、洞"无一沾边,故而最终将小三线选点在了皖

---

① 12个研究所包括:冶金、钢铁、有色金属、电工、计算机、原子核、物理、化工、硝酸盐、有机化学、计量测试、情报等研究所。
② 孙怀仁主编:《上海社会主义经济建设发展简史(1949—1985)》,上海人民出版社1990年版,第512页。
③ 刘建民:《论河北"小三线"建设》,河北师范大学硕士毕业论文,2004年。
④ 钟健英:《六十年代福建的"小三线"建设》,《福建党史月刊》1998年第5期。
⑤ 李晓宇:《北京"小三线"建设研究》,北京师范大学硕士学位论文,2015年。

南和浙西的山区,而这一地理位置对于安徽、浙江、上海两省一市来说都显得有些力不从心。安徽和浙江除了要建设自己的小三线之外,还要为上海的小三线建设提供各种支持,而上海对处于皖南和浙西行政区划上,但实际建设管理却由上海负责的小三线,由于客观存在的行政管理权限限制出现了"心有余而力不足"。

三、规模的代表性

上海小三线是全国规模最大、投入最多、最为系统的军工及其配套产品生产基地,这是在与其他一、二线省份的小三线建设规模比较之后得出的结论。以北方具有代表性的河北小三线为例,从小三线规模来看,河北小三线企业共计39个,生产和研制范围包括半导体、高射武器、引信、电子测量和声学仪器、迫击炮弹、木柄手榴弹、飞机螺旋桨、通信器材等领域①;而上海的小三线单生产工厂就有54个,研制和生产范围较之河北小三线而言,则相对完善、系统得多,先后形成了以"五七"高炮、炮弹和新四〇火箭筒、火箭弹为主的12条军品生产线,再加上为企业提供原料运输、储存等功能的辅助机构和各项社会服务机构27个。从布点范围来看,河北小三线分部在涞源、张家口、石家庄、灵寿、平山、涉县、井陉县、满城、保定、邯郸、阜平、曲阳、蔚县、邢台、易县、正定等西部和北部山区进行,而上海小三线则分散在皖南宣城、池州、徽州三个专区和浙江临安的13个县市,东西相距263公里,南北相距135公里,跨度和覆盖范围之大是显而易见的。从投入的人力来看,河北小三线39个企业总计职工人数50 198人,而上海小三线单职工人数就达到近5.6万人,职工家属1.7万人,总计7万余人。从资金投入和产出来看,河北小三线从1964年开始筹建到1978年开始进入调整时期,15年的时间里,通过不断地、有计划地迁建、改建、缓建、扩建和新建等方式,共完成投资5亿多万元,房屋建设面积180多万平方米②。北京的小三线规模则更小,共计"建成了六个设备齐全、技术过硬、生产能力强的军工厂。……到1986年止,共生产半自动步枪近20万支、枪弹4亿

---

① 刘建民:《论河北"小三线"建设》,河北师范大学硕士研究生论文,2004年。
② 刘建民:《论河北"小三线"建设》,河北师范大学硕士研究生论文,2004年。

余发、手榴弹4 000万枚、单兵火箭弹64万余发、反坦克榴弹近10万枚、迫击炮2 000余门、火箭筒近2万具"①。而上海小三线在24年的时间里,总投资达到7.52亿元,累计生产出"五七"高炮563门、"五七"高炮炮弹398.65万发、新四〇火箭筒71 188具、新四〇火箭弹207.24万发、"八二"无后坐力炮1 063门、各种手榴弹1 999.98万枚、"7.62"枪弹2 217.70万发、黑索金等各种火炸药2 992.34吨、雷达78部、七七式变倍指挥镜261具,还累计发电50.75亿度,生产钢材65.54万吨、水泥312.52万吨、机床9 161台、汽车3 422辆、电机63.63万台、无线电通信机28 248台②。

近几年来,随着小三线建设研究的不断推进,除了上海、河北、北京的小三线外,广东、广西、海南、新疆、西藏、浙江、湖北、湖南、甘肃等地的小三线建设也开始引起关注,史料的不断丰富,也在不断证明上海小三线规模在全国小三线建设中的代表性地位。

四、生存环境的独特性

之所以说上海小三线职工生存的社会环境具有独特性,一方面是因为上海后方地处皖南山区,是一个独立于皖南当地农村的小社会。另一方面相对于更多分布在全国的上海知青乃至支边、支疆的职工看来,小三线职工的生存环境和生活习惯则又是最为接近上海的。对于参加大、小三线建设的人来说,"到江西与到安徽最初的区别基本没有,但是去了以后就感觉到区别了。安徽的小三线是属于上海直接领导的,江西小三线则是属于华东局领导的,而且条件也不一样,皖南跟上海吃的和生活习惯等方面,虽然不一样但还是相近的,江西则完全不同"③。上海小三线所在地歙县附近有一个练江牧场,集中了大量的上海知青,在小三线职工眼里,知青的生活实在是艰苦,"他们每天劳动得

---

① "当代北京工业丛书"编辑部:《当代北京国防工业》(内部发行),北京日报出版社1990年版,第189页,转引自李晓宇:《北京"小三线"建设研究》,北京师范大学硕士学位论文,2015年。
② 胡盛林:《后方局关于小三线调整工作总结报告》(1991年9月),上海市档案馆,档案号:B67-1-312。
③ "原后方基地宣传组副组长、情况调研科科长毛德宝访谈录",2011年5月7日。

都很辛苦,头发全部是黄泥,粘在一起,又没什么水资源,到了收工的时候,男同学、女同学都跳到河浜里洗头洗澡;每个宿舍里都会在墨水用完之后,瓶子里倒上煤油放上灯芯,满足晚上的照明"①。也正是由于上海小三线人始终与上海保持着密切的联系,因此,就不难解释为什么在上海小三线通过报刊广告为大龄男青工征婚时,有如此多的来自全国各地的上海知青积极响应,"曲线回沪"的方式或许对于知青们来讲也不失为一种返城或者无限接近自己曾经的生活圈子的重要渠道。

五、结局的唯一性

上海小三线最终在与安徽、浙江两省的协商中顺利完成了调整交接工作,将全部固定资产移交给安徽,用放弃资产的方式换来了7万多名职工及家属的返沪,尽管最终都落户在上海郊县,但这却是已知的各省市小三线中唯一由政府主导整体回迁的小三线。

上海小三线在调整回沪期间,华东小三线的职工就表达了他们的不满,"我们也是上海人,为什么他们能回上海,我们就不行"的质疑声不断涌现,而在小三线职工看来,这与江西的华东小三线企业和职工被当地吸收有着直接的联系,"1965年开始在江西建设华东小三线后,到1970年左右,上海将华东小三线全部交给了江西当地,全力建设自己的小三线,当地干部进去华东小三线后,实现了权力反转,最终与上海失去了联系,所以到现在还没回来"②。尽管后来也有部分职工通过其他渠道回到上海的现象,但范围也很有限。以上钢五厂为例,当时该厂的支内任务比较多,一部分人支援大三线的江油钢厂,一部分职工支援华东小三线的江西新余钢厂,还有一部分援建上海小三线的八五钢厂,最终只有支援上海小三线的职工全部返回了上海,即使是与上海小三线距离并不遥远的上海设在江苏、山东等地的几个原料基地的职工也未能返回上海。这也是为何在调整交接工作之初,上海就一直强调要慎重,并将这一工作视为政治和社会工作来对待和重视的原因。江西钢厂作为按照中央要求内迁的上海企业,直至20世纪90

---

① "原后方基地宣传组副组长、情况调研科科长毛德宝访谈录",2011年5月7日。
② "原后方基地管理局秘书沈嘉麒访谈录",2010年8月21日。

年代依然坚守在赣西北的群山中,"在这里工作、生活的,是一批上海的儿女,这是一个上海内迁企业,1965年,来自上钢一厂、三厂、五厂等单位的4 000多位职工,以及一批青年学生,根据备战的需要,告别黄浦江,来到这个革命老区,开始了艰苦的创业。现在,全厂1.7万名职工,上海籍职工近三分之一"①。

第二节 上海小三线建设的历史作用

上海小三线作为一个为备战而建设的军工基地,从外部环境看,经历了国际形势从冷战到和平与发展的转变,从内部看,则经历了从以阶级斗争为纲到以经济建设为中心的基本国策转变,经济上则经历了中国由计划经济体制向市场经济体制转变的转型期。如今重新审视三线建设决策的确立过程及上海小三线建设的始末,更多的是对历史经验的总结和反思。

一、客观评价上海小三线的历史作用

和全国各地的小三线一样,上海小三线在当时的时代背景下,对确保国家战略安全,改变全国范围内的工业布局失衡状况,推动迁建地区工农业发展奠定了一定的基础,所生产的军品曾在战时体制下发挥过一定的积极作用,在后来的调整交接中,也有部分企业在安徽当地接收后得到了较好的利用。"皖南小三线建设无疑是新中国成立后上海经济布局的一次调整,可视为一次带有行政、军事色彩的产业转移,是近代以来沿海发达城市辐射内地地区的延续和提升,在一定程度改变了工业结构不平衡的状况。皖南小三线已然成为陈迹,也留下诸多缺憾,但已鲜明地体现出时代特色以及那个时代上海对中国经济和社会所起的促进作用,这一点是我们评述三线建设历史时必须指出并不能忘怀的"②。但从整体来看,受制于主、客观条件限制,皖南、浙西当地对上海小

---

① 毛世雄:《这里,有一批上海儿女》,《解放日报》1990年10月23日。
② 朱荫贵:《上海在三线建设中的地位和作用——以皖南小三线建设为中心的分析》,《安徽师范大学学报(人文社会科学版)》2020年第4期。

三线企业的改造和利用效果是有限的。

小三线的规划设计不够科学。在小三线规划设计阶段,为了保证项目设计符合"靠山、隐蔽、分散"的战备要求和勤俭办厂的精神,在选址上政治考虑优先于生产经营考虑,只注意了战争的需要,忽视了平战结合。协作机械厂就曾因为第一次选的点不够隐蔽更换过厂址,最终选择在临安县昌北区太平公社仁里大队深坑坞,即使该地已明确查明没有地下水。之所以选定这里,是因为"厂址在高山包围当中,其至高点之间的直径约5公里左右,地势险要,地形复杂,周围有高山,中间是山群,主坞弯曲,支坞多,山坡坡度陡,山上常青树多,并有些灌木林,在防空上比较有利,……生产部门全部能较隐蔽地分散布置在坞内"①。但自从投产开始,该厂就经常因为缺水而导致职工饮水紧张和工厂停产,成为协作机械厂面临的最大困难,"1978年从6月25日至9月8日连续两个多月高温无雨,造成我厂缺水停产两个多月,今年从9月份到现在又没有下雨,目前我厂水库已没有存水,从11月22日开始被迫停产,生活用水也成问题"②。八五钢厂也曾因为生活用水出现问题而造成975人腹泻的卫生事件,约占全厂人数的16.2%,经上海市卫生局和后方长江医院流行病学调查,"贵池钢厂01、03车间及28K家属生活区因深井水供应不足而取用白洋河水,白洋河是当地山区溪水汇聚的总河道,每逢暴雨之后,河水猛涨,水质混如泥浆……。今年6月25日、6月29日先后下降两次暴雨,……贵池钢厂地处白洋河下游,生产及生活上主要使用白洋河水的01、03车间及28K生活区和中学在此次流行中首先发病……。据以上情况分析,此次腹泻流行与水源关系比较密切"③。上海电子器材三厂不足800人的厂分布在方圆120亩土地上,四条山沟,沟与沟之间重山相隔,各自为政。为便于各部门联系,厂内装有电话总机,配有厂内专车④。

---

① 《二二九工程指挥部六六一工区协作机械厂(9383厂)关于更改厂址报告》(1966年9月4日),协作机械厂档案,档案号:1968-1。
② 《协作机械厂1979年报五机部的调查报告》(1979年11月23日,报告主题缺失),协作机械厂档案,档案号:79-5。
③ 《上海市卫生局防疫小分队 上海后方长江医院贵池钢厂腹泻病人发病情况调查报告》(1977年7月10日),八五钢厂档案,档案号:77-17-62。
④ 《上海电子器材三厂简史(原东风机器厂、国营8301厂)》(未刊稿),1984年12月。

勤俭节约的建设宗旨贯穿小三线建设的始终,上海小三线建设筹建刚开始,国务院就下发了关于小三线建设中投资经费的参考,"房屋造价,按省委已规定的工业建筑平均每平方米60元以内、民用建筑平均每平方米25元以内坚决执行外,工厂不建办公楼,但必须要的办公用房,可建简易的平房。公路道班房、邮电通讯站的生活房屋,一律执行低标准,每平方米应控制在30元以内,贯彻'干打垒'的精神,做到因地制宜,就地取材"①。实际上,这些标准在山区很难做到不超标。除此之外,上海还对小三线项目设计规定了一系列难以执行的统一标准,"建筑物的长、宽、高,马路的宽度,恒温室的大小,照明等标准都做了统一规定,忽视了企业生产工艺和职工生活的需要,因此,实际上执行中矛盾很大"②。以工程造价为例,设计标准要求小三线工程造价不高于上海,但由于建筑材料运输成本、施工人力成本大幅提升,造成了小三线工程造价比上海同等质量标准的造价高出20%以上。

皖南当地在接收小三线企业后,由于缺乏相应的管理人才和技术人才、缺少技改资金和生产流动资金等因素,普遍存在变卖家产、废弃不用等问题,降低了改造利用的层次。一方面是原有产品的中断,另一方面是大量的生活设施难以发挥作用,只能闲置浪费。如接收小三线厂点较多的绩溪、旌德、东至三个县直至调整接收工作结束后仍在寻找企业的产品方向。据时任安徽省旌德县县长的欧阳季元回忆:"无论是国营或集体、乡镇企业利用三线厂进行改造,一律是无偿使用三线接收设备和厂房,也不论利用改造项目规模大小,进驻一个三线厂,该厂的所有设备和物资都由该项目所有权者支配。利用不上的设备,只要三线接收领导组主要负责人批条子,就可以出县、出地区、出省变卖。在三线厂接收时,全县国营工业固定资产只有1 600万元,而三线厂接收下来的固定资产净值实际数就超过2 900万元,可惜的是我们接收三线厂的设备和资金,没有利用改造,白白地流失。"③再以宁国县接收的协同机械厂为例,最初机械厂

---

① 《国务院国防工业办公室关于转发中共湖南省委国防战备领导小组〈关于小三线建设中的几条规定〉的通知》(1966年3月21日),上海档案馆,档案号:A38-1-358-450。
② 《建设初期的艰苦岁月——原229指挥部规划设计组组长曹伯慰访谈录》,徐有威主编《口述上海:小三线建设》,上海教育出版社2013年版,第89页。
③ 欧阳季元:《我的这一辈子》,http://www.jdxxsj.com/showart.asp?id=44。

的厂房移交给了宁国县机械公司,但到1989年,"企业负担过重,为减轻企业负担,经慎重考虑将原移交房屋优惠降价20%有偿转让给企业"①。这一改造利用的现状也得到了小三线职工的证实,"后方瑞金医院在交给当地后,变成了疗养院,但因为医护人员都走了,所以后来也就乱七八糟了"②。"小三线调整后,带来的最直接的问题就是没有电和水,当地接收单位将设备变卖,厂房空置"③。"我们去了坐落于蔡家桥的满江红厂,厂里的水泥路坑坑洼洼、斑痕累累。进入厂里,原来的'远看像村庄,近看像民房'的徽派风格厂房竟成残垣断壁,四周杂草丛生,令人伤感,厂房屋顶有的已被拆掉,有的虽未被拆却已能望天,厂房都空着,国家的财产就这样一点点被日月所蚀,真心疼!唯有墙上的毛主席像和毛主席'备战、备荒、为人民'的语录仍清晰可辨!"④

二、企业办社会退出历史舞台的必然

企业办社会根植于高度计划经济的时代,社会物资由政府集中统一供应配给,商品在社会领域的流通不足,再加上政府的支持和职工的需求,都为企业办社会提供了土壤。企业每年在自己的支出中要开支职工的生、老、病、死等各类费用,尤其是在极度缺少社会管理组织的三线工厂更具代表性,大到医院、食堂、招待所、职工宿舍、学校,小到商店、菜市场、理发屋,一应俱全,否则就会影响职工的日常生活和工厂的生产秩序,俨然一个小社会。"凡生活所需工厂都要办,有的企业,甚至其分支机构就是一个小社会,个别企业甚至相当于一个近百万人口的中等城市"⑤。这一计划经济时代被职工视为"铁饭碗"的待遇在改革开放过程中却面临了史无前例的发展困境,企业一方面要走向社会、走向市场自负盈亏,另一方面又要承担传统的计划经济时代社会

---

① 《关于"协同厂房屋移交给县机械公司适当给予优惠"的报告》(1989年6月18日),安徽省宁国县(三线办)档案,宁国县档案馆藏档,全宗号:85,案卷号19。
② "原上海小三线瑞金医院政工科科员吕建昌访谈录",2010年3月28日。
③ "原上海小三线前进机械厂工会主席伍雨珊访谈录",2010年9月22日。
④ 马明诚等:《重返上海皖南旌德小三线厂》(2010年4月23日),http://www.ahjd.gov.cn。
⑤ 傅荣发:《论企业办社会》,《党政干部论坛》1994年第3期。

管理的职责,双重角色的重压使得企业压力不断加大,企业型社会已经越来越成为三线企业的包袱和累赘,三线小社会与国家的政治、经济体制的相伴相生性充分得以体现。在市场经济体制主导社会经济发展的今天,企业型社会终因其有悖市场经济规律而失去了生存的土壤,剥离企业的社会职能是历史的必然选择。而在遵循经济规律上,不仅仅是企业应该追求的,更是政府应该做到的,只有政府与企业权责明确,企业职能与社会职能清晰,才能实现政府、企业、社会的共生。

附 录

一、采访上海小三线有关人员名录

序号	姓　名	单　位　及　职　务	访谈时间
1	吕建昌	原上海小三线瑞金医院政工科科员	2010年3月29日
2	卜晓明	原上海小三线瑞金医院医生	2010年4月30日
3	倪传铮	原上海小三线瑞金医院政工科科员	2010年5月14日
4	朱仁锡　朱静颐	原上海小三线仪电公司工会主席	2010年5月20日
5	储瑛娣	原上海小三线险峰光学仪器厂党委副书记	2010年6月19日
6	刘雪林	原上海小三线东方红器材厂职工	2010年6月21日
7	汪　桦	原上海小三线前进机械厂团委书记	2010年6月27日
8	陈伟明	原上海小三线683运输场党办主任	2010年7月20日
9	苏开权	原上海小三线前进机械厂党委书记	2010年7月23日
10	谈广俊	原上海小三线683运输场团委书记	2010年7月29日
11	孙华元　徐黎明	原上海小三线683运输场车队职工	2010年7月30日
12	须敬先	原上海小三线工农器材厂副厂长	2010年7月31日
13	杨　森	原上海后方基地管理局党委副书记	2010年8月6日

续 表

序号	姓名	单位及职务	访谈时间
14	杨佳玉	原上海小三线前进机械厂厂长	2010年8月17日
15	沈嘉麒	原上海后方基地党委办公室秘书	2010年8月21日
16	张章权	原上海小三线协作机械厂副厂长	2010年8月24日
17	伍雨珊	原上海小三线前进机械厂工会主席	2010年9月22日
18	胡展奋	原上海小三线胜利水泥厂职工	2010年11月13日
19	汪志荣	原上海小三线前进机械厂党委书记	2010年11月28日
20	宣辅良	原上海小三线五洲电机厂党委书记	2010年11月28日
21	陈志高	原上海小三线遵义器材厂党委书记	2010年12月7日
22	施扣祥	原上海小三线遵义器材厂副厂长	2010年12月16日
23	朱广荣	原上海小三线683运输场党委书记	2010年12月28日
24	嵇在钿	原上海小三线683运输场党委书记	2010年12月28日
25	陈国兴	原上海后方基地老干部科科长	2011年1月10日
26	蒲志祥	原上海小三线金星化工厂团委副书记	2011年1月14日
27	黄彪	原上海后方基地管理局副局长	2011年1月17日
28	王美玉	原上海后方基地管理局工会主席	2011年1月22日
29	王中平	原上海后方基地管理局后勤处处长	2011年1月22日
30	郑金茂	原上海后方基地管理局副局长	2011年2月14日
31	王均行	原上海小三线金星化工厂团委副书记、总调度	2011年2月22日
32	史志定	原上海小三线八五钢厂团委书记	2011年2月24日

续 表

序号	姓　名	单　位　及　职　务	访 谈 时 间
33	董震东	原上海后方基地管理局生产处综合计划科科长	2011年2月25日
34	朱岳林	原上海后方基地管理局办公室副主任	2011年2月28日
35	朱国勇	原上海后方基地管理局生产处副处长	2011年2月28日
36	蔡鸿甫	原上海后方基地财务处副处长	2011年3月1日
37	胡盛林	原上海后方基地管理局组织处副处长	2011年3月3日
38	卞建华	原上海后方基地管理局民兵指挥部人员	2011年3月4日
39	张执玉	原上海后方基地教育处副处长	2011年3月7日
40	顾国武	原上海后方基地管理局物资基建副处长	2011年3月16日
41	李晓航	原上海国防工办主任	2011年3月18日
42	陈震源　陈辉	原上海小三线八五钢厂职工	2011年3月27日
43	朱伟东	原上海后方基地管理局生产处副处长	2011年3月29日
44	余　琳	原上海国防科工委主任	2011年4月1日
45	郑兆山	原上海后方基地管理局公安处副处长	2011年4月10日
46	王志洪	原上海后方基地管理局局长	2011年4月14日
47	郑子虎	原上海小三线轻工公司经理	2011年4月15日
48	王权顺	原上海机电一局军工处处长	2011年4月20日
49	王昌法	原上海后方基地管理局党委书记	2011年4月20日
50	毛德宝	原上海后方基地宣传组副组长	2011年5月7日
51	张宝华	原上海后方基地管理局五七干校副校长	2011年5月10日
52	顾　成	原上海小三线光辉器材厂厂长	2011年5月11日

续　表

序号	姓　名	单 位 及 职 务	访 谈 时 间
53	史济民	原上海后方基地管理局团委办公室副主任、后方基地轻工业公司党委副书记	2011年5月13日
54	顾榴龄	原上海后方基地管理局党委常委	2011年5月13日
55	王根富	原上海后方基地军代表	2011年5月19日
56	王新名	原上海后方基地管理局生产处职工	2011年5月20日
57	江曾培	小说《忻山红》编辑	2011年6月7日
58	张长明　杨志松	小说《忻山红》作者	2011年6月8日
59	汪铁钢	原上海小三线八五钢厂副厂长	2011年6月9日
60	徐国光	原上海后方基地管理局地区组组长	2011年6月12日
61	崔俊贤	原上海后方基地管理局组织处处长	2011年6月12日
62	陈锁锁	原上海小三线八五钢厂党委书记	2011年6月17日
63	刘存龙	原上海小三线八五钢厂安全科科长	2011年6月17日
64	许汝钟	原上海小三线八五钢厂副厂长	2011年6月17日
65	沈龙海	原上海小三线八五钢厂四车间主任	2011年6月17日
66	周永良	原上海小三线燎原模具厂军代表	2011年6月21日
67	钟桂芳	原上海小三线星火零件厂党委书记	2011年6月26日
68	沈克乔	《解放日报》原记者	2011年6月28日
69	许汝钟	原上海小三线八五钢厂副厂长	2011年6月29日
70	戴立清	原上海后方基地管理局党委副书记	2011年6月30日
71	王郁昭	安徽省原省长	2011年9月26日
72	郁椿德	小说《忻山红》编辑	2011年10月18日

续 表

序号	姓名	单位及职务	访谈时间
73	史志定	原上海小三线八五钢厂团委书记	2011年11月9日
74	马斌昌	原上海小三线利民机械厂工会主席	2011年11月10日
75	袁彩霞	原上海小三线八五钢厂征婚进厂家属	2011年11月11日
76	史志定	原上海小三线八五钢厂团委书记	2011年11月17日
77	云安	原上海小三线八五钢厂征婚进厂家属	2011年12月1日
78	李海洪	原上海小三线后方仪电公司技术科干部	2011年12月18日
79	葛鼎学	原上海小三线八五钢厂工人	2011年12月19日
80	李传卿	原上海国防科工委主任	2012年1月18日
81	侯树亭	上钢五厂原厂长	2012年1月31日
82	谈雄欣	原上海小三线八五钢厂宣传科科长	2012年2月6日
83	倪国均	原上海小三线八五钢厂政治部主任	2012年2月8日
84	汪援胜	原旌德县各小三线厂后方通讯处通讯联络员	2012年3月12日
85	汪福琪	原绩溪小三线交接办公室副主任	2012年3月15日
86	庞金来	原东至县长江机修厂所在地村民	2012年4月2日
87	章炎盛	东至县县委原副书记	2012年4月12日
88	洪明来	原东至县卫星化工厂所在地村支书	2012年5月21日
89	陈兰志	原安徽省经委副主任、三线办公室主任	2012年5月24日
90	陈桂梅	原东至县自强化工厂征地进厂工人	2012年5月27日
91	王金忠	原东至县红星化工厂征地进厂工人	2012年7月23日
92	张渭德	贵池县县委原副书记、县长	2012年8月21日

续 表

序号	姓　名	单　位　及　职　务	访　谈　时　间
93	顾国籁	贵池县原县长、安庆市原副市长	2012年10月12日
94	陈志祥	原上海小三线龙江水厂总支书记兼厂长	2012年11月11日
95	王文菁	原上海小三线八五钢厂工会副主席	2013年3月8日
96	王一华	原上海小三线旌旗厂团委书记	2013年3月11日
97	季美华	原上海小三线八五钢厂幼儿园教师	2013年3月11日
98	赵惠瑛	原上海小三线八五钢厂幼儿园园长	2013年3月13日
99	许国英	原上海小三线光明机械厂电工	2013年3月26日
100	孙宝珍	原上海小三线跃进机械厂、光明机械厂职工	2013年5月6日
101	滕承光	原上海新华汽车厂党委书记	2018年4月16日
102	余瑞生	原上海小三线培进中学校长	2018年4月22日
103	黄章利	原上海小三线光辉器材厂驾驶员	2018年5月22日
104	孙胜利	原上海小三线协作机械厂驾驶员	2018年5月29日
105	冯岳宏	原上海小三线八五钢厂运输部总支书记	2018年6月7日
106	李鸿贵	原上海小三线险峰光学仪器厂保卫科科长	2018年6月7日
107	徐忠良	原上海小三线协同机械厂保卫科	2018年6月11日
108	刘存龙	原上海小三线八五钢厂职工	2018年6月4日
109	徐永茂	原上海小三线向阳厂保卫科科员	2018年6月23日
110	陈正康	原上海小三线古田医院政工组	2018年6月24日
111	王妙才	原上海小三线朝阳厂厂长	2018年6月24日
112	张福信	原上海小三线朝阳厂保卫科	2018年6月24日

续 表

序号	姓　名	单　位　及　职　务	访谈时间
113	冯岳宏	原上海小三线八五钢厂运输部总支书记	2018年6月28日
114	赵连洪	原上海小三线仪电公司保卫科干部	2018年7月7日
115	徐忠良	原上海小三线协同机械厂保卫科	2018年7月13日
116	张国民	原上海小三线后方基地管理局保卫科科长	2018年7月26日
117	吴安行	原上海小三线胜利水泥厂工人	2018年10月23日
118	刘志余	原上海小三线胜利水泥厂干部	2018年11月21日
119	蔡金根	原上海小三线胜利水泥厂工人	2018年11月21日
120	孙明珠	原上海小三线自强化工厂医务室医生	2018年11月28日
121	戴妙法	原上海小三线延安厂医务室医生	2018年12月3日
122	丁承刚	原上海小三线朝阳厂医务室医生	2018年12月5日
123	曹三桃	原上海小三线胜利水泥厂医务室医生	2018年12月6日
124	骆国阮　王　增	原上海小三线瑞金医院医生	2019年1月3日
125	陈金洋	原上海小三线后方卫生工作组工作人员	2019年1月16日
126	戚大年	原上海小三线培新厂劳资科科员	2019年3月13日
127	吴伯龙	原上海小三线培新厂职工	2019年3月13日
128	张锡雄	原上海小三线长江医院医生	2019年3月15日
129	邬鸿珍	原上海小三线协作机械厂劳资科副科长	2019年3月21日
130	尉　勇	原上海小三线胜利水泥厂劳资科科长	2019年3月24日
131	唐江淮	原上海小三线井冈山厂厂医	2019年3月26日
132	李耀明	原上海小三线长江医院副院长	2019年3月27日

续　表

序号	姓　　名	单　位　及　职　务	访谈时间
133	方宇昭	安徽宁国胡乐农民	2019年3月30日
134	储六月	原上海小三线长江医院后勤人员	2019年4月2日
135	徐梦梅	原上海小三线协作机械厂办公室主任	2019年10月23日
136	高球根	原上海小三线协作机械厂副厂长	2019年11月1日
137	常少棠	原上海小三线协作机械厂检验科副科长	2019年12月3日
138	严明华	原上海小三线八五钢厂机动部工会副主席	2019年12月26日
139	吴昌富	原上海小三线八五钢厂工会宣传干事	2020年1月3日
140	瞿惠相	原上海小三线协同机械厂教育科副科长	2020年9月19日

二、上海小三线口述史选编

（一）时间：2010年7月23日

访谈对象：苏开权（原上海小三线前进机械厂党委书记）

访谈人：吴静

访谈内容摘录：

吴：请问您是什么时候去后方的？

苏：我1970年进厂，第一批进厂是1969年5月12日，选点。正式交接时间是1987年12月25日，即完成与安徽的交接工作，签订合同的三天后我们厂就不存在了。

吴：当时是分批交接还是一下子完成交接的？

苏：是分批的，从1986开始的，当时有三四百个家庭要转移，有很多工作要做。首先人员要清理，比如这个人是哪里来的。财产要查实清理，有多少设备、多少物资，我们当时是所有财产设备和国家拨给的流动资金全都要交。所有财产要登记造册后才算我们的准备工作结束。但是我们1 200个人都到上海锅炉厂,上海锅炉厂一下子很难安排。所以从1986年5月开始,陆陆续续一直到1987年底分批交接完成。

吴:你们厂是哪个公司包建的?

苏:上海沪东造船厂包建的,是属于机电公司的。我们厂是造"五七"高炮的,就是口径57毫米的火炮,打飞机用的。

吴:浙江是不是就这一家,其他都在皖南?

苏:是的。

吴:谈一谈你们厂的发展历程以及一些重大事情。

苏:1970年开始建厂,很艰苦的。因为我们厂在山沟里面,样子就像一个人的长裤一样的形状。两个最远车间的距离有1.85公里。那时基本上所有生活上的问题都靠我们自己解决,除了生产以外,生产是归上海领导的。技术、生产、物资都是从上海过来的,我们很多物资供应都是靠上海的,给工厂造成的负担是相当重的。我们当时当头的不管大事小事,上管天文地理,下管鸡毛蒜皮。要吃饭,你就要办食堂,你要办小菜场。我们工厂离县城60公里。从县城买回来的菜,放在车子上一晒,车上虽然有棚,但运到厂里就一塌糊涂了。我们后来自己开山种菜,自己养猪,当然这是不能解决问题的。工厂职工要结婚要生孩子,女员工生好孩子上班了,上班了小孩子怎么办?就放哺乳室。所以我们从哺乳室开始办起,还办幼儿园、小学,到中学都是我们办的。后勤方面,群众有何需要,我们都要解决,比方说修皮鞋、修自行车、补衣服等等都是要解决的。

整个厂在山沟里面,把山劈一部分才能造厂。当时要靠山隐蔽造大林嘛。当时交通不便,比如说外面马路炸毁了,路不通了,人就困死在里面了,物资没法运输过去。当时没有像现在这样的通信工具,比如我们看报纸,今天的《安徽日报》,第二天下午才能送到我们厂里。我当时是12月份进去的,进去后交给我一个任务,晚上12点钟中央人民广播电台会用记录的速度播一篇社论,要我一句一句地记录下来,晚上连夜赶制打印,第二天早上发到各个车间,组织中层干部学习,那么这样就提前了将近一天的时间,否则要到第二天下午。再比如看电视,70年代末开始有电视,我们山区是80年代开始有黑白电视机的。山区没信号,怎么看呢?要靠自己解决。当时安徽有个总台接收信号,发射台50公里接力传到黄山顶上,黄山顶上有个接收台,我们接收黄山的信号,可是我们在山沟里接收不到黄山的信号,因为层层叠叠的山啊,没有办法收到的。记得在1982年要看世界杯,于是我们工会就组织几个人,晚上带着手电筒,背着干电池、带着9吋的电视机,傍晚五六点钟天还没黑的时候上山。试验哪个地方能收到信号,把山头都跑遍了,经过前后半个月时间,最后找到一个点,就在那里插一个差转机,然后再向厂区范围内发送信号。

吴:这个你们都会吗?

苏:这个都是我们自己解决的。当时差转机买不到,我们还特地跑到浙江临安去买了一台。开始我们用油毛毡搭个小房子,后来发现不行,一是风大,二是有老乡好奇,动动它又坏了。后来感到这里不造房子不行,我们发动全厂职工,从山下排到山上,运黄沙水泥,造了个房子,最后解决了看电视的难题。上面放上差转机,下面控制开关,这样全厂职工就能看上信号比较清楚的电视。

吴:厂里的职工大概构成情况?

苏:我们属于机电公司,机电公司在宁口,离我们工厂有200多公里。那时小青年找对象,工厂的就找工厂的,也不可能找农民去结婚。人员结构整个后方大概30%是老厂的职工,我们厂有将近400人,都是包建厂沪东造船厂派去的,其中60%是六八、六九届的技校、中专职校毕业生,还有10%是支农职工、老厂职工在全国各地的配偶,因为当时夫妻分居情况很普遍的,最远的新疆、东北的辽宁本溪和南方的广州都有我们职工配偶,有西北工业大学的讲师,有同济大学的助教,这样加起来各种人员大概10%。60%是小青年,婚姻问题怎么解决,特别是男孩子,没办法解决。到一定时候就是相当头痛的事情啊,因为他本身没办法解决。所有当时共青团的工作很大一部分就是帮着找对象。怎么找呢?上面给政策:第一步,男青年与全国各地女青年(凡是职工),结婚后可以调到安徽小三线。第二步,当时在上海待业的女青年,没工作进三线找工作,进去找老公,介绍了这批人去。第三步,嘉定城镇户口女青年,愿意去三线的,可以去,这个又解决了一批小青年的婚姻问题。第四步,到1985、1986年时,放宽到全国各地包括安徽的农村户口的女孩子愿意和小三线的男青年结婚的可以把户口迁到三线。凡是和上海结婚的,都回到上海来了。大部分都解决了,但少数还是没解决,当时回锅炉厂的有的到现在还没解决,当时的小青年现在已经50多岁了还没解决。

到上海都已经二十几岁三十岁了，所以这批人也是很遗憾。三线职工遗憾的事情多了，我们当时支内的职工，一方支内的一般都是男的支内到安徽去的，夫妻长期分居造成悲剧的很多的。我们工厂好多悲剧，有离婚的，有父亲不在家，小孩没人管而学坏的、犯罪的。像我这种情况，两个孩子都带到安徽去，读初中马马虎虎，自己还能解决，高中怎么办？我两个孩子高中没办法读的。后来回上海已经过了读高中年龄了。

吴：您是怎么去小三线的？

苏：整个小三线我待了18年，算比较长的。1969年建厂，我1970年底就去了。当时我在南京江宁，是公务员，我老婆是沪东造船厂的，夫妻分居，两个孩子，家庭条件困难。再加上当时政治热情，毛主席都讲我们三线不建好他睡不好觉，备战备荒为人民。后来我们报名去安徽，解决分居问题。

吴：很多人都为了解决异地分居去小三线的？

苏：对，我们一个浙江大学毕业的分在沪东造船厂，他老婆是同济大学毕业的分在北京电力局，那怎么办？两个人就去了。像这样当时很多的，夫妻两个分居了那就到小三线去了。所以小三线当时有一批人才的，像我刚才讲我们有西北工业大学的讲师、同济大学的助教，交大复旦毕业的不是一个两个，大概十几个名牌大学毕业的，像浙江大学、北京大学都有的。小三线当时最大压力就是生活，后勤没有，物资计划，大家没有奖金，很大程度上就是靠干部工作的公平公正公开。当时职工加班有加班费的，我们加班没有，比如买菜职工可以早点去排队买菜，我们夫妻两人都是党员，不好意思像职工一样早点去买菜，都是到小菜场卖到最后有什么菜我们就买什么菜，没有就算了。

到最后回上海的时候，我们的职工全部要调整到锅炉厂去，最担心的是三件事情。第一，位置，我到锅炉厂里去干什么？怕有路子的干部开后门，到锅炉厂找好位置。第二，房子，怕有权的人分大房子好房子新房子。因为我们开始是住在老百姓家里的，在锅炉厂周围借老百姓房子住的。第三，搬迁时怕别人占车子，到上海500多公里路要靠汽车运过来，一家家给你搬迁的，没权的老百姓怎么办？但是我们稳定了职工情绪，逐步解决了问题，在整个搬迁过程中都很公开透明的。最担心的是房子，那时候的房子非常紧张，三代同堂的几平方米的房子，怕干部抢大房子。当时我们广泛听取群众意见，制定分房的办法，这个都是在离开安徽前制定好的。制定好三条分房的方案：第一，房子大小看户口,两个户口小户,三个四个中户,四个五个户口以上大户,都是公开的。这个看户口都是看安徽的户口,不是看你家里有几口人。第二,房子谁先分谁后分,看分数。我们把夫妻两人的年龄、工龄化成分数,每户户口分数计算出来公布,从高分到低分开始分。层数好坏看运气,现在叫摇号,当时是抓阄抽签的方式,看你运气,非常公开公平公正。

吴:那厂里有1 000多人,上海锅炉厂容得下你们吗?

苏:可以的。当时有几种情况:一种是你满50岁了,你愿意退休就可以退休,农村的可以顶替,这个减少了一批人;第二个,沪东厂在浦东,当时开放了一个新建厂,要是不要住房,愿意去浦东新建厂的可以到那里去。如果你愿意不要住房,有地方接收的,锅炉厂同意也可以的。实际上到锅炉厂有900多个人。

吴:1979年"军转民",你们前进厂生产什么产品?

苏:我们后来在后方做得最好,开始做电瓶车、电梯,有5吨、3吨的货梯,做过棉纺机械,开棉机,最后做的拳头产品:皮带输送机,煤矿上用的。当时煤矿需要这个,我们就自己研究开发成功,后来批量生产。所以从1982、1983年开始自己找业务,一直到1987年都是有利润的。

吴:刚进去的时候工资多少?

苏:小青年35元,老职工因为是老厂支内的,所以在80、90元,算是少的。因为一种是按照八类地区,还有一种是按照从南京去的,就是四类工资地区。40来元钱。

吴:你的孩子是在前进厂读的初中?

苏:对,前进厂初中毕业就进厂了,后来也在锅炉厂。我的大儿子还好,自学上了职工大学,现在还算好,读了点书。我们当时说"献了青春献终身,献了终身献子孙"。我的两个儿子是非常可惜的。办初中、小学都很吃力,只是找一些会识字的人教他们。

吴:那像大学生不来教吗?

苏:大学生要做技术工作,厂里的技术工作怎么可以放下?说老实话,派到小学、初中的老师,中等的已经算是不错了。大学生是不可能派的,因为工厂的重点是生产。这个问题只有协作厂解决得好,因为他们那个中学有好多都考上大学。我们厂是不可能的,这些大学生好多都是技术工,他们宁愿当工人,不愿意当老师去跟小学生打交道。

(二)时间:2010年8月6日
访谈对象:杨森(原上海后方基地管理局党委副书记)
访谈人:吴静
访谈内容摘录:
吴:您当时怎么会去小三线的?
杨:我是1970年9月30日去小三线前进机械厂的,这个厂是由上海沪东造船厂包建的。当时大学毕业,在沪东厂当木工,当时大学生都在接受工人阶级再教育,在车间里当工人。前进机械厂此时需要一批技术工人和管理人员,因为我是学数学的,所以组织上让我去支援三线,当时还有一个政策就是家属可以随行一起去,于是我就和我爱人一起去了。我到厂里后担任的是组织干事兼党委秘书的工作,一直到1975年,我开始担任组织组的副组长,到1977年,要实现干部的"四化",就当了厂里的党委副书记兼政治处主任,1984年开始,担任后方基地管理局的党委副书记。

吴:在后方基地主要负责哪些工作?
杨:我去主要是管小三线调整事务,我主要分管后方稳定工作。因为整个小三线这么多人要回来,稳定是件大事情,包括治安保卫,其中还有重要的一个任务就是保障小三线的调整顺利进行。当时有个方针,叫"先企业,后机关;先工人,后干部;先职工,后领导",让群众比较安心。由于我老家是安徽的,因此我也负责协调与当地关系,我们是2个省12个县市,跟地方交接也有很多矛盾,需要协调。

吴:调整时期与当地关系如何?
杨:矛盾是有的,但总的经过协调还是可以的。与地方发生矛盾,主要有几个方面:一是1.24协议签订日起,小三线的设备就不能动了。当时调整有个规定:"生产不准动,效益不降低。"因此调整资金主要靠企业自己筹集,于是有的企业就利用时间差将一些原材料或者产品拉到上海生产或出售,地方上却极力在查处这一现象,于是就发生了矛盾。二是地方上留下的一些小三线职工,针对这部分人,后方与安徽省的交接协议有个政策,就是征地工因为在上海没有生活基础、养老政策,只能留在安徽当地。当时上海给安徽的补偿是8 000元一个人,同时负责安置岗位,保障工资待遇不降低。但因为上海人走了对当地的用水、用电都出现了影响,加之上海人在的时候对当地消费的拉动,一走对他们都有影响了,所以他们也有不满情绪,矛盾也就有了。

吴:您认为当时为什么要建设小三线?

杨:一个是响应毛主席号召,毛主席讲"要准备打仗,三线建设不好,我就睡不好觉,如果钱不够,我把我的稿费拿出来,我要骑着毛驴去看看"。当时是为了让老人家睡好觉,所以才要把三线建设好。第二个是要准备打仗,要保存精华,发展精华,要把一部分好的装备、力量还有档案转移到后方去,一旦打起仗来,还有生产能力。当时的口号就是"一人出力,全家光荣""好人、好马、好刀枪"。那时候思想很单纯,叫去就去,开始宿舍是不造的,全部住在当地农民家里,这也是当时农民对我们的支持。

吴:您觉得上海小三线对当地社会有贡献吗?

杨:第一个,对当地的经济社会发展都有推动,通过三线建设,当地的道路交通都修起来了,便利当地人出行;第二个是电,当时山沟里是没有电的,小三线去了之后,高压电也架到山沟里;第三个是对当地农业机械的支持,很多机器都是我们工厂帮助当地人造的;第四个是消费,7万多人在当地消费,给当地的人的生活、文化观念带来变化。应该说对当地经济、社会、文化都起了很大作用,所以最后农民还是舍不得上海人走的。

(三)时间:2010年12月16日

访谈对象:施扣祥(原上海小三线遵义器材厂副厂长)

访谈人:吴静　李婷

访谈内容摘录:

吴:平时生活中与当地安徽人联系多吗?

施:生活的话可能是购买当地的农副产品,那肯定有联系,这是一,另外我感觉我们到了当地以后,当地没电,我们小三线去了以后把电拉起来,上海有发电厂、有高压电线,整个工厂需要的地方全都把电拉起来,上海的供电所每到一个地方都有变电所。生病了有瑞金医院、长征医院,我们附近有瑞金医院,上海是瑞金总院,我们那儿也叫瑞金医院。打电话基本上不用当地的线路,从上海有独立的线路,上海有邮电、电信,原来叫邮电管理局,每一个地方都有一个通信站。一般情况下基本不用当地的电、医疗设备、通信设备,和当地直接发生的关系就是农副产品的采购。当时我们到那儿去的话有这样的情况,电力拉起来,电源是上海统一安排的,电视机是什么时候起来的? 也很晚了,那里的电视信号很差,我们工厂自己搞个发射台接收信号,我们叫差转机,自己接收了再发射,我们工厂全都收得到,当地居民也能收到。我们有自来水工厂,我们这个工厂跟上海的不一样,什么都有,有学校,有医务室,有小卖部、小菜场,大的话安徽也有农贸市场,现在的黄山以前叫屯溪,屯溪不到的地方,叫黟县,基本上我们买菜就到那边。

吴:当地人能进工厂吗?

施:当地人那条路是能进的。他们说这条山路我们要爬上去,要木材什么的,那也是有冲突的,小矛盾吧。

吴:和当地人矛盾严重吗?

施:矛盾有。

吴:比较突出的是什么?

施:曾经发生过一件事,双方差点打起来。

吴:为了什么呢?

施:有时候比如说可能我们搞一些土建、基建的工程,有些事情当地的民工、当地的生产队长一定要求让他们做,不包给他们不行,什么事情达不到他们的要求,他们就把路给封掉,不让你走。可能为这些事情会有矛盾。我们每年为了跟他们搞好关系,后方小三线说要组织我们帮他们收稻,我们是工人,我们都有工作的,每年还是要去田里帮他们劳动,都是无偿去劳动的。

吴:每年都要?

施:每年都要。

吴:一年几次?

施:一次,就是夏天抢收,农忙的时候。

吴:您是六九届的?

施:我是六九届的。

吴:你们是一个班都去了后方吗?

施:不是的。当时的分配也是根据上山下乡的政策。比如说,家里有支农的已经到外地去了,那么你可以到市区或者外地工厂,我们叫"外工",外地的农场叫"外农",上海的农场叫"市农"。我们主要有两部分,一部分到黑龙江去了,黑龙江是农场,一部分人是小三线,个别的我也不知道为什么他们会到江西。我们班级大部分人都在小三线,大概有二十几个人,二十几个人中的大部分又集中在我们遵义厂,少量的在其他两个厂,一个在新安厂,他们搞指挥仪的计算机的,大概有七八个人在那儿,还有四五个在另外的工厂,在祁门,很远的,叫卫民厂。

吴:您在后方的时候有没有什么令您印象深刻的事情?

施:生活上有点像共产主义,今天吃大闸蟹,每一个人都吃大闸蟹,买蟹不像现在很贵的,那时候我们也去买,卡车放到阳澄湖,一买买来一卡车,或者是登记,你要多少,他要多少,加起来是1 000斤。秋天到的时候我们去买橘子,那时候橘子不像现在那么多,买了一卡车橘子。大家都吃一样的。工资有差距,但不是很大,那时候高个三元钱就不得了了。

吴:到了80年代之后很多人都想回来吧?

施:主要回来的原因是什么呢?第一可能是年纪轻的,在家里找了个男朋友,肯定想回来的,或者是结婚成家了,要考虑小孩子的出路,肯定想要出来。大部分人想回来,但很矛盾,回来以后很多人,在上海没房子。原来在安徽有一上一下,像连体别墅,到上海来了以后条件就很差。好在上海工厂全回来了,我们的企业在闵行造厂房的时候把宿舍都造好了,一个人一套房子。

吴:那您子女是在后方读书吗?

施:没有。我的子女从小就在上海读书,在放寒暑假的时候会过来,基本上是我母亲带着的,小学、初中、高中、大学都在上海读。其实这些孩子蛮留恋在安徽的生活,他会说你们回来干什么?因为他每年去一次,每年过去就像旅游一样的。但也有子女说你们回来干什么?因为他们家里的住房有问题,一回来以后就抢房子。

吴:平时回上海的时间很少?

施:很少,刚开始的时候只有在春节放几天假,后来逐步有了公休假,公休假顶多一个星期到十天吧,就是把你的假期都并起来,每年都放车子回来,很苦。开始没客车,放的是卡车,卡车搞个棚,里面的位子一排排地排好,坐在棚里。像卖猪一样的回来了,那时候路还没有那么好。

(四)时间：2011年3月7日

访谈对象：张执玉（原上海后方基地教育处副处长）

访谈人：吴静

访谈内容摘录：

吴：你们是1978年成立教育处的？

张：是的。当时抓教育，要知识化，要搞教育。后方局要成立教育处，就把我调来。管教育的局长换了几个，开始是冯秀芝，换班子，回上海了，后来是叶耀庭、翁征洋、王志洪。

吴：其实教育是一个比较大的问题。

张：为什么要搞教育。一个是怕职工在"文革"中没有好好学习，将来不能适应"四化"建设，给职工补课。第二是希望后方子女学习能稳定下来，有出路，提高教育质量。这样，就办了九所中学，其中六所是完中、三所是初中。我们跟上海教育局联系，教育局同意降低分数照顾职工子女，录取到复旦附中、华师大一附中、交大附中等。后方考取这些学校的学生挺多的，然后再考大学。这对小三线的家长来说是很大的安慰，也比较安定些。办了两期电视大学，电视大学的青年学习都很勤奋，他们拿到文凭回到上海后都是得到重用的，有的到中学、大学里担任领导工作。我们在教育方面是有所成绩的，从幼儿园抓起，然后小学，小学以后就到附近的初中读，后来还跟地方上比较好的中学联系。

吴：后方四所中学是什么时候开始办的？

张：也是在1980年左右开始搞的。

吴：办得比较晚了？

张：是的，原来不怎么重视啊。小平同志出来后，就搞起来了，让厂里的一些工程师、知识分子当教师，还有些上海市分配的老师，各个厂办的中学主要还是从他自己厂里挑一些工程技术人员。好的学生考上大学，也有考上大专、中专、技校的，基本上高中毕业生都有出路。可以说在教育方面，对于稳定职工思想、解除职工的后顾之忧起了很大的作用。

吴：后方有高中的？

张：有六所完中：化工一所，仪电一所，机电两所，八五一所，培进中学（歙县）。完中就是初中到高中六年。三年的就是小学戴帽，小学六年之后升初中,初中后再去考,考上海的、附近的高中。

吴:那高考也是你们管的?

张:是的,上海市教育局,后来是上海市教育中心,和市区一样的。

(五)时间:2012年4月12日

访谈对象:章炎盛(曾任东至县香隅镇党委书记、县委副书记、县三线交接办负责人之一)

访谈人:胡静

访谈内容摘录:

胡:您记得以前小三线厂在东至是什么时候建的吗?

章:应该是在1970年吧。卫星化工厂是上海在东至县第一个开始建的,第二个是龙江自来水厂。

胡:上海人来到东至给您什么印象呢?

章:上海人给我印象是比较老实、苦干、谦虚,又比较精明。

胡:上海人来了以后与我们地方关系如何呢?

章:关系非常好啊!比如说,当时的卫星厂与周围的群众关系就处理得非常好,上海人虽在厂里工作,但与周边的群众接触还是非常频繁的。我去过几次卫星厂,看见里面的人都在老老实实地工作,厂里有很多规章制度,非常严格,他们工作都是很认真的。他们大概是1970年过来的,一直到八几年撤退,很多人都在我们这山里一待就是十几年。我曾去看过他们的宿舍,里面也就几张床、一张桌子,还有就是脸盆什么的了,几乎没多少东西,可以说条件非常艰苦。大城市的人到我们这穷山沟里来,他们照样好好工作。跟我们说话都是讲普通话,态度非常温和,一点架子都没有。很多事情他们心中都有数,精明得很,跟我们老百姓关系很融洽。我记得曾有一个三线厂的司机,从上海开车到我们建新乡来,快到建新时车突然翻掉了,车子翻掉以后,车上有很多的人受伤,当时还是我们生产队的群众来救急的,我们群众把伤者一个一个扶起来,当时有的人伤得很严重,群众连夜把伤者送到厂里医务室去。若他们不是与群众关系处理得好,群众也不会自发去救助的。上海人还为我们当地群众做了不少的好事!

胡:比如说哪些方面呢?

章：当时卫星化工厂丢弃一种东西，从外表上看是化纤做的，很像布，三线厂的职工就告诉周边的老百姓说：这种东西，你们不能捡回去，这东西是有毒的，不能用的。三线人怕附近村民捡回去用，就提前跟周围人打招呼了，他们做事还是很老实、很认真的。另外三线厂的厂车经常去我们香隅镇上买菜，群众只要在路边招招手，他们就马上把车停下来搭群众一程。只要村民招手，他们就停，你要知道当时交通很不方便的，车辆很少，厂车经常出行，也方便了附近群众的出行。我们香隅镇建的很多房子，包括镇政府的房子，所有的砖、水泥，都是上海683车队一车一车从龙江水厂的江边码头运过来的，江边码头离我们香隅镇有不少路程的。当时群众有困难，很多人都去三线厂找他们帮忙。

胡：小三线企业来了给村里带来好处了吗？

章：三线建成肯定给我们带来好处，起码电通了，这是非常明显的。卫星厂在我们这里一落下，就马上从我们县的大渡口，从殷汇那里直接把电线拉过来，那时候香隅还没有电的。如果没有三线厂在这里，香隅当时出得起钱来弄电吗？

胡：他们把电接到厂里去了，附近的老百姓家也能用上电了？

章：是的！厂里通上电了，然后电就引到附近的百姓家里，老百姓也就能用上电了。当时没有电，村民家里晚上都是点煤油灯过日子，自从有了电，百姓的生活完全就不一样了，晚上亮堂了，生活方便了。记得卫星厂附近有条河、有个水库，我们农业抗旱时，他们就会从水库放水下来，帮助我们抗旱。香隅抗旱站当时卫星厂就帮了我们大忙，我记得有一个变压器，现在用吊车一吊就起来了，当时完全是靠人往上拉，这个变压器就是卫星厂的人帮我们安装的，他们大概有二十多人过来，往上抬，往上拖，1 000米的距离，他们硬是用肩膀、用杠子，把变压器从岸边移过来的。还有我们这里如果有病人，他们683车队的都会用车帮我们把病人送到县城医院治疗。有人生病了，那时候生产队的就直接去683车队找他们，他们都愿意送病人的。那时候厂里也都有医务室，附近村民若有些小病小灾的，只要你去医务室看病，他们都给看，给我们用药、打针等治疗，并且都是免费的。

胡：当时县里是怎么处理小三线遗留下来的企业的？

章：当时县里想把厂子利用起来，把地方上的工业搞起来。但是我们毕竟没有技术,看起来容易,做起来没有技术是不行的!没有人才,没有技术。像以前的自强化工厂,就是小三线厂中的一个,交给我们,现在名叫华尔泰化工有限公司,因为后来有了人才和技术,企业就搞起来了。总的来讲,我觉得没有当时的小三线化工厂在香隅,就没有今天的香隅化工园。为什么要这样讲呢?因为看着那些闲置的工厂,人们总思考着:"为什么我们就不能利用这些留给我们的厂子呢?为什么上海人能办,我们就不能办呢?"若把这些厂子丢掉太可惜了,一届一届的领导换来换去总会想着这些问题,若不是上海小三线落在这里,我们也不可能想这些问题,上海小三线把我们这里人的视野扩展开了,我们学习的东西也多了。又比如现在我们东至县城里所吃的自来水,就是从龙江水厂引过来的,龙江水厂就是曾经上海的小三线厂呢!我们吃的是长江水,每年一到秋季,这里就会干旱,县城供水不足导致吃水困难,从长江边的龙江水厂引水到县城里,这样就解决了县城人民的吃水问题。

(六)时间:2018年4月22日

访谈对象:余瑞生(原上海小三线培进中学校长)

访谈人:王来东

访谈内容摘录:

王:请您谈谈培进中学的情况。

余:1980年我调到了上海培进中学。为什么叫培进中学呢?因为当时这个学校主要是培新厂和跃进厂主办的,所以从两厂厂名中各取一字,命名为"培进中学"。我是培进中学主持工作的副校长,党支部书记是培新厂调过去的,我们俩搭班。我们学校的生源主要来自屯溪片,包括歙县、白寺、黄登、屯溪、休宁、祁门等地方。这一片工厂的职工子女都到我们学校上学。1975年培进中学筹建,1977年开始招生。此前,这片的学生都是在当地上学。筹建的资金也是由这片区的厂平均出资的,主要由培新厂和跃进厂出资,因为这两个厂学生最多。培进中学规模比较大,有一个标准足球场,两栋三层的家属宿舍楼,两栋两层楼的学生集体宿舍和教工单身宿舍,一个食堂兼礼堂,一个篮球场,一栋三层高的教学楼,还有后勤仓库和25米长的标准短距离游泳池。此外还有小卖部、医务室和托儿所。我进培进中学后,师资和工作人员主要来自培新厂、跃进厂、向东厂和红光厂。学校经费是按各厂学生人数平均分摊,老师的工资和奖金由各厂分担。1980年后,学校的水电煤等开支按各厂学生人数向各厂收取,包括老师进修、学生到上海学习以及学校日常维护等消费项目。

王:培进中学在开办过程中面临的问题有哪些?

余:首先是生源不足,开始培进中学既有初中又有高中,实际上高中不可能有三个年级的人数,初中虽然能满足三个年级,但没有平行班且人数不多。其次,师资力量不尽如人意,老师大都是中专生和工农兵大学生,老的大学生几乎没有。我只发现了两个老大学生,一个是跃进厂的,他是1962年上海师院物理系毕业的,是我的学弟,跟爱人一起到跃进厂工作。另一个是上海师院中文系毕业的。我想轻工、仪电和化工的学校师资也不会好到哪里去。最后,学习风气不好,受"读书无用论"影响,大多数学生不爱学习。即便是小三线不调整,这个学校也办不下去。为了提高后方学校的教学质量,在后方基地教育处的领导下,和市里面教育局协调,联系上海市比较好的中学作为我们教师的进修点。开始我们学校和松江二中联系,老师分期分批到上海进修实习,后来部分优秀的同学还到松江中学学习。为了搞好教学质量,我们采取了相应的措施,但还是没能提高教学质量。

(七)时间:2018年5月22日
访谈对象:黄章利(原上海小三线光辉器材厂驾驶员)
访谈人:窦育瑶　周升起
访谈内容摘录:

问:光辉厂的车除了跑上海还去其他地方吗?

答:卡车装货一般到芜湖装煤,厂里面用煤的地方还是比较多的,有时候比较急就一天来回,因为生活、工作都要用煤的,不紧张的时候就两天,有时候三天跑两次。大客车在春节前后,职工是要往返上海的,就比较急了,三天来回。什么叫三天来回?我今天从光辉厂跑出来,晚上到上海,第二天把车子油加好,把车子保养好,第三天再过去(回厂)。第四天再跑上海,这样三天一个往返。那时候客车是一个驾驶员,没有两个驾驶员。客车一开始是一辆,上海运输公司分配的,我们厂不管大车小车都是后方基地统一分配的,不能私自买车。后来逐步多了,有两辆客车,但是都是一辆车一个驾驶员。我们的卡车后来以培新厂为主，它们生产七一牌，然后集体给我们分配。春节前忙一些，平时回上海就是一个月一到两次，这时间也是不固定的，需要登记满才能回去。要买票，很便宜，一次3元钱。外面乘客车的就是9元2角5分，卡车（交通牌旁边有一个副驾驶）2元。我们厂里自己的车回上海都是要登记的，不是马上就能走的。家里如果有急事的，父母身体不好的、有人去世的，他们就坐"925"回来。我们厂到绩溪大约15公里，我们会把他送到那个站，然后他自己坐车回上海。

问：工资待遇和生活怎么样？

答：轻工公司工资不高的，一个月做满以后不是技术工的是36元还是39元。我是技术工，还高一点，是42元，驾驶员属于技术工。汽车工是单独有一个工资标准。此外有出差补助，刚开始是一天1角4分，买碗黄豆汤。后来涨到2角5分，这是上海市统一公布的，各个厂都一样。后来又变成5角、1元5角，最高2元5角，一个月女同志25斤粮票、男同志42斤粮票。我妻子是36元。我们俩一个月领67斤粮票，78元钱。作为驾驶员副食品便利一些，人家很羡慕的，找女朋友也很方便，当时驾驶员、医务室工作人员、食堂工作人员都是很红的职业。副食品这些，我在马路边上买的鸡蛋8分钱一个，1角钱一个，这都是当地农民出来卖的。过年了，大客车放到上海，鸡呀、蛋呀、猪肉呀、新大米呀我都有这个条件先买，这是家里面享受的。我厂里的生活也挺好的，我们自己养鸡鸭，厂里有个水库，有自己的自来水厂，自己发电，有开水间，不需要烧水，而且我们能天天洗澡。比如我们厂的职工是每天下午5点洗，当地的农民要在我们洗完了以后洗，规定不要重复在一起。所以当地农民也享受自来水供应、也享受用电、也享受洗澡，但是跟我们的时间不能混在一起。离我们厂近的村、远的村都来的。看电影也是的，我们还没有下班，乡下小孩子就都涌进来占位置。我们那时候看电影的念头很足的，一个星期起码有两场电影要放，有时候电影在半夜三更放给我们，为什么呢。比如万里厂先放第一遍，我们等他们放完了再放第二遍。那时候每个公司都有放映队的。其他的娱乐活动，那时候我们打打球，每个厂搞搞文艺活动，组织一些比赛。

问：交通事故多不多？

答：交通事故发生得也比较多，路况（有些路陌生）、疲劳驾驶（一辆卡车只派一个驾驶员），当地人不守交通规则，我们这些人这些年把车开下来不容易,不像现在条件好了,路况改变了。最差的是在安徽广德那边,那边灰尘大,路面情况差,广德白堑路跳,到了宁国、绩溪这边,山路多,路高一点,路面还可以,但是有些地方也不怎么安全,我们有时候还去杭州那边买菜,杭州那里有个地方有72个弯。

(八)时间:2018年5月29日
访谈对象:孙胜利(原上海小三线协作机械厂驾驶员)
访谈人:窦育瑶　周升起
访谈内容摘录:

问:您是怎么成为驾驶员的?

答:我1965年从中学毕业没有高考就直接从事了译电员(翻译密码)工作,实习了两年,后来"文化大革命",中央要求撤销机要系统,取消译电员,我们这批人就失业了,后来就被分配到东方红造船厂。因为译电员都是属于干部编制,由中华造船厂(东方红造船厂)培养我们,各种各样的工种都有。你要学什么工种都是可以的,我说我要学驾驶,然后就学了驾驶。

问:那时候做驾驶员是不是挺吃香的?

答:那个年代在上海开车没有什么吃香的,那时候年纪轻喜欢动,去到小三线可能做驾驶员比较吃香了,但是当时也没有感觉,因为那时候我赖在上海不想去,像很多人都是1968年进去的,我是1969年进去的。

问:那您后来还是去了小三线?

答:后来我们厂就是协作厂的党委书记到我家里来做动员工作,再帮我打包弄好,我坐他们的吉普车进山了。

问:有发生什么事故吗?

答:挺少的。我们那里尽管山高路陡的,但是没有出现什么大事故。我们厂里驾驶员素质都挺好的,越是危险的地方越不出事故。山路又高又陡,44公里路都是盘山公路。驾驶员技术都是很好的,每天开车都习惯了,都是练出来了。下雪天,我们车轮上绑着链条。现在想想开那个山路挺后怕的。那时候职工回上海过年,都是要带很多东西的,我们也不控制,你不能强制人家这个不能带那个不能带,回去都要带大米、猪肉什么的。驾驶员不管这些,你能带你就带,都体谅一下,回一次也不容易。现在想想可能是个安全隐患,但是当时没有考虑过这些。当时开车还是挺危险的,石头砸下来,说不定就砸到你的头上了,但是那时候年少气盛,无知者无畏,开车也不讲什么限速,都开得挺快的,每天走都熟了,哪里转弯,哪里怎么样都记下了。开客车是两个驾驶员,开货车都是一个驾驶员。那时候年纪轻,也不说什么疲劳驾驶,我们厂到上海380公里,我们都是上午开,晚上就到了。路况比较差,没有柏油马路,都是沙土路,开车都是一身灰,所以我们驾驶员的劳保用品里面,有一项就是每个驾驶员都发口罩。八几年的时候,有一场雪下得很厚很厚,百年不遇的大雪。我们有两个车要进厂里面去,一辆是小的面包车,一辆是大卡车,后来爬山爬不上去了,雪太厚了,大车还可以爬上去,后来拿钢丝拖那个小车上去,结果一拖,下雪天路面滑,就滑到山下面去了。这个经历蛮危险的,面包车翻了两翻。后来正好碰到一块大石头挡住了,否则翻到山底太危险了。幸亏人没怎么伤,都是轻伤。车里面的东西、鸡蛋呀什么的都碎了,那时候挺危险的。我们经常碰到大雪天,真的开车很危险。

问:那时候厂里职工回上海的频率挺高的?

答:对,刚开始的时候,逢年过节解放牌的大卡车,上面搭个帐篷,职工就都坐在后面,没位置了,就坐在自己包裹上面,蛮可怜的,但是回上海过年心气很高的,一家老小都坐在上面,到上海那个风吹着,头发都是白的,都是灰。到人民广场以后,家属来接,他们说都是像白毛女一样,人都冻僵了。当时没有客车,就是大篷车一批一批地送回上海。有了客车以后就好多了。

问:驾驶员吃香的表现有哪些?

答:驾驶员和当地农民比较熟悉,买东西就买得到,而且便宜。各种各样吃的东西,装菜你可以先买到,装苹果你可以先买到,不要去小菜场里排队。每次装苹果,我基本上都是来一筐,山东的苹果很香很香的,我一买就是一筐,一筐才5元钱,50斤。然后再帮朋友带几筐。

问:客车到上海后停在哪里?

答:上海有个办事处,每个厂在上海都有个办事处,有一个广场专门停车的,我们是和协同厂办事处在一起,有个停车场,停个五六辆车就可以了。

问:回来的时候分配房子了吗?

答:对,我们是分在吴淞路那边,分了两室一厅,很小的,加起来才50多平方米。但是也挺好的。我们1987年回到上海,1990年分的房子,是协作厂分的,厂里自己盖的房子,我们厂里钱多。最穷的是江西那边,江西那边苦,他们回不来,他们不属于上海小三线。

问:浙江比安徽富裕一些?

答:富裕多了。尽管翻个山头就是安徽,只有3公里路,但是生活条件就两样了。为什么?浙江人比安徽人勤劳。我们刚去的时候,那个车子开进去,当地农民看到车子觉得很奇怪,以为这个车子吃什么东西,都围着看。山区本身又没有开放过,没有路,我们去的时候老乡穿的衣服都是麻袋布,也没什么吃,就是吃的腌辣椒。我们厂到那里给当地真的造福了,开了一条7公里长的路,从厂里到公社,还自己修了一条从厂里到安徽的路,18里山路,都是厂里自己修的。

(九)时间:2019年1月16日

访谈对象:陈金洋(原上海后方卫生工作组工作人员)

访谈人:陈莹颖

访谈内容摘录:

问:您是1974年直接分配至后方卫生工作组的?

答:我是1972年中学毕业,毕业以后,当时分配是按家里条件进行分配的,我在家里是老三,上面有个哥哥插队落户,有个哥哥分到工厂里面,按我们上海人说,我是既可以到农场去,也可以到工厂去。我读的是南市区卫校,我是第三届,第一届是农村上来的,第二届是学校分配的,我们第三届是中学毕业分配到卫生学校念书,一共念了两年,两年以后毕业分配。当初分配的时候,老师跟我讲我是留在上海。后来后方卫生组来招人,让学校拿最好的学生材料出来,要精心挑选,我就是这样,本来留在浦江医院,结果就这样给我调到了市卫生局,到小三线机关里面去了,可以说是阴差阳错。我当时记得他们开个车子到我家做我父亲的工作,因为我父亲是一个老党员,他当时做工作说那里怎么好怎么好,那里东西怎么便宜。那我老妈也没有办法,流着眼泪,最后还是让我到机关里面去了。这就是我为什么会到机关里面去,为什么会被他们选中了,他们就是挑过的。

(十)时间:2020年1月3日

访谈对象:吴昌富(原上海小三线八五钢厂工会宣传干事)

访谈人：张程程

访谈内容摘录：

张：在后方的业余生活怎么样？

吴：在最初的几年，八五钢厂处于筹建阶段，各项规章制度、各种职能机构都还没有建立健全，应该说当时的条件还是比较艰苦的。厂里的职工除了工作、吃饭、睡觉以外，其他的业余时间都没有被很好地安排。一些职工会看看书、打打球、唱唱歌，但是还有一部分职工业余时间没有什么兴趣爱好，经常三五成群地喝酒，无所事事。如何充实职工的业余生活就成了厂领导思考的一件大事。之后政工组就打算办一个展览会，主要就是表彰先进、批评落后。当时照片也不多，很多内容就需要画图来呈现，我当时画了很多画。一切准备完成之后，我们就举办了一场名为"八五青年在前进"的展览会，当时厂里领导看过之后就觉得批评得过于严厉了，于是就不再对外展览了，只是让厂部领导和车间领导过来参观学习。尽管这次展览会没有收获设想的效果，但是厂部领导对于职工的业余生活依然非常重视。后来厂部就准备组织文艺汇演，要求各车间、各部位都要出节目，为此我还设计了一个图标，图标的上面画的是延安宝塔山，下面画的是一朵映山红，旁边还有各色各样的花朵映衬着，烘托出了一派热闹祥和的氛围，这也与这次文艺汇演的主题是保持一致的。这次文艺汇演办得很成功，在此之后，厂里的文艺活动就逐渐多了起来，各类文艺小分队也陆续成立，大家也开始都培养起了自己的兴趣爱好，有的会唱歌，有的会跳舞，有的会画画，有的会下棋……大家都找到了自己的兴趣爱好，发现了自身的特长，业余生活也开始变得丰富多彩，大家的业余时间也变得日渐充实，厂里的氛围也开始得到了转变。

（十一）时间：2020年9月19日

访谈对象：瞿惠相（原上海小三线协同机械厂教育科副科长）

访谈人：张雪怡

访谈内容摘录：

张：您是1968年进入协同厂的？

瞿：1968年的时候，当时电还没有拉通，我去的时候还点蜡烛。喝水也没有自来水，就喝河里的水。当时安徽也没什么大米，都是比较粗的粮食。点蜡烛，住干打垒。大概过了一段时间，电有了，到1968年10月份，我们开始试制生产，11月份样品出来了。我当时进厂以后就安排在靶场，搞新四〇火箭筒的试验。

张：听说协同厂以前在靶场试射的时候出过事故。

瞿：是正常做试验，半成品的试验，搞好以后一定要经过试验，这个叫强度试验，看强度够不够，按照设计的要求，要达到多少强度，现在我们试验的强度要更高一点，就要把炸药的量放大，危险性也大一些，这样保证质量，不会在战场上出问题。我们这个试验带有危险性的。出事故的那位姓华，华中安，那天他当班，他第一个上去，要把炮放在架子上，结果放不上去，不知道什么情况，后来大概用力推了一下，就出问题了，下面的底火爆炸了，当场就炸得浑身是血。

三、上海小三线档案资料选编

关于九三八三厂（协作机械厂）建厂人员配备报告

我厂于今年6月份开始定点选择，在指挥部和工区党委的直接领导下，至今扩初设计基本结束，基本建设业已陆续展开。

根据我厂的生产规模，扩初设计确定人员505人。我们本着突出政治、高举毛泽东思想伟大红旗，把我厂办成一个大庆式的企业，服务到班组，因此将我厂分为四个车间（各车间设书记、主任、调度、统计各一人）和三个科室。

我厂的建设是由上海起重运输机械厂和中华造船厂共同负责包建的，按照国家计划各自制造一种军工产品。因此我们根据此原则，上海起重运输机械厂负责调配一车间全部人员，中华造船厂负责调配二车间全部人员。其余车间、办公室人员均是共同使用，因此由两厂各配一半。这样上海起重运输机械厂需负责配备人员共计225人，中华造船厂计250名（两厂各扣除15%亦工亦农人员）。

为了跟上建厂的需要，请两厂积极组织人员对其支内建设的人员进行政治审查，我们意见是在1967年第一季度政治审查完成，作好培训准备，第二季度送一定数量的生产工人到对口厂进行培训，第三季度陆续开进我厂。在审查人员的同时请两厂领导给予配备30%以上的党团骨干。在工种上一般车间技术工占1/3、熟练工占1/3、艺徒1/3,对于四车间(工具机修)要求技术工占主、熟练工和艺徒占1/2、三车间(火工)可选择较年轻的熟练工和艺徒送对口厂培训。是否妥当,请批示是荷。

　　呈
机电一局

国营九三八三厂
一九六六年十一月二日

关于吸收征地农民进厂请示报告

上海市劳动局、冶金局革命委员会:

　　遵照伟大领袖毛主席提高警惕、保卫祖国伟大教导,我厂自1966年6月开始筹建到1970年底基本建成逐步投产,随着形势发展的需要我厂仍在继续扩建中,自1966～1970年12月底止,共计征地89.342亩。

　　根据市劳动局革委会劳革[70]创第72号文和"八一二"工程指挥部字[70]第143号文精神,我厂与当地县、区、公社革委会研究协商一致,同意吸收被征用土地的生产队贫下中农20名进厂,我厂于1970年5月8日上报"八一二"工程指挥部,现经"八一二"工程指挥部批复同意,特此上报上海市劳动局革委会和冶金局革委会,吸收征地20名贫下中农进厂作为本厂固定职工,请纳入国家劳动工资基金计划内为荷。

　　请批示。

新光金属厂革命委员会
一九七一年六月十四日

报告
为解决二线职工插队子女招生事

上海后方卫生组:

　　本院职工因响应伟大领袖毛主席"备战、备荒、为人民"和"把医疗卫生工作的重点放到农村去"的教导,前来皖南山区三线建设,部分职工子女约有10名(古田)、15名(瑞金)亦随家长前来我院附近山区农村插队落户。考虑到:(1)目前这些职工子女在我院附近山区农村插队落户一般表现均较好。(2)他们从插队之日起计算均已满两年以上至四年不等,而他们原插队地区同届的知识青年不少已陆续上调至工矿企事业单位。(3)这些知识青年的家长即本院职工均已中年以上,有的已年老体弱,需要子女照顾,迫切要求组织上协助解决他们的困难。

目前本院抓革命、促生产各项工作缺乏人手,上级已同意我们招收中技培训班40名(古田)、60名(瑞金),为此,我们希望在招生中同时解决职工子女问题。请示审核。

上海后方古田医院、瑞金医院
一九七二年九月八日

上海市卫生局革委会:

我们响应伟大领袖毛主席"把医疗卫生工作的重点放到农村去"的号召,愉快地来到皖南山区参加三线建设,为了更好地贯彻执行毛主席革命路线扎根山区闹革命,我们把自己的子女调来医院附近山区插队,能得到互相照顾,孩子们抱着无限的信心来到山区,在当地贫下中农的再教育下,积极投入农村劳动,加速了世界观的改造,他们在党的培养教育下,经受了三年来的农村劳动锻炼,正在茁壮地成长,这是毛主席革命路线的伟大胜利。我们医院是新建单位,根据我院的目前情况以及今后业务的开展急需充实新生力量,而目前正在进行此项招生工作,为了更好地落实对这些插队青年的安排,特再次恳请领导,在此次招生培训工作时,要求考虑优先照顾,使他们能得到更好的培养机会,这是我们家长扎根山区干一辈子革命的共同要求和愿望。恳请领导考虑安排。

此致
革命敬礼!

车祸事故报告

一、企业名称:前进机械厂　　地址:皖池州地区512信箱

二、发生事故时间:1974年12月5日13时35分

三、事故性质:责任事故

四、事故基本情况:4吨交通牌货车翻车,致使一人第12脊椎骨压缩变形,骨裂和车辆右栏板、前挡板支撑架损坏。

车辆单位：前进机械厂　车类：交通牌货车　吨位：4吨

车号：08-08929　驾驶证号：皖池字01312（73.12.28考出）

驾驶人姓名：张晓云　性别：男　年龄：28　职业：司机

事故分类：车祸事故　姓名：舒翠珍　性别：女　年龄：35　职业：电工　伤情：第12脊椎骨压缩变形骨折

车物损失：汽车车箱右栏板损坏，车箱前挡板支撑架折断，驾驶室右上方顶部轻微损伤，水泥空心楼板砸损二块，约人民币300余元。

五、事故的经过和原因：

司机张晓云，驾驶交通牌货车于5日上午去贵池运水泥空心楼板，下午12时05分离贵池返厂，随车搬运工王阿云、汽车间电工舒翠珍（去贵池购买棉花、棉布搭车返厂）共三人，13时30分行至棠溪公社棠溪生产队时，前方公路中偏左有一小孩，司机为避让小孩，将汽车靠公路右边行进，车速为25每小时公里，让过小孩车前进不到8公尺，司机发现前有小桥，桥比公路狭，右前轮将落桥外，司机急速向左打方向，车头偏左上桥，但右后轮仅四分之一上桥面，车上水泥楼板装载重心略偏右，加上上桥偏方向离心力，以致车后轮行至桥中时侧翻在公路右侧。

翻车后，其中舒负伤，当即由王阿云护送至长江医院摄片检查，为第12脊椎骨压缩变形骨折，现需休息数月治疗。

事发后，由我厂负责同志和有关人员进行现场调查，并立即报告当地交通管理站后，在当晚将该车和水泥楼板吊起并拖回厂。

翻车事故造成工人同志受伤，车辆受损，对国家造成损失和不良影响，事故经分析是责任事故，是可避免的，这就反映了我厂领导对毛主席有关安全工作指示学习落实不够，只满足于没有发生过重大事故，因此没有把安全行车提到路线高度来抓，这是应该吸取教训的，事故发生后，我们第三天就组织全体驾驶员开会讨论分析事故发生原因及应吸取的教训。

到会者根据当时的天气、道路、行人、车速等进行分析，是由于驾驶员平时对经常往返道路，缺乏熟悉，思想麻痹，驾驶经验不足，措施不当，属于责任事故。

六、预防事故重复发生的措施

通过事故分析，反复讨论，大家进一步强调了确保安全行车的措施，首先是自觉地遵纪守法，严格遵守交通规则，认真执行操作规程，服从交通管理站人员指挥，不违法乱纪，不带禁运物资。

根据山区公路有五多（高坡多，险路多、弯路多、窄路多、行人不让和横穿公路多）的特点，开好安全车，认真做到"六不"：上坡不盲目，下坡不急行，通过城镇不加速，弯路不忘三件事，窄路不超车，做到"谦虚、谨慎、戒骄、戒躁"，马达一响，思想集中，车轮一动，想到人民群众。在行车中时刻提高警惕，为革命、为人民发扬"宁停三分，不抢一秒"的好风格，对车辆做到勤检查、勤保养，宁可多流汗，不让车带"病"，经常保持车辆整洁和技术状况良好。

七、对事故受伤者和责任者的处理意见

电工舒翠珍是调休去贵池购买生活必需品，返厂时搭车在棠溪生产队发生翻车致伤，故不属工伤，为对受伤者负责，体现社会主义制度优越性，我们特与有关单位联系并请示上级，应按车祸事故处理，舒在治疗期间，假期按病假考勤，一切医药费由工厂负责，工资、附加工资照发，伤愈复工后，再有复发或后遗症，均按病假待遇处理。

关于肇事司机张晓云同志，经班组讨论，党支部提出，认为张平时表现较好，这次发生翻车事故性质是严重的，但事发后本人态度较好，能认真检查，接受领导和群众的帮助批评，现为吸取教训和教育广大群众起见，拟给予批评教育。上述报告，妥否，请批示。

八、参加调查单位和人员

供运部门：王文耀、孙有哲、仇家驹、苗明珠

劳安部门：王广生

企业负责人：蔡荣清

报告人：王广生

占用土地协议书

协议双方：

贵池县棠溪公社百安大队第四生产队　甲方

前进机械厂革命委员会　乙方

根据上海市后方基地及后方机电公司下达507工程，建造水库及公路需要，涉及甲方土地占用及农业灌溉问题，现双方协议如下：

1. 乙方同意甲方提出的占用水稻田用造田还田的方式来处理。

2. 乙方开公路坐落在闵坑内,占用水稻田4亩,开荒地2.5亩。关于水稻田4亩,乙方以还田的方式进行。还田地点:起于汽车库对面大杉木处(与老坝基接平)至开大石片下涵洞对面河道大树脚下为坝基。坝需高出原田50公分,田和坝今后若有塌方由乙方修补。还田时间不得超过1977年4月15日。另外乙方应赔偿造田周期中甲方被占用的4亩田的谷物收入损失,一季稻年产800斤,9.60元/100斤,1年+青苗费10元,合计317.20元,关于2.5亩开荒地,乙方赔甲方开荒费300元。

3. 乙方造水库要保证不影响甲方农业用水,现议定由乙方水库底内以10公分管路引出全水库下未占之水稻田,开关由甲方掌握,另外乙方在小门口外以10公分管路给甲方稻田放水。

4. 乙方原厂大门外57排坐落处的4亩开荒地未办过赔偿手续及这次造成品库已占花生地1亩达三年之久也未办过赔偿手续,在本协议中一并算清。

(1)关于1亩花生地,赔开荒费120元,加赔花生失收损失费120元。

(2)关于4亩旱地,赔开荒费480元。

关于上述5亩开荒地经乙方赔偿后,所有权由甲方转为乙方所有。

5. 乙方还田地点,所占开荒地2 813.14平方米合4.22亩,赔开荒费506.4元,青苗损失费395.59元。

6. 招待所下占地307.5平方米以还田方式进行赔青苗损失费63.30元。

总计由乙方赔偿甲方2 302.49元。

以上拟定各项自签字日起生效。

       甲方 棠溪公社百安大队第四生产队(公章)

          代表签字 张松青

       乙方 前进机械厂革命委员会(公章)

          代表签字 单继良

          一九七六年一月二十四日

附加几个问题的协调意见

一、厂方协助叶村生产队加速实现机械化问题:

1. 1976年上半年以前厂方协助解决两台机:(1)清饲料机一台,(2)脱粒机一台。

2. 厂方争取在1976年内帮助解决两台机:(1)15马力拖拉机一台,(2)割稻机一台。

3. 厂方负责打听插秧机的消息，如有成熟可靠机械力争搞到。

二、关于锅炉房烟冲灰使水变黑问题：工厂确保在明年一季度前在水箱上做盖板以彻底解决黑水问题。

三、关于征地户人员进厂问题：工厂应考虑到过去有征地多，进厂人员远远不足这个历史情况，故今后如有机会，除了按上级精神办理的同时，把上面这个历史情况考虑在内，以不损害集体经济为原则，妥善处理好国家、集体、个人三者关系和工农关系。

前进机械厂革命委员会
一九七五年十二月三日

关于要求照顾上海工作的职工家庭困难情况调查报告

厂党委：

我们在厂党委直接领导下，在车间、部门大力协助下，于1977年12月31日到1978年1月25日，对要求照顾上海工作和已照顾上海工作的部分职工，进行了全面的调查、核实工作，现将调查核实情况向厂党委汇报。

一、调查的基本情况

我厂目前（3月中旬）为止，已照顾在上海和要求照顾去上海工作的职工约142人，占全厂总人数8%，第一批我们调查82人，尚有60人未来得及调查。具体列表如下：

车间、部门	已调查人数（人）	未调查人数（人）
一车间	6	2
二车间	28	4
三车间	5	3
四车间	21	5
五车间	6	1

续 表

车间、部门	已调查人数（人）	未调查人数（人）
六车间	6	9
后勤	7	4
生产	3	4
沪办		19
沪外借		9
小计	82	60

目前已照顾上海工作的共69人（不包括闵行技校），其中36人暂借在外厂，在沪办工作33人。

二、调查情况的具体分析

（一）符合"三条"确有具体困难8人

1."独苗"已婚，夫妇本厂职工　　3人

2."独苗"已婚，夫妇分居两地　　2人

3."独苗"未婚　　2人

4."独苗"已婚，夫妇本厂职工　　1人

（其中有7人在沪工作，1人在皖工作，尚未安排照顾）

（二）基本属于"三条"范围，目前暂无特殊困难11人

1."独苗"已婚，夫妇本厂职工，沪有子女15岁以上，父母生活尚能自理　7人

2."独苗"已婚，夫妇分居两地，沪有子女幼小，父母生活尚能自理　2人

3."独苗"未婚，父母生活尚能自理　1人

4.配偶一方在沪，身体不好，能上班工作及生活自理，子女幼小　1人

（其中有5人在沪工作，6人在皖工作）

（三）不属"三条"，确有特殊困难8人

1.配偶一方在沪，长女（15岁）患癫痫病，还有子女幼小　1人

2.夫妇本厂职工，孩子年幼有病需上海治疗　1人

3. 配偶一方已判刑三年（现已服刑二年），另有大女儿14岁，两个子女幼小　1人

4. 父母有病，身体不好，沪地兄弟姐妹已婚嫁或兄弟姐妹自身有病，不能经常照顾或无能力照顾　3人

5. 配偶一方在沪有病，沪地有子女15岁以上，但不能妥善照料　1人

6. 配偶一方在沪身体不好，其岳母患精神病无人照料　1人

（其中6人在沪工作，2人在皖）

对以上不属"三条"的具体困难，能否加以考虑照顾，并拟明文列入"试行条例"中。

（四）条件不符，困难不大，情况不突出49人

1. 父母等直系亲属和公婆、岳父母身体一般或身体有病，上海有人照顾　20人

2. 沪地配偶身体一般或身体较差，子女幼小，上海有人照顾　6人

3. 沪地配偶身体一般或身体较差，子女15岁以上　8人

4. 配偶亡故，子女幼小　1人

5. 子女有病，上海有人照顾　1人

6. 本人身体不好或长期病假，要求复工在沪　5人

7. 家庭无困难，情况较好，反映不实　6人

8. 已暂时照顾上海并已返皖　2人

（其中有19人在沪工作，30人在皖）

对以上不属"三条"、困难不大、条件不符、家庭情况较好的人应予做思想工作，安心三线，对已在沪的应予说服动员其返厂抓革命促生产。

尚未调查核实的对象进行审议，提出需要进行调查核实的名单，由劳动工资组汇总组织力量进行调查。

三、劳动工资组织汇总车间（部门）领导和群众的初议意见报党委讨论审批。

四、在内部制定方案，评定对象的基础上，正式召开"加强三线建设，扎根三线干革命"的动员大会，以要求照顾的职工为主，适当吸收部分班组骨干参加，讲形势，讲政策，讲态度。会后，以车间支部为主，依靠骨干，进行深入细致、形式多样的政治思想工作，尤其是加强对不符合条件、不能照顾的职工的

思想工作,(就运用工资调整中好经验和行之有效的好做法)真正做到批准照顾者高兴,未能批准的也安心。

五、每个被批准照顾的职工,都要履行填写表格,要明确照顾的方法和照顾期限,车间(部门)党支部讨论签具意见,党委审定批准的手续,方才有效。

六、为了抓紧时间,做好工作,必须集中几天时间来进行上述各项工作,各车间(部门)应有一名书记或主任在这段时间内负责抓这项工作。第一批(即已调查的)审批工作争取在4月上旬结束。

以上报告当否,请党委审示。

(培新汽车修配厂)劳动工资组

一九七七年三月二十日

协同机械厂关于12月7日停电事故的报告

杨狮大队新建生产队社员巫××,男,现年31岁,退伍军人,于1979年12月7日下午1时25分在厂区小山坞砍树时,由于盲目砍伐,对周围现场未经细致察看,使一根杉树倒在1万伏的高压线上,由于高压线碰线,发生燃烧,两根高压线烧断,造成停电28小时,使厂区路灯熄灭,姚家湾食堂、冷库停止工作,小山坞热处理停止生产,给国家造成较大损失。

现经统计:703供电所修理材料费计126.90元,703汽车代办费96.00元,703人工费11个计82.50元,少送电11 872度,损失费计949.76元(每度按0.08元计算),我厂热处理停工损失计2 960元,上述五项经济损失共计4 215.16元。

当地农民砍树,引起高压线碰坏烧断而停电的事故,1973年、1975年亦曾发生过,唯这次事故停电时间最长,给国家造成的经济损失最多,所以屡次发生此类事故,我们认为主要是对安全用电知识宣传、法制教育不够所致,应接受教训,引起高度重视,由于这次事故经济损失和影响较大,至于对肇事者如何处理,请区、公社决定。

以上报告当否,请指示。

协同机械厂

一九七九年十二月十一日

行政科千方百计保障节日供应

春节前夕,行政科为满足职工生活需要,不辞劳苦,四出求援,千方百计采购货源,到目前为止,已采购到名目繁多、丰富多彩的年货,品种数量均超过去年。

这次菜场供应打破了过去分大中小户的办法,一律以大户为标准,每户一份包括金针菜、木耳、鱼、肉、蛋、禽、素鸡、油豆腐等价值人民币36.56元,超出上海市区供应水平。往年为人视为稀罕物的金针菜、木耳,今年每户都有配给。此外,对节日期间来厂探亲的职工家属也同样给予供应。

小卖部将计划供应桂圆、香瓜子、奶油瓜子、小核桃。敞开供应红枣、黑枣、大核桃、香榧子、荔枝干、柿饼。老酒包括古井、茅台、金奖白兰地、双沟大曲在内的各类瓶装酒、零拷酒。还将供应各式袋装糕点、糖果以及苹果、橘子等,香烟除计划之内,每人增购芜湖牌烟一包。

厂部和有关食堂还将开设"和菜"分3元、5元、15元三档,3元、5元档已先后对外供应。15元一档是方便部分在厂过节或结婚的职工需要。

《八五通讯》第22期(1980年2月13日)

为青年着想　为青年说话　为青年办好事
青年相恋勿需忧　团委乐为搭鹊桥

我厂团委在党委直接关心、支持下,大胆解放思想,冲破禁区,乐做"红娘",现在正进行着青年婚姻介绍工作。

建厂十多年来,占全厂职工三分之二以上的青年工人,在山沟里艰苦奋斗,为四化洒下了辛勤劳动的汗水。十多年的三线建设,使绝大多数的青工养成了忠厚老实、艰苦朴素、待人和蔼、努力工作的良好习惯,成了生产中的技术骨干和操作能手,不少人被评为厂、局和市的先进生产者,有的还担负了重要的领导工作。由于我厂地处皖南山区,又是钢厂,青工男女比例失调,随着时光的流逝,这就成了一个突出的矛盾。据悉,目前全厂23岁以上未恋男青年已达640余人,其中27岁以上有280余人,而未恋女青年仅50余人。这种状况如不改变,势必给四化建设带来消极因素。

为了解决这一矛盾,历年来,我厂从党委书记、厂长、政治部主任到各级领导,都在积极为青年穿针引线,解决恋爱问题,并疏通各方渠道,为夫妇团聚创造条件。经过不懈努力，上级同意，凡是全国各地持有城镇户口，吃商品粮的全面所有制、集体所有制单位的女职工或城镇待业青年，都可以在婚后商调来我厂参加工作（包括厂办大集体工作）。去年以来，厂组织科、劳资科根据这一政策，已从祖国四面八方调进了110多位职工配偶，帮助实现了夫妻团聚。可是现状表明，单靠少数领导同志个人努力，远不能全面解决这个问题。在新光厂招女青工一事的启示下，厂团委经过充分酝酿和讨论，决心为刘少奇倡导的"婚姻介绍所"正名，做青年的"红娘"，广开门路，为青年恋爱牵线搭桥，使有情人皆成眷属。

10月10日，上海青年报刊登我厂团委"招媳"启事后，在社会上引起了很大反响。连日来，从祖国各地应召来信像雪片一样飞向我厂，短短十多天里，团委已收到来自上海、黑龙江、新疆、云南、甘肃、四川、贵州、江苏、山东、浙江、安徽、江西等地的677封来信。来信的姑娘中有干部、科学院翻译、演员、医务人员、技术员、工人、财会人员、大学生、教师、农场职工、公安人员、营业员等。封封充满真情实意诚挚话语的来信，捎来了姑娘们颗颗炽热的心，寄来了整个社会对这一行动的关注、赞誉和支持。同样，在我厂小伙子中也激起了千层浪花，这个美滋滋的喜讯，叩响了他们心中的爱情大门，小伙子们笑逐颜开，奔走相告，并竞相填写"婚姻介绍登记表"，他们焕发了朝气，工作干劲更大了。

现在，团委专门组织的一个工作班子，正在日以继夜地辛勤工作。迄今为止，先后都发出了回信。团委还成立了"恋爱指导小组"，并举行了"恋爱指导会"。团委将根据姑娘、小伙子各自提出的条件，一对一对加以慎重介绍，圆满做好这项甜蜜的工作。（史洋）

《八五通讯》第48期（1980年10月31日）

上海协同机械厂关于调整交接工作汇报提纲（草稿）

一、概况

我厂是由上海电焊机厂和上海鼓风机厂共同包建的，1967年1月，两厂联合在安徽皖南山区（宁国县宁墩区南极乡杨狮村）动工建厂初时定员766人，主要制造反坦克"四〇"火箭筒，设计规模年产量600具，当时属上海市机电一局领导，1972年成立后方基地管理局以致隶属关系划归后方机电公司领导。八〇年鉴于后方实际情况在行政业务上划归为上海机电一局石油化工通用机械公司领导。我厂在1969年12月开工生产,于1970年开始形成生产能力,成批生产"四〇"火箭筒,七二年后职工人数逐年增多,产量逐年增加,1979年,"四〇"火箭筒产量达7 000具,产值1 156万元,利润186万元,1970年至1984年累计完成工业总产值10 843.7万元(其中八四年完成693.7万元),累计实现利润1 378.5万元,为国家提供积累1 257.3万元(指上缴利润、税金)。

1972年,我厂生产过"801"产品(即"82"无后坐力反坦克火炮),七八年产量达200门,八〇年该产品根据兵器工业部通知停产,1979年后随着国民经济调整,军品任务逐年大幅度减少,为在调整之年为国家多作贡献,根据军民结合的原则,通过公司安排承接民品BA型水泵的生产,1985年生产"四〇"火箭筒3 000具,根据公司安排生产民品BA型水泵2 000台。

我厂现有职工人数(至八四年底)1 186人,其中男性职工761人,女性职工425人,工程技术人员74人,生产工人666人,管理人员117人,其他人员329人,人员结构一线292人,二线396人,三线353人。

二、我厂主要的几个经济数字

我厂自投建至八四年底累计基本建设总投资1 108万元,固定资产原值1 127.73万元,其中房屋582.28万元、设备545.45万元;固定资产净值716.74万元,其中设备部分260.56万元;现有流动资金总额396.5万元,其中国拨流动资金293.7万元;全厂占地面积136 642平方米,建筑面积50 838平方米,其中生产用建筑面积22 217平方米;拥有各种设备642台(包括上海民品车间20台),其中金属切削机床198台、锻压设备16台;汽车30辆,其中客车6辆(沪办2辆)、载重车24辆(沪办及上海民品车间7辆)。

三、近年来工厂生产经营情况和存在的主要问题

我厂目前主要生产兵器工业部指令性任务WH404火箭筒和公司指导性任务承接上海第一水泵厂的BA型清水泵,另和上海电焊机厂协作生产自动埋弧焊机机头,这些产品的原材料除"四〇"火箭筒材料由国家统一调拨订货外,其余产品材料一部分由协作加工厂供给和公司分配,大部分材料来源均由市场议价采购与兄弟厂调剂帮助,加上这些原材料都是从350公里上海运来,我们算了一笔账,以年产量2 200台水泵的铸件计,原材料来回运费就近10万元,生产水泵亏损很大,平均每生产一台要亏60.07元。这些亏损靠军品生产补贴,由于BA型水泵产品生产成本高,销售价格也自然高于上海同类产品厂

生产的水泵价格,故几年来BA型水泵销售情况一直是在别人吃饱后,才到我厂来订货而且还是打着上海第一水泵厂的牌子。再如我厂的资金周转天数也比同类厂差,八四年全厂资金周转天数184天,其中工具科工装总库资金周转天数要2 732天(合七年半),动力科备件库资金周转的天数要2 900天(合八年),我厂由于民品没有主导产品,经济效益差,也无法在市场上进行竞争。

根据国务院关于小三线调整改革的指示和上海市与安徽省在1985年1月协议精神,从我厂实际情况来看,我们厂属第三类企业即关停企业,主要原因:(1)随着国民经济调整的深入,军品任务逐年下降,我厂目前生产的"四〇"火箭筒部队已齐装配套,不再需要,目前我厂只是遵照兵器工业部进行维持生产的意见进行生产,今后兵器工业部即使需要少量的产品总将由部属厂归口生产;(2)我厂目前生产的民品BA型水泵是上海第一水泵厂的牌子,调整转产后,一泵厂将要收回,我厂就无主导产品,在客观条件上也无法重新开发新产品;(3)我厂地处交通不便,远离县城(离宁国县城36公里)的山区,车间分赛,生产单体之间距离远、布局不合理,这样对组织生产带来很大的困难,如零部件上下道流转都要汽车运送,上海像我厂一样的中型厂,厂门最多两个,警卫人员只有10人左右,而我厂由于车间分散,警卫室就设五个,警卫人员就有35人,三个食堂等一切后勤服务人员就更多了,虽说我厂有生产工人600多人,但实际操作机床工人只有290多人,加上一些社会设施如学校、菜场、百货店、医疗都由厂里负责安排解决,实际后方厂就像一个小社会性质,样样要管,这样工厂负担重,缺乏活力和竞争能力。

四、目前职工中存在的思想问题和要求

(一)职工思想中存在着二怕、五个担心

1. 怕调整政策会变。我厂全体干部和职工在1984年8月份听了中央国务院关于对小三线调整改革的指示精神后都欢欣鼓舞,这是多年来三线工人日夜盼望的大喜事和多年来的心愿,也是党中央和各级政府领导对我们三线工人热情的关怀和真诚的爱护,同时感到中央对我们三线工人在近20年来为三线建设作出的贡献而加以肯定感到鼓舞和自豪。但是自八四年底我厂根据中央和市府对小三线实行调整改造和发挥作用的方针政策与上海郊县厂搞联营达成了协议已近半年了,市里还没有批下来,由于步子太慢,大家担心中央的政策会不会变,中央不变,地方政府会不会变,感到不放心。例如,我厂碰到的一个问题即原籍在上海职工的子女户口根据市府(84)19号文件精神可以把一个子女户口迁到上海市内,前几个月,我厂已经有40多名子女户口迁回上海了,但是最近宁国县政府不知什么原因两次因故停止,不予办理迁移手续,虽经多方联系,至今还没有解决,造成职工思想上不稳定,影响了职工生产上积极性。

2. 由于当前职工感到调整步子慢,而我厂在1~2年之内移交给安徽省后,怕今后会带来新的问题和困难。根据上海市和安徽省对小三线调整在1985年1月达成的协议精神,我厂的固定资产和在厂内的全部设备、流动资金在1985~1986年底全部无偿移交给安徽省,但根据目前的客观原因,我厂人员不可能在两年内走光,如明年12月底前以上项目全部移交给安徽省了,那将给我厂带来许多困难,如设备全部移交就无法组织生产,三个秩序无法维持,职工收益等带来许多损害,汽车全部移交了,今后搬迁时需用车辆,职工要付费用,增加经济负担,后方的一切生活用品没有汽车运了,给今后的生活会带来更多的困难。

3. 多年来,许多职工购买了当地的木料制作部分家具,担心搬迁回沪时当地检查站要收10%的税(后方某厂曾发生过类似情况)。

4. 老年工人、体弱、无技术和退休职工担心调整回沪后会变成无去向分配,影响经济收益。

5. 部分职工担心被解体分配到远郊工厂,重新再尝生活无依托,子女读书不方便的苦头。

6. 上海一些大年龄职工,为了解决婚姻问题,娶外地城镇或安徽当地女职工结为夫妇的或原来上海职工为解决夫妻分居问题,从上海或外地省市支内来的职工担心会被留下来,他们一致要求和上海其他职工同时回上海。

(二)职工的六个方面要求

1. 要求市政府和市协调办尽快把我厂的调整方案批复下来,因为我厂大部分职工在建厂初期年龄一般都在20~30岁左右,随着年月的增长,现在每个职工的家庭人员结构也起了很大的变化,在沪父母年纪逐年变老,身体也变成体弱多病,急需要人照顾料理,自己的子女也长大读书了,但由于此地的条件和各种原因,大部分教师不安心工作,严重地影响了子女的前途,家长不放心,加上文化生活单调枯燥,缺乏医疗卫生条件,每年一到夏天流行性传染病十分厉害,严重地影响了职工和子女的身心健康。

2. 原上海鼓风机厂和上海电焊机厂支内来的单身职工大部分人户口也在上海,要求在调整中迁回原单位去。理由之一,他们无论从产品上或其他各方面都比较熟悉,其二,他们的年龄大部分已有40多岁,个别即将到了退休年龄,允许他们回到市区内对各自的家庭也能提供一个比较好的互相照顾条件。

3. 为解决职工在调整工作中的后顾之忧,请市府是否先把我厂职工家属住房建房指标先批拨下来,或者职工住房和厂房同时动工建造。

4. 考虑我厂在重新投建资金上存在的实际困难,要求市府适当给予企业部分拨款和提供无息或低息贴息贷款,并提供多种优惠的条件,为不影响职工的经济利益,贷款偿还期限允许适当放长。

5. 请上海市府和安徽省政府在三线调整改革中职工碰到而企业或本人无法解决的各种问题和困难,能及时适当帮助解决,如当前突出的小孩子户口在宁国县不能及时办理迁移手续问题。

6. 在今后搬迁时,请市政府和安徽省政府给予后方职工适当的搬迁安家费,以减轻职工的负担。

上海协同机械厂
一九八五年四月二十九日

关于我厂治安情况的紧急指示

后方机电公司:

今年以来,随着我厂调整工作的不断发展,军品生产已经完成历史使命,当地农民和本厂少数职工乘厂里调整之机,大肆偷盗国家财产,他们成群结队涌入厂区,明目张胆进行偷窃哄抢,有时一天之内有一百多人涌入厂区进行偷盗。

今年以来,案件的次数已无法以立案标准来计算,据不完全统计,自今年四月至今共发生刑事案件33起,治安案件45起,已破刑事案件20起(今年9月10日,发生了一起供应科仓库被盗铝锭3 583公斤的大案,此案已由临安县公安局破案)。特别是11月份以来,治安情况发展到了相当严重的程度,从偷窃室外的国家财产发展到了偷盗室内的财务和拆盗工房设施。(具体案例见附件)。

对于当前的治安情况,我厂已采取了一系列的措施:如组织干部和职工将室外物资全部入室；增设岗哨和警卫人员，加强同地方各级政府和公安机关的联系等等。但还是到了无法招架的地步。

针对上述情况，为了保证我厂调整工作的顺利进行，保护国家财产少受损失，我们恳切希望公司领导对于我厂的治安情况能给予高度重视，我们建议：

1. 请公司领导同地方政府取得联系，请地方政府出一张布告，作些必要的规定和处罚，或请县府有关部门和公安局有关人员出面到厂所在地共同开一次联防会议协助我厂搞好治安工作。

2. 请公司领导抓紧落实我厂厂房和家属宿舍产权的归属问题。（注：经我们多次到县、区、乡谈到了厂治安问题时，地方各级政府均提出此问题）。

以上报告当否，请批复。

上海市协作机械厂

附件：关于协作厂十一月份以来治安情况

11月7日，行政科锅炉房内的两只电机被偷，价值200多元。

11月8日，新家属宿舍已搬迁的一户室内小火表被偷，价值20元。

11月10日，当地老乡偷窃50 cm × 50 cm水泥预制板两劳动车计42块，价值84元。

11月12日，靶场三只掩体的两扇铁门、一扇木门被仁里村民偷走，价值150余元。

11月13日，厂子弟学校学生活动器具大部被偷。

11月15日，动力科备件车库毛坯件机床尾架两只、拖板一块被偷，价值400余元，两老乡在靶场偷煤被警卫当场抓获。

11月20日，有两名当地老乡偷走钢材仓库50 mm × 50 mm角铁4根（每根6米），价值109.80元。

11月23日，三车间冷却塔被破坏，损失500余元，避雷针扁铁20公斤被偷，502工房烘箱上的18根不锈扁铁被偷。价值250元。供应科露天仓库一根40公斤重的工字钢被偷，价值40余元，当警卫发现阻拦时，偷盗者非但不听劝告，还扬言要打警卫（现在警卫都非常担心自己的人身安全，都不愿再当警卫。）三车间508工房边上棚棚被拆走，预制板、石棉瓦被偷走，损失200余元。

11月24日,三车间一只烘箱铁门被偷,"干打垒"边一间棚棚被拆,水斗、预制板被偷。损失200余元。

11月21日,靶场精度靶位右侧掩体被拆倒,砖头被偷走,经济损失1 000余元。

11月26日,行政科食堂刨芋艿机底盘、马达和三轮车轮胎被偷,价值180余元,靶场锅炉用煤被偷300多公斤,价值27元。

11月27日上午,当地一老乡偷了一只近20公斤重的阀门,发现后人逃走阀门被警卫扣下。一当地妇女偷了一根近80斤重的钢锭,被警卫发现后,双方发生冲突,在警卫转身去阻拦其他老乡时,这一妇女还是把这根钢锭偷走了,中午,趁车间内人员吃饭时,当地40余位老乡从山上蜂拥而下,大肆抢夺供应科露天仓库内的材料,警卫人员前往劝阻也毫无作用,还是被强行抢走了抽水马桶生铁底座10只、生铁管27根、短生铁管17根、长生铁管一根、阀门5只,价值700余元。在这同时,四车间警卫发现一老乡偷了一只重近80公斤的齿轮箱坯件,追赶下,老乡扔下东西逃走了。

11月28日,净水房外阀门两只被偷,经济损失200余元。

11月29日,三车间火工品仓库挡太阳隔热层三角铁屋架和石棉瓦全部被偷,损失800余元。

11月30日中午,二车间靠山脚处大部分玻璃被砸,广播室一架三洋牌录音机、35盒磁带被偷,价值350余元。

12月1日下午,净水房一只工具箱被窃。

12月2日上午,废品仓库办公室被撬,下午警卫人员在劝阻当地农民不要私拿公物时,当地农民动手打警卫人员。

12月3日,压铸车间铸件被盗,减速器壳体247只,紧固螺帽2 430只,铸件190根、滚轮275件,共计价值4 323.30元。

12月6日,二车间清洗间墙壁被凿通。三车间锅炉房上去小圩里药库隔热石棉瓦及角铁架全部被偷走,三车间502新工房对面小圩里二幢药仓隔热用石棉瓦和角铁架已大部被拆掉偷走,总共经济损失1 560余元。运输科修理班工具被偷,价值100余元。

仅从11月7日起到12月6日止的统计,有经济价值可查的物资损失约有10 834.10余元。另外原堆放在厂区内的各种钢材和其他物资均被当地某些村民偷窃一空,以上情况只是初步统计的数字,还有一些盗窃物资还来不及统计在内。

上海市协作机械厂保卫科

一九八六年十二月九日

关于留守职工待遇的报告

上海锅炉厂:

随着职工返迁工作的进行,我厂留守班子基本形成,为了稳定留守职工情绪,对留守职工的待遇问题在市财政局尚未作出规定之前,拟作如下处理:

一、留守职工是上锅厂职工队伍的一部分,留守期间的工资、奖金、福利待遇原则上按上锅厂水平处理。

二、留守职工的绝大部分都要求尽早返迁,以便尽早与家人团聚,尽早参加上锅厂工作,仅仅是因为工厂交接工作需要,继续留在山区工作,由于留守期间,工厂后勤生活工作无法维持原有水平,生活日趋困难,同时由于诸如孩子上学、家属就医等种种家庭困难的困扰,留守职工处于善始善终做好交接工作,个人和家庭利益都作出了一定的牺牲,为了稳定这支队伍,生活待遇上理应在上述基础上给予适当优惠,参照贵池地区各三线厂的做法,具体办法如下:

1. 留守期间,每个留守职工每月发给留守工作津贴十八元。

2. 食堂停火以后,每个职工每月发给伙食津贴一元。

3. 留守期间停止使用探亲假、调休假,为照顾留守职工料理家务,每季轮休一个月(公出在沪按日扣除)。

特此报告

上海前进机械厂

一九八七年二月二十日

关于"职工住房分配规定(草案)"的请示报告

上海锅炉厂:

我厂调整期间的"职工住房分配规定(草案)"已草拟结束,并经留山的党、政、工负责人联席会议讨论通过。现随文附上,请锅炉厂领导及有关部门审阅。当否,恳请批示。

上海市前进机械厂
一九八七年九月

上海市前进机械厂职工住房分配规定(草案)

根据市府有关小三线调整工作的指示与有关文件精神,为逐步妥善解决返沪职工的住房问题,搞好分配工作,特作如下规定。

第一条 组织机构

1. 成立临时分房领导小组。组长:陈庆德;副组长:陈安康、郑时勤;组员:秦书品、梁开彬、陈俊发、郭霞宝、徐正勇。厂临时分房领导小组在厂部的领导下,负责按本规定讨论审批职工住房的分配方案。

2. 在厂临时分房领导小组的领导下,设分房工作小组负责职工住房的申请、调查、审核,并提出分房方案,交厂临时分房领导小组讨论,按审批沪的分房方案进行分配。分房工作小组组长徐正勇;副组长:郭霞宝、梁开彬;组员:张锡忠、秦书品、梁惠忠。

第二条 分配对象

住房分配必须严格执行"配偶户口合并立户"原则,下列职工可分配住房。

1. 夫妻双方为本厂职工(含大集体、合同工、离休、退休职工)。

(1) 双方户口已在本厂落户(安徽贵池)。

(2) 一方或双方的户口不在本厂,经调查,其户口所在地确无住房,而又愿将另一方或双方户口迁入闵行者。

(3) 一方或双方已在本厂落户,在返迁过程中,其中一方经组织协商,同意其分在闵行地区的其他单位,双方户口又愿迁入闵行者,也可分配住房。

2. 无配偶的单职工,在本厂有两只户口者,也可分配住房。

3. 八六年六月以后办理结婚手续的本厂双职工,在上述对象的住房分配完毕后,根据房源情况,按结婚证发放的先后顺序分配住房。

第三条 户口计算

住房分配类型以户口为准,户口计算以在皖的各类户口(其中不包括已注销的户口)和迁入闵行的配偶、未成年子女(16周岁)的户口计算。申请住房的户口,以厂分房工作小组调查核实为准,根据政策与有关规定,在户口计算时,包括下列情况:未婚子女因学习需要,户口由本厂迁入集体户的,可计户口数。

四、上海小三线建设大事记

1964年

根据中共中央一系列要准备打仗、尽快建设三线和地方兵工厂的指示,上海市成立了以曹荻秋市长、宋季文副市长为正副组长的上海国防工业领导小组。同年曹荻秋市长、宋季文副市长赴皖南屯溪考察。

1965年

5月6日　上海市委、市人委向中共中央递交报告,认为华东地区的小三线也是上海的小三线,上海本身要在皖、浙、赣边区建设后方,要求是搬迁部分科技单位,没有必要再搞军工。上海后方在"保存精华、发展精华"的思想指导下,按照华东局指定的地方,拟在皖南黄山和浙江天目山一带建立上海后方工业基地,在充分利用原有空关房屋的基础上,盖一些房屋,搞一些仓库,造一个医院,把市内的一些重要档案、文物、技术资料和一部分重要物资运去妥为保存;同时打算筹建若干研究所和实验工厂,在后方基地继续从事科学研究,保证在战时仍旧能够少量地生产一些同国防军工、三线建设有关的新材料、新设备等产品;上述科研单位,在战后可以作为恢复和发展上海工业生产的骨干力量。

5月10日　上海市委、市人委组成上海后方建设选点小组,由市公用事业办公室副主任罗白桦带队,到皖南、浙西、赣东等地作勘察了解。

5月22日　选点小组在黄山组织讨论上海后方基地建设的规划,上海市市长曹荻秋、副市长宋季文参加了研讨会。会议明确了六条原则:它是华东的战略后方基地;既要分散,又要适当集中,便于联系协作;既要靠山隐蔽,又要便利交通运输;动力来源较易解决;距离市镇不太远,生活有依托;搬迁可分步进行,条件成熟的先搬。会上,确定以皖南屯溪为中心,建立上海科学技术后方。

10月上旬 上海市科委向上海市委上报了"关于在上海后方基地安置第一批单位的意见",正式提出在上海后方基地第一批安置以科研机构为主体的36个项目共18个单位的名单、投资额和安置人数。

10月11日 上海市委召开上海后方基地建设会议,宣布成立由罗白桦、黎崇勋、曹伯慰、张子嘉、方希观和高玉庆等组成的"上海后方基地建设领导小组"(又称229工程指挥部),罗白桦任组长。指挥部设在屯溪徽州专署交际处(华山招待所)。

11月19日 经过一个多月的工作,上海后方基地建设领导小组对首次18个单位的布点做出两个方案,上海后方基地建设领导小组向中共上海市委、市人委作了全面汇报后开始组织实施。

1966年

2月中旬 上海市委、市人委批准成立"上海市后方基地领导小组",对外称229工程指挥部。229工程指挥部指挥罗白桦,副指挥孙更舵、黎崇勋、王公道、张子嘉、徐士奇(徽州专区副专员)。

2—5月 上海市副市长李干成、张承宗,市计委主任马一行和工业生产委员会主任周璧等先后三次对皖南、浙西、赣东等地作勘察和调查研究,形成了基本一致的意见。

5月13日 上海后方基地建设领导小组向中共上海市委汇报后确定:上海后方基地的区域范围,初步规划在以屯溪为中心的皖南山区,包括浙江、江西的一部分,东起浙江天目山,西自安徽的东至到江西的景德镇,南至浙江开化和江西婺源,北至安徽宁国、青阳、贵池一带,所涉及的行政区域包括安徽徽州专区全部、芜湖专区、池州专区,浙江昌化、开化地区,江西的景德镇和婺源地区等。对后方基地的布局设想是:以黄山为中心,作为后方机关地区,布置机关、医院、学校、文化、档案等部门;屯溪、祁门一带,布置科研部门和有关的配套协作工厂;宁国、绩溪一带,布置机械工业及军工;泾县至旌德、绩溪一带,布置无线电、仪表工业和轻工业;冶金工业,布置在青阳、贵池一带;旌德、绩溪、鸿门、岛石这三角地带作为物资贮备地区,并保留天目山南北地区和江西婺源地区为发展备用地。同时对解决电力供应、交通运输等问题也做出了具体安排。

6月 69式40毫米火箭筒和火箭弹式反坦克武器生产线开始定点,进行设计和基本建设。

7月14日 上海市计委根据中共上海市委的意见,会同上海后方基地建设领导小组与有关工业局研究,提出了第二次迁建项目36个,国家计委、国防工办批复同意。但是,"文化大革命"的开始,迫使第二次规划项目的布点工作中途停顿下来。

1967年

2月17日 一部分人受"无政府主义"思潮影响返回上海,严重影响后方建设。根据中共中央"军工单位不能乱,要派驻军管会实行军管"的精神,同年上海小三线实行全面军管,121部队、安徽省军区、南京军区和上海警备区先后担任过军管任务。

3月5日至5月8日 国务院国防工办、国家计委、国家建委在北京联合召开全国小三线建设工作会议。会议提出要重点上高射武器,特别是37高炮和57高炮以及雷达、光学仪器、指挥仪等常规武器中的尖端产品。

3月31日 接管委员会向上海市革命委员会上报了"关于1967年后方建设任务安排的请示报告"。报告认为,1967年安排的以基础工业为主的第二批36个项目,在后方建设方针未明确前,先将中央安排的军工和小三线的项目、为军工配套及为整个后方地区服务的项目以及安排在第二期进行的必须完成的项目共18项,按原计划继续进行,其余项目待后方建设方针明确后再行研究安排。不久,上海市革命委员会经济计划组原则同意上述意见,对1967年市委批准安排的36个项目作了调整。

6月16日至8月6日 上海市革命委员会召开由市属有关部门和上海后方基地建设领导小组负责干部参加的上海后方基地建设会议,会议认为,原上海市委确定的上海后方基地建设的方针"保存精华、发展精华"是错误的,必须加以重新确定。提出上海后方基地建设的指导方针是"从备战出发,建立一个能够坚持战争,支援战争,为战争服务的打不烂、拖不垮的后方基地,当前应当以备战军工为主,进行相应配套"。会议最后对原市委、市人委领导下进行的两次规划项目任各了全面调整,并规划了新建军工项目。

1968年

6月1—11日 上海市革命委员会为贯彻全国"六八三"会议精神,召开上海小三线工作会议。研究决定,在1969—1971年这三年中,在上海后方建设特殊钢厂、57高炮和57高炮弹厂等项目。

8月1日 229工程指挥部改名为812指挥部。1969年1月10日,上海市革命委员会批准成立812指挥部,由韩克辛、张克宽等主持工作。

8月 根据四机部关于"师以下的战术通信装备,按照大战略区成套"的原则,上海市革命委员会工交组与上海市仪表局研究,规划安排了12个生产通信装备的工厂和配套厂。

1969年

1月 国务院正式下达兴建507工程,规划新建和改造18家工厂。它的主体部分就是生产57高炮和57榴弹的9家工厂,即地处安徽贵池县境内的胜利机械厂、前进机械厂、永红机械厂、火炬机械厂、五洲机械厂等五个炮厂,地处安徽省绩溪县境内的燎原模具厂、万里锻压厂、光明机械厂、光辉器材厂等四家弹厂,九厂合计职工近万人,胜利机械厂和燎原模具厂分别为炮厂和弹厂的总装厂。

2月8日 上海市革命委员会再次召集有关工业局和上海后方基地建设领导小组成员以及军管会同志在上海开会(后称"二八会议"),提出新建57高炮、弹、雷达等12家厂,附属7个项目,改造11个项目,结转17个项目的初步意见。会议将新建与57炮有关的改建和附属项目命名为507工程,并确定了507项目的地区布局。根据上海市革命委员会"二八会议"部署,507工程项目由上海市革命委员会工交组列入上海小三线1969、1970、1971年基本建设计划下达给各有关包建局。507工程计划新建48个项目、改建7个项目,这次规划新建和改建的项目之多、投资之大、布局之广,都超过了上海小三线历次规划,它从根本上奠定了上海小三线的规模与布局。

4月 协同机械厂、协作机械厂接受试制生产69式40火箭筒、火箭弹(亦称新40火箭筒)的任务。经过通力协作,同年7月1日生产出样品。至年底试产新40火箭弹868发,经靶场验收合格。

是月 由联合机械厂(526厂)试制生产的67式木柄手榴弹,当年就转入批量生产,到1980年停止生产时,累计生产67式木柄手榴弹1 964万余枚。

5月 57高炮的生产线定点。

6月 57毫米电光杀伤榴弹生产线定点。1970年初步建成,设计生产能力每年40万发。1970年4月开始试制,5月生产出样品,6月底生产出59式57毫米榴弹13小批7 275发。

9月 812指挥部对三年来建设中的26个单位的不完全统计显示,职工人数比扩初设计方案定编数增加17%,建筑面积比原批准数增加40.7%,投资增加23.9%。

10月1日 82毫米无后坐力炮由协同机械厂生产,试制出65式82毫米无后坐力炮样品。

12月5日 上海市革命委员会批准在贵池成立507工程指挥部,负责贵池东至地区的507工程项目建设。

1970年

1月至8月 上海市轻工业局和食品工业公司动员了食品行业11个兄弟单位、近千名技术员和工人,为57炮弹总装厂——燎原厂突击制造设备,经过努力,制造300吨油压机、电动炮弹结合机、大型干燥室、运输机械等专用设备82台,占该厂主要关键设备的88%,为建成57炮弹总装流水线提供了物质保证。

4月 上海小三线第一台数字式炮瞄指挥仪问世。为了提高稳定性,1975年又试制4台样机,确定为XS—101型数字式指挥仪。1976年10月18日经批准正式定型,同时命名为59式57毫米高射炮—Z式数字指挥仪,成为我国第一台数字式炮瞄指挥仪。

是年 根据兵器工业部下达的计划,新40火箭筒、火箭弹正式投入批量生产。

1971年

6月 铜质59弹批量生产不久,弹厂就接受上级任务,即在坚持铜药筒生产的同时,进行以钢代铜新工艺的试制。

8月 五机部、总后军械部委托有关单位组成鉴定小组,对59式57毫米榴弹进行全面鉴定考核,9月经国家正式批准投入批量生产。险峰光学仪器厂完成第一台57高炮配套的光学测距机样机,经靶场试验发现原设计存在问题,而停止试制工作。

是年 跃进机械厂在屯溪市屯光公社社屋前大队建立红旗车间(1975年3月18日正式定名为红旗机械厂),生产新40火箭弹的引信。

1966年3月至1971年 上海小三线基本建设结束,跨越6个年头,除6个单位基建处于扫尾阶段以及1971年以后零星规划8家单位外,60多个单位基本建设竣工,其中42家工厂陆续投产,以军工为主的综合性的上海后方基地在皖南山区已初具规模。1970年至1980年共生产69式40毫米火箭筒5.2万具;1971年至1979年,合计生产562门57高炮,其中验收出厂556门。

1972年

年初 上海小三线有42家工厂建成投产,职工3万余人,各级党政工团机构也基本建立,初步形成了常规兵器的生产和配套能力。

是年 为支援柬埔寨人民的抗美救国斗争,上海小三线生产5 000发援柬火箭弹。

是年 随着大批职工涌入小三线,副食品供应更趋于紧张。在后方领导机关的提倡下,兴起开荒种菜、养猪养鱼,发展农副业生产的热潮,开垦荒地470余亩,收获蔬菜104万公斤,养猪1 130头,养鱼5.4万条,种植各种果树2.3万棵。

1973年

年初 上海市委决定,将上海在皖南的812工程指挥部和507工程指挥部合并,成立统一的领导机构——上海后方基地党委。4月25日经市委常委研究决定,同意由韩克辛等21人组成中共上海后方基地委员会,并定为市局一级的机构,韩克辛任党委书记。后方基地党委的任务是:负责抓好各项中心运动和政治思想工作;统一管理小三线单位的组织、干部和人事、教育工作;组织实现各项生产、基建计划和就地协作、配套;做好支援地方农业生产和地方工业的工作,统一处理和当地的关系。

8月6日 上海市革命委员会工交组、市国防工办联合发出《关于上海后方基地所属单位组织领导关系问题的通知》。通知规定:后方基地党委对小三线所属单位的革命和生产建设实行统一领导；小三线生产、计划和物资供应渠道，仍由上海有关工业局归口管理；年度生产、财务计划以有关工业局为主编制，与后方基地共同商定下达；后方基地建立机电、电子、化工、轻工四家工业公司，分别管理有关基层工厂，贵池钢厂、群星材料厂、新光金属厂、胜利水泥厂、培新汽车修配厂作为后方基地直属厂。

11月 后方基地党委明确提出：为了做好反侵略战争的一切准备，尽最大努力，加速三线建设，抢在战争前面，迅速形成一个打不烂、拖不垮，巩固的小三线基地，形成一个平时加强战备，战时保卫上海、保卫祖国的可靠后方。上海市委明确要求小三线要支援农业，尊重地方同志，听取他们的意见，给当地带来好处，以巩固工农联盟。

1974年

年初 绩溪化肥厂建造工作基本结束，厂房90%已竣工，但要达到正式试产的要求还缺乏一些关键的技术人员。后方基地、轻工公司和部分基层厂，委派了8名懂化工工艺、化工机械、供水供电的技术人员，协助该厂工作了三个多月，使该化肥厂在1974年底正式投入生产，达到了安徽省和绩溪县的要求。

6月5日 后方基地党委常委会对支农问题作出决议：要主动支援农业、支援地方，能帮助地方上的项目一定要上，原则上要支持，要把支援地方作为后方各级党组织的一项日常工作。小三线对地方的支援主要表现在人力、物力和财力等方面。

1975年

年初 完成三台59-1型老三米测距机样机，通过五项试验，达到设计要求。1975年又进行59-4型改三米测距机和半自动跟踪仪的试制工作，并于当年完成样机，经试验性能良好。后方基地党委书记韩克辛因病离任，3月21日，经市委批准，王祥举任后方基地党委书记。

9月3日晚 韶山电器厂部分职工与当地有些社员因进厂看电影买票问题发生纠纷，引起严重冲突，旌德县俞村公社尚村大队社员多人被打成重伤，工人也有4人轻伤，有些职工还将来厂协助处理冲突的大队治保主任打成重伤。上海和安徽双方经过两个月的艰苦工作，矛盾基本上得到解决。

1976年

3月23日 安徽省委批准设立皖南基地公安处和中级人民法院,6月1日,正式宣布成立。

1977年

4月12日 经新市委批准,除了原书记王祥举,副书记李文彬、郑金茂外,马本煜任后方基地党委副书记,黄彪、王美玉、徐国光、夏振玉任后方基地党委常委,免去谈炳荣、顾榴龄、戴修乾党委常委;同时因工作需要免去张锡、张健民副书记和林长青党委常委。

4月 经安徽省委、上海市委和上海警备区同意,将公安处、法院分开,撤销民兵指挥部,另行成立人民武装部。

1978年

7月 后方基地、市公安局、市高级法院联名上报《关于撤销皖南基地公安处和中级人民法院并成立保卫处的请示报告》。7月17日市委领导批示同意。

截至是年底 后方基地在管理体制上形成三种状况,即原来由轻工、机电两个包建局所属的19家工厂,政治工作、干部人事、生产业务统一归后方基地党委领导;原来由仪表、冶金、交运三个局包建的23家工厂,政治工作、干部人事归后方基地党委领导,生产业务仍由前方局包建管理;原来由化工、电业、建工、邮电、卫生等局包建的单位,政治工作归后方基地党委领导,干部人事、生产业务均由上海包建局领导。

1979年

3月5日 上海市委决定成立上海市后方基地管理局(即上海市第五机械工业局),苏博任上海市后方基地管理局党委书记兼局长。

3月8日 上海市国防工业办公室传达贯彻国务院、国防工办召开的国防工业工作会议精神,提出了军民结合是促进国防工业发展、适应战时和平时需要的方针。

3月12日 安徽省撤销皖南基地公安处和皖南基地中级人民法院。

3月12—15日　贵池地区胜利、前进、永红、火炬、五洲等五家炮厂部分群众,轻信了少数人散布的"户口在沪的可回上海,在皖的有的划到江西铜鼓,有的划到内蒙古包头"等谣言,聚众2 000多人请愿,提出一些错误口号,造成停工停产,经各级党组织及时澄清事实真相,耐心说服、劝导,制止,平息了风波。

7月21日　上海市国防工业办公室党组批复成立后方基地管理局纪委,郑金茂兼任书记。

10月　后方基地以五机局名义向五机部汇报了实行军民结合以来,生产方面的实际困难,要求五机部在可能的条件下多安排一些军品生产任务。

是年　上海小三线生产18万发火箭弹,直接提供给在云南、广西参加对越自卫反击战的部队。在上海市委为传达学习讨论十一届三中全会精神召开的区、县、局干部会上,后方基地管理局局党委副书记郑金茂作了书面发言,反映了后方职工生活方面存在的困难,会议发布专题简报。

1980年

4—5月　市计委、市国防工办调研组先后到后方基地22家厂、3家公司进行了实地调查,然后向市政府提出解决好后方基地管理局生产管理体制问题的建议。

7月14日,后方基地管理局召开党委会议,进一步分析小三线建设历史和现状、总结经验教训,确定了"稳定巩固、统筹安排,军民结合,整顿提高"的工作方针。

10月17日,国务院、国防工办计划局提出《小三线军工厂调整的初步设想方案》,《方案》按照国民经济调整的八字方针和军民结合的方针,根据中央关于做好反侵略战争的准备工作的要求,设想"在小三线地区保持一支生产研制轻兵器的技术骨干队伍和生产能力,一旦有事能在短期内扩大军品的批量生产。同时在平时要积极安排民品生产,尽快转上军民结合的轨道"。

1981年

1月　根据兵器工业部下达的计划,协同机械厂、协作机械厂停止生产69式40毫米火箭筒,正式批量生产69-Ⅰ式40毫米火箭筒。

6月27日　上海后方基地管理局以《对〈批转"关于整顿户口工作的请

示报告"的通知〉的意见》,就后方人口普查工作和后方职工户口方面存在的问题向韩哲一、市人口普查领导小组、市国防工办作了进一步反映。

10月 根据《国务院、中央军委批转国防工办关于调整各省市自治区小三线军工厂报告的通知》以及国务院国防工办《下达小三线军工厂调整方案》的精神,按照"着重进行生产结构的调整,适当保留军品生产线,变单一军品生产为军民结合的生产结构"的原则,上海市人民政府对小三线17家军工厂进行了调整,撤销5家军工厂建制(红光厂、联合厂、金星厂、红星化工厂、卫星厂),在保留的12家军工厂中,有3家厂保留军品生产任务,其余均转产民品。

12月29日 上海市副市长陈锦华听取了后方基地管理局汇报。

是年 全后方完成工业总产值3.23亿元,其中五机局系统各厂完成工业产值7 390万元,除15种军品全部按时按质完成任务外,还发展和完成了77种民品,另外15条民品生产线也开始成批生产并投入市场。上海小三线军工生产任务在1980年下降44.8%的基础上,又下降21.2%,两年来共下降了66%,总产值从1980年的4.1亿元下降到1981年的3.2亿元。全后方54家工厂,处于停、缓建和基本停工状态的占17%,生产任务只有30%或60%左右、处于半停产企业占28%,生产任务在70%左右的企业占31%,任务较足、能正常开工的企业仅占24%。

1982年

3月年底 上海后方基地管理局党委按照市委统一部署,在纠正经济领域不正之风、打击严重经济犯罪活动方面,先后向市里上报案件144起,处理结案109件,在这些案件中,共涉及处、科和厂级干部以及党员数十人。

6月20日 共青团后方基地管理局委员会就八千余名男青年婚恋方面存在的突出问题写了专题调查报告,并建议上级组织从实际出发,放宽政策,切实帮助解决小三线青年切身利益问题。

9月 遵循党中央提出的"改革、开放、搞活"的方针,市国防科工办开始研讨和筹划上海小三线调整方案。

10月19日 上海市副市长韩哲一在后方基地管理召开的党员负责干部大会上对小三线的历史背景、建设过程、现状和发展等作了重要讲话。

是年 全后方基地管理局因军品生产任务不足,工业总产值降至2.80亿元，但民品生产有了较大发展。其中五机系统所属企业生产的28种军品，除雷达一项外，其余均按质、按量、按合同完成了计划任务；43种主要民品都完成和超额完成了任务。民品产值已达军品总产值的53.73%。

1983年

3月19日 上海市人民政府办公厅转发了市政府国防工业办公室、市劳动局、市人事局、市公安局《关于本市小三线职工生活方面若干问题的处理意见》和市政府教育卫生办公室《关于本市小三线职工子女教育和医疗卫生工作若干问题的处理意见》。

4月15日 上海市市长汪道涵在一份《文汇报情况反映》上批示："后方基地似属调整范畴，因为这批生产力如何利用确系问题。"同年4月，在市八届人大一次会议上通过的汪道涵市长所作的报告中和上海市"六五"发展规划中，对小三线的发展方向都作了明确指示，"后方基地已形成一定的生产规模，要本着巩固提高、开发的精神，合理调整，逐步纳入各行业的规划，统筹安排，更好地发挥经济效益"。

4月22日 参加市八届一次人代会的后方基地管理局系统11位人民代表（黄彪和陈锁锁等）联名向大会提案，提出四点建议，呼吁有关部门迅速组织调查研究，提出切实可行的调整方案。

4月29日 八五钢厂党政主要领导致信国务院、五机部，建议实施对该厂进行拆迁或与长江三角洲经济发展配套的方案。5月14日，八五钢厂党政领导同志再次联名给中央、市和上级领导部门写了《关于迁建并入崇明拆船轧钢联营公司的建议》。

6月29日 上海市计划委员会写了《关于改变小三线领导体制问题的请示报告》，要求市政府批准对后方领导体制实行进一步调整，即改变企业隶属关系，将企业的生产业务、党的工作也相应调整为前后方各局党委管理。

8月2日 后方化工公司主要领导干部写信给赵紫阳总理，反映了该公司现状和要求上级早日决策调整的迫切愿望。

8月27日 上海市人民政府国防工业办公室以"上海小三线存在的主要问题和我们的建议"为题向李肇基副市长作了书面报告。报告说："对小三线存在的问题，就我办多次调查研究，深感当前急需从发展方向、鼓励政策、管理体制三个方面进一步明确和调整。"报告建议:"小三线是上海市的工业组成部分,最好能按照市郊工厂的办法,实行同样的奖励政策,即户口按相关文件精神,在工作单位登记为市区户口,工资按八类地区,并提高进山津贴。同时,在保持小三线经常有6万名左右职工的前提下,实行轮换制,从上海到小三线去的职工,在工作七八年后,要求回沪的可以调回来,允许人员有进有出";"对一些进山太深的工厂,提出向沿铁路、长江城镇适当集中的方案(包括关停并转的方案)";"必须改变目前小三线各企业多种管理体制和隶属关系、职责不明的局面"。

10月4—24日 局工会和局团委联合在市青年宫举办"上海市后方艺术展览会",参观人数达5万人次。

12月12日 上海市副市长阮崇武在听取了关于小三线问题的各方面意见后,报告了上海市市长汪道涵:"1. 当前还是要以稳定、巩固为好,并在政策及措施上给一些保证,如解决医疗、文化生活等突出问题。2. 后方党委要加强领导班子,要尽快调整。产、供、销等仍由各局、公司负责,不急于改革、调整,小调整只能悄悄地、个别地进行。3. 以扭亏增盈为中心,安排好小三线的1984年生产任务,各局、公司都应给予关心和照顾。4. 结合七五规划全面、综合地考虑小三线的发展方向和调整方针;如何与当地经济发展有机地联系起来,为皖南地区的经济发展服务;如何把上海的协作内联项目与小三线发展规划结合起来,考虑各厂的就地调整方案,整顿产品结构。5. 司法局安排劳改场所不必大肆声张,作好充分准备再动手。"

是年 民品产值继续增长。仅机电、轻工两公司生产的民品产值就占总产值的60.83%,基本改变了单一军品生产的局面,形成了军民品生产相结合的局面。

1984年

3月24日 上海市国防工业办公室根据国防科工委指示,经与后方基地管理局研究,向市政府提出《关于小三线军工厂继续调整的建议》,建议拟按三类进行调整,即三家厂继续保持军品生产,四家厂保存军品生产能力、封存生产线,五家炮厂保留军工厂建制、撤销军品生产线。

3月25日 上海市长汪道涵在市八届二次人代会的《政府工作报告》中

有关1984年的主要任务部分、上海市副市长兼市计划委员会主任阮崇武在《关于1984年上海市国民经济和社会发展计划的报告》中都要求小三线企业和现有亏损企业"力争在年内大部扭亏增盈"。至年底，全后方完成工业产值3.65亿元，实现利润2 420万元，分别比1983年增长8.15%和11.2%，又一次实现利润增长超产值增长，亏损企业由1983年的22户减少为10户，亏损额减少770万元，基本达到了市政府年初提出的减亏要求。

4月下旬　上海市副市长李肇基和市计委主任李家镐分别听取后方基地管理局副局长黄彪对小三线调整的意见。

7月1日　国务院上海经济规划区办公室主任王林在合肥听取了后方基地管理局副局长黄彪等对上海小三线调整的意见。

7月　上海市人民政府国防科工办提出了《关于上海小三线调整情况及其调整方案》。调整总的设想是：引导和组织小三线企业主要与郊县工业企业实行联合，与市属有关企业协作或者支持技术力量、劳动力，也可以与上海经济区内的各省市或其他省市实行联合；采用"收、交、关、改、撤"五种方法区别处理全部小三线企事业单位；小三线职工和家属中原从本市动员去的部分原则上可回本市郊区落户；由当时征地进厂的农民和不宜进大城市的人员，拟请安徽省就地安置。

8月起　上海小三线进入调整时期。上海市委根据上海小三线实际情况，根据国务院领导同志的指示和安徽方面的要求，作出调整上海小三线的重大决策，决定将小三线企业的财产无偿移交安徽，企业职工逐步回沪参加联营建设。

8月8日　上海市委召开常委会，听取国防科工办主任李晓航的汇报，研究了上海小三线的调整问题，确定了调整要"保护和发展生产力""要走联营的道路""帮助地方搞活一批企业"、人员"要分期分批返回市郊，确保社会安定"的指导思想。会议确定由李肇基副市长分管小三线调整工作（1985年1月后由朱宗葆副市长分管；1986年7月后由黄菊副市长分管）。随后成立由市国防科工办等抽调人员组成的"小三线协调办公室"，主任先后由李晓航和李传卿担任。

8月14—19日　经国务院、中央军委批准，国家计委和国防科工委在北京联合召开了全国小三线工作会议。会议提出，对小三线的调整要"因地制宜，因省制宜","怎么能快点搞活就怎么管理,由省、市、区人民政府决定"。会议期间,会议领导小组专题听取了上海市关于小三线调整意见的汇报,对中共上海市委8月8日会议确定的上海小三线调整方案表示同意,决定上海在皖南小三线的12家军工厂全部转产民品。

9月14日　上海市人民政府召开了有关委、办、局负责同志参加的联席会议,传达了全国小三线会议精神。

10月23日　由海市人民政府国防科工办召开小三线企事业领导干部会议,分层次地传达全国小三线会议精神以及市委对小三线的调整决定。

12月13日　在全市的统一部署下,经中共上海市委批准,上海市后方基地管理局成立了新的党委,王昌法任党委书记。

12月26日　上海市后方基地管理局组成新的行政班子,王志洪任局长。

年底　安徽省人民政府发电报给国务院,要求上海把在皖南小三线的固定资产留下,以后又提出流动资金也一并留下,充实安徽地方工业力量。中央考虑到上海小三线有80家企事业单位建在皖南,其20多年建设的历史,离不开当地政府和人民群众的支持,因而同意采取这一项特殊措施。

是年　民品产值进一步提高,占总产值的88%,后方基地管理局基本完成军转民的重大改变。小三线调整起步后,根据全国小三线工作会议上国家计划委员会主任宋平提出的小三线调整的四条集资办法,即对条件好的企业,经过审核,在一定年限内减免税利;对于亏损和停缓建企业,按财政体制,把三五年的亏损补贴或停缓建维持费拨给企业用于调整;银行给一定年限的低息或贴息贷款;企业的折旧基金也用于调整。上海市小三线协调办、财政局颁发了《关于小三线企业筹集调整资金有关财务处理若干问题的意见》,提出的主要内容包括:小三线企业从1984年第四季度起盈利企业应上缴的利润不再上缴,全部留给企业用于调整;亏损企业1985年按1983年实际亏损包干,增亏不补,减亏留用等。这些政策极大地调动了企业在调整中坚持生产、努力减亏增盈的积极性,成为调整资金来源的主要部分。

1985年

1月起　小三线调整的联营建设在上海市人民政府的关心下,纳入了"行业归口,分类规划"轨道。

1月24日 上海市市长汪道涵、副市长朱宗葆率领上海市计委、经委、国防科工办、财政局、工商银行、劳动局、后方局等单位的负责同志组成的政府代表团赴合肥,与安徽省省长王郁昭、副省长邵明以及省计委、经委、省国防工办、省财政厅、工商银行、劳动局的负责同志商谈上海在皖南小三线调整事宜。28日签订了《上海市人民政府安徽省人民政府关于上海在皖南小三线调整和交接的商定协议》并上报国务院,协议规定,小三线在皖企事业单位的固定资产和流动资金全部无偿交给安徽地方。4月17日,国务院办公厅批复上海市、安徽省人民政府,同意上海市、安徽省人民政府关于调整和交接的商定协议,明确"上海市将皖南小三线企业交给安徽省时,要办理财政划转手续"。国务院办公厅的批复下达后,上海在皖南小三线80家企事业单位即开始进行移交工作。

3月 上海市工业党委批复同意成立由杨森任书记的纪委。新党委成立后,提出了"后方一切工作都要服从于、服务于小三线调整"的宗旨。本着精干的原则,局本部各处室作了调整,把生产技术处、劳动工资处、物资处、基建处、技术处等五个业务处合并成一个综合处,同时成立了局调整办公室。

5月7日 上海市人民政府批转了市委、经委、国防科工办、财政局《关于小三线调整中有关问题的请示》。

5月 在安徽省屯溪市召开安徽省、上海市调整和交接领导小组第一次会议,确定上海在皖南的53家工厂、27家事业单位分三批进行交接的方针。

6月24日 上海市委常委召开扩大会议,明确指出小三线调整不属于压缩基建范围。

6—7月 上海市副市长朱宗葆视察后方工作。

8月 上海后方基地管理局党委发出《关于在后方调整交接中增强党性、端正党风、严肃党纪的规定》的通知,要求各级党委对涉及两地关系、涉及人事财政等问题要严格按政策办事,不准开口子;对涉及人员大批回沪、企业停产等重大问题,要求必须报经上级党政组织批准;对违反省市协议和违反市委市府有关方针的,要严格查处。同时,局党委又制定了《关于局党政领导班子自身思想建设的规定》《关于实行后方党员领导干部党风责任制的决定》等,严格要求自己,做出表率。

9月 在上海召开省市联合领导小组第二次会议,会议商定了第一批上海移交给安徽的22家单位,明确了财务交接的四条具体意见,听取了华东电管局关于小三线325、312、366三家电厂和703供电所的情况并商定了尽快交接的原则。

12月 局党委根据调整中的生产、交接、联营建设等项工作齐头并进的新形势,集中组织各级党政组织探索新时期思想工作,召开了全局大型思想政治工作交流会,15家单位交流了经验,推动了后方工作。

年底 第一批交接单位中的部分单位财产已经移交地方,把原先出于安定团结的需要而缓下来的、本来应与财产交接同步进行的留皖人员交接工作,提上了日程,继续明确有关政策;同时,交接双方在实施交接过程中,对1985年1月28日以前小三线在沪资产处理,对专用基金、流动资金等若干问题处理上的认识不一致。

1986年

3月 在合肥召开省市联合领导小组第三次会议,研究确定第二批移交给安徽当地的31家单位名单。

5月 上海市劳动局根据《上海市人民政府关于小三线调整中人员安置问题的批复》,对小三线调整中的人员安置确定六条原则。

7月13—16日 上海市劳动局副局长李涛会同安徽省劳动局副局长邓泽民就上海在皖南小三线单位交给安徽时有关人员安置问题进行了磋商,提出了解决人员安置问题的协商纪要。

10月 经国防科工委批准,撤销军品生产线,正式停止生产。上海小三线调整中的人事政策已全部出台并形成系统,从政策措施上保证了人员安置工作的顺利进行,这是小三线调整中人事安置工作的一个重要方面。

1987年

1月16日 在上海市小三线协调办和后方基地管理局的要求下,上海市委副书记、副市长黄菊召开市计委、经委、建委、财政局、人行、建行、后方基地管理局、住宅指挥部、小三线协调办负责同志参加的小三线专题会议,听取了市经委副主任、市小三线协调办主任李传卿关于小三线工作的汇报,确定了住宅建设再增加20万平方米指标的原则,其中15万平方米由系统自筹,5万平方米列入小三线专项技措配套项目,增加贷款额度2 000万元。这次会议还确定了1987年度的项目建设指标、信贷指标等。

春节前后 针对大批职工返回上海市郊后出现的住房、粮油煤供应、子女入托入学等困难,后方局、公司、企业发动了各级党政工团干部,开展了大规模的家庭访问活动并辅以一些困难补助。

4月 省市联合领导小组在安徽歙县召开了第四次会议,研究商定了第三批移交安徽地方的23家单位名单。

11月17日 上海在皖南小三线的80家企事业单位,已有56家移交安徽。

年底 根据上海市统一规划,小三线住宅建设的点分布在闵行、吴泾、莘庄、泗塘、吴淞、桃浦、浦东、松江、南翔和青浦等30个规划地区,该年底已有27个点开工。

1988年

1月 第二批的31家单位的移交工作结束,共移交地方的固定资产净值13 217.34万元,国拨流动资金3 181.24万元;按政策留皖的职工为645人,拨给地方安置费近600万元。

4月 上海在皖南的80家企事业单位全部移交安徽当地,共移交给地方的固定资产为56 103万元,国拨流动资金7 876.96万元,按政策留皖的职工为1 568人,拨给地方的留皖职工安置费1 404.9万元。

8月19日 第五次省市联合领导小组会议在黄山市太平区召开,双方共同总结了小三线调整、利用、改造的经验,从此长达四年的上海小三线企事业单位交接工作宣告胜利完成。

1991年

9月30日 上海市人民政府同意上海市经济委员会《关于撤销上海市后方基地管理局的请示》。自1991年10月1日起,上海市后方基地管理局和后方公司停止对外办公。

12月底 撤销后方局和后方公司的建制机构,局和公司的公章上缴上级主管单位,银行账号同时注销。

(徐有威 李婷 邬晓敏 李云 杨华国整理)

参 考 文 献

(一) 档案

1. 上海市人民政府国防科技工业办公室(1971—1973)(1977—1986),全宗号:B66,上海市档案馆藏。

2. 上海市小三线协调协调办公室(1984—1992)。全宗号:B78,上海市档案馆藏。

3. 上海市后方基地管理局(1966—1991),全宗号:B67,上海市档案馆藏。

4. 上海市后方轻工业公司(1970—1988),全宗号:B68,上海市档案馆藏。

5. 上海市后方机电工业公司(1969—1991),全宗号:B69,上海市档案馆藏。

6. 上海市后方仪表电讯工业公司(1966—1992),全宗号:B70,上海市档案馆藏。

7. 上海市后方化学工业公司(1970—1992),全宗号:B71,上海市档案馆藏。

8. 上海金星化工厂(5305厂)(1971—1988),全宗号:G1,上海市档案馆藏。

9. 上海卫星化工厂(5355厂)(1970—1988),全宗号:G2,上海市档案馆藏。

10. 上海红星化工厂(5345厂)(1970—1988),全宗号:G3,上海市档案馆藏。

11. 上海燎原模具厂(5323厂)(1969—1984),全宗号:G4,上海市档案馆藏。

12. 上海光辉器材厂(5304厂)(1970—1979),全宗号:G5,上海市档案馆藏。

13. 上海万里锻压厂(5313厂)(1970—1986),全宗号:G6,上海市档案馆藏。

14. 上海红光材料厂(9391厂)(1974—1985),全宗号:G7,上海市档案馆藏。

15. 上海光明机械厂(5303厂)(1970—1986),全宗号:G8,上海市档案馆藏。

16. 上海前进机械厂(5317厂)(1960—1969),全宗号:G9,上海市档案馆藏。

17. 上海永红机械厂(5327厂)(1978),全宗号:G10,上海市档案馆藏。

18. 上海胜利机械厂(5307厂)(1969—1979),全宗号:G11,上海市档案馆藏。

19. 上海协作机械厂（9383厂）(1969—1986)，全宗号：G12，上海市档案馆藏。

20. 上海红旗机械厂（1971），全宗号：G13，上海市档案馆藏。

21. 上海联合机械厂（526厂）(1962—1980)，全宗号：G14，上海市档案馆藏。

22. 上海协同机械厂（9337厂）(1979—1986)，全宗号：G15，上海市档案馆藏。

23. 上海五洲电机厂（5337厂）(1971—1978)，全宗号：G16，上海市档案馆藏。

24. 上海八五钢厂（1974—1978)，全宗号：G17，上海市档案馆藏

25. 八五钢厂档案，宝武集团上海五钢有限公司档案室藏。

26. 前进机械厂档案，上海锅炉厂档案室藏。

27. 协作机械厂档案，上海柴油机股份有限公司档案室藏。

28. 协同机械厂档案，上海重型机器厂档案室藏。

29. 培新汽车修配厂档案，上海新华汽车厂档案室藏。

30. 新光金属厂档案，上海钢铁研究所档案室藏。

31. 后方古田医院档案，上海交通大学医学院档案室藏。

32. 安徽宁国县档案馆。

（二）著作（以作者、编者姓氏音序排列）

1. 薄一波：《若干重大决策与事件的回顾（下）》，中共党史出版社1991年版。

2. 陈东林：《三线建设——备战时期的西部开发》，中共中央党校出版社2003年版。

3. 《陈云文选（第三卷）》，人民出版社1995年版。

4. 当代上海研究所编：《当代上海大事记》，上海辞书出版社2007年版。

5. 房维中、金冲及：《李富春传》，中央文献出版社2001年版。

6. 房维中主编：《中华人民共和国经济大事记》，中国社会科学出版社1984年版。

7. 福建省南平市政协文史资料委员会编：《难忘岁月——闽北小三线建设实录》，1999年12月印刷（内部使用）。

8. 上海市后方基地管理局党史编写组：《上海小三线党史》（未刊稿），1988年4月。

9. 孙怀仁主编：《上海社会主义经济建设发展简史（1949—1985）》，上海人民出版社1990年版。

10. 王春才著:《彭德怀在三线》,四川社会科学院出版社1988年版。
11. 王春才主编:《三线建设铸丰碑》,四川人民出版社1999年版。
12. 小三线钢铁厂冶金军工史编辑组编:《小三线钢铁冶金军工史》(冶金工业部军工史丛书〈十二〉),1989年版,藏于香港中文大学中国研究服务中心。
13. 熊月之主编:《上海通史》,上海人民出版社1999年版。
14. 徐有威、陈东林主编:《小三线建设研究论丛(第一辑)》,上海大学出版社2015年版。
15. 徐有威、陈东林主编:《小三线建设研究论丛(第二辑)》,上海大学出版社2016年版。
16. 徐有威、陈东林主编:《小三线建设研究论丛(第三辑)》,上海大学出版社2018年版。
17. 徐有威、陈东林主编:《小三线建设研究论丛(第四辑)》,上海大学出版社2018年版。
18. 徐有威、陈东林主编:《小三线建设研究论丛(第五辑)》,上海大学出版社2019年版。
19. 徐有威、陈东林主编:《小三线建设研究论丛(第六辑)》,上海大学出版社2021年版。
20. 徐有威、陈东林主编:《小三线建设研究论丛(第七辑)》,上海大学出版社2021年版。
21. 徐有威主编:《口述上海:小三线建设》,上海教育出版社2013年版。
22. 徐有威主编:《新中国小三线建设档案文献整理汇编(第一辑)》(8册),上海科技文献出版社2021年版。
23. 赵德馨著:《中国近现代经济史(1949—1991)》,河南人民出版社2003年版。
24. 中共上海市工业工作委员会党史资料征集办公室编:《中国共产党上海市工业系统党史大事记》,上海人民出版社1991年版。
25. 中共中央文献研究室、中央档案馆《党的文献》编辑部编:《共和国重大决策和事件述实》,人民出版社2005年版。
26. 中共中央文献研究室编:《关于建国以来党的若干历史问题的决议(注释本)》,人民出版社1985年版。

(三)论文(以作者姓氏音序排列)

1. 陈熙:《中国移民运动与城市化研究(1955—1980)——以上海为中心》,复旦大学2014年博士论文。
2. 陈莹颖:《上海小三线医疗卫生事业研究》,上海大学2020年硕士论文。
3. 窦育瑶:《上海小三线建设交通安全问题研究》,上海大学2020年硕士论文。
4. 傅志勇:《三线建设及对西部大开发的历史启示》,中共中央党校2002年硕士论文。
5. 耿媛媛:《上海小三线企业报〈八五团讯〉研究》,上海大学2019年硕士论文。
6. 韩佳:《上海小三线建设后勤保障研究》,上海大学2018年硕士论文。
7. 何娟:《三线建设——一个大规模技术转移的案例分析》,国防科学技术大学2004年硕士论文。
8. 胡静:《上海小三线的调整与改造——以安徽省贵池县为例》,上海大学2013年硕士论文。
9. 黄荣华:《试论1964—1978年的"三线建设"》,河南大学2001年硕士论文。
10. 霍亚平:《在革命与生产之间:上海小三线建设研究(1965—1978)》,上海大学2016年硕士论文。
11. 李帆:《上海小三线的职工教育研究(1965—1988)》,上海大学2018年硕士论文。
12. 李广升:《三线建设的回顾与反思》,华中师范大学2002年硕士论文。
13. 李浩:《上海三线建设搬迁动员工作研究》,华东师范大学2010年硕士论文。
14. 李婷:《上海媒体报道与上海小三线建设(1965—1988)》,上海大学2014年硕士论文。
15. 李晓宇:《北京"小三线"建设研究》,北京师范大学2015年硕士论文。
16. 李云:《上海小三线建设调整研究》,上海大学2016年博士论文。
17. 刘建民:《论河北小三线建设》,河北师范大学2004年硕士论文。
18. 马新蕊:《陕西"三线建设述评"——兼论全国"三线建设"》,西北工业大学2003年硕士论文。
19. 牛玮虹:《试论三线建设与西部大开发》,河北师范大学2003年硕士论文。
20. 邬晓敏:《妇女能顶半边天:小三线建设中的女性研究——以上海为中

心》，上海大学2017年硕士论文。

21. 吴静：《危机与应对：皖南小三线的青工生活——以〈八五团讯〉为中心的考察（1976—1984）》，上海大学2012年硕士论文。
22. 徐有威、陈莹颖：《意料之中与意料之外：上海小三线医疗卫生与皖南社会》，张勇安主编：《医疗社会史研究（第10辑）》，社会科学文献出版社2020年版。
23. 徐有威：《上海小三线口述史选编（一）》，华东师范大学冷战史研究中心主编：《冷战国际史研究（第12辑）》，世界知识出版社2011年版。
24. 徐有威：《上海小三线口述史选编（二）》，华东师大冷战国际史研究中心主编：《冷战国际史研究（第18辑）》，世界知识出版社2014年版。
25. 徐有威：《上海小三线口述史选编（三）》，华东师大冷战国际史研究中心主编：《冷战国际史研究（第21辑）》，世界知识出版社2016年版。
26. 徐有威：《上海小三线口述史选编（四）》，华东师大冷战国际史研究中心主编：《冷战国际史研究（第24辑）》，世界知识出版社2017年版。
27. 宣海霞：《小三线企业治安保卫工作研究：以上海小三线和江西小三线为中心》，上海大学2020年硕士论文。
28. 严蔚：《湖南三线建设述评》，湖南师范大学2007年硕士论文。
29. 杨华国：《从计划到市场：国企生产与管理的研究——以上海小三线建设为中心》，上海大学2015年硕士论文。
30. 杨帅：《小三线企业的环境问题与治理研究（1965—1988）》，上海大学2017年硕士论文。
31. 张顺昌：《三线建设与西部大开发》，西南师范大学2001年硕士论文。
32. 周晨阳：《广东"小三线"建设研究（1964—1978）》，华南理工大学2020年硕士论文。
33. 周燕来：《20世纪六七十年代中国"三线"建设述论》，西北大学2003年硕士论文。

（四）期刊（以作者姓氏音序排列）

1. 安徽省人民政府调查组：《宁国经验启示录：宁国县经济发展情况的调查》，《决策咨询》1996年第3期。

2. Barry. Naughton, The Third Front: Defence Industrialization in the Chinese Interior; *The China Quarterly*, No. 115 (Sep., 1988).
3. 陈东林:《20世纪80年代后的三线建设大调整》,《党史博览》2004年第5期。
4. 陈东林:《从"吃穿用计划"到"战备计划"——"三五"计划指导思想的转变过程》,《当代中国史研究》1997年第2期。
5. 陈东林:《三线建设决策的确立》,《党史文苑》2008年第3期。
6. 陈东林:《走向市场经济的三线建设调整改造》,《当代中国史研究》2002年第3期。
7. 陈海秋:《关于三线建设评价的分歧与争论》,《唐山学院学报》2004年第1期。
8. 陈熙、徐有威:《落地不生根:上海皖南小三线人口迁移研究》,《史学月刊》2016年第2期。
9. 陈运遂:《四川三线企业下岗职工群体之特殊性》,《西南民族大学学报(人文社科版)》2007年第10期。
10. 董宝训:《影响三线建设决策相关因素的历史透析》,《山东大学学报(哲学社会科学版)》2001年第1期。
11. 董颖:《近20年三线建设若干问题研究综述》,《党史研究与教学》2001年第3期。
12. 段伟:《安徽宁国"小三线"企业改造与地方经济腾飞》,《当代中国史研究》2009年第3期。
13. 付令:《三线企业的社会学思考》,《梧州学院学报》2006年第4期。
14. 付令:《三线企业社会特征探微》,《科技广场》2006年第9期。
15. 付荣发:《论企业办社会》,《党政干部论坛》1994年第3期。
16. 高新生:《新疆三线建设初探》,《新疆大学学报(哲社版)》1999年第1期。
17. 葛维春、徐占春:《小三线研究现状与江西小三线建设历史研究》,《宜春学院学报》2017年第10期。
18. 谷振华:《对"一线"建设的历史分析》,《军事经济研究》2006年第6期。
19. 顾宗帐、陈永忠:《关于发挥三线企业作用的几个问题》,《开发研究》1987

年第 1 期。
20. 何长凤:《三线建设在贵州》,《党的生活》2000 年第 5 期。
21. 黄荣华:《三线建设原因再探》,《河南大学学报(社会科学版)》2002 第 3 期。
22. 李彩华:《三线建设调整改造的历史考察》,《当代中国史研究》2002 年第 3 期。
23. 李久林:《对三线建设评价问题的再认识》,《高校理论战线》2003 年第 5 期。
24. 李曙新:《三线建设的均衡与效益问题辨析》,《中国经济史研究》1999 年第 4 期。
25. 李云、杨帅、徐有威:《上海小三线与皖南地方关系研究》,《安徽史学》2016 年第 4 期。
26. 李云、张胜、徐有威:《安徽小三线建设述评》,《安徽史学》2020 年第 5 期。
27. 刘凡君:《三线纪事》,《神剑》2008 年第 1 期。
28. 刘养池:《让"小社会"回归大社会》,《中国兵工》1994 年第 10 期。
29. 马英民:《当代中国建设史上的创举——三线建设》,《北京党史》1997 年第 1 期。
30. 蒙爱群、覃坚谨:《广西三线建设的概况》,《传承》2008 年第 2 期。
31. 宁志一:《论三线建设与四川现代化进程》,《党史研究与教学》1999 年第 6 期。
32. 宋立、张道刚:《"宁国现象"透视》,《决策咨询》1995 年第 8 期。
33. 宋宜昌:《三线建设的回顾与反思》,《战略与管理》1996 年第 3 期。
34. 宋毅军、孙彦波:《刘少奇与三线建设的历史回顾和思考》,《军事历史》2008 年第 6 期。
35. 宋毅军:《论中共领袖关于三线建设战略决策的得大于失》,《当代中国史研究》2008 年第 1 期。
36. 宋毅军:《周恩来与三线建设》,《红岩春秋》2008 年第 4 期。
37. 孙东升:《我国经济建设战略布局的大转变——三线建设决策形成述略》,《党的文献》1995 年第 3 期。
38. 汪红娟《"文革"时期三线建设述略》,《江西教育学院学报(社会科学)》

2005年第5期。

39. 汪青松:《论当代中国区域经济发展的两次战略西移》,《当代中国史研究》2000年第4期。

40. 汪史力:《让职工在双休日生活得更加充实》,《劳动理论与实践》1995年第9期。

41. 王培:《六十年代中期中共转变经济建设方针的原由》,《北京党史研究》1998年第3期。

42. 王庭科:《三线建设与西部大开发》,《党的文献》2000年6月。

43. 夏同济:《上海涂料工业支援三线建设回顾》,《中国涂料》1998年第2期。

44. 谢开轩:《三线魂》,《神剑》2007年第4期。

45. 谢培秀:《"宁国现象"启示录》,《决策咨询》2004年第1期。

46. 徐锋华:《东至化工区建设论述——上海皖南"小三线"的个案研究》,《安徽史学》2016年第2期。

47. 徐有威、吴静:《危机与应对:上海小三线青年职工的婚姻生活——以八五钢厂为中心的考察》,《军事历史研究》2014年第4期。

48. 徐有威、张程程:《2019年三线建设研究述评》,《三峡论坛》2020年第3期。

49. 徐有威:《民间文献和小三线建设研究》,《华中师范大学学报(人文社会科学版)》2021年第1期。

50. 徐有威:《一位上海籍安徽贵池县长眼中的上海小三线》,《史林》2012年口述史增刊。

51. 阎放鸣:《三线建设述评》,《中共党史研究》1987年第4期。

52. 姚明:《三线企业下岗职工生存现状分析及对策》,《理论观察》2005年第6期。

53. 于锡涛:《97三线调整工作会议的情况报告(摘要)》,《中国国防科技信息》1998年第2期。

54. 袁宝华:《"文化大革命"期间三线建设的物资保障》,《当代中国史研究》2003年第4期。

55. 张东宝:《困惑中的矛盾与整合——上海小三线职工的工作与生活状况研究》,《上海党史与党建》2016年第8期。

56. 张赛群:《抗战时期大后方开发与"三线建设"之比较》,《成都大学学报(社会科学版)》2008年第4期。
57. 张晓刚:《毛泽东三线建设思想概述》,《军事历史》2001年第2期。
58. 张秀莉:《皖南上海小三线职工的民生问题研究》,《安徽史学》2014年第6期。
59. 张永斌:《上海的小三线建设》,《上海党史与党建》1998年第4期。
60. 张志军、徐有威:《成为后方:江西小三线的创设及其初步影响》,《江西社会科学》2018年第8期。
61. 赵崇沪:《难忘的皖南山区溪流钓》,《中国钓鱼》1994年第12期。
62. 周升起、徐有威:《小三线建设时期驻厂军事代表制度实践及其困境》,《史林》2021年第3期。
63. 朱理峰:《三线建设评析》,《长春师范学院学报(人文社会科学版)》2007年第9期。
64. 朱荫贵:《上海在三线建设中的地位和作用——以皖南小三线建设为中心的分析》,《安徽师范大学学报(人文社会科学版)》2020年第4期。
65. 邹富敏、徐有威:《公共空间对三线建设的非生产性贡献——以上海小三线礼堂为中心的研究》,《上海党史与党建》2020年第5期。
66. 邹富敏、徐有威:《三线建设时期的子弟教育需求与师资供给——以上海小三线为中心》,《上海党史与党建》2020年第8期。

(五) 文献

1. 《安徽省人民政府办公厅关于皖南小三线企事业单位利用、改造有关问题的报告》(安徽省人民政府办公厅政办〔1986〕77号文)。
2. 毛泽东:《要争取快一点把后方建设起来》,《党的文献》1995年第3期。
3. 周恩来:《关于基本建设的几个问题》,《党的文献》1995年第3期。
4. 周恩来:《向中央书记处汇报提纲》(节录),《党的文献》1995年第3期。
5. 李富春:《关于国家经济建设如何防备敌人突然袭击问题的报告》,《党的文献》1995年第3期。
6. 国务院国防工业办公室:《关于一、二线各省后方建设的重点》,《党的文献》1995年第3期。

7.《中央关于加强一、二线的后方建设和备战工作的指示》,《党的文献》1995年第3期。

8.《国家计委三线建设调整领导小组第一次会议文件》(1995年9月)。

9. 国家计委党组:《第三个五年计划的基本任务》,《党的文献》1996年第3期。

10. 国家计委党组:《毛泽东在国家计委领导小组汇报第三个五年计划设想时的插话(节录)》,《党的文献》1996年第3期。

11. 周恩来:《关于第三个五年计划的若干问题》,《党的文献》1996年第3期。

12. 刘少奇:《继续控制基本建设,着手搞西南三线》,《党的文献》1996年第3期。

13. 李富春:《关于编制长期计划的方法问题》,《党的文献》1996年第3期。

14. 李富春:《关于计划安排的几点意见》,《党的文献》1996年第3期。

15. 李富春:《关于第三个五年计划初步设想的说明(节录)》,《党的文献》1996年第3期。

16. 邹家华在国家计委三线建设调整领导小组第二次会议上的讲话(1996年9月)。

17. 国务院三线建设调整改造规划办公室:《关于三线企业调整改造和脱险搬迁情况的汇报提纲》(1997年8月)。

(六)志书

1. 胡永钫主编:《上海电力工业志》,上海社科院出版社1994年版。

2. 孟燕坤主编:《上海机电工业志》,上海社科院出版社1996年版。

3. 贺贤稷主编:《上海轻工业志》,上海社科院出版社1996年版。

4. 王一飞主编:《上海第二医科大学志》,华东理工大学出版社1997年版。

5. 秦柄权主编:《上海化学工业志》,上海社科院出版社1997年版。

6. 张明岛,邵浩奇主编:《上海卫生志》,上海社会科学院出版社1998年版。

7. 秦福祥主编:《上海电子仪表工业志》,上海社科院出版社1999年版。

8. 蔡君时主编:《上海公用事业志》,上海社会科学院出版社2000年版。

9. 李其世主编:《上海钢铁工业志》,上海社会科学院出版社2001年版。

10. 休宁县地方志编纂委员会编:《休宁县志》,安徽教育出版社1990年版。

11. 祁门县地方志编纂委员会办公室编:《祁门县志》,安徽人民出版社1990年版。
12. 东至县地方志编纂委员会办公室编:《东至县志》,安徽人民出版社1991年版。
13. 旌德县地方志编纂委员会办公室编:《旌德县志》,黄山书社1992年版。
14. 芜湖市地方志编纂委员会编:《芜湖市志》,社会科学文献出版社1993年版。
15. 贵池市地方志编纂委员会编:《贵池县志》,黄山书社1994年版。
16. 泾县地方志编纂委员会编:《泾县志》,方志出版社1996年版。
17. 宁国县志编纂委员会编:《宁国县志》,三联书社1997年版。
18. 绩溪县地方志编纂委员会编:《绩溪县志》,黄山书社1998年版。

(七) 小三线职工提供资料

1. 蔡鸿甫提供
(1)《后方单位固定资产、流动资金、经费结余、安置费等交接情况》
(2)《一九八六年十二月十八、十九日召开后方财务会工作、关于年度会计决算问题发言稿》
(3)《关于第一、第二批交接单位、交接工作的回顾》
(4)《一九八四年后方企业扭亏为盈统计表》

2. 郑金茂提供
(1)《市省二府关于上海在皖小三线调接商定协议》
(2)《关于上海小三线调整中人员安置问题意见》
(3)《市工业党委批转小三线干部管理安置意见》
(4)《落实小三线统建住宅计划通知》
(5)《小三线职工住宅分布情况表》
(6)《小三线专项技措项目说明》
(7)《42个项目投资安排历年完成情况〈表〉》
(8)《皖南小三线改造利用情况》
(9)《皖南小三线技术改造完成情况》
(10)《局机关职工住房分配情况》

3. 王中平提供

《上海小三线建设中的"左"倾影响》

(八) 其他

1. 安徽省、上海市皖南小三线交接工作负责人通讯录,1988年7月。
2. 培新汽车修配厂业余美术创作组编绘:《后山风波》,上海人民出版社1975年版。
3. 徐梦梅、张长明编文,苏正东绘画:《脉搏》,上海人民出版社1976年版。
4. 《忻山红》三结合创作组:《短篇小说集忻山红》,上海人民出版社1975年版。
5. 倪国钧:《白金之旅札记》(自印本),2014年。
6. 倪国钧:《金色暮年拾零》(自印本),2016年。
7. 高球根:《勤奋·和善——五十年往事纪实》(自印本),2018年。
8. 张明昌主编:《上海小三线新安岁月故事汇编(1965~1987)》(自印本),2020年2月。

后　记

9月中旬,书稿交付上海大学出版社,算是了却了自己多年来的夙愿。此时,距离2013年6月自上海大学文学院历史系获得博士学位已经过去了近十年,距离获批2018年度上海市哲学社会科学规划一般课题也已经过去了整整五年。本书稿既是上海市哲学社会科学规划一般课题的最终成果,也是对自己博士论文的修订、补充与完善。笔虽放下,思绪难平,想说的话太多,想感谢的人更多。

最想深表谢意的是我的博士生导师徐有威教授,正是他的时常督促,才使我这个忙于日常工作的人时时不敢忘记还有任务在身,又因新冠肺炎疫情期间的"非必要不离沪"而有了完整的两三个假期,便对博士论文做了大量的修订工作,使书稿终得以列入小三线建设研究论丛系列,实是荣幸之至;也正是徐教授多年的运筹帷幄,终使上海大学的小三线建设研究走向系统和深入,在学界的影响也日益显现。

其次,要感谢熊月之教授、忻平教授、陶飞亚教授、韩钢教授、苏智良教授和邵雍教授对我的博士论文提出的批评和指导意见,我都在后来一一吸收并尽量在书稿中得以呈现;还特别要感谢的是上海大学文学院院长张勇安教授,没有他在2018年8月的某一天给我下达申报课题的"命令",就没有如今书稿的面世。再次,要感谢李云、吴静、李婷、邹晓敏等多位师弟师妹花费大量时间整理采访录音,为我提供第一手资料的支持,感谢师弟张程程对书稿的尽心校对,没有他们的帮助,仅凭一人之力是无法完成这一任务的。

最后,要向那些曾经义无反顾奔赴皖南、浙西的上海小三线职工及其家属表达我最崇高的敬意,他们如今生活在上海这座城市的角角落落,默默无闻地坚守着对于上海小三线的质朴感情，正是他们的无私，使我们拥有了如此丰富的口述史料，而他们所提供的一些文献资料也是在档案馆里不曾看到的第一手资料，希望我们做的这点小事能够为他们"正名"，多少满足他们极力想让这座城市铭记这段历史的心愿。

"纸上得来终觉浅，绝知此事要躬行。"书稿虽付梓出版，我却深知文中仍有多处不足和瑕疵。上海小三线资料浩如烟海，怎奈时间所限无法悉数阅尽，对一些问题的探讨只能浅尝辄止；理论功底不足，影响了全篇分析的深度和论述的广度。凡此种种，实乃心有余而力不足。劳烦出版社傅玉芳老师费心指导，诚请方家不吝珠玉，唯有日后加倍努力，方能不负众师友之期望。

崔海霞

2022年9月

《小三线建设研究论丛(第一辑)》目录

(上海大学出版社 2015 年版)

特 稿

宋平谈三线建设及工业布局
　　……………… 武力　陈东林　郑有贵　段娟采访整理 （ 3 ）
毛泽东最早做出决策：三线建设的启动和调整改造 ……… 于锡涛 （ 8 ）
我与三线建设 ……………………………………………… 王春才 （ 14 ）

专 题 研 究

50 年后的回眸：三线建设的决策与价值 ………………… 陈东林 （ 37 ）
北京市小三线建设初探 …………………… 谢荫明　张惠舰 （ 45 ）
20 世纪六七十年代广东的小三线建设 …… 杨汉卿　梁向阳 （ 55 ）
三线建设对中国工业经济及城市化的影响 … 徐有威　陈　熙 （ 63 ）
上海小三线建设在县域分布特点的历史地理考察
　　——以安徽省宁国县为例 …………………………… 段　伟 （ 78 ）
三线建设研究的发展趋势与社会学视野 ………………… 张　勇 （ 91 ）
困境与回归：调整时期的上海小三线
　　——以新光金属厂为中心 ………………… 徐有威　李　云 （102）

江西小三线专辑

我和江西小三线建设 …………………………………… 钱家铭 （115）
总结经验　开拓进取 …………………………………… 钱家铭 （121）

《江钢志》序 ·· 钱家铭（124）
回忆江西小三线建设 ·· 张小华（127）
他们铸造了光明精神 ·· 程渝龙（133）
我的江西小三线回忆 ·· 伏如山（138）
江西小三线光明机械厂（9334厂） ······················· 程渝龙（147）

手　　稿

三线建设日记选编（1） ······································ 宫保军（165）
上海皖南小三线调整时期工作笔记 ························ 王德敏（223）

口述史和回忆录

调整三线存量，为国家发展出力
　　——回忆甘肃的三线建设和调整 ···················· 宫保军（237）
采访孟繁德 ·· 徐有威等（261）
一个山东小三线家庭变迁史 ······························· 刘寅斌（275）

我和三线建设研究

我所经历的上海小三线田野调查 ·························· 李　云（291）
触摸鲜活的历史：我亲历的小三线研究 ················· 杨　帅（298）
五集纪录片《千山红树万山云——"小三线"青春记忆》 ···（303）
凡人歌 ·· 陈和丰等（347）
三线记忆：家国五十年 ···································· 白晓璇等（357）
"小三线"建设50周年|一个上海工人家庭的回忆 ······ 罗　昕（368）
一个人　一代人
　　——记大学生口述历史影像记录计划最佳人气奖得主、
　　文学院历史系硕士生陈和丰 ······················· 张瑞敏（377）
跟着爸爸走小三线 ·· 徐其立（381）

档案整理和研究

上海档案馆馆藏上海小三线建设资料介绍（上） ······· 霍亚平（387）
上海档案馆馆藏上海小三线建设资料介绍（下） ······· 杨　帅（394）

上海小三线八五钢厂《团讯》目录(1) …………………………………（400）

译　　稿

越南战争与"文化大革命"前的三线防卫计划(1964—1966)
　　……………………… 吕德量　著　徐有威　张志军　译 （431）

学　术　动　态

弘扬三线精神　促进经济发展——读《三线建设纵横谈》…… 王春才 （459）
"三线建设学术研讨会暨研究生论坛"会议综述 …… 徐有威　胡　静 （461）
"全国第二届三线建设学术研讨会"会议综述 …… 徐有威　杨华国 （465）
江西三线建设研究正式启动　课题组第一次工作会议
　召开 ……………………………………………………… 张志军 （472）

索引 ……………………………………………………………………（473）
后记 ……………………………………………………………………（476）

《小三线建设研究论丛(第二辑)》目录

(上海大学出版社 2016 年版)

特　　稿

三线遗产概念、类型、评价标准的若干问题 ……… 徐嵩龄　陈东林 （ 3 ）
巴山蜀水三线情 ……………………………………………… 王春才 （ 26 ）
20 世纪六七十年代中国国防工业布局的调整与完善 ……… 姬文波 （ 33 ）
20 世纪六七十年代中国大战备的基本过程 ………………… 赤　桦 （ 45 ）
安徽旌德历史上的上海小三线 ……………………………… 刘四清 （ 50 ）

专 题 研 究

皖南上海小三线职工的民生问题研究 ……………………… 张秀莉 （ 55 ）
上海皖南小三线东至化工区个案研究 ……………………… 徐锋华 （ 74 ）
落地不生根：上海皖南小三线人口迁移研究 …… 陈　熙　徐有威 （ 90 ）
上海小三线与皖南地方关系研究 ……… 李　云　杨　帅　徐有威 （117）
北京小三线建设研究 ………………………………………… 李晓宇 （132）
山东原小三线企业民丰机械厂今昔 ………………………… 王吉德 （154）

手　　稿

三线建设日记选编(2)
　（1991 年 4 月 22 日—11 月 22 日） ……………………… 宫保军 （161）
上海小三线新光金属厂工作日记(1)

(1982年1—3月)……………………………………孟繁德（212）

上海小三线自强化工厂厂部会议记录(1)

　　(1977年10月13日—12月26日)……………………陈耀明（244）

口述史和回忆录

上海皖南小三线工程勘察内幕 ……………………………阮仪三（273）

一位徽州学生记忆中的上海皖南小三线 ……………………徐国利（276）

我所知道的上海小三线自强化工厂 …………………………陈耀明（282）

原江西远征机械厂回忆 ………倪秀玉口述，沈亦楠、徐有威整理（297）

遥忆在原江西远征机械厂的少年时光

　　…………………………毕蔚华口述，沈亦楠、徐有威整理（304）

我们是三线人 ……………………………………………………顾 筝（309）

我和三线建设研究

上海小三线寻访之旅 ………………………………………胡 静（327）

悠悠岁月三线情（剧本）……………………………………李 帆（342）

档案整理和研究

江苏淮安地区小三线建设史料选编 ……江苏省淮安市档案馆整理（355）

北京市档案馆馆藏有关北京小三线建设档案资料

　　概述 ……………………………………耿向东 李晓宇（380）

上海小三线八五钢厂《团讯》目录(2) ……………………………（389）

译　　稿

中国三线建设的展开过程 …………[日]丸川知雄 李嘉冬 译（433）

索引 ………………………………………………………………（476）

《小三线建设研究论丛（第一辑）》目录 …………………………（480）

后记 ………………………………………………………………（483）

《小三线建设研究论丛(第三辑)》目录
(上海大学出版社 2017 年版)

专题研究

三线建设与中国内地城市发展(1964—1980) ……………… 周明长 (3)

机遇与创新：小三线企业改造与地方经济的腾飞
——以宁国县企业发展为中心 ……………… 段 伟 (20)

为了祖国的青山绿水：小三线企业的环境危机与应对
……………… 徐有威 杨 帅 (32)

情寄昌北——上海小三线协作机械厂专辑

我的最后一份《工作报告》 ……………… 张章权 (55)

我记忆中的协作机械厂 ……………… 赵岳汀 (68)

我是工厂的生活后勤兵 ……………… 徐绍煊 (79)

建厂中的工农关系 ……………… 赵振江 (91)

我在小三线的日子里 ……………… 曾柏清 (98)

我与协作机械厂财务科 ……………… 唐定发 (108)

我与协作厂 ……………… 高球根 (136)

七律两首·去上海小三线 ……………… 祁学良 (235)

醉太平·赠战友老汤 ……………… 祁学良 (236)

三回故地 ……………… 徐梦梅 (237)

口述史与回忆录

上海后方小三线教育工作点滴 ……………… 陶银福 (319)

宁夏小三线宁夏化工厂（5225厂）筹建始末 ………… 王廷选（323）
我所知道的上海小三线325厂
　　　………………………… 钱学勤口述，余顺生、武昌和采访（330）
辽宁小三线新风机械厂（965厂）忆旧 ………… 冯伟口述，黄巍采访（335）

我和三线建设研究

残雪浦东 …………………………………………………… 李　婷（351）
那些上海小三线女职工 …………………………………… 邬晓敏（357）
"难忘的岁月——上海小三线建设图片展"接待日记选
　　　……………………… 李　帆　韩　佳　王来东　耿媛媛（375）

档案整理与研究

中国地方档案馆和企业档案馆小三线建设藏档的状况与价值
　　　…………………………………………………… 徐有威（393）
江西工具厂早期规章制度选编 ………… 葛维春　代　祥　徐占春
　　　　　　　　　　　　　　陈荣庆　胡中升　袁小武　辛从江（408）
江西省宜春地区小三线建设及其档案资料 ………… 张志军（455）
福建三明市档案馆馆藏上海迁三明企业资料介绍 ……… 刘盼红（462）
三线建设研究成果及相关文献目录初编（1）（1975—2013）
　　　………………………………………… 徐有威　李　婷（468）

索引 ……………………………………………………………（513）
《小三线建设研究论丛（第一辑）》目录 ……………………（518）
《小三线建设研究论丛（第二辑）》目录 ……………………（521）
后记 ……………………………………………………………（523）

《小三线建设研究论丛(第四辑)》目录

(上海大学出版社 2018 年版)

江苏省淮安地区小三线研究专辑
江苏省淮安市档案馆　编

江苏省淮安市档案馆馆藏小三线档案资料简介 …………… 王来东（ 3 ）
江苏淮安市小三线职工口述史选编 ………………………… 王来东（ 54 ）
江苏淮安小三线口述采访日记 ……………………………… 王来东（215）

后小三线时代研究

上海小三线企业对安徽贵池工业结构调整和工业经济发展的
　影响 ……………………………………………………… 夏天阳（245）
安徽贵池在上海小三线企事业单位建设生产经营中的作用与
　贡献 ………………………………………… 余顺生　武昌和（250）
改革开放以来河南前进化工科技集团股份有限公司的发展
　纪实 ……………………………………………………… 牛建立（256）

档案资料与研究

湖北省宜都市档案馆藏三线建设档案资料概述 …… 冯　明　袁昌秀（283）

上海小三线八五钢厂《八五通讯》和《八五团讯》特辑

《八五通讯》简介 ………………………………… 徐有威　陈莹颖（297）
《八五团讯》简介 ………………………………… 徐有威　耿媛媛（313）

《八五通讯》编辑历程忆往 ··· 谈雄欣 （334）
难忘的《八五团讯》 ··· 史志定 （340）

我和小三线研究

"尘封记忆——安徽小三线纪实摄影展"值班日记选编
······· 陈莹颖　宣海霞　王来东　周升起　窦育瑶　耿媛媛 （347）

口述史与回忆录

安徽师范大学新闻学院皖南上海小三线口述史汇编
······················· 马星宇　王　豪　胡银银　汪梦雪 （371）
上海小三线培进中学追忆 ··· 余瑞生 （390）
上海小三线计划生育工作的回忆 ··································· 陈金洋 （396）

译　稿

带标签的群体：一个三线企业的社会结构 ······ 陈　超著　周明长译 （405）

研　究　与　回　顾

三线建设研究成果及相关文献目录初编(2)(2014—2018年)
································· 徐有威　耿媛媛　陈莹颖 （437）

书　评

一部意蕴深厚的口述史著作
——评《口述上海——小三线建设》 ·························· 李卫民 （465）

索引 ··· （476）
《小三线建设研究论丛(第一辑)》目录 ································ （483）
《小三线建设研究论丛(第二辑)》目录 ································ （486）
《小三线建设研究论丛(第三辑)》目录 ································ （488）
后记 ··· （490）

《小三线建设研究论丛(第五辑)》目录
(上海大学出版社2019年版)

上海市协作机械厂专辑

上海市协作机械厂档案资料选编 ……………………… 徐有威 (3)
为了让毛主席睡好觉
　　——我的上海小三线17年生涯 ……………………… 高球根 (265)
撰写回忆录,抢救小三线的历史 ……………………………… (293)
追忆小三线建设者的青春年华
　　——主编"情寄昌北"专辑的始末 …………………………… (299)
上海市协作机械厂档案资料概述 ……………………… 张程程 (307)
上海小三线民兵活动档案资料简介:以八五钢厂和协作机械厂等
　　为中心 ……………………………………………… 宣海霞 (330)
情系仁里:追寻上海小三线印记 ……………………… 郑　颖 (339)
我眼中的上海市协作机械厂 …………………………… 屈晨熙 (345)

我和三线建设研究

上海小三线医务工作者采访日记选 …………………… 陈莹颖 (357)
为小三线治安工作研究打底色:我的上海大学保卫处实习
　　日记 ………………………………………………… 宣海霞 (364)
暑假四川小三线寻访记 ………………………………… 曹　芯 (377)

档案资料与研究

四川小三线建设口述史资料概述 ……………………… 曹　芯 (389)

辽宁省辽阳市档案馆藏小三线建设资料概述 …………… 黄 巍 （395）
江西小三线新民机械厂档案资料简介 …………………… 张雪怡 （403）

研 究 信 息

首届中国三线建设史研究工作坊综述 ………… 张志军 徐有威 （411）
努力打造小三线建设研究的基石：读《小三线建设研究论丛》
（第1—5辑）有感 …………………………………… 张程程 （414）
"记忆与遗产：三线建设研究"高峰论坛会议综述 ………… 张梦鸰 （423）

索引 ………………………………………………………………… （430）
《小三线建设研究论丛（第一辑）》目录 …………………………… （446）
《小三线建设研究论丛（第二辑）》目录 …………………………… （449）
《小三线建设研究论丛（第三辑）》目录 …………………………… （451）
《小三线建设研究论丛（第四辑）》目录 …………………………… （453）
后记 ………………………………………………………………… （455）

《小三线建设研究论丛(第六辑)》目录
(上海大学出版社2021年版)

三线建设研究者自述

从参与者到研究者:我与三线建设............................王春才 (3)
从目击者到研究者:我的第一篇三线建设的研究文章..............宁志一 (23)
行进在四川三线建设研究的征途中................................江红英 (28)
从历史研究到遗产保护:我和三线建设研究........................陈东林 (42)
难忘的峥嵘岁月
　——攀枝花中国三线建设博物馆诞生记..........................莫兴伟 (55)

忆峥嵘岁月　树山橡丰碑
　——编辑《山橡记忆》的前前后后..............................马　祥 (65)
尊崇历史,唯实求是
　——湖北小三线原卫东机械厂厂史编纂感悟....................杨克芝 (72)
万水千山不忘来时路
　——国营五〇五七厂建厂50周年文集编纂记....................吴学辉 (81)
唤起三线记忆　传承三线精神
　——遵义1964文化创意园三线工业遗址的保护与利用............何可仁 (95)
此生愿做传递三线圣火之人....................................何民权 (106)
从四川雾山深处走来
　——我主持了中国科学院光电所遗址开发利用..................周　健 (112)

浸润书香,硕果芬芳
　　——读李洪烈先生《我与三线结书缘》有感 .... 秦邦佑（120）
从参与者到记录者
　　——我和三线建设的一生缘 .... 倪同正（125）
《我们人民厂》出版记 .... 潘修范（149）

从"近"到"进":我与三线建设的距离 .... 王佳翠（154）
学术之花盛开于特别的学术情缘之上 .... 王　毅（164）
我与青海三线核工业705厂的不了情 .... 左　琰（170）
剑出偏锋:从工业遗产视角切入三线建设研究 .... 吕建昌（185）
走近三线的心路 .... 李彩华（193）
我与三线建设研究:四川大学团队所做的工作 .... 李德英（204）
情牵八闽:我与福建小三线研究 .... 刘盼红（216）
寻找那些即将消失的三线建设音乐记忆 .... 苏世奇（228）
巨人肩膀上:我的三线建设研究"速成"之路 .... 邹富敏（237）
风起心静:关于三线单位居民生活区研究的心路历程 .... 辛文娟（246）
拓碑:我的三线研究私家思 .... 张志军（257）
八年磨一剑:我与三线建设研究的不解之缘 .... 张　勇（266）
我的"三线企业工人"研究 .... 陈　超（283）
移民史视角下的三线建设研究 .... 陈　熙（293）
建主题特色干部学院　让三线精神绽放光芒 .... 欧阳华（299）
我的三线建设研究始于我的家乡安徽宁国 .... 段　伟（304）
2013年,在申请国家社科基金重大项目的日子里 .... 徐有威（313）
在三线建设之地结下的三线建设学术之缘 .... 崔一楠（320）
探寻二线建设的"非城非乡""非古非今"的建成环境 .... 谭刚毅（325）
从"我们厂"到"我的杂志":三线建设与我 .... 翟　宇（337）
大山深处的记忆:我拍上海皖南小三线工业遗址 .... 刘　洪（344）

感知历史　记录三线

——电视纪录片镜头外的三线历程………………………	刘洪浩	（351）
从三线子弟到三线文化传播者………………………………	刘常琼	（356）
用照相机镜头记录三线建设，只为那一念之差的缘…………	李　杰	（365）
我与三线结书缘……………………………………………	李洪烈	（373）
为三线建设研究办微信公众号和网站：我的三线寻根路……	余　皓	（383）
千山红树万山云：我为三线建设拍了两部纪录片……………	钟　亮	（389）
传承三线建设精神：我奔走在杂志、散文和新媒体之路……	郭志梅	（401）
噙泪写《归去来兮——部亲历者的三线建设史》…………	唐　宁	（409）
永不褪色的那抹军工彩虹		
——电影《崮上情天》诞生记……………………………	唐　亮	（415）
我在追寻三线历史中的爱与际遇…………………………	戴小兵	（428）

心慕笔追：我的三线建设学习之路…………………………	方锦波	（445）
蹒跚学步：我的江西小三线建设学习与研究………………	朱　素	（454）
皖南上海小三线寻访日记选编……………………………	杨华国	（470）
勿忘种树人：我心中的小三线今昔………………………	张雪怡	（485）
跟着徐有威老师从事小三线研究的"四个一工程"…………	张程程	（491）
历史无声处：师门小三线挖掘记…………………………	周升起	（502）
曲折中前进：我的广东小三线建设研究……………………	周晨阳	（508）
从无到有：小三线记录者在路上…………………………	周曼琳	（521）
从不甚了了到心领神会：奇妙的"小三线今昔"运营之旅……	屈晨熙	（528）
"跨界"的我：从身份探寻，到使命担当……………………	袁世超	（536）
从相遇到相知：我与小三线的情缘………………………	窦育瑶	（543）
从旁观者到探索者：一位社会学本科生参与的三线建设研究……	蔡茂竹	（550）

《口述上海：小三线建设》后记……………………………	徐有威	（564）
《三线军工岁月——山东民丰机械厂（9381）实录》序………	徐有威	（569）
《征程——前进中的江西9404厂》序………………………	徐有威	（573）
《尘封记忆》序……………………………………………	徐有威	（579）

《上海小三线在贵池》序 .... 徐有威 （581）

档案资料与研究

湖北省十堰市档案馆三线建设藏档状况及保护利用
.... 计毅波　刘明辉　马保青 （587）
醉了,又醉了 .... 徐有威 （592）

书　评

东风浩荡,回声嘹亮:《十堰文史·三线建设专辑》读后感
.... 张程程　计毅波　霍亚平 （599）

《小三线建设研究论丛（第一辑）》目录 .... （606）
《小三线建设研究论丛（第二辑）》目录 .... （609）
《小三线建设研究论丛（第三辑）》目录 .... （611）
《小三线建设研究论丛（第四辑）》目录 .... （613）
《小三线建设研究论丛（第五辑）》目录 .... （615）

后记 .... （617）

《小三线建设研究论丛（第七辑）》目录
（上海大学出版社2021年版）

艰苦创业十八年.. 原八五钢厂　陈锁锁（ 1 ）
八五回忆... 原八五钢厂　金云爵（ 5 ）
我的八五情结.. 原八五钢厂　严国兴（ 12 ）
我与《八五通讯》的那些往事............................ 原八五钢厂　严明华（ 17 ）
深山里的大标语.. 原八五钢厂　丁日青（ 21 ）
参加自学考试的那些日子里............................... 原八五钢厂　冯岳宏（ 23 ）
自己动手　丰富生活
　　——记八五钢厂04车间二三事..................... 原八五钢厂　张锡清（ 31 ）
在皖南的岁月里.. 原八五钢厂　吴兴钢（ 37 ）
八五情... 原八五钢厂　陈国兰（ 40 ）
我在小三线建设中成长...................................... 原八五钢厂　石文瑞（ 41 ）
三八工程回忆.. 原八五钢厂　董昌定（ 48 ）
从钢厂幼儿园到职工大学................ 原八五钢厂　于翠英　陈妙和（ 53 ）
跨越半个世纪的友谊
　　——我与一个贵池农家的故事..................... 原八五钢厂　董国仕（ 59 ）
我的邻居... 原八五钢厂　陈殿青（ 62 ）
创办《八五通讯》.. 原八五钢厂　倪国钧（ 64 ）
我在八五钢厂小分队习笛时的二三事............... 原八五钢厂　程学良（ 70 ）
难忘的十八年.. 原八五钢厂　冯德兴（ 76 ）
买栗子的趣事.. 原八五钢厂　严根发（ 80 ）

| 八五钢厂基建轶事两则 | 原八五钢厂 | 邵德润 | （86） |

愿好人一生平安 ································· 原八五钢厂　谈雄欣 （92）

催熟一代人

　　——记皖南小三线8503二三事 ············ 原八五钢厂　曹　辉 （96）

白洋河畔的自学小组 ··························· 原八五钢厂　章　军 （101）

钢厂筹建初期的小故事 ························ 原八五钢厂　陆中伟 （107）

八五钢厂职工的工余爱好掠影 ················· 原八五钢厂　沈卫东 （111）

在攻艰克难中成长 ····························· 原八五钢厂　叶耀庭 （114）

我在小三线八五钢厂码头过的第一个春节 ······ 原八五钢厂　张福根 （117）

我的书法梦，缘起八五钢厂 ···················· 原八五钢厂　施纯星 （120）

干群一致，创造奇迹

　　——回忆上海小三线八五钢厂18个年头的点滴······ 原八五钢厂　王友章 （123）

童梦回池州 ······························· 原八五钢厂职工子弟　姚宏发 （129）

难忘我的1971 ···························· 原八五钢厂职工子弟　陈柏松 （137）

想你了，八五钢厂 ························· 原八五钢厂职工子弟　李金龙 （145）

东至怀旧行 ·································· 原红星化工厂　宋锦茂　杨企正 （152）

那些年，去后方基地开会 ······················· 原红星化工厂　杨企正 （156）

在初进山的那些日子里 ························ 原红星化工厂　赵纪松 （160）

小记红星化工厂六车间的筹建、安装、生产及后续

　　·· 原红星化工厂　李光辉 （164）

"干打垒"的记忆 ······························· 原卫星化工厂　芮永华 （168）

山月清辉 ····································· 原卫星化工厂　朱海洪 （173）

午夜战山洪　奋力救女生 ······················ 原火炬电器厂　谭同政 （177）

贵申情，浦江谊

　　记上海后方长江医院 ····················· 原长江医院　李耀明 （180）

岁月匆匆

　　——五月的回忆 ·························· 原自强化工厂　田楼华 （186）

山中寂寞求知忙 ······························· 原自强化工厂　陈耀明 （189）

1976年的"暑期学习班" ···············原化工职工子弟中学　李光辉 （194）

篇名	单位	作者	页码
我与小三线的一些往事	原707库	裘新民	(197)
回望三十年前的足迹	原金星化工厂	王均行	(201)
青春的回忆	原金星化工厂	周宝森	(206)
揭示"会战简报"刻录的旧事	原上海市第四建筑公司	计明强	(209)
在东方红厂基建科的十年	原东方红材料厂	杭首平	(212)
情系小三线,命系小三线 ——难忘的1974年	原东方红材料厂	孙大成	(220)
山里看电视杂忆	原光明机械厂	陈国伟	(223)
回沪过年的惊险历程	原光明机械厂	蒋英才	(225)
半个世纪前的记忆	原光明机械厂	王尔祥	(227)
后方基地的红旗食堂	原光明机械厂	杨伯龄	(231)
我的小三线回忆	原光明机械厂	柳光明	(235)
齐心协力,攻克"以钢代铜"难关	原光明机械厂	陆来发	(239)
亲情札记	原光明机械厂	金翠凤	(244)
写给光明机械厂的诗	原光明机械厂	徐敬懋	(246)
我的童年在光明	原光明机械厂职工子弟	吴菲	(252)
"班车"情缘	原后方轻工公司	梁敏民	(258)
难忘的新安岁月	原新安电工厂	刘润生	(261)
我的新安生涯	原新安电工厂	王益芬	(264)
新安园丁 ——桃李芬芳	原新安电工厂	陈蓉华	(266)
山里的故事	原新安电工厂	陈锦荣	(271)
沉淀的岁月	原卫海机械厂	蒋忠华	(275)
万里生活杂记	原万里锻压厂	金春贵	(279)
追忆我们逝去的青春	原光辉器材厂	殷美玲	(283)
"光辉"岁月	原光辉器材厂	张耀海	(286)
绩溪,我的第二故乡	原光辉器材厂	郭向东	(290)
老照片里的故事	原燎原模具厂	杨志松	(296)
瀛洲旧事	原轻工中学	刘金峰	(300)

我在绩溪瑞金医院的八年	原后方瑞金医院	吕建昌	（304）
岁月有痕·记忆难忘	原上海后方卫生工作组	陈金洋	（312）
炒青	原险峰光学仪器厂	张　侃	（316）
我的音乐梦	原险峰光学仪器厂	乐清华	（319）
春忆皖南	原险峰光学仪器厂	滕玉辉	（322）
我在险峰当采购	原险峰光学仪器厂	余启明	（326）
谦谦君子胡建华	原险峰光学仪器厂	赵燕来	（329）
难忘厂足球队	原险峰光学仪器厂	叶兆浩	（333）
一部照相机	原险峰光学仪器厂	邱善权	（335）
一盘难忘的象棋对局	原险峰光学仪器厂	陈鸿康	（338）
又忆山中红叶	原险峰光学仪器厂	刘来定	（342）
看电影	原仪电中学学生	高翠玲	（345）
岁月像条河	原工农器材厂	陈敏昆	（348）
一位厂医的手记	原延安机械厂	戴妙法	（352）
回味	原延安机械厂	钟桂芳	（357）
相思梧桐的小三线点滴	原旌旗机械厂	黄志诚	（359）
我的小三线岁月	原旌旗机械厂	丘惠云	（363）
"猴子山"下	原井冈山机械厂	诸国良	（366）
井冈碧云下的生活小浪花	原井冈山机械厂	沈国良	（371）
山沟沟里的读书梦	原向阳机械厂	王静三	（375）
照片和其背后的故事	原安装公司第六工程队	王清逢	（378）
我所经历的青工技术等级考核	原后方仪表电讯工业公司	李海洪	（382）
我在山里放映电影	原后方仪表电讯工业公司	陈　多	（388）
几件性命攸关的事件	原卫东器材厂	冯介忠	（392）
上海小三线：宁国古田医院回忆	原古田医院	陈正康	（396）
善始善终做好古田医院撤离工作	原古田医院	顾月明	（412）
上门女婿忆古田	原古田医院	王敬泽	（423）
后方古田医院是我成长的起点	原古田医院	徐黎黎	（429）
小三线肺吸虫病调研防治之回顾	原古田医院	叶永祥	（433）

篇目	单位	作者	页码
我为宁国协同机械厂架设电视信号转播塔	原协同机械厂	刘定建	(437)
我在宁国协同机械厂的日子	原协同机械厂	瞿惠相	(441)
大麻鸭	原胜利水泥厂	胡展奋	(447)
关于胜利厂矿山车间情况的回忆	原胜利水泥厂	戚德平	(450)
光淼述事	原胜利水泥厂	任光淼	(453)
不悔的青春	原胜利水泥厂	刘巽荣	(459)
抢修生料磨的回忆	原胜利水泥厂	沈新康	(466)
潜水情	原胜利水泥厂	陆玉明	(469)
我的思念 我的情怀	原胜利水泥厂	杨 浦	(475)
回忆胜利水泥厂的后勤工作	原胜利水泥厂	徐敏敏	(477)
一名看火工的回忆	原胜利水泥厂	唐丁子	(481)
忆一次从宁国到屯溪的拉练	原胜利水泥厂	郭亨文	(484)
我们的车队叫683	原683场	张永斌	(486)
理发	原683场	罗文生	(488)
两个搪瓷碗	原683场	徐亚平	(490)
1979年,红波厂的那场传染病	原红波设备厂	奚莺娅	(492)
西坑缘,红波情	原红波设备厂	任天玲	(494)
真正的拉练	原红波设备厂	李守仁	(496)
皖南记事	原红波设备厂	邵志刚	(498)
那一年我们抗洪救灾	原朝阳器材厂	赵 杰	(504)
山沟沟里的大年夜	原朝阳器材厂	周林云	(509)
民兵野营拉练日记	原朝阳器材厂	冯金牛	(512)
自己动手建造灯光篮球场	原朝阳器材厂	黄瑞鹏	(521)
救死扶伤 ——山友之情浓于血	原朝阳器材厂	杨宝康	(523)
粪坑救人后他淡然一笑	原朝阳器材厂	王建国	(525)
夸夸朝阳厂小分队	原朝阳器材厂	朱克成	(526)
我的父亲	原培新汽车厂	戚大年	(530)
我心中的培新厂	原培新汽车厂	滕承光	(533)

上海小三线培进中学回忆·················· 原培新汽车厂 余瑞生（540）
风雨之夜················· 原260通讯站绩溪分站 过正海（546）
半世年华忆绩溪·············· 原260通讯站绩溪分站 胡勤英（548）
在水泥厂一干十余年,从上海小三线走出来的夫妻画家············ 徐 萧（550）
上海小三线企事业单位名录·······························（558）

《小三线建设研究论丛（第一辑）》目录····················（562）
《小三线建设研究论丛（第二辑）》目录····················（565）
《小三线建设研究论丛（第三辑）》目录····················（567）
《小三线建设研究论丛（第四辑）》目录····················（569）
《小三线建设研究论丛（第五辑）》目录····················（571）
《小三线建设研究论丛（第六辑）》目录····················（573）

后　记···（577）